U0613679

中华图书馆协会研究

霍瑞娟 著

国家图书馆出版社

图书在版编目(CIP)数据

中华图书馆协会研究/霍瑞娟著. --北京:国家图书馆出版社,2018.4
ISBN 978-7-5013-6057-4

Ⅰ.①中… Ⅱ.①霍… Ⅲ.①图书馆史—史料—研究—中国—民国 Ⅳ.①G259.296

中国版本图书馆 CIP 数据核字(2017)第 040907 号

书　　名 中华图书馆协会研究
著　　者 霍瑞娟 著
责任编辑 高 爽
封面设计 得铭文化

出　　版 国家图书馆出版社(100034 北京市西城区文津街 7 号)
(原书目文献出版社 北京图书馆出版社)
发　　行 010-66114536 66126153 66151313 66175620
66121706(传真) 66126156(门市部)
E-mail nlcpress@ nlc. cn(邮购)
Website www. nlcpress. com ——→投稿中心
经　　销 新华书店
印　　装 北京鲁汇荣彩印刷有限公司
版　　次 2018 年 4 月第 1 版 2018 年 4 月第 1 次印刷

开　　本 787 毫米×1092 毫米 1/16
印　　张 25
字　　数 600 千字

书　　号 ISBN 978-7-5013-6057-4
定　　价 120.00 元

自　序

受辛亥革命和新文化运动思想的影响，原本承袭旧式藏书楼做法的图书馆开始向近代图书馆转变，新图书馆运动彻底实现封建藏书楼到近代图书馆从思想到现实的根本转变。就在中国近代图书馆事业快速发展时，欧美及亚洲一些国家的图书馆专业组织已经逐步走向成熟，进入以图书馆专业组织为领导开展的图书馆事业发展阶段。1876 年，美国成立世界上第一个图书馆协会——美国图书馆协会；1877 年，英国图书馆协会诞生；随之，1892 年日本、1897 年瑞士、1900 年德国、1905 年丹麦、1906 年法国、1917 年波兰等国的全国性图书馆社会组织相继成立。

在国内，图书馆和教育界人士也意识到了图书馆组织的重要性，积极呼吁。在中华教育改进社的倡导下，全国多省市响应中华教育改进社第二届年会中关于《组织各地方图书馆协会案》的号召，积极组建地方图书馆社会组织。1924 年，北京图书馆协会、浙江图书馆协会、开封图书馆协会等 8 个省市图书馆协会相继成立。地方图书馆协会的纷纷设立，更加激发图书馆人建立全国性图书馆协会的期待，只有全国性的组织才能协调各地图书馆协会、沟通图书馆之间的联系，也希望以此进一步推动图书馆事业的发展。

在多方努力下，1925 年 4 月，由图书馆界和教育界知名学者们共同组织的中华图书馆协会正式成立，在上海召开成立大会。由此，中国历史上第一个以图书馆事业为主要研究和服务对象的全国性的学术组织诞生了，这也是当时国内业界唯一集全国性、公益性、学术性为一体的社会组织。

尽管民国时期的中华图书馆协会带有深刻的时代烙印，但作为全国图书馆的领导机关，不容否认的是，确实在协调各地图书馆采购图书、研究图书馆学术研究、加强图书馆界的交流和联络上起到了重要作用。尤其是六次年会召开，将各地图书馆界人士聚于一堂，对于加强图书馆界的联络和交流、促进图书馆学研究以及图书馆事业的发展都起到很好的推动作用。可以说，中国图书馆事业进入有组织、有导向的新的发展阶段。

笔者以专业社会组织的视角，将研究分为三部分内容，第一篇是中华图书馆协会发展研究，对其从孕育到成立发展，再到衰落进行系统研究；第二篇是中华图书馆协会管理研究，对其组织结构、规章制度、资源调动、项目管理等方面进行史料性研究；第三篇是附录，将大事记、年会报告、周年报告等重要文案进行整理。

如今的中国图书馆学会，虽然是学术组织，但作为行业内唯一的全国性社会组织，也承担必要的行业协调与服务的职能。尽管背景不同，但期待此研究对中国图书馆学会在组织机构建设、学术推动和业务发展等方面有一定借鉴价值。

霍瑞娟

2017 年 10 月

目　　录

第一篇　中华图书馆协会发展研究

第二篇　中华图书馆协会管理研究

第三篇　附录

第一篇　中华图书馆协会发展研究

第一章　中华图书馆协会的孕育

第一节　中国近代图书馆意识的萌发

由中国古代藏书活动向中国近代图书馆事业的转变是由社会的巨大变革引起的一系列变化中的成果之一。

1807年,德国图书馆学家施莱廷格(M. W. Schrettinger,1772—1851)首次提出图书馆这一概念。1808年至1829年间,他编著完成两卷本著作《图书馆学综合性试用教科书》,标志着具有科学形态的近代图书馆学正式建立。而中国虽素有重视藏书之传统,但传统的藏书思想却始终未能上升到理论高度,发展出成熟系统的图书馆学。1926年,杜定友在《教育杂志》第十八卷第九号发表的《图书馆学的内容和方法》一文中指出:“图书馆学是一个新名词,在中国,恐怕只有两三年吧！在国外,也不过是近代的事。”“图书馆学成为专门科学,也非一朝一夕偶然间事。在我国历史上来看,自从周室之守藏史老聃起,已有藏书之官。汉刘向刘歆起,就有目录之学。班固因《七略》而作《汉书·艺文志》,其后各代正史每附有经籍志。其他如郑樵的《校雠略》、章学诚的《校雠通义》,也都是研究图书馆学的成绩。历来中国学者,凡是饱学之士,没有不研究目录、版本之学。可见图书馆学在中国本来是发达很早,而且是很普遍的。不过我们所学的都不出目录、版目之门。这两科学虽然是图书馆学中的重要部分,却万不能称之为图书馆学的全部。我们向来以为图书馆学,除了目录、版目之外,就别无长物,不必研究,所以数千年来,图书馆事业还是不发达。而且目录之学,都是学者自己研究的,素来没有设科教授。所以目录之学,非但不能发达,而且不绝如缕,这是很可惜的。”

1898年7月3日,光绪皇帝下令设立京师大学堂。1902年,设立京师大学堂藏书楼,于1903年改名为京师大学堂图书馆,1912年正式改名为北京大学图书馆。梁启超起草的《京师大学堂章程》第一条即开宗明义说:“图书馆之设,所以保存国粹,造就通才,以备硕学专家研究学艺,学生士人检阅考证之用。以广征博采,供人阅览为宗旨。”在有识之士的不断努力下,最终京师大学堂图书馆具备了现代图书馆的服务模式。作为图书馆史上拥有最早、最完备的建馆章程的大学图书馆,其存在对于中国近代图书馆的诞生显得十分重要。

此时,人们对于图书馆的认知,也较之前有了更深刻的理解:一是“图书馆”这个来自日本的名词,逐渐取代了原有的“藏书楼”,为人们普遍接受;二是将图书馆区分成学校图书馆、公共图书馆等几种类型的理念深入人心;三是人们开始探讨改进图书馆的管理方式,报纸杂志上刊登不少有关日本及欧美图书馆规则,甚至包括介绍美国图书馆学校课程的文章;四是学部参事罗振玉提出建立全国图书馆系统的初步建议①。

---

① 沈占云.中华图书馆协会成立的背景因素、历史意义之考察[J].图书馆,2006(1):24-25.

第二节　清末民初官办图书馆事业的兴起

20 世纪初，在变法图强和西学东渐的双重背景影响下，光绪皇帝正式下诏设立新式图书馆，广购西方政治书籍，以及日本变法著作，从中学习，以求自强。这也是官方首次正面倡导设立新式图书馆。1904 年，中国第一个省级图书馆——湖南图书馆正式建立。此后，包括中央、地方省市公共图书馆和公立学校图书馆等具有现代意义的新式图书馆相继出现。时任湖南巡抚庞鸿书奏称："查东西各国都会，莫不设有图书馆，所以广藏群籍，输进文明，于劝学育才，大有裨益。"

清宣统元年（1909 年），学部奏请拟定《京师图书馆及各省图书馆通行章程》，于第二年初颁行。这是中国图书馆事业的第一个法律，这项章程对于图书馆事业的推动，有着巨大贡献。章程适用的对象包括京师图书馆及各省府州县等各类图书馆，章程的内容则涵盖图书馆的目的以及登记、建筑、职员、图书采访、阅览管理、经费、私立图书馆的设立等方面。章程决定当年开办京师图书馆，越年各省一律开办图书馆。此后各省纷纷响应，很快便形成以行政区域为单元的全国性公共图书馆新格局，可以看作是中国从传统藏书楼向现代图书馆的一次跃进。1908 年至 1910 年间成立的省级以上的公共图书馆达 15 所，湖南、四川、陕西、河南、云南、江苏、两广等省均创设图书馆。这些省级公共图书馆有的是新筹建的，如当时的奉天省城图书馆（现为沈阳市图书馆）、直隶省立第一图书馆（现为天津市图书馆）等；也有一部分是从原有旧式藏书楼转型而来，如浙江图书馆是由浙江藏书楼和浙江官书局合并而成，广东省图书馆前身是张之洞创办的广雅书局。此时，不少公立图书馆接受私家藏书楼的捐赠或转让，构成其馆藏基础。

此时的图书馆有的馆门上挂有"书籍重地，闲人免进"的虎头牌。图书馆管理依旧沿袭藏书楼的许多做法，具体表现为以保存古籍为主要任务。诸如此类虽然体现出从藏书楼到图书馆的特殊过渡期的历史局限性，但这种建立图书馆的意识仍十分珍贵，同时在社会动荡的特殊时期，这种"藏"书方式，也对珍贵的历史典籍的保存，起到了关键作用。如柳诒徵领导下的江苏省立第一图书馆（后更名为江苏省立国学图书馆），王献唐任馆长的山东省立图书馆，在整理旧藏珍本、文献考订研究等方面成绩卓著。

清朝覆亡、民国兴起之后，在西学东渐的影响下，民智逐渐开放，学术与出版界更加蓬勃发展。20 世纪初，以"开民智"为目的的通俗教育运动兴起，倡导者以白话文为语言工具，通过小说、戏剧、讲演、评书等形式进行推广，希望通过浅显易懂的教育方法和内容对大众进行教育，以达到移风易俗、改良社会的目的。在这一运动中，图书馆在文化、教育、文艺、社会等方面所提供的功能，逐渐受到了重视，而民众对图书馆的价值，也有了进一步的认识。1915 年，北洋政府教育部颁布公共图书馆规程两种，即《图书馆规程》和《通俗图书馆规程》，注重于普及通俗图书馆。其后各省、县纷纷参照颁布地方性《通俗图书馆规程》，制定和完善地方通俗图书馆规程。由于法规制度完善、政府重视，通俗图书馆得以快速发展，1915 年全国有 21 个省开设公私立通俗图书馆 236 个，藏书 7 万余部，日均阅览人数逾 8000 人；至 1928 年，全国通俗图书馆的数量则增至 285 所。

此后，图书馆事业呈现出新的发展趋势：图书馆收藏的目的由保存趋于使用；图书馆由

少数人的专利趋于大众所共有;图书馆经营方法由简单趋于复杂;图书馆学作为一级学科也由此向专业化方向发展。

第三节　民间探索与新图书馆运动

除了官方的推动,中国近代图书馆学的孕育与发展同样离不开民间的努力。走在时代前列的中国人通过自己的努力,无论物质贡献或是知识研究,使中国图书馆学有了良好的开端,这是处在风雨飘摇中的清朝政府或是刚刚成立不久的民国政府力所不能及的。

1900 年至 1902 年期间(清光绪二十六年至二十八年),晚清乡绅徐树兰在其家乡绍兴府城古贡院处,独家捐资"银三万二千九百六十两"创立古越藏书楼,并于 1904 年正式向社会人士开放。其名虽为藏书楼,实质是中国第一所对公众开放的近代公共图书馆。它的成立标志着中国近代图书馆的出现。因社会环境几经变动及徐氏家族的内部原因,古越藏书楼两度停办,后于 1932 年(民国二十一年),由绍兴县教育部批准,将古越藏书楼收为公办,并改名为绍兴县立图书馆①。另一所对中国近代图书馆事业做出突出贡献的图书馆就是充分吸收了西方近代图书馆经验的文华公书林。文华公书林位于武昌凤凰山下的昙华林,是美国基督教圣公会于 1871 年创办的寄宿学校文华书院的图书馆。1900 年,美国著名图书馆学家韦棣华(Mary Elizabeth Wood)女士到中国武汉探望身为牧师的幼弟韦德生(Robert Wood),深感当地民众的生活疾苦与教育条件的不足,遂决定留在中国,立志发展中国的图书馆事业,先在文华书院设立了小型的图书阅览室,开展多种图书宣传活动。后韦棣华女士又再次专程回到美国进修图书馆学,为建立图书馆筹集资金。1903 年,韦棣华返回武昌文华书院,随即着手兴建图书馆,1909 年 5 月建筑完工的新图书馆被命名为"文华公书林",即取为民众公开的图书馆之意。其名称突出了"公"字,包含"公共、开放、公享"的含义。1910 年 5 月 16 日,文华公书林举行盛大开放典礼,开放后,公书林经常举办演讲会、读书会、音乐会等活动,以吸引读者上门读书。文华公书林的建筑、内部设施、藏书管理与阅览方式充分吸收了西方近代图书馆的先进模式,是当时中国较为先进的公共图书馆。但是对于社会民众的影响却极其有限,故而它的实验意义、示范意义远大于它的社会意义②。

值得提出的是,韦棣华女士建设文华公书林的努力,引领起中国新图书馆运动的开端。新图书馆运动所指称的,是我国图书馆界开始于民国初年、持续时间长达十余年之久、波及全国的以普及近代图书馆知识、宣传新式图书馆观念和培养新型图书馆人才为任务和特征的"新式图书馆"普及活动。其目标是向民众提供公平和自由的服务,建设真正属于民众的新式图书馆。在这场运动中,有识之士更加重视近代图书馆与图书馆学的探索,掀起中国近代图书馆事业与图书馆学研究和发展的一次高潮。新图书馆学起初受韦棣华女士的影响,有浓重的美国色彩,之后随着中国的图书馆学家们探索步伐的逐步深入,在建立科学的图书馆学科事业上不断地进行探索,这场新图书馆运动开始染上了中国特有的色彩。在图书馆

---

① 范并思. 20 世纪西方与中国的图书馆学——基于德尔斐法测评的理论史纲[M]. 北京:北京图书馆出版社,2004:159.

② 沈占云. 中华图书馆协会成立的背景因素、历史意义之考察[J]. 图书馆,2006(1):24 - 26.

建设方面,从以建立美国式的图书馆为目标过渡到建设具有中国特色的免费、公共、公开、共享的图书馆;在学科建设方面,从模仿美国式的图书馆学体系的创建,到百花齐放,以文华公书林以及杜定友、刘国钧等为代表的图书馆学学科体系建设,使中国在图书馆学基础理论发展中,追上了世界先进的步伐。与此同时,中华大地兴起开办图书馆的浪潮,据史料记载,至1925 年中国有各种类型的图书馆共计 502 所之多,中国的图书馆从无到有、从有至多只经历20 余年,在当时的社会背景之下,不能不算是傲人的成绩。

第四节　退还庚子赔款与中华图书馆协会的诞生

庚子年(1900 年)八国联军侵华,清政府与德、法、俄、英、美、日等 11 国驻华公使,于 1901 年 9 月 7 日在北京签订了《辛丑条约》。其中第六款规定,赔偿各国关平银 4.5 亿两,年息 4 分(4%),分 39 年还清,本息合计 982 238 150 两,以关税、常关税和盐税作抵押,通商口岸的常关也归海关管理。1909 年,美国开始退还庚子赔款,美国将所摊浮溢部分本利退回,充作留美学习基金。

1924 年 5 月,韦棣华女士积极争取,美国参众两院通过议案并经美国总统批准,将庚子赔款中的 600 多万美元退还给中国,中美双方专门成立中华教育文化基金董事会来管理和使用所退回的款项,将其用于教育事业,以永久性推动中国文化事业的发展。图书馆建设是退还庚子赔款的重要用途之一。中华教育文化基金会的首次年会对退还款项的使用做了大致规定,其中第二款明确指出,退还庚子赔款应用于“促进有永久性质文化事业,如图书馆之类”①。退还庚子赔款与中华教育文化基金会的诞生,客观上促进了我国图书馆事业与图书馆学的发展,也为后来中华图书馆协会的诞生奠定了物质基础。管理退款使用的中华教育文化基金会当时有 15 位董事,其中 7 人参与中华图书馆协会的发起②。在获得中华教育文化基金会的支持后,中国图书馆建设获得了较大发展,各图书馆共谋发展,组成图书馆协会等组织,进一步充实了图书馆事业的内容,使之范围不断扩大。图书馆也由注重图书的保存收藏向注重实用转变,促使了图书管理方法上的进步,使之成为一个专门的科学,激发了专门人才的需要,进而开启了图书馆学教育的大门。

1922 年 7 月,中华教育改进社图书馆教育委员会正式成立。其组织成立的目的是召集全国图书馆界共同讨论和研究图书馆学术问题。1923 年,中华教育改进社第二届年会上通过《组织各地方图书馆协会议案》的提案,在该议案的倡导之下,诸多省市积极响应,以北京为首,率先成立了我国最早的地方图书馆联合体——北京图书馆协会,随后浙江、开封、天津、上海、南京、广州六地相继成立地方性图书馆协会。由此形成这样一个现象,“国中图书馆近既林立矣,而应用专学以管理之者盖尚鲜例,缺乏联络,各行其是”。于此,建立联系、沟通、协调全国各图书馆协会的统一平台,即全国性质的图书馆协会,成为迫切的现实需要。

在中国近代图书馆学萌发与图书馆事业发展的过程中,中华图书馆协会也孕育诞生了。金敏甫于 1929 年出版了《中国现代图书馆概况》一书,其中对图书馆职责的描述尤为生动地

① 教育部. 第一次中国年鉴(戊编教育杂录. 庚子赔款与教育文化)[Z]. 上海:开明书店,1934:86 - 114.

② 刘茜. 庚子退款与近代中国图书馆事业[J]. 大学图书情报学刊,2015(2):122 - 124.

反映了这一过程："在昔只以藏书为事，各国殆皆如此，故其业务，不过保存得宜，不至散失而已。殆后，遂经改良，遂于保存之外，更注意于使用之途，于是关于管理方法，遂有改革，而图书馆事业，遂不仅为机械之工作，而有研究之价值，图书馆学术遂以产生。其后因办理之方针渐改，而研究之问题越多，图书馆学术，遂或为专门之科学；办理其事者，非有专门训练，不足以应付，于是有训练人材之图书馆学教育；图书馆事业既发达，而各图书馆之间，遂为共谋改进起见，而有会社之组织，而所谓图书馆事业者，内容日渐繁复，而范围亦愈趋广大矣。"①中华图书馆协会的成立，是中国图书馆事业发展进步的产物，也是中国图书馆学术共同体建立的标志。

① 金敏甫. 中国现代图书馆概况[M]. 广州：广州图书馆协会，1929：5－6.

第二章　中华图书馆协会的成立与发展

第一节　中华图书馆协会的成立

一、成立过程

随着中国图书馆事业及图书馆学的发展，建立学术共同体共谋发展的需求日益迫切。中国图书馆界多次在北京、上海发起成立会及中华图书馆协会成立筹备会。经过多方协调，1925年4月24日，于上海交通大学，次日于广肇公学，正式召开中华图书馆协会成立会。会间通过组织大纲；并选举蔡元培、梁启超、胡适、丁文江、沈祖荣、钟福庆、范源濂、熊希龄、袁希涛、颜惠庆、余日章、洪有丰、王正廷、陶知行、袁同礼15人为董事；戴志骞为执行部部长，杜定友、何日章为副部长①。至此，中华图书馆协会正式成立。

1925年6月2日，中华图书馆协会在北京欧美同学会礼堂举行成立仪式。成立仪式上宣读的中华图书馆协会成立宣言，用极其精练的语言记述了中国图书馆学漫长的孕育过程以及中华图书馆协会的成立原因：

> 周官外史，掌三皇五帝之书，达书名于四方，我国之有图书馆，盖已权兴于是。所以弘敷文化，普及教育，固不待西说东来，而后知其功用也。徒以后世怠于讲求，浸失本义，藏之中秘，惠不逮民，扃之私家，施不及众。矧以世传难久，散佚居多，国步频更，丧亡每构，二三有志，徒坚抱器之诚，历代帝君，虚饰右文之典，文教之衰，由来久矣。近虽取法欧美，颇有设施。顾尚馆自为政，不相闻问，将收远效，实待他山。同人服务典藏，行能无似，深苦观摩乏术，商榷莫由。兹经公同定议，请集全国图书馆及斯学专家为中华图书馆协会。本集思广益之方，为提椠怀铅之助，邦人君子，幸垂鉴焉。②

1921年6月及10月，先后经前京师警察厅及教育部依照学术团体例准予中华图书馆协会立案。1928年国民政府教育部成立，于同年12月14日正式批准中华图书馆协会立案。成立初期，中华图书馆协会办公地点选在北平石虎胡同松坡图书馆第一馆内，在其中借房三间作为总事务所③。

二、组织机构

在中华图书馆协会成立之初，以董事部、执行部为协会成立基础组织，执行部负责协会

---

① 中华图书馆协会执行部. 会务纪要[J]. 中华图书馆协会会报，1925，1(1)：7.

② 中华图书馆协会执行部. 中华图书馆协会缘起[J]. 中华图书馆协会会报，1925，1(1)：3.

③ 中华图书馆协会执行部. 中华图书馆协会第一周年报告[J]. 中华图书馆协会会报，1926，2(1)：3.

事务的具体执行组织，执行部下设图书馆教育委员会、分类委员会、编目委员会、索引委员会、出版委员会五个专门委员会。

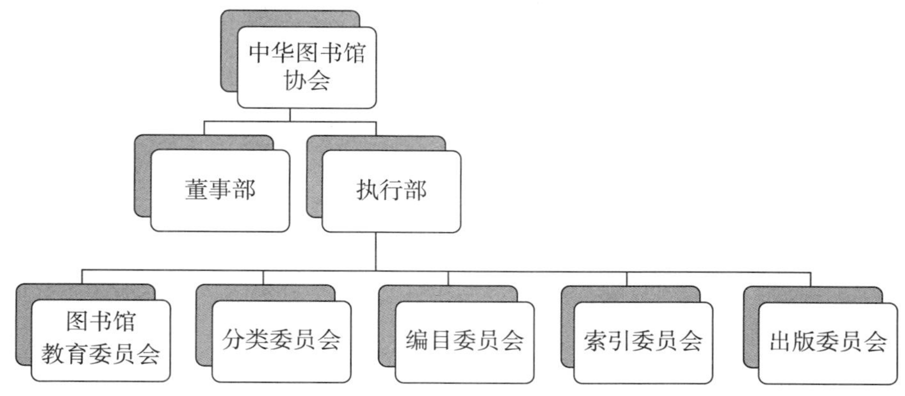

图1　中华图书馆协会组织机构

中华图书馆协会组织大纲早在1925年4月25日开成立会时即已通过，中华图书馆协会组织大纲的审议通过为接下来组织工作规章的制定奠定了基础。组织大纲共9章25条，当中除规定了组织名称、宗旨、会员、组织、经费、选举、会议、会所等事项，还为各部门及各项业务提供政策依据。中华图书馆协会执行部依据组织大纲，制定中华图书馆协会执行部细则。中华图书馆协会总事务所办事简则、中华图书馆协会征书简章等机构规章纷纷制定。而这一章程的形成，是后来成立的地方图书馆协会章程拟定的范本，也是其后修改的几版章程的文本基础。

三、成立意义

中华图书馆协会的成立，为促进图书馆学术共同体发展，推动中国图书馆事业发展，做出了突出贡献。以协会作为交流平台，图书馆事业的推动、图书馆学术的研究、国际图书馆事业的交流均开启新的篇章。此后，以协会为交流合作的平台，形成了杜定友、刘国钧等为代表的第一代图书馆学者团体，以共同谋求图书馆学术发展为目标，积极推动深入研究图书馆学理论为理念，发表和出版了一批重要的、对当时世界与中国以及对今天图书馆学发展仍有较大影响的学术成果，掀起了中国图书馆学理论研究的一次高潮。最能说明协会存在之必要以及展望中国图书馆事业未来发展前景的当属董事部部长梁启超先生于中华图书馆协会成立仪式上的演说辞。他表示："我们国内因为图书馆事业日渐发达，大家感觉有联络合作之必要，于是商量组织全国的图书馆协会，筹备多时，幸见成立。又适值美国图书馆学专家鲍士伟博士来游，我们得于协会成立之日顺带着欢迎，尤以本会荣幸。鄙人对于中国图书馆事业之前途及图书馆协会应负的责任，颇有一点感想。""我们中国图书馆协会应负何种责任呢？我以为有两种：第一，建设'中国的图书馆学'。第二，养成管理图书馆人才。""由此说来，中国图书馆协会所以有成立的必要，也可以明白了。我们中国的图书馆学者，实在感觉自己对于本国文化、世界文化都负有很重大责任，然而这种责任，绝非一个人或一个图书馆可以担任得下，因此不能不实行联络，在合作互助的精神之下，各尽其能力以从事于所应做的工作。”①

第二节　中华图书馆协会的发展

1925年中华图书馆协会成立至1937年抗日战争全面爆发期间，是中华图书馆协会高速发展的黄金时期，在其统一领导下，中国图书馆学初步成型，图书馆事业逐渐步入正轨，全国各地图书馆数量增长了百倍，地方图书馆协会随之创立。同时，中国图书馆学也逐步创立了具有中国特色的图书分类、排架等方法，慢慢接近世界水平。此外，在这一时期，中国图书馆协会积极参加国际图书馆事业，成为国际图书馆联盟创始国之一。在中华图书馆协会的推动下，中国图书馆事业在这一时期取得了较高成就。

一、中华图书馆协会的会员

中华图书馆协会会员分为机关会员、个人会员、名誉会员、永久会员、赞助会员。初期，机关和个人会员须由两位以上会员介绍并经董事部审定方可入会；以后入会条件逐步放宽，由一位会员介绍并经执行委员会或理事会通过即可；抗日战争后期，为方便会员入会，如果无其他会员介绍，也可填具调查表直接寄给协会申请②。

机关会员在协会成立之初规定以图书馆为单位，1929年第一次年会修订组织大纲后扩大为图书馆和教育文化机关，各地图书馆协会自动成为机关会员。机关会员会费5元/年；1943年起200元/年③；1945年起2000元/年④；1948年又分甲、乙两种，分别为5万和3万元/年⑤。个人会员由图书馆员或热心图书馆事业者组成，会费2元/年；1943年起20元/年；1945年起200元/年；1948年1万元/年。永久会员为一次交足若干会费的会员，分机关永久会员和个人永久会员。1933年，第二次年会后规定一次缴足100元者可为机关永久会员，个人永久会员则为50元⑥(含赞助成分，组织大纲规定为25元)；1943年个人永久会员为200元；1945年为4000元⑦。名誉会员为那些在图书馆学术或事业上有特别成绩之人，如陈垣、张元济、傅增湘、罗振玉、杜威、普特南等。另外，赞助会员在协会成立之初定为捐助500元以上者，但在对会报所载会员资料进行统计时，并未见有赞助会员的相关数据。协会会员数统计见下表：

表2-1　中华图书馆协会会员统计(单位:个)

截止日期	机关会员	个人会员	名誉会员	总计
1926年5月	129	202		331
1927年6月	132	217		349

① 梁启超. 中华图书馆协会成立会演说辞[J]. 中华图书馆协会会报，1925，1(1)：11-15.

② 中华图书馆协会执行委员会. 国际图书馆大会续志[J]. 中华图书馆协会会报，1929，4(6)：7-8.

③ 中华图书馆协会理事会. 本会理事会决议事项[J]. 中华图书馆协会会报，1943，18(2)：18.

④⑦ 中华图书馆协会理事会. 本会理事会报告及决议事项[J]. 中华图书馆协会会报，1945，19(4/6)：13.

⑤ 中华图书馆协会理事会. 本会催缴会费启事[J]. 中华图书馆协会会报，1948，21(3/4)：封二.

⑥ 中华图书馆协会执行委员会. 会员缴费便览[J]. 中华图书馆协会会报，1935，10(5)：封三.

续表

截止日期	机关会员	个人会员	名誉会员	总计
1928 年 6 月	129	190		319
1929 年 6 月	162	269		431
1930 年 6 月	173	273	35	481
1931 年 6 月	186	310	33	529
1932 年 6 月	233	402	32	667
1933 年 6 月	258	452	30	740
1934 年 6 月	277	482	27	786
1935 年 6 月	276	522	27	825
1936 年 6 月	288	536	26	850
1936 年 12 月	299	599		898
1939 年 12 月				300 +
1940 年 12 月	101	280	22	403
1943 年 12 月	142	417①	18	577
1944 年 12 月	157	535②	18	710
1947 年 12 月		712③	8	720

（本表数据根据中华图书馆协会各年度报告汇总，原信息载于《中华图书馆协会会报》：2 卷 1 期 3—5 页，3 卷 2 期 3—6 页，4 卷 2 期 3—6 页，6 卷 1 期 3—10 页，7 卷 1 期 1—7 页，8 卷 1、2 期合刊 1—4 页，9 卷 1 期 2—6 页，10 卷 1 期 1—6 页，10 卷 6 期 3—7 页，11 卷 6 期 21—24 页，12 卷 5 期 13 页，14 卷 5 期 10—12 页，15 卷 5 期 6—7 页，18 卷 2 期 18—20 页，18 卷 5、6 期 12—14 页，21 卷 3、4 期衬页。）

由上表可以看出，自中华图书馆协会成立之初至 1937 年抗日战争全面爆发之前，为协会会员高速发展时期，会员总数由 331 个发展至 898 个。其中机关会员由 129 个增至 299 个，增长一倍有余；个人会员由 202 人增长至 599 人，增幅近两倍。1937 年抗日战争的全面爆发是协会会员发展的转折点，由 898 个直降至 300 有余，降幅近三分之二。自 1937 年至协会解散的 11 年间，迫于战事压力，各地图书馆迁徙频繁，会员亦居无定所，会员相关资料数据缺失散佚。但是从可考的数据来看，协会会员人数呈缓慢恢复之态，从 1937 年初的 300 有余增长至 1947 年登记会员数量 720 个，但是会员总数量仍未恢复至 1937 年战前的水平④。

二、中华图书馆协会的机构组织

1925 年 4 月 25 日，正值美国图书馆协会代表鲍士伟来华前夕，中华图书馆协会在北京图书馆协会和以上海图书馆协会为首的南方图书馆协会协商下，在上海市北四川路横浜桥

① 其中个人普通会员 387 人，个人永久会员 30 人。

② 其中个人普通会员 465 人，个人永久会员 70 人。

③ 其中含个人永久会员 68 人。

④ 梁桂英. 略论中华图书馆协会组织沿革[J]. 图书情报工作网刊，2012(6)：51 - 58.

的广肇公学里隆重宣告成立[①],成立时设董事部与执行部[②]。董事部设董事15人,由会员公选;设部长1人,由董事互选。董事任期3年,每年改选三分之一。第一任董事部部长为著名学者梁启超。董事中除袁同礼、沈祖荣、洪有丰为图书馆界人士外,其余多为社会政要、名流学者,如王正廷、熊希龄、颜惠庆、胡适、蔡元培等。这也是因为协会成立之初,迫切需要得到上层社会承认,同时希望争取更多支持,以利于图书馆事业的发展。执行部设正部长1人,副部长2人,干事若干;正副部长由会员公选,干事由部长聘任。第一任执行部部长为图书馆学家戴志骞,因协会成立时其出国未回,由副部长杜定友、何日章委托袁同礼代理。1925年曾有报道称戴志骞将于回国后的11月份接任[③],但因其事务繁多,后选举袁同礼正式担任执行部部长,时为1926年7月[④]。自此袁同礼历任执行部部长、执行委员会主席、理事长,直至1949年1月远走美国[⑤]。

1929年1月底至2月初,协会在召开第一次年会时进行了组织改革,取消董事部和执行部,设立执行委员会和监察委员会[⑥]。执行委员会和监察委员会的设立使协会的组织愈加完善。一方面,社会动荡变迁,董事们多有变故;另一方面,从组织学的角度看,委员会制更有利于成员以同等地位参与合议并做出决策。执行委员会除了继续行使原董事部的部分职权,如规定方针、筹募经费、审定会员资格外,还要编制预算和决算、推举常务委员和候选执行委员。执行委员会仍为15人,由会员公选;但设常务委员5人,由执行委员互选;执行委员任期3年,每年改选三分之一。第一任执行委员为戴志骞、袁同礼、李小缘、刘国钧、杜定友、沈祖荣、何日章、胡庆生、洪有丰、王云五、冯陈祖怡、朱家治、万国鼎、陶知行、孙心磐,多为图书馆界之佼佼者;社会政要及名流贤达被聘为名誉会员,如戴传贤、蔡元培、蒋梦麟、杨铨、胡适、叶楚伧等。监察委员会9人,由会员公选,但监察委员不得兼任执行委员。监察委员会的职权是监督执行委员会的行为,必要时可向全体会员弹劾,并核定经费的预算及决算。第一任监察委员为柳诒徵、田洪都、陆秀、侯鸿鉴、毛坤、李燕亭、欧阳祖经、杨立诚、冯汉骥[⑦]。监察委员会的任期和改选方法类同执行委员会。与先前组织相比,委员会及常务委员会(监察委员会则在“必要时”设立常务委员会[⑧])的设立,使得协会常务工作分工明确,并置于监察委员会的监督之下,不仅调动了参与人员的积极性,而且提高了决策的科学性和民主性,保证了图书馆事业的持续发展。而第一次年会修订颁布的《中华图书馆协会组织大纲》也成为协会组织大纲的范本,后来理事会与监事会时期的组织大纲即以此为蓝本。

1936年7月,召开第三次年会时,协会参考其他学术团体的办法,改执行委员会为理事会,监察委员会为监事会,自1937年1月起实行[⑨]。其人数设置、职权范围、选举方式与执行委员会和监察委员会并无多大差别。但是,虽然改称理事会与监事会,却因日本全面侵华,会务受到极大影响,理监事很长时间都未改选。

---

① 中华图书馆协会昨日成立[N].申报,1925-04-26.

② 中华图书馆协会执行部.中华图书馆协会组织大纲[J].中华图书馆协会会报,1925,1(1):3-4.

③ 中华图书馆协会执行部.戴志骞先生接收部长职务[J].中华图书馆协会会报,1925,1(3):22.

④ 中华图书馆协会执行部.中华图书馆协会本届选举结果[J].中华图书馆协会会报,1926,2(1):13.

⑤ 彭昭贤.追念袁守和先生[M]//朱传誉.袁同礼传记资料.台北:天一出版社,1979:63.

⑥ 中华图书馆协会执行委员会.中华图书馆协会组织大纲[J].中华图书馆协会会报,1929,4(4):4-5.

⑦ 中华图书馆协会执行委员会.中华图书馆协会第一次年会纪事[J].中华图书馆协会会报,1929,4(4):5-14.

⑧ 中华图书馆协会执行委员会.中华图书馆协会监察委员会章程[J].中华图书馆协会会报,1930,5(4):11-12.

⑨ 中华图书馆协会理事会.执监委会改称理监事会[J].中华图书馆协会会报,1937,12(4):13.

1944 年 5 月 5 日，第六次年会会务讨论时，提案修改组织大纲并改选理监事[①]。也许是因为出席会员仅为总会员的十二分之一，不具代表性，最后修改的组织大纲未见正式公布，当时选举的理监事人员也与 6 个月后的票选结果大不相同。

今天我们所能看到的组织大纲有 4 个版本：1925 年 4 月的成立版[②]、1929 年 1 月第一次年会会议修正版[③]、1937 年 1 月修订版[④]和 1944 年公布的报教育部和社会部的备案版[⑤]。组织大纲自始至终都将协会的宗旨定为“研究图书馆学术，发展图书馆事业，并谋图书馆之协助”，并针对协会的不同发展阶段，在会员种类和入会手续、组织及职权、经费、选举、会议、事务所等方面做了相关规定和调整。另外，为了共同研究学术或处理特别问题，协会执行部或执行委员会又依组织大纲设立了各种专门委员会，特别是对于图书馆教育，图书分类、编目、索引、检字、编纂，期刊出版，图书馆建筑以及古籍版片极为重视，设立专门委员会或部门研究处理此类问题。

表 2－2　中华图书馆协会组织沿革

<table>
<tr><td>时间</td><td>1925 年 4 月至
1929 年 1 月</td><td>1929 年 2 月至
1933 年 8 月</td><td>1933 年 9 月至
1936 年 12 月</td><td>1937 年 1 月至
1949 年 1 月</td></tr>
<tr><td rowspan="2">基础组织</td><td>董事部</td><td colspan="2">监察委员会</td><td>监事会</td></tr>
<tr><td>执行部</td><td colspan="2">执行委员会</td><td>理事会</td></tr>
<tr><td rowspan="14">专门委员会</td><td>图书馆教育委员会</td><td>图书馆教育委员会</td><td>图书馆教育委员会</td><td rowspan="14">在此期间，中华图书馆协会因战争影响，发展受到重创，各专委会已名存实亡</td></tr>
<tr><td>分类委员会</td><td>分类委员会</td><td>分类委员会</td></tr>
<tr><td>编目委员会</td><td>编目委员会</td><td>编目委员会</td></tr>
<tr><td>索引委员会</td><td>索引委员会</td><td>索引委员会</td></tr>
<tr><td>出版委员会</td><td>编纂委员会</td><td>编纂委员会</td></tr>
<tr><td></td><td>检字委员会</td><td>检字委员会</td></tr>
<tr><td></td><td>建筑委员会</td><td>建筑委员会</td></tr>
<tr><td></td><td>宋元善本调查委员会</td><td rowspan="2">版片调查委员会</td></tr>
<tr><td></td><td>版片调查委员会</td></tr>
<tr><td></td><td>季刊编辑部</td><td>季刊编辑部</td></tr>
<tr><td></td><td>会报编辑部</td><td>会报编辑部</td></tr>
<tr><td></td><td></td><td>图书馆经费标准委员会</td></tr>
<tr><td></td><td></td><td rowspan="2">审定杜威分类法关于中国编目委员会</td></tr>
<tr><td></td><td></td></tr>
</table>

来源：梁桂英. 略论中华图书馆协会组织沿革[J]. 图书情报工作网刊，2012(6)：51－58.

---

① 中华图书馆协会理事会. 中华图书馆协会第六次年会第一次会议记录[J]. 中华图书馆协会会报，1944，18(4)：6－9.

② 中华图书馆协会执行部. 中华图书馆协会组织大纲[J]. 中华图书馆协会会报，1925，1(1)：3－4.

③ 中华图书馆协会执行部. 中华图书馆协会第一次年会纪事[J]. 中华图书馆协会会报，1929，4(4)：5－14.

④ 中华图书馆协会理事会. 中华图书馆协会组织大纲[J]. 中华图书馆协会会报，1937，12(4)：54.

⑤ 中华图书馆协会理事会. 中华图书馆协会组织大纲[J]. 中华图书馆协会会报，1944，18(4)：20－21.

三、图书馆事业的发展

根据沈祖荣先生对当时全国图书馆数量进行个人调查统计,1918 年,中国仅有 33 所图书馆(不含通俗图书馆),1922 年全国图书馆数量已增长至 52 所。

1925 年,中华图书馆协会成立以后,有组织地进行了一次全国范围的图书馆数量统计,据统计报表显示,全国已有共计 502 所图书馆①,图书馆数量有了近十倍的增长。1936 年中华图书馆协会再次调查统计全国图书馆数量时,其结果显示全国共计有 4041 处图书馆②,而包括民众教育观附设图书馆在内,则有 5196 所图书馆③,与 1922 年相比图书馆数量增长了百倍。这与中华图书馆协会的创立及其积极推动图书馆事业发展有着密不可分的联系。

但是,在庞大数量的背后,图书馆质量仍有待提高。1936 年调查中,全国 5000 余所图书馆中大多数为民众通俗图书馆、巡回图书馆等,质量较差,利用率低,稳定性不强。虽然全国对发展图书馆事业给予了越来越多重视与投入,但限于当时的社会教育总体水平,对于图书馆的需求仍然较少,图书馆使用率较低。正如中华图书馆协会成立仪式上梁启超先生所言:"我反对多设'阅书报社式'的群众图书馆。群众图书馆,我在原则上并不反对,而且将来还希望向这条路进行,但在今日现状之下,我以为徒花冤钱,决无实益。"④因此,在乡间设立民众通俗图书馆与巡回式图书馆的效率并不高,而且会导致有限的资源过于分散。在当时的情况下,集中力量扩大大学图书馆水平或许更见成效。

随着图书馆事业,特别是地方上图书馆事业的发展。1924 年至 1936 年的 13 年间,全国相继成立了 17 处地方性图书馆协会。其中,北京、天津、上海、南京、开封、广州、江苏七地是在教育改进社通过组织地方图书馆协会案后随即成立的。其余 10 所地方图书馆协会均为中华图书馆协会成立后至卢沟桥事变前相继成立:1925 年 6 月济南图书馆协会成立,1925 年 8 月苏州图书馆协会成立,1929 年 5 月太原图书馆协会成立,1929 年 9 月福建图书馆协会成立,1930 年 9 月瑞安图书馆协会成立,1931 年 1 月无锡图书馆协会成立,1931 年 6 月安徽图书馆协会成立,1932 年 1 月江西图书馆协会成立,1934 年 3 月四川图书馆协会成立,1936 年 4 月全浙图书馆协会在合并浙江省会图书馆协会、浙江第二学区图书馆协会和浙江第一学区图书馆协会的基础上成立。

四、中华图书馆协会年会

中华图书馆协会作为我国首个全国性图书馆行业组织,在其成立仪式上形成的第一版组织大纲第七章"会议"中即有规定:每年举行一次年会,会期和地点由前一届年会决定,必要时还可召开临时会⑤。但是受当时社会时局不安、交通不便、经费匮乏等诸多因素影响,在中华图书馆协会存世的 24 年间,举办的六次年会均未能按时举行,并且在举办的这六次年会中,只有前两次年会由协会单独举办,后面四次年会均是与其他团体联合举办。但就这六次成功开办的年会来讲,处在当时的社会条件下中华图书馆协会广征意见,多方讨论,已然

---

① 中华图书馆协会执行部. 全国图书馆调查表[J]. 中华图书馆协会会报,1925,1(3):7-19.

② 中华图书馆协会执行委员会. 全国图书馆最近之统计[J]. 中华图书馆协会会报,1936,12(1):25.

③ 教育年鉴编纂委员会. 第二次中国教育年鉴[M]. 南京:教育年鉴编纂委员会,1948,37.

④ 梁启超. 中华图书馆协会成立会演说辞[J]. 中华图书馆协会会报,1925,1(1):11-15.

⑤ 中华图书馆协会执行部. 中华图书馆协会组织大纲[J]. 中华图书馆协会会报,1925,1(1):7.

尽己所能。年会议案涉及图书馆的方方面面，并且积极努力地践行“研究图书馆学术，发展图书馆事业，并谋图书馆协助”的协会宗旨。

1. 筹备与召开

1929 年 1 月 28 日，中华图书馆第一届年会正式举办，会议为期五天。作为中华图书馆协会成立之后的第一届年会，也是其六次年会中会期最长、到会人员数最多、议题数量最多、会后执行最好的一届年会。正如会上发布的《中华图书馆协会第一届年会宣言》所述，第一届年会的顺利举行充分展现了中华图书馆协会成立之后，积极致力于协会“研究图书馆学术，发展图书馆事业，并谋图书馆协助”宗旨的践行。

1930 年，按照中华图书馆组织大纲的规定，中华图书馆协会计划利用监察委员会在杭州发起全国图书展览会之机，于 4 月浙江省立图书馆建筑落成时举行第二届年会。但由于工程延期，执行委员会决定将年会延期一年。后又因组织仓促、时局动荡等原因，第二届年会最终延迟到 1933 年 8 月 28 日至 9 月 1 日在杭州举行，与第一届年会时隔四年。这是中华图书馆协会单独举办的第二届也是最后一届年会，由此以后，年会皆依附于其他团体，共同开展。

时隔两年，1936 年 7 月 20 至 24 日，中华图书馆协会第三次年会于南京举行。这次年会原本定于 1935 年秋协会成立十周年时在杭州或南京举行，但由于时局动荡，协会邀请的美国图书馆专家密歇根大学图书馆主任毕寿普（William Warner Bishop）和耶鲁大学图书馆主任凯欧（Andrew Keogh）来华时间难以确定，遂延至 1936 年与中国博物馆协会年会一起举行。作为抗日战争全面爆发前的最后一届年会，其成果与后几届年会相较仍比较显著。之后三次年会虽得以举行，但是受国内紧张局势影响，呈现出到会人数不多、议案匮乏、执行力低等情况，使得协会年会并无实际意义。

1937 年“七七事变”，抗日战争全面爆发。中华图书馆协会随同国立北平图书馆先迁长沙，再移昆明，又转重庆。正常会务被打断，会员颠沛流离，图书馆被毁无数，事业受到极大破坏。从此，协会工作重心转移到战时应对和图谋复兴方面。为应对抗战局势，中华图书馆协会加入当时成立的中国教育学术团体联合会并联合举办年会。1938 年 11 月 27 日至 30 日中国教育学术团体联合会年会暨中华图书馆第四次年会在重庆新市区川东联立师范学校举行。由此之后，中国图书馆事业发展转向低谷。

1942 年 2 月 8 日至 9 日，因各种原因多次延期后，中国教育学术团体第二届联合年会暨中华图书馆协会第五次年会在重庆国立中央图书馆举行。

1944 年，抗日战争出现曙光，5 月 5 日至 6 日中国教育学术团体第三届联合年会暨中华图书馆协会第六次年会在重庆举办，其主题主要以战后图书馆事业恢复为主。但是对外战争刚刚停止而又内战再起，中国图书馆事业处于低迷期至中华图书馆协会 1949 年消弭于无形一直未得到恢复①。

2. 议题及内容

中华图书馆协会年会的主题多围绕图书馆事业及图书馆学的发展为中心，同时受到历史背景和时局的强烈影响，这一点从第一届年会开始即一以贯之。1928 年，北伐胜利，国民党中央委员会宣布中国由“军政”进入“训政”时期。一方面，为实践孙中山先生“政府自当

---

① 梁桂英. 中华图书馆协会年会述略[J]. 图书馆理论与实践，2013(9)：80－84.

努力于建设”的计划，发展图书馆事业；另一方面，也为了探讨图书馆事业初步发展后暴露出的问题，1929 年中华图书馆协会第一届年会在南京举行，并以“不可不使之有学术上之价值”，以“训政时期之图书馆事业”为总议题，收集论文并举行分组会议及各委员会会议。第一届年会事务组织分为招待组、议案组、论文组、总务组、征求会员组及编辑组；年会会议分为讲演会、会务会和分组讨论会三种，其中分组讨论会又分图书馆行政、分类编目、编纂、图书馆教育、图书馆建筑、索引检字六组，基本确立了年会的召开模式。基层图书馆发展是此次年会提案的主要内容，也是年会的主要议题。此次年会关于基层图书馆发展的提案共有 8 件。

次年，第二届年会召开，经讨论此次年会的中心议题定为“图书馆经费及民众教育”。具体来说，一是保障图书馆经费“安定与独立”，以使作为启导国民基本教育“先锋”的图书馆不受外力的牵制。二是发展面向民众的图书馆事业，服务于“几乎被国家所遗忘”的农民，担当图书馆业界启发民智的职责。此次年会共有 200 余人出席，代表 130 个机关和个人，其中会员 114 人。分组会议为民众教育组、图书馆经费组、图书馆行政组、图书馆教育组、分类编目组及索引检字组六组，通过议案 30 件，收到论文 6 篇。

1936 年，第三次年会召开之际，日军已开始全面侵华。此次年会设图书馆行政组、图书馆教育组、分类编目组、索引检字组、民众教育组五个分组，共通过议案 58 件。由于资料欠缺，各个分组通过的议案无法确定。

1938 年，中华图书馆第四次年会作为中国教育学术团体联合会年会的一部分联合举行，出席年会会员计 63 人（含新入会会员约 30 人）。联合年会分为五组审查议案，图书馆属第三组“社会教育、图书馆及电影组”。此次年会共通过有关图书馆事业议案 13 件，报联合年会专刊论文 4 篇。在专刊论文中，以协会名义发表了由于震寰执笔的《抗战建国时期中之图书馆》。这篇文章在简述了战争给图书馆事业造成的巨大破坏后，重点指出了我国图书馆事业存在的基本问题及其在战时的发展策略，如制度确立、图书馆普及、人才培养、图书搜集、经费分配、建筑设备、政策技术等方面，指明战时图书馆的发展目标是“力谋经济化、系统化、标准化、技术化”，可以说是中华图书馆协会在抗战时期发展的纲领性文件，具有重要的价值意义。

1942 年，第五届年会召开时，太平洋战争已经爆发，香港也已沦陷，各地交通极为不便，与会的 34 名会员均来自重庆及附近地区。会期极其短暂，仅为两日，且到会人数极少。因战乱相关记录散佚，会议期间是否有会议论文以及提案产生，根据现有资料尚不能知。各方提案整理后归为 10 案，通过 8 件。

中国教育学术团体第三届联合年会暨中华图书馆协会第六次年会定于 1944 年 5 月 5 日至 6 日在重庆国立中央图书馆举行。此时，距离诺曼底登陆仅一个月，抗日战争即将迎来胜利，国内局势也日趋稳定，如何在战争胜利后继续发展成为学会关注的主题。本届联合年会以“战后世界和平与教育改进问题”和“实行实业计划最初十年所需人才培养问题”为中心议题。中华图书馆协会则以“战后图书馆复员计划”和“战后图书馆所需人才培养计划”为中心议题①。

① 梁桂英. 中华图书馆协会年会述略[J]. 图书馆理论与实践，2013(9)：80－84.

五、图书馆学专业教育

协会成立伊始，就十分关注图书馆人员业务培养问题，根据在职人员的特点，对在职人员利用星期学校进行短期培训。

1925 年，在中华图书馆协会成立大会上设立 13 个专门委员会，其中图书馆教育委员会主任为洪有丰、副主任胡庆生、书记朱家治，选择西城石老虎胡同松坡图书馆为该会总事务所。当时教育委员会正在搜集各国关于图书馆学及目录的书籍，所以考虑先在北京建立一个图书馆学图书馆，方便图书馆学研究。同时，图书馆教育委员会鉴于“图书馆与教育至关重要，刻国人正力谋发展，惟此项管理人才，颇为缺乏”的思考，决定当年七月在南京东南大学图书馆开办图书馆学星期学校，聘请袁同礼、沈祖荣、洪有丰、李小缘、刘国钧、杜定友等国内图书馆学专家为教授，并在课外请国内外教育名流分期演讲。所授课程包括图书馆学术史、图书馆行政、分类法、编目法、图书选购法、图书流通法、参考部儿童图书馆、学校图书馆目录学、古书鉴别法、出版物、图书馆建筑、图书馆学术集要等①。

① 中华图书馆协会之进行[N]. 申报，1925 - 03 - 24(1).

第三章　中华图书馆协会的衰落

中国近代图书馆事业诞生于风雨飘摇的动荡社会之中，自光绪皇帝下旨鼓励建设新式图书馆为始，至中华图书馆协会无形解体，半个多世纪的时间，中国始终处于战乱不断的社会动荡时期，在接连的列强入侵、军阀割据、解放战争的纷扰战乱之中，中国的图书馆事业虽然在中华图书馆协会成立后至抗日战争全面爆发之前，有短暂十年的事业高速上升期，但是终究因为战乱频繁，缺乏稳定的社会环境，最终致使中国图书馆事业发展陷入搁置时期，协会也在 1949 年后消弭无形。

第一节　中华图书馆协会的衰落背景

1937 年，卢沟桥事变为起点的日军全面侵华战争的爆发，直接导致了我国 20 世纪图书馆事业的深重灾难，与此同时沉寂的不只是中华图书馆协会，中国各方面社会正常活动都由此而打乱。随着战争的进行，华北、华东、华中、华南等地区的图书馆建筑和珍贵文献均遭到严重破坏，“新图书馆运动”为中国图书馆事业带来的繁荣发展势头戛然而止。抗日战争结束之后，接踵而至的解放战争爆发，使刚刚转好的图书馆事业建设环境再次急转直下，直至 1949 年中华图书馆协会解散，中国图书馆事业终未得复兴。

中华图书馆协会的衰落大致由以下六种因素共同作用而成，最终造成了协会解散成为定局：

一、社会动荡不安

动荡的社会环境是一把双刃剑，它既可以是社会快速转型的催化剂，同时也可以阻碍社会前进的步伐。春秋战国时期，思想界百家争鸣，因社会的动荡不安，促成了思想的异常活跃开放，由此有了诸子百家，各成一派，为后世留下诸多的思想精粹。学术团体作为特殊的组成，其存在可以因需而生，不计环境，但其长足发展却离不开稳定的社会环境。

自甲午战争以来，日本加速了侵略中国的步伐，1931 年“九一八”事变后，东北三省沦陷。1932 年年初，日军在沪发动“一・二八”事变；至 1933 年，日军已从东、南、北三个方向对北平形成包围之势，兵临城下，华北危殆。

与日军的侵华战争相依存的是，其借战时之便对我国图书文献资源进行了大肆破坏与掠夺。甲午战争时期，日本宫中顾问官兼帝国博物馆总馆长的九鬼隆一撰写了《战时清国宝物收集方法》，并将其呈送日本内阁及陆海高级将领，指导日军利用战争之机掠夺中国文物古籍，标志着日本对我国文化侵略政策的初步形成。这一所谓“方法”直接写明“搜集大陆邻邦之遗存品，乃属学术上最大要务”。其中对图书的毁坏与掠夺是日本对华文化劫掠的重中之重。在此方法指导下，日军在华有计划、有目的地进行图书抢劫和破坏；许多学校、研究所、图书馆、出版社等文教机构被掠夺与炸毁。社会动荡不安，最先混乱

的便是人心，人心若是不在，则万事难成。从《七七事变后北平图书馆状况调查》中可见一斑："七七事变以来，迄今已逾四载，平市各图书馆，处此非常状态之环境中，既乏居显者之提倡，后无图书馆协会为之联络，且人心惴惴，不能安于所事，是以停办者有之，移让者有之，其能继续维持苟延残喘者，亦无非碍于他故，敷衍了事而已，较之事变以前之生气勃勃状态，诚不堪以道里计矣。"①北平即是如此，惶惶人心之下，各个图书馆或关，或转，或敷衍了事，难以为继。据有关资料统计，北平沦陷期间被掠夺和被焚毁的公共图书馆和高校图书馆藏书达448957册，私人藏书137471册；上海地区截至1947年公共藏书损失达264715册，私人藏书25726册；南京沦陷期间公共藏书被毁被掠459579册②，图书馆事业较为发达的地区也是日军重点的占领城市，侵略者铁蹄所过之处，图书馆以及馆藏均遭烈火加身之灾。且中华图书馆协会亦难司其职，只呈苟延之状，全国各地受战火蹂躏的各个图书馆经营惨淡之貌亦是不言而喻，中华图书馆协会作为全国图书馆界交流平台，枝叶俱损，徒留主干，呈孤掌难鸣之态，协会发展的根基已经消失，且协会自身无心操持，由此，中华图书馆协会由盛转衰之势必成定局。

二、经费来源匮乏

对于任何一个社会团体来说，经费的短缺均会极大地限制组织的正常运营，由此导致组织的衰落。协会自成立伊始，即处于经费持续不足的状态。因此，经费支出均是紧紧围绕经费收入进行，加之平日不定时的政府补贴或者其他机构赞助可以暂缓其经费匮乏的困局，使协会发展仍处于正常可循环的状态。但不稳定的收入来源是难以依靠的，任何变动的发生都会导致其发展陷入困境，一旦战争爆发，致使政府无暇顾及协会的发展，经费不足的局面更加突出，协会基本活动继而难以维持。

中华图书馆协会最主要的经费来源即是会员会费，经济来源极其单一。抗日战争的全面爆发，导致全国各地的图书馆大规模闭馆，没有闭馆的图书馆也仅能勉强维持，图书馆正常业务均受到极大影响，由此机关会员的数量大幅减少，1940年全国机关会员数量与1936年的数量相比，降低近三分之二，个人会员减少数量也近二分之一。再者战争期间个人经济条件极大受损，故此协会的主要经济来源极度减少。中华图书馆协会亦由最初"研究图书馆学术、发展图书馆事业、谋求图书馆间协作"的宗旨转变为"求生存，保文献"的管理理念。

中华图书馆协会缺乏自我经济补充能力的这一难以改变的事实，为其发展埋下了难以继续的隐患，如果没有战争的爆发，协会经济依旧持续紧张，其发展必定同样难以长久，故此，战争的发生催化了中华图书馆协会走向衰落的进程。

三、群众参与度低

任何公共组织成立之初，可以限定在某一社会阶层，以一小部分人为发展活动范围。而组织要有一定发展时，便需要有更大的群众基础，社会组织只有具备深厚的群众基础，成为群众生活中息息相关的事物时，才能有长足的发展。由此可见，群众参与度是其兴衰存亡的关键。

---

① 中华图书馆协会理事会.七七事变后北平图书馆状况调查[J].中华图书馆协会会报，1941，16(1,2)：4.

② 谢灼华.中国图书和图书馆史[M].湖北：武汉大学出版社，2011：395.

中华图书馆协会的诞生，是图书馆事业发展的必然结果，是图书馆学家共同倡导呼吁的成果。但是回溯当时的社会背景，中国人口中受教育比重极其低下，据当时报刊记载，1939 年，中国文盲率高达 95.1%，不论其统计精确与否，总之可以反映当时文盲率之高，在少部分受过教育的人群中，又有极大一部分受教育层次不高，所谓的"民国小学范儿"的人群，即是当时社会的"精英"。在如此高文盲率、低受教育率的社会基础上，图书馆的使用与接纳，实际上只是局限于极小部分人，绝大多数人对于图书馆的存在是充耳不闻、视而不见的。反言之，在当时动荡的社会环境之下，人民群众生命安全以及生活的最基本保障均岌岌可危，何谈教育。古语有云，"仓廪实则知礼节，衣食足则知荣辱"，毕竟在当时动荡的社会环境之下，人民群众生命安全以及生活的最基本保障均岌岌可危，何谈教育。因此在这样一个历史大背景下，图书馆的大量成立（姑且不谈大量建设图书馆而其质量如何的问题）与推广，所能惠及的人群，相对于庞大的总体基数而言，颇有杯水车薪之感。

另一方面，中华图书馆协会对于图书馆究竟应该走学术精英路线，还是平民教育路线，始终存在一定分歧。在一段时间内，协会在人民群众中的宣传拓展相对势弱，其活动范围自始至终围绕图书馆界以及学界的精英人群。从其会员名录中可以看出，非学界大家不可成为个人会员。笔者并不赞同为增加经费广纳会员，宁滥勿缺的方法。在此，协会或可与教育界联合，普及文化、扫除文盲，增加各地图书馆使用频率，增加各图书馆自我经济补充能力，与此同时，教育亦可带来社会发展的良性循环。

会费短缺，会员人数不足的原因即在于人民群众不重视图书馆发展，中华图书馆协会亦不重视扩大在群众中的影响，于此导致经济来源不稳定，经费不足，进而协会活动无法正常进行，发展无法持续。故而，群众参与程度低下，重视程度不深是中华图书馆协会衰亡的又一重要原因。

四、基础不够稳固

中华图书馆协会成立于社会动荡的时期，其发展必然受到诸多外界因素的影响。例如，一方面作为学术团体，其经济难以自持，中华图书馆协会自身经费收入不足，主要依靠国民政府拨款以及地方政府补助；另一方面，在中国社会传统思想的影响下，自古文化多为政治服务，故而难以摆脱政治的挟持。且中华图书馆协会成立誓词中即言，"举凡弘教育、文化，与夫指导社会之责，靡不分负之，而馆政之良瘫，与专学之兴废，遂大有关民族之盛衰"，其实质即为教育救国，以期发展图书馆事业达到发达国家水平的目的。而建立在救国目的上的发展图书馆事业从某种角度来说是存在偏颇的，尤其在中国图书馆事业刚刚起步阶段，在学科建设、书目选择等方面都会存在一定取舍，这种取舍在学科起步阶段对于学科未来发展实际上是存在的隐患。故此，中华图书馆协会自成立伊始，便埋下了不稳定的隐因。

1929 年，在南京举办的协会第一次年会中，把贯彻"党化"教育，列为图书馆第一项任务，认为"宣传党义，尤同人所宜努力也"，倡议开办民众图书馆，向群众灌输"党义"；协会会员蒋镜寰称，图书馆的第一使命是"宣扬党义"，要求"馆无大小，地无分城乡，均宜多备关于党化之书籍、图画、标语、表解等，或特设革命文库，党书专部""务使民众日夕熏陶于党义之中，感受党化于不自觉"。由此可见，中华图书馆协会成为国民政府宣传党务的重要渠道之一。在徐文《试评中华图书馆协会的性质及其作用》中言，"'协会'是一个半殖民地半封建

性质的图书馆学术团体，在政治上是为当时的反动政治服务的，在学术上宣扬了大量的封建文化糟粕和帝国主义的腐朽'文明'"。笔者认为其中言语比较偏激，诞生于当时的协会很难与政治完全划开界限，但是依附于国民政府，成为国民政府宣传党义口舌的协会同样并不可取，中华图书馆协会或许认为国民政府可以依靠，作为救国兴国的领导政权，故而为其宣传党义等，其与政权过于贴近，以期借助国民政府的势力实现教育救国的愿望。但在乱世，政府对于图书馆事业发展并不十分看重，以上诸多在成立之初所对其日后自身发展造成了诸多阻碍。

五、管理能力不足

在中华图书馆协会筹备以及成立初期，其领导人包括梁启超、蔡元培、韦棣华等都是出色的教育家、社会活动家，他们在对协会的组织管理、社会活动以及资金筹措方面均有广泛的人脉以及社会经验，在这些有识之士的推动下，协会在成立初期，其社会影响力较强，受到社会各界广泛关注，经费亦较为充足，发展比较顺畅。但是在协会发展中后期，协会管理者在很长一段时间内为袁同礼、蒋复璁等几位著名的图书馆学家，他们在图书馆学术建设方面很有成就，但是，其对协会组织管理能力则十分平平，故而使协会处于强于学术、弱于管理的现象中十数年之久。作为行业协会，其主要职能应在代表行业共同利益、作为与政府间沟通的桥梁，传达各图书馆的共同要求等，而非专职于学术，忽视管理。故而在此期间，中华图书馆协会并未发挥行业协会主要协调行业关系、服务行业发展的作用，其扮演的更多角色则是加强学术建设、促进学科发展等图书馆学会的职能。

再者，因为中华图书馆协会的领导力有限，在图书馆学人才培养方面虽有诸多倡导，但实际收效不佳。在抗战前，我国图书馆专科学校以及设立图书馆学专业的高校即屈指可数，仅有武汉文华图书馆学专科学校以及金陵大学图书馆学系。其中，武汉文华图书馆学专科学校是在韦棣华女士的积极倡导下才得以设立，金陵大学图书馆学系的设立多归功于刘国钧于此担任文学院院长之职。由此可见，中华图书馆协会在倡导设立图书馆学专科学校以及专业方面影响力并不大。

受战争的影响，全国各地图书馆事业均遭受巨大损失，中华图书馆协会与地方协会及图书馆间关系更为松散，其领导力进一步下降，由此更加剧了中华图书馆协会的衰亡速度。

六、协会组织松散

中华图书馆协会应全国图书馆事业发展需要而产生，于成立之初，与地方图书馆事业联系尚算紧密。随着战争的爆发，交通的不便，信息的阻塞，人员来往的减少，协会地址的不断改变，协会对于全国图书馆事业的领导能力愈加薄弱。各个图书馆未对中华图书馆协会产生较强的依赖性，因为诸多因素的共同作用，其对协会的消亡也置若罔闻。

中华图书馆协会组织筹备之时，便表现出沟通不畅的缺陷。北平图书馆协会与上海图书馆协会均属在中华图书馆协会成立之前，响应中华教育改进社成立图书馆协会倡议而成立的第一批地方图书馆协会，两者在首批成立的地方图书馆协会中，发展较为完善，运作较为得当，成势均之态。时值北平、上海均各自预备成立全国性质的图书馆协会，直至成立前夕，双方领导互相协商、两者相互妥协，最终先于上海组织成立，后于北平举办成立仪式。地方图书馆协会各自为战的现象贯穿整个中华图书馆协会存在的始末，其中不乏战争阻碍了各协会间交往的因素。

中华图书馆协会与地方图书馆协会均有各自的成立章程,但其主旨内容一致。就地方发展情况多样性角度考虑,纲领性文件统一并非意味着协会与地方协会发展的更为协调,对于不同地区来说,不同的常规事务并未列进章程之内,且地方协会领导人也多为图书馆界专业人士,对于图书馆协会经营亦缺乏相应的管理能力,往往耗费诸多人力物力,而事倍功半,最终使协会发展愈加低迷。

杜定友先生主管的广东中山大学图书馆在抗战中的遭遇,可谓是我国图书馆的缩影。1936 年出任广东中山大学图书馆馆长的杜定友先生记述,直至 1938 年中山大学图书馆撤离广州时图书馆藏书已有 30 万册。抗战期间,中山大学辗转粤桂滇黔湘诸地,尽管杜定友先生百般仔细、殚精竭虑地看护中山大学图书馆,但是到抗战胜利中山大学返回广州之际,图书馆藏书仅剩 45000 余册,以致令杜先生发出"30 年来一场空,无图无书又无馆"的慨叹。

综上所述,这一时期限制协会发展的主要因素即为战乱,战争的爆发对于协会的发展起到了极大的遏制作用,甚至使其出现了衰退。1937 年,几乎所有图书馆学刊物在当年停刊,文华图专被迫西迁,几乎所有图书馆学家均加入到逃难者的行列,直至 1945 年后,才出现少许有价值的图书馆学理论成果。故此,稳定的社会环境是学术事业正常发展的基本保障,在动荡社会中,首当其冲的当属文化事业,交通的不便、经费的不足、人员的缺失都将不可避免的导致任何学术研究陷入困顿。保证稳定的社会环境即是学术长足发展的基础。

第二节　中华图书馆协会的衰落

中华图书馆协会的衰落表现在诸多方面,总体来说自 1937 年抗日战争全面爆发之后,协会的各项事务均进入全面停滞状态,至此,中华图书馆协会的高速发展时期结束,其后的 12 年,协会名存实亡,直至 1949 年协会解散。

一、经费收支难以为继

中华图书馆协会经费主体来源于会员会费,根据组织大纲第一版第五章第十八条规定(此后三版协会组织大纲此项内容一致),本会经费,以下各项充之:(一)机关会员年纳会费五元;(二)个人会员年纳会费二元;(三)捐助费;(四)官厅补助费①。其中,捐赠费主要来源于国民党中央党部及中央政府各院部,其他如国立清华大学、国立北京大学、燕京大学以及北平市政府等机关对协会的捐助。官厅补助即国民政府对于协会的补助。在实际运行中,还有一些其他经费来源,如个人捐助以及售书报费等,但是此类经费来源并不稳定,协会经费时常捉襟见肘。表 3 - 1 即为中华图书馆协会自成立至 1948 年有文字记载的经费数据:

① 中华图书馆协会执行部. 中华图书馆协会组织大纲[J]. 中华图书馆协会会报,1925,1(1):4.

表 3-1　中华图书馆协会经费收支情况（单位：元）

年份	收入（包括上年转入）	收入（不包括上年转入）	支出	盈余
1939 年 7 月至 1940 年 12 月	2737.850	2737.850	1385.630	1352.220
1941 年	3564.094	2211.870	1989.050	1575.044
1942 年	5730.115	4155.070	3856.530	1873.585
1943 年	16220.490	14346.910	14694.460	1526.030
1944 年	69542.550	68016.520	47597.220	21945.330
1947 年 3 月至 1948 年 5 月	28301278.690	28301278.690	24321969.170	3979309.520

（数据来源：中华图书馆协会历年收支对照表：载于会报 10 卷 6 期，11 卷 6 期、18 卷 1 期、18 卷 2 期、18 卷 5/6 期、21 卷 3/4 期。）

由上表可见，协会经费每年收入不定，也没有总体趋势可言，但至 1939 年起（1936 年 7 月至 1939 年 6 月数据缺失），协会收入（包括上年转入）相较战前处于更加低位（不考虑通胀因素），可动用经费相当有限，在具体支出明细中可见，其经费支出受经费收入所限，均紧紧围绕收入进行，这很大程度上限制了协会活动的开展以及其运营发展。

出现这种状况的原因主要在于 1937 年抗日战争全面爆发，导致经费来源受到极大影响。

第一，作为协会经费主要来源的会员会费缩水。因会员受到战乱影响，本已加入协会者或散落于全国各地，而且交通受阻严重，难以缴纳会费；因战争影响，会员的工作稳定性不能得到保证，很多会员无力缴纳会费；战争限制了中华图书馆协会吸纳新会员的能力，协会会员数量大幅下降（详见表 2-1）。

中华图书馆协会自成立伊始会员数（机关会员及个人会员，个人会员包含名誉会员）持续上涨，直至抗日战争全面爆发，此后，机关会员及个人会员数均骤然下降。虽然，随后几年有小幅增长，但也未恢复至战前水平。会员人数的下降，也导致会费的严重不足。

第二，协会经费的补充经费构成——官厅补助受到极大削减。抗日战争的爆发使国民政府的主要用度极大向战事开销倾斜，教育发展被边缘化。协会本已紧缺经费，更无法得到官方的资助。

第三，北京地区因日军 1937 年进驻，华北地区高校多向南迁至四川、云贵地区，或中国中部地区，如山西、陕西等地避祸。迁移后的学校规模缩减，出现很多联合办学的情况，自身经营大受影响，给中华图书馆协会的捐助费用也就无从谈起。

第四，中华图书馆协会也因日军进驻北京，而被迫迁址，且随后的十余年间，直至协会最后解散，协会地点变动频繁，且选址之间距离甚远，造成经费收集困难。在抗战全面爆发前的 12 年，虽然事务所办公地点同样变化四次，平均三年迁址一次，但始终居于北京。抗战爆发后的 12 年里，事务所迁址六次，且由昆明迁至重庆，再次迁至南京，横跨半个中国之遥。因此，在战乱之中，交通通讯皆不便的特殊时期，稳定的会员经费以及可能会有的捐助费用，皆是可望而不可及的。下表 3-2 是中华图书馆协会自成立伊始直至解散的选址变迁，由其频繁的地点变迁，从侧面亦可反映协会发展的坎坷历程。

表 3-2 中华图书馆协会事务所变迁状况

时间	事务所地址	时间	事务所地址
1925 年 4 月—1927 年 2 月	北京松坡图书馆第二馆	1939 年 7 月—1940 年 9 月	昆明柿花巷二十二号
1927 年 3 月—1931 年 6 月	北海北京图书馆（后并入北平图书馆）	1940 年 9 月—1941 年 1 月	昆明文庙尊经阁
1931 年 6 月—1935 年 1 月	北平文津街一号	1941 年 1 月—1943 年 9 月	昆明龙泉镇桃园村起凤庵
1935 年 1 月—1937 年 6 月	北平中海增福堂	1943 年 9 月—1946 年	重庆沙坪坝北平图书馆
1938 年 7 月—1939 年 5 月	昆明西南联大图书馆	1946 年 3 月—1948 年 5 月	南京中央图书馆

二、图书馆事业的衰退

中华图书馆协会自成立至抗日战争全面爆发期间，全国图书馆建设数量呈大幅增长之态。较沈祖荣 1918 年第一次调查全国图书馆数量 33 所及 1922 年第二次调查全国图书馆数量 52 所，1925 年中华图书馆协会成立后，第一次有组织的调查全国图书馆数量已经达到 502 所之多，此后图书馆数量成倍递增，于 1936 年达到全盛状态，达 5100 余所。但是自抗战爆发后，图书馆的数量大幅减少，图书馆建设出现明显倒退之势。见表 3-3：

表 3-3 1936—1947 年全国图书馆数量

类别	单设图书馆		民众教育图书馆		学校图书馆		机关社团附设图书馆		合计	
年度 / 省市	1936	1947	1936	1947	1936	1947	1936	1947	1936	1947
江苏	30	18	76	3	7	13	44	0	157	34
浙江	54	27	125	107	21	9	125	2	325	145
安徽	38	5	44	0	1	8	80	0	163	13
江西	49	4	23	0	15	205	74	0	161	209
湖北	24	6	65	44	5	9	69	1	163	60
湖南	154	6	26	86	1	169	181	1	362	262
四川	138	37	37	114	2	21	64	4	243	176
西康	3	6	0	0	1	5	2	0	6	11
河北	178	4	105	6	4	39	152	0	439	49
山东	69	1	108	21	3	20	138	0	318	42
山西	91	2	7	57	5	55	74	1	177	115
河南	159	3	87	2	2	198	194	0	442	203
陕西	30	5	10	5	1	1	30	0	71	11
甘肃	12	5	19	7	4	7	26	1	61	20

续表

类别	单设图书馆		民众教育图书馆		学校图书馆		机关社团附设图书馆		合计	
省市＼年度	1936	1947	1936	1947	1936	1947	1936	1947	1936	1947
青海	8	1	5	1	1	13	3	1	17	16
福建	52	97	28	34	6	208	96	2	182	341
台湾		9		0		4		0		13
广东	167	44	87	44	12	4	357	3	523	93
广西	63	63	57	0	1	10	75	0	196	73
云南	4	3	14	6	5	186	68	2	91	197
贵州	17	8	8	82	1	4	15	0	41	94
辽宁	36	5	1	17	2	59	276	0	315	81
安东		2								2
辽北		3								3
吉林	12	2	10	13	2	5	47	2	71	22
松江										
合江										
黑龙江	6		3		1		17		27	
嫩江										
兴安						1		1		2
热河	4	1	5	1	1	0	15	0	25	2
察哈尔	6	1	23	27	1	14	25	0	55	42
绥远	18	2	6	7	1	6	14	0	39	15
宁夏	2	11	1	2	1	10	3	0	7	23
新疆	1	1	0	7	1	6	3	0	5	14
西藏										
南京	4	4	3	3	30	44	15	26	52	77
上海	60	8	4	4	18	46	158	17	240	75
北平	8	5	1	2	3	26	84	0	96	33
天津		2		10		41		1		54
青岛	2	2	1	2	1	10	5	7	9	21
威海卫	1		1		1		3		6	
大连										
哈尔滨										

续表

类别	单设图书馆		民众教育图书馆		学校图书馆		机关社团附设图书馆		合计	
年度 / 省市	1936	1947	1936	1947	1936	1947	1936	1947	1936	1947
沈阳		2		1		22		1		26
东省特区	2		0		1		10		13	26
西安		4		1		7		1		13
汉口		1								1
广州		2				7				9
重庆		6				10		2	2	18
合计	1388	418	990	716	162	1492	2542	76	5196	2702

来源：民国二十五年(1936)与民国三十六年(1947)全国图书馆比较表[M]//第二次中国教育年鉴.北京：商务印书馆,1948:1120－1123.

通过表3－3可以看出，抗战全面爆发之后至1947年全国图书馆数量调查之际，各种类型图书馆数量均有极大变化，不只图书馆总数上大幅减少，由1936年的5196所减少至1947年的2702所，图书馆构成类型也发生了根本性变化。其中机关社团附设图书馆数量减少最为明显，从1936年的2542所减少至1947年的76所，不足原来数量的三十三分之一；单设图书馆数量由1388所减少至418所，约为原来数量的三分之一；民众教育图书馆减少量最少，由990所减少至716所，下降数量大约为五分之一；而学校图书馆数量是各类图书馆中数量唯一增长的，由1936年的162所增长至1947年的1492所。其中原因主要在于，机关社团附设图书馆受其经费影响，由政府划拨经费的急剧减少而不得不大幅度削减；单设图书馆经费同样主要来源于地方政府，无力支持其经费开销故而数量下降幅度较大；民众教育图书馆规模普遍较小，且多在于乡镇，故而受战争波及程度较轻；而学校图书馆数量上升的主要原因是，大量图书馆南迁或者向中部迁移，并且多是多校联合办校，各学校资源较为集中，且学校中的师生是图书馆使用的核心人群，所以数量不降反升。

自抗战全面爆发之后，除部分省份，全国各地图书馆均受到不同程度影响，并且在此期间，随着图书馆数量下降的同时，图书馆质量也出现不同程度的下滑。因战争所致的经费不足，引起了一系列不良后果，馆舍简陋，配备不足，一方面战争导致学术中断，新书难以为继；另一方面经费匮乏，无力购置新书，导致书籍陈旧，图书馆内馆务人员及图书馆专业人员不足，战乱使图书馆使用率大幅降低，诸多图书馆因此闭馆。1944年，抗日战争胜利之后，中华图书馆协会开始着手图书馆战后恢复重建计划，但是解放战争爆发，故而，直至1947年距抗战结束已逾两年，全国各地图书馆建设虽然均有不同程度的恢复，但是始终未能复原至战争前状态。

三、协会年会的形式化

中华图书馆协会成立于中国社会最为动荡的时期，虽然根据协会组织大纲第七章规定：每年开年会一次，在各省区轮流举行。但是实际上，自第一次年会为始，至1949年协会解

散,25 年间成功开会者仅有六次,且均因各种原因延迟会期,如表 3 – 4 所示。

表 3 – 4　中华图书馆协会年会情况

年会	时间	会期	内容
一	1929 年 1 月 28 日至 2 月 1 日	5 天	通过 88 件议案,收到 24 篇论文
二	1933 年 8 月 28 日至 9 月 1 日	5 天	通过 30 件议案,收到 6 篇论文
三	1936 年 7 月 20 日至 7 月 24 日	5 天	通过 58 件议案
四	1938 年 11 月 27 日至 11 月 30 日	4 天	通过 13 件议案
五	1942 年 2 月 8 日至 2 月 9 日	2 天	资料空缺,不知是否收到议案及论文
六	1944 年 5 月 5 日至 5 月 6 日	2 天	通过 8 件议案,多关于战后图书馆恢复

在六届年会中,对于协会有实际价值者只有前四次,在会议中有实际成果,其中以前两次会议的会后执行效果最明显,对当时图书馆事业起到积极作用。第五届、第六届年会因会议时间处于战争焦灼状态及战争刚刚结束时期,导致会议安排短暂、会期仓促、到会人员极少、通信不便等,故年会价值极其有限。

四、地方协会发展迟缓

1924 年,为响应教育改进社议案,组织地方图书馆协会,北京、天津、上海、南京、开封、广州、江苏七地相继成立地方性协会,之后于 1925 年中华图书馆协会成立至 1937 年,共有 10 处地方图书馆协会成立。但是抗日战争全面爆发至 1949 年协会解散的 13 年时间,全国只有三地成立地方图书馆协会,且成立时间均为抗日战争结束之后,即 1945 年 4 月由国立西北图书馆、西北师范学院、甘肃科学教育馆、省立兰州图书馆等五机构联合成立的兰州市立图书馆协会;1947 年 3 月由杜定友发起成立的广东省图书馆协会;1947 年 4 月重庆为谋求发展全市图书馆事业起见而成立的重庆图书馆协会。此时,离中华图书馆协会解散已不足两年,故其发展极其有限。较于前期 12 年平均一年一地方协会的成立速度来看,发展乏力,其势甚微。

地方图书馆协会成立速度几近停滞状态,一方面是因为抗日战争的全面爆发,使得尚未成立地方图书馆协会的省市没有充足的时间筹备协会的成立,同时也没有经济实力以及充足人力支持地方协会的成立;另一方面,便是受未能成立地方协会地区的自身发展水平所限。从当时施行的全国 23 个省份的划分来看,未能成立地方协会的如西藏、新疆等地,其自身经济情况、对于图书馆需求、人员受教育水平等情况均处于极其低下的状况,抗日战争的爆发对于这些较为偏远的省市并没有实质性的影响,故而,或许没有抗战的全面爆发,他们同样无法在这一时期成立地方图书馆协会。

与地方图书馆协会成立停滞相较,更为可惜的是已经成立的地方图书馆协会在这一期间形同虚设,并没有实质性的研究进展或者业务推进。在抗日战争胜利之后,解放战争的接替爆发,使得地方协会从此沉寂,由此极大地削弱了全国图书馆协会的存在基础,最终致使全国图书馆协会也永久地淡出了历史的舞台。当然,作为今人我们并不能站在现在的角度去看待当时的历史情况,当生命安全在没有保障的前提下,必然影响业术研究的发展,总之,协会的消弭是一个时代的悲剧。

五、专业人才培养不力

抗日战争期间，中华图书馆协会亦有感于中国图书馆事业人才之不足，故此积极为战后恢复图书馆事业建设培养人才，在文华图专之外，还通过有关高校、图书馆等文化教育机构，以专修班等形式，推动图书馆学相关人才培养，但是，限于时局所迫，心有余而力不足，其成效极其有限。

韦棣华女士 1922 年创办了中国第一所图书馆学专科学校，至 1947 年止共计培养图书馆学毕业生 241 人，其中，1938 年前毕业生人数明显优于 1938 年之后。虽然 1938 年文华图专毕业生人数达历年顶峰，但其实是由于学制变动导致的。

表 3－5　1922—1947 年文华图专历届本科毕业生统计

年份	本科			专科			讲习班			
	总	男	女	总	男	女	总	男	女	总
1922	6	6								6
1923	7	7								7
1924	4	4								4
1925	8	8								8
1926	8	8								8
1927	4	4								4
1928	9	8	1							9
1930	11	7	4							11
1931							16	13	3	16
1932	6	3	3							6
1933	9	6	3							9
1934							10	10		10
1935	9	9								9
1936	9	4	5							9
1937	7	4	3				13	10	3	20
1938	11	10	1				10	6	4	21
1939	5	1	4							5
1940	7	4	3							7
1941	7	3	4							7
1942				7		7				7
1943				6	1	5				6
1944				10	5	5				10
1944（冬）				4	3	1				4
1945				7	4	3				7

续表

年份	本科			专科			讲习班			
	总	男	女	总	男	女	总	男	女	总
1946(冬)				13	6	7				13
1947				18	3	15				18

来源:教育部.第二次中国教育年鉴.册3[M].上海:商务印书馆,1948:1114.

1940年3月,金陵大学在呈文学院内设图书馆学专修科,共办两期,仅于1942年毕业7人,1943年毕业6人。虽然不同院校致力于为战后恢复图书馆建设培养人才,但因后续解放战争的影响,使社会大众无心于学术,图书馆学人才培养与图书馆学术发展一样陷入搁置状态。

六、学术研究发展停滞

战争的爆发令中国刚刚起步的图书馆学事业研究陷入了低迷状态。据数据统计,1931—1945年我国共发表各类图书馆学研究著述510件,而中华民国成立到抗战爆发,我国共有各类图书馆学著述4705件[①]。但是,不可否认前者虽只有后者数量上的1/10,却处在战火纷飞、交流不便、资料匮乏等不利因素之下,仍能有平均每年64.2件的研究著述问世,实属可贵。

另外,《中华图书馆协会会报》于1925年6月30日在北京创刊,刊物内容重点为传达中华图书馆协会会务等信息,同时也是全国图书馆界的通讯平台。该刊为双月刊,内容主要关于图书馆学相关论文、图书馆协会发起调查全国/各地图书馆或期刊等调查之调查表转载、图书馆协会参加活动等纪要、图书馆学著名人物之传记等,后设固定版块,即“图书馆界”,主要介绍近期图书馆界相关要闻,“新书介绍”为推荐图书馆界新出重要论著。《中华图书馆协会会报》是中国图书馆界重要刊物,同时也是民国时期三大图书馆学期刊中发行时间最长的一种,为当代研究民国时期中华图书馆协会及中国图书馆学研究状况留下宝贵史料。

《中华图书馆协会会报》到1937年北平沦陷时停刊一年,次年于昆明复刊。复刊后,协会无力发起全国性调查,与国际的联系也中断了,会报质量明显下降。最终于1948年5月出版第二十一卷第三、四期合期后彻底停刊,共发行21卷102期(第二期和第三期合并刊行算作一期)。

此外,《图书馆学季刊》于1937年6月出版第十一卷第二期后同样因为战争原因被迫停刊。1936年出版有关图书馆学著作期刊95种,因战乱影响1937年只有39种,随着战事焦灼,出版刊物种类逐年下降[②]。

七、国际交流搁置

中国作为国际图书馆协会创始国之一,在国际图书馆界有着举足轻重的地位。在抗日战争爆发前,中国图书馆学界积极参与国际图书馆会议,并在会上发言或者提交论文,尽力发声。但是至1937年抗日战争全面爆发,中国与国际图书馆界的交流就此中断,十年之后

① 李彭元.八年抗战中的中华图书馆协会[J].图书馆论坛,2009,29(5):10.

② 范凡.民国时期图书馆学著作出版与学术传承[M].北京:国家图书馆出版社,2011:42.

再次与会,却成为新中国成立之前的绝响。

中华图书馆协会自成立伊始,共参加七次国际会议,其中六次与会在抗日战争全面爆发之前,仅有一次,在第二次世界大战结束之后。战争的爆发阻断了中国图书馆界与世界图书馆界的学术交流,使其陷入停滞时期。

表 3-6 中华图书馆协会出席国际会议情况

国际会议	时间	地点	出席代表
美国图书馆协会成立五十周年纪念大会	1926	美国	韦棣华、裘开明、桂质柏
英国图书馆协会成立五十周年纪念大会	1927	爱丁堡	韦棣华
国际图书馆及目录学第一次会议	1929	罗马	沈祖荣
国际图书馆协会国际图书馆委员会第六次会议	1933	芝加哥	裘开明
国际图书馆协会国际图书馆委员会第七次会议	1934	西班牙	胡天石
国际图书馆及目录学第二次会议	1936	西班牙	汪长炳、冯陈祖怡
英国图书馆协会战后首次年会	1946	黑池	徐家璧

数据来源:中华图书馆协会会报。

另一方面,1945 年二战胜利之前,不只是中国,英国、法国、美国等均陷于战争的泥淖之中。在战乱致使的交通受阻、交流不便等诸多因素的共同作用下,此间的国际图书馆会议召开频次也处于低谷,会期短暂,对于图书馆事业的发展影响同样有限。

中华图书馆协会解散已近 70 年,它对现今中国图书馆学界的影响与其说有承上启下的实质性作用,更不如说是,在中国社会的转型阶段,它是当时的仁人志士为探寻国家富强独立的诸多改良方案之一的实施成果,它的创立为当时中国的图书馆学界沟通提供了一个现实平台,对于今天的图书馆事业的发展和图书馆学的研究,具有重要意义。

中华图书馆协会的成立宗旨为"研究图书馆学术,发展图书馆事业,并谋图书馆间之协助",时代变换,图书馆协会早已不复存在,但是图书馆事业仍在继续,作为一种对民众教育的有效手段,对书籍典藏进行收集管理的机构,在未来相当长的一段时期,图书馆的存在以及在社会中扮演的重要角色均是无可替代的。近代图书馆学在我国建立刚刚百年有余,期间发展经历诸多波折,短暂的高潮,数次的低谷,在磨难之中走来的中国近现代图书馆事业的未来会是怎样,正是当今学者不可不思考的问题。

中国图书馆学会筹备委员会成立于 1956 年 12 月 1 日第一次会议,原本决定 1957 年正式成立学会,但是随后频繁的政治运动致使学会成立时间彻底搁置,直至"文化大革命"结束,学会方于 1979 年 7 月 9 日在山西省太原市举行成立大会,会间讨论并通过《中国图书馆学会章程》。1979 年 8 月 4 日,中国科学技术协会下达《关于同意成立或恢复学会(协会)的通知》,学会成为中国科协的一个组成部分。8 月 11 日,中宣部批准建立中国图书馆学会。

中国图书馆学会成立之后,中央国家机关和科学研究系统图书馆学会、北京地区高等学校图书馆学会、党校图书馆委员会、军队院校图书馆委员会、工会图书馆委员会、团校图书馆委员会、医院图书馆委员会、中小学图书馆委员会、民族图书馆委员会以及若干企业或企业图书馆先后加入学会。学会的主要工作在于组织学术交流和推动图书馆理论研究的深入发展,具体表现为组织科学讨论会以及其他专题研讨、对于目录学的研讨、对于民族图书馆建

设研讨、中青年图书馆学情报学学术研讨等。在发展图书馆学术、推动中国图书馆事业发展方面，中国图书馆学会与中华图书馆协会在社会上所起的作用是相似的。学会的成立，为推动我国图书馆学术研究、发展图书馆事业，产生了深远影响。

但是两者之间也存在差异，中国图书馆学会是单纯的学术团体，它对中国图书馆行业发展并没有直接的领导力，只是中国科协下属的众多学术团体之一，故而限制了其对中国图书馆事业发展的影响力。这一点最突出的现实表现为中国图书馆学会年会，其主要内容即为图书馆专家、学者和图书馆工作者的学术交流与讨论，主要以主旨报告、主题发言、论文交流发言等；而中华图书馆协会年会则还有行业议案的提出、协会人员的选举等，而这些职能都是中国图书馆学会不具备的，但是又因中国图书馆学会是图书馆行业唯一的全国性社会组织，与中国图书馆行业发展密切相关，因此在一定程度上承担了行业协会的部分职能，这也是中国图书馆学会推动事业发展和学科进步所亟须的。

可见，中国图书馆学会虽然在1979年即已成立，但是单纯的学术职能一定意义上限制了它对中国图书馆事业发展的促进作用。真正对行业发展起决定性作用的是行政职能，而这正是中国图书馆学会不具备的，真正了解自身行业发展需要的正是图书馆专家、学者以及行业从业者，而学会没有制定标准、修改规章制度的权力，这必将不利于行业的发展。然而，目前围绕着全面深化改革的总体部署，为充分发挥科技社团的独特优势，中央开始着力推进中国科协所属学会有序承接政府转移职能，将适合由学会承担的科技评估、工程技术领域职业资格认定、技术标准研制、国家科技奖励推荐等工作，整体或部分交由学会承担。中国图书馆学会是我国图书馆学科唯一的全国性专业性的社会组织，故而承担了此项职能。例如县以上公共图书馆评估定级工作、全国县级公共图书馆馆长轮训等项目。在一定意义上，中国图书馆学会已经承担了协会服务行业的职能。

就整个图书馆行业而言，其发展需反映民众的诉求。19世纪末，为了维护清廷的统治，清朝官方引进了西式的图书馆，公开支持设立公共图书馆。至此，图书馆在中国大地上扎根发展，也反映了人民对于民主与自由、平等与独立的需求。

客观地说，当时的中华图书馆协会自成立至其解散，尽管其组织设置、业务经营均算不得完善，但在这一阶段，当社会环境和平、学者可潜心研究、资金基本得到保障的环境下，在一定程度上促进了学术发展，而学术的发展确实也带来国家软实力的提升，同时也会促进社会诸多方面的进步。对于中国图书馆学术的研究，梁启超先生在近90年前便提出了先进的设想，中国应该设立“中国的图书馆学”。

党的十九大报告进一步明确了文化建设在中国特色社会主义新时代的基本定位。这说明，在中国特色社会主义新时代，文化建设的地位更加重要，作用更加凸显。新时代图书馆承担着保障公民基本文化权益，提高公民科学文化素质和社会文明程度，传承人类文明等重要职能。我国图书馆事业经历了数千年的积淀，作为服务于图书馆界的社会组织——中国图书馆学会需要谋求转变，依法制定行业规范，加强行业自律，更好地适应新时代中国特色社会主义对文化发展，特别是对图书馆事业和图书馆学的要求，坚定文化自信，积极推动行业学术和事业的发展。

第二篇　中华图书馆协会管理研究

第四章　组织结构

第一节　组织建设

中华图书馆协会组织大纲是中华图书馆协会各项事务办理的基本规章制度，也是中华图书馆协会成立意义最根本所在。在1925—1947年间，随着全国图书馆事业的发展和协会地位的日益增强，中华图书馆协会进行过三次大纲修改。如今看来，这四版大纲皆带有鲜明的时代特征，无一不是因时而变，无一未成为支撑中华图书馆协会发展的长足助力。

一、中华图书馆协会组织大纲（1925—1928）

早在1925年4月25日开成立会时，第一版组织大纲即已通过。中华图书馆协会组织大纲的审议通过，为接下来组织工作规章的制定奠定了基础。组织大纲共9章25条，除规定了组织名称、宗旨、会员、组织、经费、选举、会议、会所等事项，还为各部门及各项业务提供了政策依据。中华图书馆协会执行部依据组织大纲，制定中华图书馆协会执行部细则。中华图书馆协会总事务所办事简则、中华图书馆协会征书简章等机构规章也先后制定。

中华图书馆协会组织大纲

第一章　名称

第一条　本会定名为中华图书馆协会。

第二章　宗旨

第二条　本会以研究图书馆学术，发展图书馆事业，并谋求图书馆之协助为宗旨。

第三章　会员

第三条　本会会员分四种：

（一）机关会员　以图书馆为单位；

（二）个人会员　凡图书馆员或热心于图书馆事业者；

（三）赞助会员　凡捐助本会经费五百元以上者；

（四）名誉会员　凡于图书馆学术或事业上著有特别成绩者。

第四条　前条一二两种会员，须由本会会员二人以上之介绍，经董事部审定，得为本会会员。

第四章　组织

第五条　本会设董事及执行两部：

甲　董事部

第六条　本会设董事十五人，由会员公选之。

第七条　董事部设部长一人，由董事互选之。

第八条　董事任期三年，每年改选三分之一；惟第一任董事，任期一年二年三年者各五人，于第一次开董事会时签定之。

第九条　每年改选之董事，由董事部照定额二倍推举候选董事，由会员公选之；但于候选董事以外选举者听之。

第十条　董事部之职权如左：

(一)规定进行方针，

(二)筹募经费，

(三)核定预算及决算，

(四)审定会员及名誉董事资格，

(五)推举候选董事，

(六)规定其他重要事项。

第十一条　董事部细则，由该部自订之。

第十二条　特别赞助本会者，经董事部通过，得推为本会名誉董事。

乙　执行部

第十三条　执行部设正部长一人，副部长二人，干事若干人，任期一年。

第十四条　执行部正副部长，由会员公选。干事由部长聘任之。

第十五条　执行部分四股如左：

(一)文牍股，

(二)会计股，

(三)庶务股，

(四)交际股。

第十六条　执行部之职务如左：

(一)拟定进行方针，

(二)编制预算及决算，

(三)执行董事部议决事项，

(四)组织各项委员会。

第十七条　执行部细则，由该部自订之。

第五章　经费

第十八条　本会经费，以下列各项充之：

(一)机关会员年纳会费五元，

(二)个人会员年纳会费二元，

(三)捐助费，

(四)官厅补助费。

第六章　选举

第十九条　本会董事及执行部长，由机关会员及个人会员通信选举之。

第二十条　董事及执行部长，以得票最多数者当选。

第七章　会议

第二十一条　本会每年开年会一次，在各省区轮流举行，地点由前一年年会决定之；但遇必要时，得开临时会。

第二十二条　本会开年会时，各机关会员得派代表一人出席。

第二十三条　董事部执行部开会时间地点，由各该部自定之。

第八章　会所

第二十四条　本会设总事务所于北京；分事务所于上海。

第九章　附则

第二十五条　本大纲如有不适之处，经董事过半数或会员二十人以上之提议，大会出席会员三分之二以上之通过，得修改之。①

二、中华图书馆协会组织大纲（1928—1937）

1928年，中华图书馆协会第一次修正组织大纲，距离协会成立已近三年。这三年会务日繁，原有组织大纲已不适应协会开展各项工作，遂于1928年1月31日，即第一次年会期间，修改协会组织大纲。新大纲将原有董事会改为监察委员会，对其职能作用有了更深刻的理解和运用。这种思想观念上的不断进步，是中华图书馆协会，更是我国图书馆事业长足发展的保障。

中华图书馆协会组织大纲　第一届年会会务会议修正

第一章　名称

第一条　本会定名为中华图书馆协会。

第二章　宗旨

第二条　本会以研究图书馆学术，发展图书馆事业，并谋图书馆之协助为宗旨。

第三章　会员

第三条　本会会员分四种：

（一）机关会员　以图书馆或教育文化机关为单位，各地图书馆协会为当然机关会员；

（二）个人会员　凡图书馆员或热心于图书馆事业者；

（三）永久会员　凡个人会员一次缴足会费二十五元者；

（四）名誉会员　凡于图书馆学术或事业上著有特别成绩者。

第四条　凡会员入会时，须由本会会员一人之介绍经执行委员会通过，得为本会会员。

第四章　组织

第五条　本会设执行委员会及监察委员会。

（甲）　执行委员会

第六条　本会设执行委员十五人，由会员公选之。

第七条　执行委员会设常务委员五人，由执行委员互选之。

第八条　执行委员任期三年，每年改选三分之一。惟第一任执行委员，任期一年二年三年者各五人，于第一次开执行委员会时签定之。

第九条　常务委员任期一年。

第十条　每年改选之执行委员由执行委员会照定额二倍推举候选执行委员，由会员公选之，但于候选委员以外选举者听之。

---

① 中华图书馆协会执行部. 中华图书馆协会组织大纲[J]. 中华图书馆协会会报，1925，1(1)：3-4.

第十一条　执行委员会之职权如左：

(一)规定进行方针；

(二)筹募经费；

(三)编制预算及决算；

(四)通过会员入会手续；

(五)推举常务委员及候选执行委员；

(六)执行其他重要事项。

第十二条　执行委员会细则由该会自订之。

(乙)　监察委员会

第十三条　监察委员会设监察委员九人，由会员公选之，但监察委员不得兼任执行委员。

第十四条　监察委员任期三年，每年改选三分之一。惟第一次监察委员，任期一年二年三年者各三人，于第一次开监察委员会时签定之。

第十五条　每年改选之监察委员由监察委员会照定额二倍推举候选监察委员，由会员公选之，但于候选委员以外选举者听之。

第十六条　监察委员会之职权如左：

(一)监察执行委员会进行事项遇必要时得向全体会员弹劾之；

(二)核定预算及决算。

第十七条　监察委员会细则由该会自订之。

第五章　经费

第十八条　本会经费以下列各项充之：

(一)机关会员年纳会费五元；

(二)个人会员年纳会费二元；

(三)永久会员一次纳会费二十五元作为本会基金；

(四)捐助费。

第六章　选举

第十九条　本会执行委员及监察委员由机关会员及个人会员票选之。

第七章　会议

第二十条　本会每年开会一次，其地点及会期由前一年会员决定之，但遇必要时得开临时会。

第二十一条　本会开年会时各机关会员得派代表一人出席。

第二十二条　执行委员会及监察委员会开会时间地点由各该会自定之。

第八章　事务所

第二十三条　本会设事务所于北平。

第九章　附则

第二十四条　本大纲如有不适之处，经执行委员会或监察委员会过半数或会员二十人以上之提议，经大会出席会员三分之二以上之通过，得修改之。[①]

---

① 中华图书馆协会执行部. 中华图书馆协会组织大纲[J]. 中华图书馆协会会报，1929，4(4)：4－5.

三、中华图书馆协会组织大纲(1937—1944)

随着中华图书馆协会在教育界影响力愈加增强,与其他学术团体的联系也愈加紧密,组织之设置、大纲之拟定便寻求一致。第三次年会期间,议决将执行委员会改为理事会,监察委员会改为监事会。1937 年 1 月,中华图书馆协会组织大纲也做相应之修改。

中华图书馆协会组织大纲　民国二十六年一月修订

第一章　名称

第一条　本会定名为中华图书馆协会。

第二章　宗旨

第二条　本会以研究图书馆学术,发展图书馆事业,并谋图书馆之协助为宗旨。

第三章　会员

第三条　本会会员分四种:

(一)机关会员　以图书馆或教育文化机关为单位,各地图书馆协会为当然机关会员。

(二)个人会员　凡图书馆员,或热心于图书馆事业者。

(三)永久会员　凡个人会员一次缴足会费二十五元者(注一)。

(四)名誉会员　凡于图书馆学术或事业上著有特别成绩者。

第四条　凡会员入会时,须由本会会员一人之介绍(注二),经执行委员会通过,得为本会会员。

第四章　组织

第五条　本会设理事会及监事会。

甲、理事会

第六条　本会设理事十五人,由会员公选之。

第七条　理事会设常务理事五人,由理事互选之。

第八条　理事任期三年,每年改选三分之一。惟第一任理事,任期一年二年三年者各五人,于第一次开理事会时签定之。

第九条　常务理事任期一年。

第十条　每年改选之理事,由理事会照定额二倍推举候选理事,由会员公选之。但于候选理事以外选举者,听之。

第十一条　理事会之职权如左:

(一)规定进行方针,

(二)筹募经费,

(三)编制预算及决算,

(四)通过会员入会手续,

(五)推举常务理事及候选理事。

(六)执行其他一切事项。

第十二条　理事会细则由该会自订之。

乙、监事会

第十三条　监事会设监事九人，由会员公选之。但监事不得兼任理事。

第十四条　监事任期三年，每年改选三分之一。惟第一次监事会任期一年二年三年者，各三人，于第一次开监事会时签定之。

第十五条　每年改选之监事，由监事会照定额二倍推举候选监事，由会员公选之。但于候选监事以外选举者，听之。

第十六条　监事会之职权如左：

（一）监察理事进行事项，遇必要时得向全体会员弹劾之；

（二）核定预算及决算。

第十七条　监事会细则由该会自订之。

第五章　经费

第十八条　本会经费以下列各项充之：

（一）机关会员年纳会费五元，

（二）个人会员年纳会费二元，

（三）永久会员一次纳会费二十五元作为本会基金（注一），

（四）捐助费。

第六章　选举

第十九条　本会理事及监事，由机关会员及个人会员票选之。

第七章　会议

第二十条　本会每年开年会一次，其地点及会期由前一年年会决定之。但遇必要时得开临时会。

第二十一条　本会开年会时，各机关会员得派代表一人出席。

第二十二条　理事会及监事会开会时间地点，由各该会自定之。

第八章　事务所

第二十三条　本会设事务所于北平。

第九章　附则

第二十四条　本大纲如有不适之处，经理事会或监事会过半数，或会员二十人以上之提议，大会出席会员三分之二以上之通过，得修改之。

注一　本会现正募集基金，永久会员会费以募集基金办法中所定者为准。即个人会员缴费五十元，机关会员缴费百元。

注二　机关会员入会不能觅得介绍者，得填具机关会员调查表径函理事会请求审查通过。个人会员入会不能觅得介绍人时，得先填具入会愿书及调查表随时向本会事务所商洽办法。①

四、中华图书馆协会组织大纲（1944—1949）

1944年，是中华图书馆协会最后一次修改组织大纲。时值战火侵扰，第六次年会期间，与会者提议修改组织大纲以适应非常时期。经商讨，对其中经费、组织机构等条例做出了修

① 中华图书馆协会理事会. 中华图书馆协会组织大纲[J]. 中华图书馆协会会报，1938，12(4)：54.

正以适应战时需要。

中华图书馆协会组织大纲　经教育部及社会部备案

第一章　名称

第一条　本会定名为中华图书馆协会。

第二章　宗旨

第二条　本会以研究图书馆学术，发展图书馆事业，并谋图书馆之协助为宗旨。

第三章　会员

第三条　本会会员分四种：

(一)机关会员　以图书馆或教育文化机关为单位，各地图书馆协会为当然机关会员。

(二)个人会员　凡图书馆员，或热心于图书馆事业者。

(三)永久会员　凡个人会员一次缴足会费二百元者。

(四)名誉会员　凡于图书馆学术或事业上著有特别成绩者。

第四条　凡会员入会时须由本会会员一人之介绍，经理事会通过，得为本会会员。(注一)

第四章　组织

第五条　本会设理事会及监事会。

(甲)　理事会。

第六条　本会设理事十五人，由会员公选之。

第七条　理事会设常务理事五人，由理事互选之，常务理事中推一人任理事长。

第八条　理事任期三年，每年改选三分之一，惟第一任理事任期一年二年三年者各五人，于第一次开理事会时签定之。

第九条　常务理事任期一年。

第十条　每年改选之理事，由理事会照定额二倍推举候选理事，由会员公选之。但于候选理事以外选举者，听之。

第十一条　理事会之职权如左：

(一)规定进行方针。

(二)筹募经费。

(三)编制预算及决算。

(四)通过会员入会手续。

(五)推举常务理事及候选理事。

(六)执行其他一切事项。

第十二条　理事会细则由该会自订之。

(乙)　监事会。

第十三条　监事会设监事九人，由会员公选之。但监事不得兼任理事。

第十四条　监事任期三年，每年改选三分之一。惟第一任监事任期一年二年三年者各三人,于第一次开监事会时签定之。

第十五条　每年改选之监事,监事会照定额二倍推举候选监事,由会员公选之。但于候选监事以外选举者,听之。

第十六条　监事会之职权如左:

(一)监察理事会进行事项,遇必要时得向全体会员弹劾之。

(二)核定预算及决算。

第十七条　监事会细则由该会自订之。

第五章　经费

第十八条　本会经费以下列各项充之:

(一)机关会员年纳会费二百元。

(二)个人会员年纳会费二十元。

(三)永久会员一次纳会费二百元。

(四)捐助费。

第六章　选举

第十九条　本会理事及监事由机关会员及个人会员票选之。

第七章　会议

第二十条　本会每年开年会一次,其地点及会期由前一年年会决定之。但遇必要时得开临时会。

第二十一条　本会开年会时,各机关会员得派代表一人出席。

第二十二条　理事会及监事会开会时间地点,由各该会自定之。

第八章　附则

第二十三条　本大纲如有不适之处,经理事会或监事会过半数或会员二十人以上之提议,大会出席会员三分之二以上之通过,得修改之。

(注一)会员入会不能觅得介绍者,得填具会员调查表径向本会申请。[①]

第二节　组织机构

中华图书馆协会组织机构设置科学合理,在后期的工作中证明,这样的机构设置满足了中华图书馆协会处理各项事务的需求,是中华图书馆协会高效开展工作、实现创办宗旨的基本保证。

纵观中华图书馆协会机构设置历史,总体格局并未大变,一直延续着监督机构、执行机构并存的基本局面。随着办理事务和社会形势的变化,间或有更名改制。

一、办事场所

由于经费限制以及中华图书馆协会之性质,协会向来借用其他图书馆开办事务所。

中华图书馆协会设置事务所经历了四个阶段:自谋地址、依附图书馆、战火迁移、战后

① 中华图书馆协会理事会. 中华图书馆协会组织大纲[J]. 中华图书馆协会会报,1944,18(4):20-21.

停顿。

(1)1925—1931 年,中华图书馆协会四处谋求地址,但只能暂时使用,甚至后期因财力有限竟不得地址办公。

(2)1931 年中华图书馆事务所设在北平国立图书馆,迎来了一段稳定期,虽会务日繁,也能获得北平国立图书馆的支持。直到 1937 年,事务所开始了随着北平国立图书馆四处搬迁的命运。

(3)1937 年,抗日战争伊始,事务所随北平的学术队伍迁至昆明,再迁至重庆,以避免战火。

(4)抗日战争结束后,中华图书馆协会将事务所迁至南京,设于南京中央图书馆内。

1. 第一阶段:自谋地址

1925 年,中华图书馆协会第一个事务所借设在北京松坡图书馆。

> 本会成立伊始,事务繁冗,总事务所地址,亟须觅定;松坡图书馆当将石虎胡同七号第二馆房间,慨让数楹,暂作本会总事务所之用云。①

1927 年,中华图书馆协会成立已近两年,事务日繁,松坡图书馆已不敷用。中华图书馆协会先是另觅佳所于清室官产中:

> 本会前承松坡图书馆盛意,将石虎胡同七号第二馆房间,慨让数楹,暂作总事务所之用。惟会务日繁,地址渐觉不敷。近由本会董事袁同礼君,在清室官产中,为本会谋得会所一处,在西城府右街十八号,计瓦房十九间,作为会所,最为适宜。已由执行部与清室善后委员会订立合同。合同原文列后。惟本会经费困难,故一时尚不能迁入云。
>
> 立合同中华图书馆协会　清室善后委员会今因中华图书馆协会愿承租清室善后委员会保管房产项下电灯房南院房舍一所,除将该房舍坐落门牌间数分别载在租摺外,另行商订条件如左:
>
> 第一条　电灯房南院房舍完全租作中华图书馆协会总事务所,不得移充别用,并不得私自转租倒典。
>
> 第二条　月租大洋二十八元,于每月十五日凭摺如数缴纳。
>
> 第三条　承租之时并无押租倒价。
>
> 第四条　自租之后,一切修理概归租户担负。
>
> 第五条　拆改重建须事先开具计划书,商准清室善后委员会,并于工程竣事日起由两造按照建筑工程及清室善后委员会房产租赁办法议增租价,倘有关历史古迹者,仅能修缮保存原状,不得稍有拆改。
>
> 第六条　拆改重建经费概由租户先行垫付,按月扣除租金三分之二偿还。
>
> 第七条　自租之后倘有拖欠房租及其他等情,清室善后委员会得立将房舍收回另行发租。

---

① 中华图书馆协会执行部. 会务纪要[J]. 中华图书馆协会会报,1925,1(1):6.

第八条　清室善后委员会倘需用此项房舍时，须先期通知租户如期迁让，不得借故迟延，惟经租户商准拆改重建后，在未将垫款扣清以前，清室善后委员会不得收回房舍。

第九条　本合同一样缮写两纸，由清室善后委员会及中华图书馆协会各执一纸存据。

清室善后委员会
委员长
中华图书馆协会
执行部长
中华民国十四年十二月十五日议订①

然，此次租赁却因经费不足，被军队占用，未成。后又商借北京图书馆，暂作事务所之用，于1927年3月1日迁入：

本会总事务所前承松坡图书馆之善意，借用该馆房屋，已逾二年。惟本会事务日繁，渐觉不敷，而府右街十八号之官房，复经军队占用，难以设法。爰商北京图书馆，拨借房舍，暂为事务所之用，得其赞助，遂于十六年三月一日迁入该馆。该馆新建筑落成后，并允拨给房屋数间，专作本会之用云。②

1928年，中华图书馆协会举办第一次年会于南京，会上上海图书馆协会提出在上海设立分事务所，经讨论未成：

遂由主席提出讨论案，惟因时间之促迫，只讨论总事务所及添设分事务所二案，原提案人为上海图书馆协会及曹祖彬，周延年，沈孝祥，顾天枢，袁同礼，孙心磐诸君。经会员互表意见，反复讨论，结果由主席提出"事务所仍在北平，不再添设分事务所"付表决，一致通过。③

2. 第二阶段：稳定依附

1931年6月，事务所再次搬迁。北平北海图书馆（即北京图书馆）并入国立北平图书馆，中华图书馆协会事务所随图书馆一同搬迁至新馆址，并此后一直设事务所于国立北平图书馆：

本会事务所自十五年三月迁入北平北海图书馆内，一切事物极感便利。嗣北海图书馆并入国立北平图书馆，于六月廿五迁入北平文津街一号新馆。④

---

① 中华图书馆协会执行部. 总事务所地址[J]. 中华图书馆协会会报，1925，1(4)：17－18.

② 中华图书馆协会执行部. 中华图书馆协会第二周年报告[J]. 中华图书馆协会会报，1927，3(2)：3.

③ 中华图书馆协会执行部. 中华图书馆协会第一次年会纪事[J]. 中华图书馆协会会报，1929，4(4)：9.

④ 中华图书馆协会执行委员会. 本会事务所新址[J]. 中华图书馆协会会报，1931，6(6)：11.

1935 年,中华图书馆协会处于事业繁荣之时期,国立北平图书馆新馆已不敷用,又商借该馆中海增福堂做事务所:

> 本会事务所原在北平国立北平图书馆[①]新建筑内,近以会务日繁,时感不敷办公之用,复商之该馆,改借中海增福堂房屋增用,已于一月十四日迁入办公,以后会内外人士往来通讯,均祈径寄新址为荷。[②]

3. 第三阶段:战火迁移

1937 年七七事变之后,中国进入全面抗战时期,中华图书馆协会事务所经过了一段时间的停顿期,直到 1938 年 3 月随国立北平图书馆迁入昆明,附设于昆明国立西南联合大学图书馆。考虑到战时通讯不易,于 1938 年 4 月间在全国各地设立通讯处 14 所:

> 本会为征求全国图书馆被毁事实及此项照片起见,于四月间在全国各地设立通讯处十四所,兹将通讯处地点列左:

武昌	文华公书林	成都	金大图书馆
城固	西北联大图书馆	广州	岭南大学图书馆
福州	省立图书馆	昆明	西南联大图书馆
上海	复旦大学图书馆	长沙	湖大图书馆
重庆	中央图书馆	鸡公山	河大图书馆
桂林	广西省政府图书馆	贵阳	省立图书馆
永康	浙江省立图书馆	香港	北平图书馆香港通讯处[③]

1938 年,中华图书馆协会在重庆设立理事会通讯处:

> 本会为办事便利起见。近在重庆设立理事会通讯处。该处地址附在川东师范国立中央图书馆内云。[④]

1939 年,已迁移至昆明之事务所跟随国立北平图书馆迁移至昆明柿花巷 22 号,1940 年 9 月间,又随迁至昆明文庙尊经阁:

> 本会原在昆明柿花巷二十二号之会所,因租期届满房主收回,乃于本年九月间移至昆明文庙内尊经阁办公;会报编辑部于暑后移设金陵大学文学院内。[⑤]
>
> 本会办公地址,向系由国立北平图书馆供给。近该馆迁至昆明文庙尊经阁为办公地点;本会办公地址,亦随之迁移。凡以后与本会有通讯事件,请径交昆明文

---

① 原文此处用“圕”,为阅读方便,改为“图书馆”,后同。

② 中华图书馆协会执行委员会. 会所迁移[J]. 中华图书馆协会会报,1934,10(4):19.

③ 中华图书馆协会理事会. 本会设立通讯处[J]. 中华图书馆协会会报,1938,13(1):17.

④ 中华图书馆协会理事会. 理事会通讯处之设立[J]. 中华图书馆协会会报,1938,13(3):16.

⑤ 中华图书馆协会理事会. 会所迁移[J]. 中华图书馆协会会报,1941,15(5):7.

庙街文庙内尊经阁为盼！[①]

事务所在文庙办公期间，条件恶劣，时常遭遇敌袭，但仍坚持办公：

本会办公处，向附设国立北平图书馆内，一月二十九日，敌机袭昆，昆市文庙几全部被毁。该馆址在尊经阁内，相距甚近，亦受波及，房屋为枪弹碎片洞穿三十余处，纸窗门扇，亦均受震倾斜，所幸尚无损失，刻□事修理，照常办公矣。[②]

1943 年 9 月，战事发展，国立北平图书馆由昆迁渝，事务所随迁：

三十二年九月本会会址由昆迁渝，在沙坪坝国立北平图书馆内办公，嗣后凡有一切函件请寄新址。[③]

4. 第四阶段：战后停顿

1947 年 4 月，事务所随国立北平图书馆迁往南京，并于 1947 年 5 月召开留京理监事联席会议讨论将事务所迁离国立北平图书馆至南京中央图书馆：

本会事务所战前即有迁京之议，业与中国工程师学会等联合筹建中国学术团体联合会所于首都西华门，不幸战乱发生，工程中辍，战后经济情形益劣，短期内难有独立会所，经袁理事长与蒋常务理事商定，本会会所由北平图书馆迁至南京中央图书馆内，所有事务亦由中央图书馆派员办理，以节开支，并请于震寰为常务干事。三月间由北平移来最近档案及图章戳记，由上海移来已出版会报若干册……[④]

迁至南京之后，战事日紧，国民政府衰微，文化事业已无力顾及，中华图书馆协会事务所也渐渐淡出人们的视野。

二、监督机构

中华图书馆协会监督机构在协会成立之初就已经设立，时称董事会，随着中华图书馆协会的发展和变迁，其名称和职责也有相应改变，但核心尚未大变，仍以监督和辅助中华图书馆协会发展为主脉。在中华图书馆协会不断发展成熟的过程中，协会内部重心渐渐游离监督机构之外。历次组织大纲的修改都以监督机构职责为重心。

1. 初创时期：借学界大家之名承担会务

1925 年，董事部成立。在协会初创时期，相当大部分会务直接由齐聚图书馆学大家的董事会承担，尤以庚子赔款、经费及会员入会事宜为主。“（一）规定进行方针，（二）筹募经费，（三）核定预算及决算，（四）审定会员及名誉董事资格，（五）推举候选董事，（六）规定其他

① 中华图书馆协会理事会. 本会迁移办公地址[J]. 中华图书馆协会会报，1940，15(1/2)：5.
② 中华图书馆协会理事会. 本会昆明办事处内被炸房屋震坏[J]. 中华图书馆协会会报，1941，15(3/4)：11.
③ 中华图书馆协会理事会. 本会会址由昆迁渝[J]. 中华图书馆协会会报，1943，18(1)：13.
④ 中华图书馆协会理事会. 留京理监事联席会议[J]. 中华图书馆协会会报，1948，21(3/4)：5.

重要事项。”上文正是1925年制定之组织大纲中对董事会职责进行的规定。初创时期，中华图书馆协会董事部完成了它的各项职责。

（1）承担职责

1）协会成立杂务

董事会于1925年5月27日举行第一次会议，明确董事会成员、名誉会员及基本办事组织原则：

> 本会董事部于五月二十七日举行第一次会议，公选梁启超为部长，袁同礼为书记，并公推颜惠庆、熊希龄、丁文江、胡适、袁希涛组织财政委员会，筹划本会基金。各董事任期年限，亦于是日签定：一年者五人，颜惠庆、袁希涛、梁启超、范源廉、袁同礼，二年者五人，王正廷、熊希龄、蔡元培、洪有丰、沈祖荣，三年者五人，胡适、丁文江、陶知行、钟福庆、余日章。
>
> 本会董事部依据本会组织大纲第十二条，于第一次会议时，公推教育总长及施肇基、鲍士伟、韦棣华为本会名誉董事云。①

讨论并通过执行部所提预算，下文为1925年，即协会初成立时董事部对执行部所提预算进行通过的一次会议记录：

> 执行部议决本届预算，暂定为三千元，由执行部部长提出，五月二十七日董事部第一次会议，结果照原案通过。②

庚子赔款退款及经费事宜。庚子赔款退款补助是中华图书馆协会成立初期积极争取的资金来源，曾多次开会讨论庚子赔款退款事宜。下文为1925年6月2日举行第二次会议，其中具体商议庚子赔款退款事宜，对协会多次请求拨款和对方回复信件都有表明：

> 本会董事部于六月二日举行第二次会议，讨论中华教育改进社图书馆教育委员会拟用美国退还庚款三分之一建设图书馆之提议，及鲍士伟博士之意见书。议决大体赞同，惟附说明三项。兹将本会致中华教育文化基金董事会公函录左：
>
> 径启者：前由中华教育改进社图书馆教育委员会所提出，拟用美国退还庚款三分之一，建设图书馆之提议，及鲍士伟博士之意见书，经本协会董事部于十四年六月二日议决——认为可行；合将原件提出，并附以说明，请求贵会照准施行，此致
>
> 中华教育文化基金董事会
>
> 中华图书馆协会谨启
>
> 十四年六月二日

---

① 中华图书馆协会执行部. 会务纪要[J]. 中华图书馆协会会报，1925，1(1)：6－7.

② 中华图书馆协会执行部. 会务纪要[J]. 中华图书馆协会会报，1925，1(1)：6.

说明：

一　提出美国退还庚款本利三分之一，发展图书馆事业。

二　假定中华教育文化基金董事会决定只准用利，本协会为确定图书馆事业基础起见，认为有立即创办第一图书馆及图书馆学校之必要；拟请将前三年之本，准予拨给，每年约美金十万元，共美金三十万元。

三　假定中华教育文化基金董事会决定许用本，则照原计划进行；但其中详细办法，得由中华图书馆协会董事部随时斟酌决定之。①

又接回复如下：

本会董事部前送请求书于中华教育文化基金董事会，会志第一期会报，近接该会来函如左：

贵会请求补助经费书，业经收到；盖因本会议决分配款项原则，函行奉寄，即希查阅为荷！此致

中华教育文化基金董事会启

八月十八日

附分配款项原则一份

中华教育文化基金董事会分配款项原则

本会所有事业，以中国驻美公使于民国十四年六月六日致文于美国政府所声明者为范围。(注一)现在会务方始，关于事业中之各项问题，尚待调查考虑。惟阅各方送到多数之请款意见书，属望甚奢，而收回赔款为数有限。(注二)且经议定以赔款之一部分留作永久基金，庶赔款期满后，仍得以其息金办理必须继续之事业。因此，目前可以支拨之金额更属不多。本会甚愿就此有限之资力，进谋最大最良之效果。兹先就分配款项一端，议定原则如下：

一　本会分配款项，概言之，与其用以补助专凭未来计划请款之新设机关，毋宁用以补助办理已有成绩及实效已著之现有机关；

二　有因本会补助，可以格外努力前进，或可以多得他方之援助者，是种事业，本会更应重视之；

三　本会考虑应行提倡之事业时，对于官立私立各机关不为歧视；

四　本会分配款项，对于地域观念应行顾及，其道在注重影响普遍之机关，如收录学生遍于全国，或学术贡献有益全民者，皆在注重之列；

五　本会分配款项，应规定期限，到期继续与否，由本会斟酌再定；

六　本会分配款项，须先经干事长详慎审查，遇必要时，得征集专家意见或请其襄助审查。

(注一)节译中国驻美公使致美国政府照会

查中国庚子赔款余额全数退还中国一案，中国政府已于去年九月十七日明令

① 中华图书馆协会执行部. 会务纪要[J]. 中华图书馆协会会报，1925，1(1)：7－8.

组织中华教育文化基金董事会，使专任保管此项退还赔款事宜在案。现该会集议于六月三日一致通过左列之决议案。

兹决议美国所退还之赔款，委托于中华教育文化基金董事会管理者，应用以(1)发展科学知识及此项知识适于中国情形之应用，其道在增进技术教育，科学之研究试验与表证，及科学教学法之训练，及(2)促进有永久性质之文化事业，如图书馆之类。

该会为欲贯彻贵国国会两院联合会之决议案起见，现已准备接收贵国政府退还之庚子赔款云云。

（注二）美国退还庚子赔款数目

据美国众议院外交股委员会庚款审查报告书所载，美国退还庚款余额之总数，为美金一千二百五十四万五千四百三十八元六角七分，就中本金为六百一十三万七千五百五十二元九角，息金为六百四十万七千八百八十五元七角七分，分二十年交付。

本年七月十六日美政府拨还之款，据美使馆公布，计美金一百三十七万七千二百五十五元零二分，当为自民国十一年十二月一日起积至本年所存之数。①

但是，最终请款未允：

本会于十四年六月二日将中华教育改进社图书馆教育委员会拟用美国退还庚款三分之一建设图书馆之提议及鲍士伟博士意见书，附以说明三款，请求中华教育基金董事会核议施行。该会会议结果未得允准，兹将该会原函照录于下。

径启者，敝会于二月二十六日至二十八日在北京开会尊处请款之件，业经提出讨论，未得通过至以为歉。特此奉告，敬颂公祺此致

中华图书馆协会②

7月6日，董事部又以经费问题上呈：

本会以经费支绌，故原定各种计划，未得实行。本会董事于七月六日特上执政一呈，请予补助；近蒙批准五千元，兹将原呈及公函录左：

呈为请予补助用彰文化恭呈仰祈钧鉴事：窃查近今教育趋势，多利赖于图书馆，而民族文化，亦即于是觇之。启超等顾国籍之亟待董理，新学之尚须研寻，以为非力谋图书馆教育之发展，不可与列邦争数千年文化之威权，所关深钜，孰则逾是；用萃集全国公私立二百余图书馆及国中研究斯学之人，组织中华图书馆协会，业于本年四月成立。拟先从分类，编目，索引及教育四端着手。惟寒儒奋力，终不易于经营，国家右文，宁有吝夫嘉惠：合无仰恳，执政顾念国学，特予殊施，俾所策画，早

① 中华图书馆协会执行部. 会务纪要[J]. 中华图书馆协会会报，1925，1(2)：12－14.

② 中华图书馆协会执行部. 本会请款未允[J]. 中华图书馆协会会报，1926，1(5)：24.

得观成，士林幸甚，为此敬呈伏候训示施行，谨呈

中华图书馆协会董事 梁启超 袁同礼 颜惠庆 蔡元培
范源濂 熊希龄 胡 适 袁希涛
洪有丰 丁文江 王正廷 钟福庆
沈祖荣 陶知行 余日章
中华民国十四年七月六日

临时执政府秘书厅公函，第一千六百三十九号，径启者；前奉执政发下中华图书馆协会董事梁启超等呈请补助图书馆文一件，当经函交财政部查酌办理去后，兹准复称：查中华图书馆协会成立，提倡文化，嘉惠士林，政府自可量予赞助，既奉执政批财政部酌应即由本部筹拨五千元，借资补助，函复查照等因，相应函达查照；此致

中华图书馆协会梁董事启超
中华民国十四年八月七日①

2）会员入会

董事会承担推荐、审核普通会员及荣誉会员入会的职责，下文为1925年经董事会审查或推荐而加入中华图书馆协会会员名单，其中不乏罗振玉、徐世昌、傅增湘、严修、王国维等国际知名的学界大家。

本会董事部依据本会组织大纲第三条第四项，共推罗振玉、徐世昌、傅增湘、严修、王国维、张元济、陈垣、叶恭绰、叶德辉、李盛铎、董康、张相文、柯劭忞、徐乃昌、王树枏、陶湘、蒋汝藻、刘承幹、张钧衡、朱孝臧、欧阳渐、卢靖、Melvil Dewey、Herbert Putnam、E. C. Richardson、C. W. Andrews、James I. Wyer、Edwin H. Anderson、John Cotton Dana、W. W. Bishop、Charles F. D. Belden、Carl H. Milam 为本会名誉会员，均已分别而告云。②

本会董事部为奖进图书馆学术起见，对有特殊贡献者，均推为名誉会员。曾于第一次董事部会议时，由袁同礼胡适二君提出，经众通过。现各会员均有复函，表示允可，并愿尽力赞助。兹将其通讯地址列下：

王国维 静庵 北京清华学校转
王树枏 晋卿 北京西直门内北草厂八号
朱孝臧 古微 上海东有恒路德裕里
李盛铎 木斋 北京东观音寺草厂北首十三号
柯劭忞 凤孙 北京太仆寺街三十五号
徐乃昌 积余 上海铁马路图南里

① 中华图书馆协会执行部. 会务纪要[J]. 中华图书馆协会会报，1925，1(2)：10－11.
② 中华图书馆协会执行部. 会务纪要[J]. 中华图书馆协会会报，1925，1(1)：6－11.

徐世昌 菊人 天津英租界咪哆斯道十三号
陈 垣 援庵 北京西安门大街六十五号
张元济 菊生 上海商务印书馆
张相文 蔚西 北京地安门外什刹后海北河沿中国地学会
张钧衡 石铭 上海二马路忠厚书庄转交
陶 湘 兰泉 天津特一区十号路
傅增湘 沅叔 北京石老娘胡同七号
叶恭绰 誉虎 北京大红罗厂七号
叶德辉 焕彬 长沙苏家巷
董 康 授经 上海北西藏路永和里六十一号
刘承幹 幹怡[①] 上海爱文义路八十四号
蒋汝藻 孟蘋
欧阳渐 竟无 南京半边街支那内学院
卢 靖 木斋 天津意租界大马路小马路
罗振玉 叔言 天津法租界三十一号路嘉乐里一号
严 修 范孙 天津文昌宫西

Dr. Melvil Dewy, Lake Placid Club, Essex Co., N. Y., U. S. A.
Dr. Herbert Putnam, Librarian of Congress, Washington D. C., U. S. A.
Dr. Ernest Cushing Richardson, c/o Princeton University Library, Princeton, N. J., U. S. A.
Dr. Clement W. Andrews, Librarian, John Crerar Library Chicago, ILL. U. S. A.
Dr. James I. Wyer, Director, New York State Library, Alhany, N. Y., U. S. A.
Dr. Edwin Hatfield Anderson, Director, New York Public Library, New York, N. Y., U. S. A.
Mr. John Cotton Dana, Librarian, Free Public Library, Newark, N. J., U. S. A.
Mr. Charles F. D. Belden, Librarian, Boston Public library, Boston, Mass, U. S. A.
Mr. William Warner Bishop, Librarian, University of Michigan, Ann Arbor, Mich, U. S. A.
Mr. Carl H. Milam, Secretary, American Library Association, Chicago, ILL., U. S. A.[②]

其中更珍贵的是,《杜威十进制分类法》的发明者杜威·麦鲁问(现译为麦维尔·杜威)被推举为中华图书馆协会名誉会员,他本人亲自致函中华图书馆协会董事部,追述个人经验并多鼓舞之辞。下为原文:

杜威·麦鲁问,为杜威十类法发明者,在图书馆界贡献殊多,群推为当今图书泰斗。今年已七十有四,而奋斗之志不衰。最近致本会董事部一函,追述个人经验并多鼓舞之辞,特录如下:

---

① 原文为“幹怡”,应为“翰怡”。

② 中华图书馆协会执行部. 会务纪要[J]. 中华图书馆协会会报,1925,1(3):19-23.

北京石虎胡同，中华图书馆协会袁同礼先生鉴：鄙人被贵会推为名誉会员，无任荣幸。回忆一八九七年。鄙人代表美国图书馆协会，出席在英伦举行之维多利亚女皇执政五十周年纪念典礼时，得晤贵国代表团秘书梁诚君。（梁君后任驻美公使）吾与同舟航海，时相过从。对于贵国旧文字之束缚，与文字改革之运动，多有讨论。此种谈话，使鄙人对贵国之兴趣，更加奋发。迩来贵国文字改革，收效匪浅，识字人数日渐增加，鄙人无任快慰。

图书馆事业增进平民教育之效能，较学校尤过之；故贵会对于此种运动，自当积极参加。但幸勿以进步之缓，而兴丧志之叹。四十九年前，鄙人创立美国图书馆协会，未曾不受人讪笑。当日会员仅三十人，经费全无；鄙人服务其中，凡十五载，不仅无酬报，且自付一切费用。今日会员将达一万，"以最善之书籍，用最经济之方法供给大众之阅览"；辅助教育，影响卓著，各国群起仿效之。是今日美满之果，未尝非当日艰苦之力也。敝会成立将及五十年，国内各大基金委员会，逐渐感觉援助图书馆协会，较其他公益事业，尤为适当。敝会本年自得卡尼奇及其他补助金后，每日所费之款，较创办时全年者尤钜焉。

如贵会办理得当，对于伟大中华民国新生命之贡献，定必无量，此鄙人所敢断言者也。

杜威·麦鲁问

一九二五，九，十二①

除协会名誉会员推荐外，普通会员的加入，须董事会确认方正式入会，新入会之名单也会在每期会报上辟有专版公布，公布信息包括机关会员名称和地址，个人会员姓名、别字、服务机关和通信处等信息，下为1925年刊登于《中华图书馆协会会报》第一卷第三期上的部分初期加入会员名录：

新加入本会之会员，经董事部正式选认者，计机关会员十六，个人会员十三，兹录如下②：

机关会员

名称	地址
大同大学图书馆	上海南车站路大同大学
天水县公立图书馆	甘肃天水县大城东学署内
巴县教育会图书馆	重庆临江门横街
如皋县立图书馆	江苏如皋西云路巷
东方图书馆	上海闸北宝山路
崇明私立第一图书馆	江苏崇明城内北街

①② 中华图书馆协会执行部. 会务纪要[J]. 中华图书馆协会会报，1925，1(3)：19－23.

续表

名称	地址
船山大学图书馆	湖南衡阳东洲
集美学校图书馆	厦门集美学村
厦门大学图书馆	厦门
遵义县私立通俗图书馆	黑龙江省城南关
黑龙江兴权图书馆	与黑龙江省立图书馆合办
察哈尔区立图书馆	张家口上堡仁寿街西路
燕京华文学校图书馆	北京东四头条五号
璧山县公立通俗图书馆	四川璧山县城内南大街
罗氏图书馆 Low library	上海梵皇渡圣约翰大学
顾省园私立图书馆	江苏省松江县拓林城西门外

个人会员

姓名	别字	服务机关	通信处
仲伟仪	子凤	察哈尔区立图书馆	
沈学植	丹泯	上海复旦大学图书馆	
李光烈	熙炎	如皋中国文学研究会	
马尔智	子右	燕京华文学校图书馆	
姜翰时		巴县教育会图书馆	
董锡祥	惠孚	崇明西乡图书馆	
傅芸子		燕京华文学校图书馆	
曾麟祥	次麟	四川璧山县公立通俗图书馆	
杨芸甫		巴县教育会图书馆	
蒋希曾	孝丰	厦门集美学校图书馆	湘乡谷水蒋家湾
刘志龙	楚翘	四川璧山县公立图书馆	
谢骏臣		山东东阿县图书馆	
谢　源	伯渊	福建建瓯公立图书馆	福建建瓯公立图书馆

(2)初创阶段职员更替

第一批　1925 年 5 月 27 日：

部长　　梁启超

书记　　袁同礼

财政委员会　颜惠庆、熊希龄、丁文江、胡　适、袁希涛

董事　　颜惠庆、袁希涛、梁启超、范源廉、袁同礼

王正廷、熊希龄、蔡元培、洪有丰、沈祖荣

胡　适、丁文江、陶知行、钟福庆、余日章
名誉董事　施肇基、鲍士伟、韦棣华①

第二批　1926 年 5 月：

部长　梁启超
书记　戴志骞
董事　梁启超、颜惠庆、戴志骞、张伯苓、袁希涛
王正廷、熊希龄、蔡元培、洪有丰、沈祖荣
胡　适、丁文江、陶知行、钟福庆、余日章

第三批　1927 年 5 月：

部长　梁启超
书记　戴志骞
董事　梁启超、颜惠庆、戴志骞、张伯苓、袁希涛
蔡元培、熊希龄、洪有丰、周诒春、沈祖荣
胡　适、丁文江、陶知行、钟福庆、余日章

2. 发展时期：行政职能淡化

中华图书馆协会慢慢步入成熟期，协会内部行政事务运作渐渐走向常规化，监察委员会（即原董事会）的监察职能强化。在 1928 年协会第二次修改组织大纲时，已经对此有明确规定，强化执行委员会（即原执行部）的监察职能，拥有向全体会员弹劾的权力，另外，对协会至关重要的财政权明确划归监察部所有。

下文是 1928 年版组织大纲有关监察委员会职权之具体规定：

监察委员会之职权如下
（一）监察执行委员会进行事项遇必要时得向全体会员弹劾之
（二）核定预算及决算

（1）承担职责

在这一阶段，监察委员会已经形成完善的办事细则，主要承担中华图书馆协会会务监督、审查预算决算等方面的事务。《中华图书馆协会监察委员会细则》对许多规定都有了更多细致的描述，例如，执行委员会执行议案每三月必具书面通告监察委员会一次的规定，正是其监督职能的细化。常规化、具体化是本阶段监察委员会承担职责的明显趋势。

① 中华图书馆协会执行部. 会务纪要[J]. 中华图书馆协会会报，1925，1(1)：6－11.

附:中华图书馆协会监察委员会细则(1940年制)

中华图书馆协会监察委员会细则

第一条 依据中华图书馆协会章程由大会会员票举会员九人组织监察委员会。

第二条 监察委员任期三年惟第一次委员任期一年者三人二年者三人抽签定之每次年会票举三人补充。

第三条 本会设主席一人书记一人任期均一年由本会公推。

第四条 本会每年至少开会三次委员出席以三分之二以上为法定数委员因事不能出席者得正式函托代表出席惟代表必为本协会会员开会地点临时由主席通告各委员决定。

第五条 监察委员会之职权如左:

一 督促执行委员会执行议案执行事件有与大会议案抵触者得提出纠正;

二 审查协会预算决算。

第六条 执行委员会执行议案每三月必具书面通告监察委员会一次。

第七条 执行委员会执行议案有关于经济事项必具预算书通告监委会俟监委会通过后施行监委会因事未能即行开会执委会得据预算案先行支付一部分俟监委会开会时追认。

第八条 纠正执委会之议案须监委四人以上提出经监委三分之二以上通过始得提交执委会执委会因事实上之困难疑难执行议案时得由执委会说明理由提交监委会复议监委会复议认为必须依据监委会纠正案执行时执委会不得再行提出复议。

第九条 关于监委会职权事项监委会得接受大会会员十人以上联署之请议书提出监委会会议。

第十条 监委会有违法事得由大会会员二十人以上之联署提出议案于大会经大会会员三分之二以上认为违法者得解散监委会改组。

第十一条 监委会遇必要时得设立常务委员会。

第十二条 监委会章程草案由监委公议全体通过后试行一年再提出大会修正。①

1)审查、通过执行委员会报告

监察委员会的监察职能主要是通过对执行委员会各项报告的审查和通过来执行的。按照《中华图书馆协会监察委员会细则》(1940年制)第六条、第七条规定,监察委员会对执行委员会提出的年度报告有审查职责。

下文为监察委员会审查执行委员会1928年和1929年会务报告具体情形,以及通过后的相关函件确认。

---

① 中华图书馆协会执行委员会.中华图书馆协会监察委员会细则[J].中华图书馆协会会报,1930,5(4):11-12.

- 审查执行委员会1928年(民国十七年)会务报告

由杨立诚临时报告,今晨得执行委员会主席袁同礼先生来函,约于明后日来杭,列席本委员会,报告执行委员会经过及工作情形,并附送该会十七年度决算书及会务报告一册,请本委员会审查。当经柳主席临时动议:

对于年会议决案之推行一项,计六十三案,内有呈请国民政府及教育部施行各案,是否批复及施行至若何程度,函请执委会于本委员会第二次会议前详细报告。(议决)通过。

函各图书馆施行各案,是否得有函复及施行实况若何,函请执委会照上项答复。(议决)通过。

年会议决各案尚有未及推行者,应如何分期推行,请为函复。(议决)通过。

关于各委员会之组织一项内,善本调查,版片调查,及分类编目各项委员会如何刻期进行,函请执委会分别答复。(议决)通过。①

- 通过执行委员会1929年(民国十八年)第五周年报告

本会十八年度之第五周年报告,业经本协会监察委员会通过,兹具录该委员会来函如左:

敬启者:

前接贵会报告,当即分致各监委征求意见,并声明如有疑问,务于七月内函复,以便汇转在案,迄今逾时已久,未见各监委对于贵会报告有疑问提出,应即认为监委会对于是项报告业经通过,藉作结束,除分函外,相应函达

查照此致

中华图书馆协会执行委员会公鉴

柳诒徵　杨立诚同启

民国十九年八月十九日②

2)预算决算

本阶段的预算决算职能与上一阶段大致相同,审查执行委员会提出的年度预算表不再赘述。

(2)历任委员

第一批　1929年(民国十八年),第一次年会选出:

主席:柳诒徵

书记:杨立诚

① 中华图书馆协会执行委员会. 中华图书馆协会第五次会务报告[J]. 中华图书馆协会会报,1929,5(1/2):33.

② 中华图书馆协会执行委员会. 监察委员会通过年度报告[J]. 中华图书馆协会会报,1930,6(1):29.

委员:田洪都　陆秀　侯鸿鉴　毛坤　李燕亭　欧阳祖经　冯汉骥①

第二批　1930 年(民国十九年):

柳诒徵　杨立诚　毛坤(二十年任满)
冯汉骥　李长春　欧阳祖经(二十一年任满)
钱亚新　杨昭悊　陈钟凡(二十二年任满)②

第三批　1931 年(民国二十年)(须改选之委员全体连任):

主席:柳诒徵
书记:杨立诚
委员:毛坤　欧阳祖经　冯汉骥　李长春　钱亚新　杨昭悊　陈钟凡③

第四批　1932 年(民国二十一年):

徐家麟　欧阳祖经　陈训慈(廿四年任满)
柳诒徵　杨立诚　毛坤(廿三年任满)
钱亚新　杨昭悊　陈钟凡(廿二年任满)④

第五批　1933 年(民国二十二年):

主席:洪业
书记:毛坤
万国鼎　李燕亭　洪业(廿五年任满)
徐家麟　陈训慈　欧阳祖经(廿四年任满)
柳诒徵　杨立诚　毛坤(廿三年任满)⑤

第六批　1934 年(民国二十三年):

洪业　万国鼎　李燕亭　(新任,廿六年任满)
徐家麟　欧阳祖经　陈训慈(旧任,廿五年任满)
柳诒徵　杨立诚　毛坤(旧任,廿四年任满)⑥

---

① 中华图书馆协会执行委员会. 中华图书馆协会第五次会务报告[J]. 中华图书馆协会会报,1929,5(1/2):27 -32.
② 中华图书馆协会执行委员会. 中华图书馆协会第五年度报告[J]. 中华图书馆协会会报,1930,6(1):3 -10.
③ 中华图书馆协会执行委员会. 中华图书馆协会第六年度报告[J]. 中华图书馆协会会报,1931,7(1):1 -7.
④ 中华图书馆协会执行委员会. 中华图书馆协会第七年度报告[J]. 中华图书馆协会会报,1932,8(1/2):1 -4.
⑤ 中华图书馆协会执行委员会. 新任执监委员[J]. 中华图书馆协会会报,1934,9(4):9.
⑥ 中华图书馆协会执行委员会. 中华图书馆协会第九年度报告[J]. 中华图书馆协会会报,1934,10(1):1 -6.

第七批　1935年(民国二十四年):

裘开明　柳诒徵　毛坤(新任,廿七年任满)
洪业　万国鼎　李燕亭(旧任,廿六年任满)
徐家麟　欧阳祖经　陈训慈(旧任,廿五年任满)[①]

第八批　1936年(民国二十五年):

徐家麟　汪长炳　欧阳祖经
裘开明　柳诒徵　毛坤
洪业　万国鼎　李燕亭[②]

3. 成熟时期:与其他教育组织合作

随着中华图书馆协会的不断发展,其在民国时期教育事业中也占有了一席之地,筹建中华教育联合会所、召开教育界年会等,都使得中华图书馆协会认识到与其他教育组织联合的迫切性。于是,为了与各组织保持一致性,1937年,中华图书馆协会改监察委员会为监事会,并修改组织大纲。

下文为中华图书馆协会修改组织名称的具体通知和1937年版组织大纲修改的具体规定。

- 中华图书馆协会修改组织名称的具体通知

本会之组织,向有执行委员会与监察委员会之设立,嗣以其他学术团体,对于以上两种委员会多用理事会与监事会两名称,爰于去年举行第三次年会时,议决将执行委员会改为理事会,监察委员会改为监事会。除重行修订本会组织大纲外,并自二十六年一月起,业经实行云。[③]

- 1937年版组织大纲修改的具体规定

第十三条　监事会设监事九人,由会员公选之。但监事不得兼任理事。

第十四条　监事任期三年,每年改选三分之一。惟第一次监事会任期一年二年三年者各三人,于第一次开监事会时签定之。

第十五条　每年改选之监事由监事会照定额二倍推举候选监事,由会员公选之。但于候选监事委员以外选举者,听之。

第十六条　监事会之职权如左:

(一)监察理事进行事项,遇必要时得向全体会员弹劾之。

---

① 中华图书馆协会执行委员会. 新任执监委员[J]. 中华图书馆协会会报,1934,10(4):19.

② 中华图书馆协会执行委员会. 新任执监委员[J]. 中华图书馆协会会报,1936,11(5):12.

③ 中华图书馆协会理事会. 执监委员会改称理监事会[J]. 中华图书馆协会会报,1937,12(4):13.

（二）核定预算及决算

第十七条　监事会细则由该会自定之。

（1）历任监事

第一批　1937 年（民国二十六年）：

岳良木　万国鼎　吴光清
徐家麟　汪长炳　欧阳祖经
裘开明　柳诒徵　毛　坤[①]

至 1937 年，因战乱，交通阻滞，监事会停止每年改选三分之一之举：

暂停每年改选理事及监事三分之一之举，至第五次年会之前为止案。于震寰提。全家凤等附议。岳良木提议应仍照章改选；汪长炳附议。主席以双方意见付表决。赞成岳议者十一人；赞成于议者十七人，但不及出席会员之半数。刘国钧提议延至会员总登记完毕后改选；孙心磐附议。主席重付表决。新提议大多数通过。决议：改选理事及监事三分之一，延至会员总登记完毕后举行。[②]

第二批　1944 年（民国三十三年）：

柳诒徵　何日章　沈学植　徐家璧　陈东原　裘开明　汪应文　戴志骞　姜文锦[③]

三、执行机构

执行机构是中华图书馆协会的主要办事机构，从协会成立之初筹办各项成立事宜，到为全国图书馆事业组织各项会议、活动、交流，中华图书馆协会执行机构都是一支不可忽视的力量。在中华图书馆协会的发展之中，执行机构的内涵也几经转换，与时俱进。

初期的执行部，成熟期的执行委员会以及稳定期的理事会是中华图书馆协会执行机构的基本发展历程。在每个阶段，执行机构都带有显著的时代特征。

1. 执行机构变迁

（1）执行部

执行部是中华图书馆协会成立之时就创建的第一代办事机构，写入第一版组织大纲，其中规定其权利和义务。主要职责有四个：拟定进行方针，编制预算及决算，执行董事部议决事项，组织各项委员会。部门设置部长和副部长各一、二人，任期一年，均由会员公选。

但是在初期，协会发展并不成熟，多数事务的办理，执行部仍需借助董事部成员完成。

---

① 中华图书馆协会理事会. 新任理监事［J］. 中华图书馆协会会报，1937，12(6)：13.

② 中华图书馆协会理事会. 本会第四次年会会务会记录［J］. 中华图书馆协会会报，1939，13(4)：11－13.

③ 中华图书馆协会理事会. 中华图书馆协会三十三年度工作报告［J］. 中华图书馆协会会报，1944，18(5/6)：12－14.

附:组织大纲相关规定:

乙　执行部

第十三条

执行部设正部长一人,副部长二人,干事若干人,任期一年。

第十四条

执行部正副部长,由会员公选。干事由部长聘任之。

第十五条

执行部分四股如左:

(一)文牍股,

(二)会计股,

(三)庶务股,

(四)交际股。

第十六条

执行部之职务如左:

(一)拟定进行方针,

(二)编制预算及决算,

(三)执行董事部议决事项,

(四)组织各项委员会。

第十七条

执行部细则,由该部自订之。①

历任职员

第一批　1926年(民国十五年):

部　长:戴志骞(出国期间袁同礼代理)

副部长:杜定友　何日章

干　事:徐鸿宝　北京京师图书馆

钱稻孙　北京姚家胡同三号

冯陈祖怡　北京师范大学图书馆

陆秀　北京女子师范大学图书馆

查修　北京清华学校图书馆

许连聪　北京燕京大学图书馆

蒋复璁　北京松坡第二图书馆

高仁山　北京中华教育改进社教育图书馆

马家骋　北京国立北京大学图书馆

孙心磐　上海商科大学图书馆

① 中华图书馆协会执行部. 中华图书馆协会组织大纲[J]. 中华图书馆协会会报,1925,1(1):3-4.

王永礼	上海交通部南洋大学图书馆
程保成	上海席肇公学图书馆
周秉衡	上海江海开图书馆
黄警顽	上海商务印书馆
王恂如	上海总商会图书馆
王文山	天津南开大学
桂质柏	济南齐鲁大学图书馆
侯兴炳	太原山西国立图书馆
李长春	开封中州大学图书馆
郗慎基	西安陕西图书馆
彭济鹏	苏州图书馆
章箴	杭州公立图书馆
陈宗鉴	南昌江西省立图书馆
王杰	安庆安徽省立图书馆
胡庆生	武昌华中大学文华公书林
李次仙	长沙湖南省教育会收转
张世珍	四川江安县图书馆
李永清	云南图书馆
潘寰宇	贵州遵义通俗图书馆
吴敬轩	广州国立广东大学
吴家象	奉天东北大学
初惠章	吉林省立图书馆
冯汉骥	厦门大学①

第二批　1927 年(民国十六年):

正部长　袁同礼
副部长　杜定友　刘国钧

第三批　1928 年(民国十七年):

正部长	袁同礼		
副部长	李小缘	刘国钧	
执行委员	戴志骞	杜定友	沈祖荣
	何日章	胡庆生	洪有丰
	王云五	冯陈祖怡	朱家治
	万国鼎	陶知行	孙心磐

① 中华图书馆协会执行部. 会务纪要[J]. 中华图书馆协会会报,1925,1(1):6-11.

(2)执行委员会

1928 年,执行部更名执行委员会,部门设置有所改变,设执行委员 15 人取代原先正副部长,其主要职权也有增改:规定进行方针,筹募经费,编制预算及决算,通过会员入会手续,推举常务委员及候选执行委员。

下文为第二版组织大纲中对其职责新的规定:

执行委员会

第六条　本会设执行委员十五人,由会员公选之。

第七条　执行委员会设常务委员五人,由执行委员互选之。

第八条　执行委员任期三年,每年改选三分之一。惟第一任执行委员,任期一年二年三年者各五人,于第一次开执行委员会时签定之。

第九条　常务委员任期一年。

第十条　每年改选之执行委员由执行委员会照定额二倍推举候选执行委员,由会员公选之,但于候选委员以外选举者听之。

第十一条　执行委员会之职权如左:

(一)规定进行方针;

(二)筹募经费;

(三)编制预算及决算;

(四)通过会员入会手续;

(五)推举常务委员及候选执行委员;

(六)执行其他重要事项。

第十二条　执行委员会细则由该会自订之。[①]

历任委员

1929 年(民国十八年):

主　　席:袁同礼

常务委员:袁同礼　洪有丰　刘国钧　杜定友

委　　员:戴志骞　朱家治　王云五　何日章　冯陈祖怡(十九年任满)

袁同礼　李小缘　胡庆生　沈祖荣　杜定友(二十年任满)

刘国钧　洪有丰　陶知行　万国鼎　孙心磐(二十一年任满)[②]

1930 年(民国十九年):

袁同礼　李小缘　胡庆生　沈祖荣　杜定友(二十年任满)

刘国钧　洪有丰　陶知行　万国鼎　孙心磐(二十一年任满)

① 中华图书馆协会执行委员会. 中华图书馆协会组织大纲[J]. 中华图书馆协会会报,1929,4(4):4-5.

② 中华图书馆协会执行委员会. 中华图书馆协会第五次会务报告[J]. 中华图书馆协会会报,1929,5(1,2):27-32.

戴志骞　王云五　何日章　朱家治　周诒春(二十二年任满)[①]

1931 年(民国二十年):

袁同礼　杜定友　李小缘　沈祖荣　胡庆生(二十三年任满)
戴志骞　王云五　何日章　朱家治　周诒春(二十二年任满)
刘国钧　洪有丰　陶知行　万国鼎　孙心磐(二十一年任满)[②]

1932 年(民国二十一年):

刘国钧　洪有丰　田洪都　王文山　冯陈祖怡(廿四年任满)
袁同礼　杜定友　李小缘　沈祖荣　胡庆生(廿三年任满)
戴志骞　王云五　何日章　朱家治　周诒春(廿二年任满)[③]

1934 年(民国二十三年):

戴志骞　蒋复璁　桂质柏　何日章　严文郁(新任,廿六年任满)
刘国钧　洪有丰　王文山　田洪都　冯陈祖怡(旧任,廿五年任满)
袁同礼　杜定友　李小缘　沈祖荣　胡庆生(旧任,廿四年任满)[④]

1935 年(民国二十四年):

袁同礼　杜定友　沈祖荣　李小缘　王云五(新任,廿七年任满)
戴志骞　蒋复璁　桂质柏　何日章　严文郁(旧任,廿六年任满)
刘国钧　洪有丰　王文山　田洪都　冯陈祖怡(旧任,廿五年任满)[⑤]

1936 年(民国二十五年):

刘国钧　洪有丰　王文山　田洪都　查　修(新任)
袁同礼　杜定友　沈祖荣　李小缘　王云五(旧任)
戴志骞　蒋复璁　桂质柏　何日章　严文郁(旧任)[⑥]

---

① 中华图书馆协会执行委员会. 中华图书馆协会第五年度报告[J]. 中华图书馆协会会报,1930,6(1):3－10.
② 中华图书馆协会执行委员会. 中华图书馆协会第六年度报告[J]. 中华图书馆协会会报,1931,7(1):1－7.
③ 中华图书馆协会执行委员会. 中华图书馆协会第七年度报告[J]. 中华图书馆协会会报,1932,8(1,2):1－4.
④ 中华图书馆协会执行委员会. 中华图书馆协会第九年度报告[J]. 中华图书馆协会会报,1934,10(1):1－6.
⑤ 新任执监委员[J]. 中华图书馆协会会报,1935,10(4):19.
⑥ 新任执监委员[J]. 中华图书馆协会会报,1936,11(5):12.

(3)理事会

为与其他教育组织保持一致,方便相互联络合作,执行委员会再次改名,称为理事会,并将相关规定写入第三版组织大纲。设理事 15 人,其中常务理事 5 人,在常务理事中推举 1 人为理事长,每年改选。具体职权未有大改变。

附:第三版组织大纲具体更改

第五条　本会设理事会及监事会。

甲、理事会

第六条　本会设理事十五人,由会员公选之。

第七条　理事会设常务理事五人,由理事互选之。

第八条　理事任期三年,每年改选三分之一。惟第一任理事,任期一年二年三年者各五人,于第一次开理事会时签定之。

第九条　常务理事任期一年。

第十条　每年改选之理事,由理事会照定额二倍推举候选理事,由会员公选之。但于候选理事以外选举者,听之。

第十一条　理事会之职权如左:

(一)规定进行方针,

(二)筹募经费,

(三)编制预算及决算,

(四)通过会员入会手续,

(五)推举常务理事及候选理事。

(六)执行其他一切事项。

第十二条　理事会细则由该会自订之。

历任理事

1937 年(民国二十六年):

蒋复璁　戴志骞　严文郁　柳诒徵　陈训慈
袁同礼　杜定友　沈祖荣　李小缘　王云五
刘国钧　洪有丰　王文山　田洪都　查　修

1944 年(民国三十三年):

沈祖荣　蒋复璁　刘国钧　袁同礼　毛　坤
杜定友　洪有丰　汪长炳　王云五　严文郁
王文山　陈训慈　徐家麟　桂质柏　李小缘

2. 执行机构主持各项事宜

执行机构是中华图书馆协会的主要办事机构,对中华图书馆协会的发展起主要的领导作用。在中华图书馆协会的整个发展历程中,执行机构在领导发展、主持事务和处理其他各

项图书馆界相关事宜方面皆有建树。

（1）领导中华图书馆协会发展

中华图书馆协会的成立和连续发展都离不开执行机构的领导。在举行中华图书馆协会成立仪式上，以及执行机构主要成员对中华图书馆协会未来发展道路的思考和研究中，都可以看到执行机构对中华图书馆协会发展的领导作用在发挥。

1）举行中华图书馆协会成立仪式过程

1925 年，中华图书馆协会成立仪式在北京欧美同学会举行，与会代表众多，政府方面代表、国外图书馆界学者均到场，并发表演说。其中，梁启超发表“中华图书馆协会成立会演说词”，揭示中华图书馆协会成立的意义和价值，以及肩负的责任。“六月二日下午三时本会在北京欧美同学会举行成立式，各省区图书馆代表来京参与者百余人，都下名宿，翩然莅止，济济一堂，颇极一时之盛。主席颜惠庆先生致开会辞，继由教育次长吕建秋先生与鲍士伟博士先后演说，均以图书馆事业之发皇光大，为本会前途之望。旋由本会董事部部长梁任公先生演说（见会报第一期）。韦棣华先生演说题为‘中美国家交谊之联络’，深望中美两国图书馆协会互相提携，演说毕，遂摄影以为纪念。”①

2）对中华图书馆协会发展方向的思考

执行机构是直接对中华图书馆协会发展负责的，考虑协会的发展方向是执行机构的职责所在。在抗战胜利前夕，执行机构主要领导人袁同礼先生发表了一篇思考极深的文章——《中华图书馆协会之过去现在与将来》，全文对中华图书馆协会成立之初到当时的历史进行了梳理，结合国内图书馆事业的发展，对中华图书馆协会的发展前景做了清晰的阐述。

（2）调查事业

调查事业是中华图书馆协会作为全国图书馆行业唯一行业协会必须完成的事业。调查结果是中华图书馆协会合理调配行业资源、制定行业发展策略的重要依据。而且，中华图书馆协会每年都会花费大量的人力、物力调查图书馆行业相关的各类资源状况，并在年度报告上披露相关结果。

中华图书馆协会的调查事业涉及方方面面，既有常年坚持的图书馆调查、书店调查和期刊调查，也有抗战时期临时开启的战后图书馆事业调查。调查结果多以表格形式出现，也有大量调查报告。各类成果为民国时期中华图书馆协会领导全国图书馆事业发展提供了重要依据，也是如今学者研究民国时期图书馆事业不可或缺的重要史料。

本部分按年份整理了中华图书馆协会 1925 年至 1944 年（民国十四年至民国三十三年）间的各项调查，其中二十四、二十八、三十二年度会务报告中未体现调查事业，故此处未列。

年份	调查项
民国十四年	重要都市图书馆调查、全国图书馆调查
民国十五年	全国书店调查、家刻版片调查、永乐大典卷数调查、定期刊物调查、善本书调查

① 中华图书馆协会执行部. 中华图书馆协会第一周年报告[J]. 中华图书馆协会会报，1926，2(1)：3－5.

续表

年份	调查项
民国十六年	书店调查、定期出版物调查、图书馆调查、地方版本调查、永乐大典卷数调查
民国十七年	善本调查、版片调查、图书馆调查
民国十八年	图书馆调查、各地图书馆协会调查、书店调查
民国十九年	期刊调查、图书馆调查
民国二十年	各省图书馆调查、全国图书馆调查、期刊调查
民国二十一年	全国图书馆调查、各省图书馆调查、期刊调查、书店调查
民国二十二年	全国图书馆调查、中文期刊生卒调查、全国图书馆及图书馆教育调查
民国二十三年	全国图书馆及民众教育馆调查
民国二十六年	全国图书馆被毁状况调查
民国二十七年	战区图书馆人员调查
民国二十九年	全国图书馆战时工作概况调查
民国三十年	七七事变后平市图书馆状况调查
民国三十三年	战后复兴工作调查

1)1925 年

1925 年,中华图书馆协会刚刚成立,对于全国图书馆事业的概况并没有大概了解。这一点也被中华图书馆协会自身认识到,于是积极开展了全国图书馆调查事业。

- 重要都市图书馆调查

> 本会成立之时值美国图书馆协会代表鲍士伟博士来华考察中国重要都市,鲍氏周历所过,就其所见,著为报告,交本会及中华教育改进社。又本会对于各都市之图书馆函盼其早日组织地方协会以图协助互益。①

- 全国图书馆调查

> 现在全国共有图书馆若干所,其所在处所,非但从事于图书馆者欲知之,即一般人亦莫不欲知之,本会调查之结果,已发表于会报第三期,兹仍拟继续调查,以期完备。②

另,在建会初期,鲍士伟博士曾来华考察中国图书馆事业,其调查结果提交至中华图书馆协会,是协会初期调查事业成果的重要组成部分。协会也将其调查结果整理为两篇《鲍士伟博士致本会及中华教育改进社报告书》,并发表于会报之上。鲍士伟通过在华期间对中国图书馆状况的考察,在报告书中指出当时中国图书馆事业发展的不足,并结合美国图书馆事业发展历史,对中国图书馆事业提出发展建议。

2)1926 年

中华图书馆协会调查事业渐渐走上正轨,调查名目增多,除上年书店和定期刊物之外,

①② 中华图书馆协会执行部. 中华图书馆协会第一周年报告[J]. 中华图书馆协会会报,1926,2(1):3-5.

对家刻版片以及善本之调查也有了专门调查事业。

- 全国书店调查

本会以全国书店之调查，于图书馆事业殊多便利，复经各地会员之协助，共调查者有北京，太原，杭州，济南，上海，苏州，长沙，福州，厦门，云南，南京，宁波，桂林，昆明诸城；而尤以刘纯君之南京书肆调查表，为最详备。均在本会会报内先后发表。①

- 家刻版片调查

家刻版片之调查，已调查者为刘纯君之南京家刻版片调查初录。②

- 永乐大典卷数调查

永乐大典为明初最大类书，其残卷散于各国者颇多，调查所得，凡二百余本，分载本会会报第一卷第四期及第三卷第四期。③

- 定期刊物调查

定期刊物之调查，计调查者有四百三一余种，分载会报第二卷第五期及第六期。④

- 善本书调查

本会会员施廷镛君，曾将昭仁殿现存之书，编为书目。又瑞安孙氏玉海楼藏书，颇多善本，由会员陈准君编为书目。均登载季刊第三期。⑤

3)1927 年

- 书店调查

调查全国书店名称地址，执行部刻下正在进行。先曾通函各都市公立图书馆，请其协助。现在北京，杭州，太原，济南，上海，苏州，长沙各处所调查者，已于会报登载；近顷复委托各地大学图书馆，代为调查，其结果当可继续发表云。⑥

各地书店之调查，于图书馆采访书籍上至多便利，上年度中，对于重要城市均有调查，分揭会报。本年度对于北平书店复就近重行调查，为北京书店一览补表，载于第三卷第二期会报。⑦

---

①-⑤　中华图书馆协会执行部. 中华图书馆协会第二周年报告[J]. 中华图书馆协会会报,1927,3(2):3-6.

⑥　中华图书馆协会执行部. 会务纪要[J]. 中华图书馆协会会报,1926,2(3):10.

⑦　中华图书馆协会执行部. 中华图书馆协会第三周年报告[J]. 中华图书馆协会会报,1928,4(2):3-6.

- 定期出版物调查

本会以国内杂志日多，拟从事调查其名称及性质以供各图书馆之参考，俟调查就绪后当陆续在本会会报上发表云。①

- 图书馆调查

本会对于国内图书馆之分布，常在调查之中，本年内因时局变迁，国内各图书馆之名称屡有变更者，本会就所闻知即于会报揭载。一俟时局稍定，当重制一完备之全国图书馆调查表，以供同仁之参检。②

- 地方版本调查

凡文化荟萃之地，刻书之风较盛，而传播亦最广。如杭，如蜀，如闽，其坊刻家刻，字体纸质，源流所衍，往往足资考证。叶长青君有版本学之作，特以闽本考一章，载于图书馆学季刊第二卷第一期，为其对于闽本之研究。后修福建通志亦并采入云。③

- 永乐大典卷数调查

本会前对于永乐大典现存卷数曾有调查，颇为国人所注意。十六年六月，借袁同礼君东渡之便，复委托其调查日本所藏各卷，为一续目，登载于会报第三卷第一期。④

4）1928 年

- 善本调查

善本调查委员会，为调查之便，现已制拟调查表一种，不过须各委员同意后，始能决定，故现在尚未付印。⑤

- 版片调查

版片调查委员会之版片调查表，现已制定付印，印成后即可分送各处，作为调查之用。⑥

- 图书馆调查

本会现对于国内图书馆仍在调查，编有图书馆调查补表，列载名称地址，将在

---

① 中华图书馆协会执行部. 会务纪要[J]. 中华图书馆协会会报，1927，2(4)：16－17.

②－④ 中华图书馆协会执行部. 中华图书馆协会第三周年报告[J]. 中华图书馆协会会报，1928，4(2)：3－6.

⑤⑥ 中华图书馆协会执行委员会. 中华图书馆协会第五次会务报告[J]. 中华图书馆协会会报，1929，5(1/2)：27－33.

会报发表,以后编纂委员会编纂图书馆年鉴,或可供参考。又北平图书馆协会之会刊载有北平图书馆指南,亦极有参考之价值也。①

5)1929 年

● 图书馆调查

本会所编之全国图书馆调查表,各处来函询索者甚多,为用亦繁,本会亦时时注意图书馆界之变易,随时增加,以期实用。现在又得各省教育厅襄助调查,由于震寰君编成新表。比之十七年十月所调查者增加七百余馆,实不可谓非南京年会宣传之力,及政府倡导之功。除在会报第五卷第五期中发表外,并加印单行本发售,以供各地之需用。②

● 各地图书馆协会调查

近顷各地图书馆协会多感觉旧规章之不适用,加以修改,或经变更组织以图改进。亦有数处于年内创立地方图书馆协会。本会为便明了此项状况起见,特行函致各地方协会,调查其会章及会员,并索取其会议记录,以供参考。现得复者,有苏州,广州,北平,南京各处。③

● 书店调查

东北文化日见发展,书店开设日多,本年对于沈阳,哈尔滨两东北文化中心之书店名称住址,皆有调查,载于会报。④

6)1930 年

● 期刊调查

新兴学术之创立,与夫一般学者之心得及讨论,多借期刊为发表之地,官厅政令,亦借期刊公布。故期刊实为合于时代之重要参考物,本会会员,多愿于此方面协助调查之工作。如李文裿君,前既有中国期刊调查表屡续载于会报,本年又编成中国政府出版期刊调查表一篇载于第六卷第一期,比之国立中央研究院出版品国际交换局所编之中国政府机关刊物目录所著者较多;又现代图书馆应备之日文期刊目录一篇,载于第六卷第五期;陆铨君则有江苏各县社会教育期刊表,载于第六卷第四期。李小缘君亦制有详细之表格,从事调查各种期刊会。⑤

---

① 中华图书馆协会执行委员会.中华图书馆协会第五次会务报告[J].中华图书馆协会会报,1929,5(1/2):27-33.

②-④ 中华图书馆协会执行委员会.中华图书馆协会第五次年度报告[J].中华图书馆协会会报,1930,6(1):3-10.

⑤ 中华图书馆协会执行委员会.中华图书馆协会第六次年度报告[J].中华图书馆协会会报,1931,7(1):1-7.

● 图书馆调查

本会十九年四月所编之全国图书馆调查表，颇为社会所需要，现已发售将罄。此一年中，复随时调查，当另成一新表，登入会报，又教育部社会教育司，本年编有各称地址表一册以誊写版印布。与本会所调查者互有出入然未有本会所著录之多。①

7）1931 年

对各省图书馆事业的调查是本年度调查事业的一大亮点，这标志着中华图书馆协会渐渐成为真正意义上的图书馆行业协会，对全国图书馆事业有了实质的领导能力。下附有1931 年各省图书馆调查状况。

● 各省图书馆调查

A　河北省图书馆调查　河北省教育厅拟改进全省图书馆，委托国立北平图书馆派员视察指导。本会会员李文裿君适应斯役，周游三阅月，所至四五十处，已将视察报告陆续披露于本会会报；仍将总报告刊布于六卷二期季刊中。

B　四川省图书馆调查　四川远在西南，交通不便，然近顷对于图书馆事业，颇为一般人士所注意。本会特因会员毛坤君暑期返里之便，由执行委员会备函，请其就近代为调查，随宜加以指导焉。②

● 全国图书馆调查

本会对于全国各图书馆如有所闻，必为之记录，业经刊登三次，上年教育部社会教育司亦有全国图书馆调查，油印刊发，惟仍有未实未尽之处。本会就积年所得，重为编次，名为第四次订正全国图书馆调查表，刊于本会会报第七卷第三期，另印单行本若干册，以便购取参考之用焉。③

● 期刊调查

我国书店目录向无期刊总目之印行，而学术之演进，多借期刊为发表之地，本会会员对于调查期刊，颇具热诚，如李文裿君之图书馆最低限度应备之期刊目录，及陈丽泉君之二十年度新刊中国期刊调查表，均分载于本会会报第七卷第三期及第四期。④

8）1932 年

● 全国图书馆调查

本会历次编印之全国图书馆调查表，素为学术界所重视，上年所印行者为第四次订正本，同时教育部社会教育司亦印成全国图书馆调查表一册，系合民众教育馆

① 中华图书馆协会执行委员会. 中华图书馆协会第六次年度报告[J]. 中华图书馆协会会报，1931，7(1)：1－7.

②－④ 中华图书馆协会执行委员会. 中华图书馆协会第七年度报告[J]. 中华图书馆协会会报，1932，8(1/2)：1－4.

共同著录，故为数较多。然其中省市县立图书馆得本会原表匡正之处，亦正不少也。现在本会一年以来，继续调查，续有增加，拟重为编订，著录各馆之经费藏书数量，分类编目之方号，阅览之状况等，而成一有系统之调查表，将于第九卷会报中特辟专号发表。仍当另印单行本，以便购取参考之用焉。[①]

- 各省图书馆调查

上年度河北四川两省均由本会派员调查其图书馆之设施，除河北省方面报告陆续发表于第七卷会报及六卷二期季刊外，其调查四川省图书馆报告，因寄到较迟，故发表于本年出版之第八卷第三期会报中。本年度复为改建图书馆教育方针，并促图书馆事业发展起见，特委托武昌文华图书馆学专科学校校长沈祖荣，自鄂，经赣皖江浙鲁豫冀等省，沿途调查各图书馆，馆员之训练，沈君自四月初自汉北上，为期一月，方始竣事，报告书即将披露。[②]

- 期刊调查

我国期刊出版日繁，书店目录，尚缺完善总目，故期刊之订购为各图书馆最感困难之事，自民国十六年本会即有期刊调查目录，逐期刊于会报中，足资各图书馆参酌之需。二十年度以后，两年中新刊益臻隆盛，仍由李文祷君续辑成目，容日发表于第九卷会报中。[③]

- 书店调查

调查各地书店一项，本会向极动力，惟我国幅员辽阔，势难由本会专人一一调查，故必须仰赖各地图书馆之赞助，方克有济。本年度复委托各会员调查复函均甚，明确尤以广西统计局图书馆助力为多，已分别发表于八卷一三两期会报中，惟会报篇幅有限，将来按年拟出一专册也。[④]

9)1933 年

民国二十二年，全国图书馆调查已有了初步成果，中华图书馆协会将调查成果编印为全国图书馆调查表。对中文期刊生卒年调查也是本年重要调查事业。另外，图书馆教育事业的调查也逐渐被重视。

- 全国图书馆调查

本会前次编印之全国图书馆调查表，与教育部社会教育司出版之全国公私立图书馆一览表颇有出入。部表于本会调查表所列者外，凡有名可稽者，皆予收入，故数量较多。本会以国内图书馆界年来又不无变化，特再重行调查，用便同人检

---

①-④　中华图书馆协会执行委员会. 中华图书馆协会第八年度报告[J]. 中华图书馆协会会报，1933，9(1)：2-6.

查。名称地址,函托各地教育厅局补正,以求翔实。现在新表已抄成待印。①

● 中文期刊生卒调查

中文期刊生卒之调查,则赖国立北平图书馆中文期刊组供给资料,每两月发表一次。②

● 全国图书馆及图书馆教育调查

中华图书馆协会的大量调查都是依靠协会内部会员完成的,对中国图书馆以及图书馆教育的调查正是委托沈祖荣先生到访各地图书馆与相关人员进行访谈的结果,成果颇丰,集成《中国图书馆及图书馆教育调查报告》发表于中华图书馆协会会报之上。

10)1934 年

● 1934 年,中华图书馆协会的调查事业开始涉及新兴的民众教育馆。

本会前编全国图书馆调查表,表列国内各图书馆名称地址,至便检寻,业经四次订正,兹又重行编制,加入新兴之民众教育馆多所,刊为小册。另据以印成地址笺一种,用为寄发刊物及通函之用,除自留若干外并以分售。③

11)1937 年

战火侵袭,全国图书馆被毁情况如何,需要了解通报。而中华图书馆协会调查并通告全国图书馆被毁状况是其不可推卸之任务。因此,中华图书馆协会委托各地会员或其他人就近调查图书馆被毁状况。

自上期会报付印后,各地图书馆被毁者,有汕头市立图书馆,情况不明者,有庐山图书馆,安徽省立图书馆等,现均由本会委任该地西人就近调查,本会并发通启,函征实际被毁情况,原文录后:

"径启者,倭寇侵略,城郭为墟,文化机关,被毁尤甚。同人等谊切同舟,弥增愤慨!本会自移滇办公以来,对于全国图书馆摧毁惨状,曾作国际之宣传,俾得同情之助,早日复兴,惟是开来继往,经纬万端,非群策群力,无由满此弘□,兹为征求事实,俾作宣传根据起见,特制就表格,请予填注,倘承协力进行,无任感幸!专此奉远,即希,查照见复为荷。"④

12)1938 年

战火肆虐,全国图书馆人员各处流亡,影响到社会教育事业,中华图书馆协会敏锐发现其中问题,向教育部呈请准予登记战区图书馆人员。这次调查是抗日战争中中华图书馆协会调查事业的重要组成部分。

---

①② 中华图书馆协会执行委员会.中华图书馆协会第九年度报告[J].中华图书馆协会会报,1934,10(1):1-6.

③ 中华图书馆协会执行委员会.中华图书馆协会第十年度会务报告[J].中华图书馆协会会报,1934,10(6):3-7.

④ 中华图书馆协会理事会.继续调查全国图书馆被毁状况[J].中华图书馆协会会报,1935,13(2):17.

本会呈请教部准予登记战区图书馆人员

教育部前为统筹战区专科以上学校教员战时服务,及学生就学或训练起见,曾制定员生登记办法,俾免流亡。诚以战时教育之维持,实为抗战中主要工作。本会鉴于图书馆事业,为社会教育之中心,自战事蔓延,被毁奇重。亟应设法救济,庶免流离,而得为国效力,前特具呈教部,拟恳援照战区专科以上学校员生登记办法,准同待遇,予以登记,业承核准施行,兹录原呈如次:

呈为恳请登记战区各地图书馆人员,俾得献力国家,而免流离,仰祈鉴核令遵事,窃查近年以来,我国图书馆事业,赖政府之指导,社会之协助,积极推广,成效卓著。惟自事变以来,各地沦为战区,文化机关,被毁尤甚,馆务停顿,缃帙流离,馆员中荡析无归者,殊不乏人。

钧部前为统筹战区专科以上学校教员战时服务,及学生就学或训练起见,曾制定员生登记办法,并在川、黔、湘、豫、陕各省,分别设立临时大学及临时中学,俾流亡学子,可以安心向学,树用来兹,宏猷擘画,奠定国基。惟是学术充实,图书是赖,战事学术界之恐慌,如何救济?现代科学刊物,如何传播?以及抗战期间如何启发民智?指导社会?战事结束以后,如何复兴?则图书馆之职责,颇为重大。查数十年来,我国以历史关系,以往重要建设,偏重沿海沿江一带,而西南内地,边疆各省,鲜少效力,分布失均,积重难返。当兹全面抗战期间,惩前毖后,亟有调查此种畸形发展之必要。窃以图书馆之地位与人员,实不在学校及其他事业之下,矧其为一种专门事业,已无待赘言,似应援照战区专科以上学校员生登记办法,准予在大部登记,分别派遣西南及西北各省继续服务,以期人尽其才,事尽其利,俾能充实文化,而收指臂之效。是否有当,理合具文呈请钧部鉴核施行,实为德便。

谨呈教育部部长陈①

13)1940 年

战争时期,各类教育设施损毁严重,图书馆的价值更加凸显出来,中华图书馆协会奉教育部之命,对战时各图书馆工作概况进行调查。

本会前奉部令,命对于各地图书馆被敌炸毁与劫掠情形及各馆工作概况注意调查,随时报部备查;除被炸毁之图书馆随时由本会派员查报外,曾于本年度开始时制定表式分函各馆将工作概况按期择要报会,以凭汇转。②

14)1941 年

民国三十年,中华图书馆协会依靠会员等,对北平市图书馆进行了工作情况调查,并将调查报告发表于会报之上。此次调查涉及国立北平图书馆、国立清华大学图书馆、国立北京大学图书馆以及北平各师范学校图书馆在抗战时期如何经营图书馆等日常情况。

---

① 中华图书馆协会理事会. 本会呈请教部准予登记战区图书馆人员[J]. 中华图书馆协会会报,1938,13(1):15.

② 中华图书馆协会理事会. 本会民国二十九年度会务报告[J]. 中华图书馆协会会报,1938,15(5):6－7.

七七事变以来，迄今已逾四载，平市各图书馆，处此非常状态之环境中，既乏居显者之提倡，后无图书馆协会为之联络，且人心惴惴，不能安于所事，是以停办者有之，移让者有之，其能继续维持苟延残喘者，亦无非碍于他故，敷衍了事而已，较之事变以前之生气勃勃状态，诚不堪以道里计矣。兹为关心平市图书馆界状况者之明了起见，特由本会多方设法托人调查，爰将平市图书馆规模较大者，就调查所得之次序，披露于下，惟不详或失实之处，因限于平市情形特殊，在所不免，幸希读者有以谅之：

国立北平图书馆，于事变之前，曾先后在上海南京设有分馆。在上海者名国立北平图书馆上海办事处，在南京者名南京工程参考图书馆。事变爆发未久，馆长袁同礼及重要专门职员，率多南下。

……

故内部组织，悉仍旧贯，人员除因"承合"关系，略有调动外，大体无何变动。

……

至于馆务进行及管理方面，因特殊关系，与往昔亦略有不同其□□大者为：(一)馆务进行方针，往昔系积极的，今兹则系消极的，换言之，往昔重猛进，今兹则重保守；(二)各部工作，除因经费不足及人员减少，逐渐缩减外，均尚照旧进行，惟采访部则因购书费无着，故自事变迄今，迄未购书；(三)自事变后，即严禁图书借出馆外，仅允在馆内阅览，而览阅时间，亦缩短为自上午九时至下午五时，不开夜馆。

清华大学图书馆，被占用后，即作为病院之本部。除新扩充之书库外，其他部分，殆全被利用：楼上大阅览室为普通病室，研究室为将校病室，办公室则为诊疗室药房之类。病者多系骨伤，故病室多标为"骨伤病室第几XX"等字。各阅览室，研究室，办公室内之参考书及用具，以及由各处移来之教职员及学生之衣物图书等为利用空房，各处之衣，多被移集一处，有移入书库者，有焚毁者，亦多有不知下落者。

国立北京大学图书馆，于北平陷落后即行封闭，馆中重要职员，率多离平南下，八月间，前北大科长郑天挺于理学院组织北大保管委员会，并派图书馆在平馆员王锡英及陆式蘅为图书馆保管员，无非徒具虚名而已。图书馆之垣墙颇低，且内墙多有倾圮处，故时有越墙穿窗，窃取图书者，馆藏不无损失，嗣经日本特务机关下令，禁止擅入，其害始息。①

15)1944年

抗战胜利在望，中华图书馆协会将战后复兴计划提上日程，并着手战后复兴计划调查。

本会为筹划战后全国图书馆复兴计划起见，于上年制订"全国图书馆复兴计划意见调查表"一种，分发全国各地图书馆填注寄会，是项调查表，先后收到共三十余份，对于复兴计划，提供意见甚多，本会曾分别整理，并据以拟具提案多种，提交本会第六次年会讨论通过，设法实施。②

① 中华图书馆协会理事会. 七七事变后平市图书馆状况调查[J]. 中华图书馆协会会报,1941,16(1/2):4-12.

② 中华图书馆协会理事会. 中华图书馆协会三十三年度工作报告[J]. 中华图书馆协会会报,1944,18(5/6):12-14.

(3)组织专门委员会事业

1)起步:1925 年至 1928 年

1925 年,中华图书馆协会成立时,即提出由执行部组建专门委员会共同研究学术或处理特别问题,并写入组织大纲中。

图书馆教育委员会、分类委员会、编目委员会、索引委员会和出版委员会是最早形成的专门委员会。本阶段组织专门委员会名单如下:

图书馆教育委员会

主任	洪有丰	南京东南大学
副主任	胡庆生	武昌华中大学
书记	朱家治	南京东南大学
委员	袁同礼	北京大学
	冯陈祖怡	北京师范大学
	戴志骞	北京清华学校
	杨昭悊	北京法政大学
	徐鸿宝	北京京师图书馆
	王文山	天津南开大学
	刘国钧	南京金陵大学
	李小缘	南京金陵大学
	施廷镛	南京东南大学
	杜定友	上海南洋大学
	彭清鹏	苏州图书馆
	章　箴	杭州公立图书馆
	沈祖荣	武昌华中大学
	韦棣华	武昌华中大学
	李长春	开封中州大学
	姬振铎	奉天东北大学
	吴敬轩	广州广东大学

分类委员会

主任	梁启超	北京清华学校
副主任	徐鸿宝	北京京师图书馆
书记	袁同礼	北京大学
委员	马叙伦	北京大学
	查　修	北京清华学校
	顾颉刚	北京大学
	黄文弼	北京大学
	施廷镛	南京东南大学
	杜定友	上海南洋大学
	李　笠	广州广东大学

编目委员会		
主任	傅增湘	北京石老娘胡同
副主任	沈祖荣	武昌华中大学
书记	洪有丰	南京东南大学
委员	章　箴	杭州浙江图书馆
	李小缘	南京金陵大学
	谭新嘉	北京京师图书馆
	单不厂	北京大学
	何澄一	北京松坡图书馆
	王文山	天津南开大学
	李长春	开封中州大学
	陈宗鎏	江西省立图书馆
	陈德芸	广州岭南大学
	徐绍棨	广州广东大学
索引委员会		
主任	林玉堂	北京大学
副主任	赵元任	北京清华学校
书记	洪煨莲	北京燕京大学
委员	胡　适	北京大学
	陈宗登	北京政治学会图书馆
	杜定友	上海南洋大学
	王云五	上海商务印书馆编译所
	万国鼎	南京金陵大学
	胡庆生	武昌华中大学
	丁绪宝	美国哈佛大学
出版委员会		
主任	刘国钧	南京金陵大学
副主任	杜定友	上海南洋大学
书记	施廷镛	南京东南大学
委员	朱家治	南京东南大学
	洪有丰	南京东南大学
	姚明辉	南京东南大学
	吴　梅	南京东南大学
	胡小石	南京金陵大学
	钟福庆	南京江苏省立第一图书馆
	孙心磐	上海商科大学
	朱香晚	上海大同大学
	钱荃博	上海约翰大学
	黄维廉	上海约翰大学

何日章　　开封河南第一图书馆
李　笠　　广州广东大学
陈钟凡　　广州广东大学①

● 图书馆教育委员会

1925 年,图书馆教育委员会举办图书馆学暑期学校,旨在为图书馆事业培养更多人才。

> 该委员会原拟主办图书馆学校,惟因种种关系难于举行,故执行部公决先在南京试办暑期学校。适东南大学与中华职业教育社,江苏省教育会亦有暑期学校之设,相邀合组,遂于十四年七月十五日至八月十五日在东南大学授课,已开班者,其科目如下(一)分类法(二)儿童图书馆(三)学校图书馆(四)图书馆集要共有学生六十九人,该委员会另有其经过之报告(见会报第四期)。②

1926 年始,中华图书馆协会深感图书馆学专科人才缺乏,与武昌华中大学文华图书科合作办学。

> 图书馆学助学金学生之考试十五年六月中华教育文化基金董事会,在武昌华中大学文华图书科,设图书馆学助学金额,并扩充其课程,以本会为中国图书馆事业之重要机关,特函请会同办理招考事宜。本会遂推戴志骞,刘国钧两先生与该科合组考试委员会,主持一切。在北京,上海,南京,武昌,广州五地,同时举行考试。共录取学生九名,计京兆一人,郑铭勋;江苏二人,钱亚新,王慕尊;安徽一人,沈晋陆;湖北二人,李哲昶,汪缉熙;湖南二人,于熙俊,李巽言;四川一人,毛坤;于十月前往武昌入学。③
>
> 本会前受中华教育文化基金董事会之委托,与武昌华中大学合办图书馆学免费生额招考事宜,十五年所取各生已均于本年毕业,分送各图书馆服务。下届招考事宜,亦已进行;并定七月间仍在北平,南京,上海,武昌,广州五地招考云。④

● 出版委员会

出版委员会在前期的主要事务是《图书馆学季刊》和《中华图书馆协会会报》的出版事宜。

> 该委员会自十五年三月起出版图书馆学季刊,已出二期其发行事务归南京城内南京书店主持,编辑事务归该委员会主持,版权仍为本会所有,会员订阅,可得半价之利益,该委员会对于篇幅较长之著作,并拟刊行小册陆续出版。
>
> 会报本年出版者为第二卷第一期至第六期,各期印千份,分送会员,不另取资。

---

① 中华图书馆协会执行部. 中华图书馆协会委员会委员名单[J]. 中华图书馆协会会报,1925,1(2):3-4.
② 中华图书馆协会执行部. 中华图书馆协会图书馆学暑期学校之经过[J]. 中华图书馆协会会报,1925,1(4):3.
③ 中华图书馆协会执行部. 中华图书馆协会第二周年报告[J]. 中华图书馆协会会报,1927,3(2):3-6.
④ 中华图书馆协会执行部. 中华图书馆协会第三周年报告[J]. 中华图书馆协会会报,1928,4(2):3-6.

图书馆学季刊已出至第一卷第四期，因受时局影响，致第二卷第一期延期出版。①

会报　本年度出版之会报凡六期，自第三卷第一期起至第三卷第六期止。每期印千份，出版后即分寄各会员，及各图书馆，不另取资。

图书馆学季刊　本年度编辑之季刊，因受时局影响，只出第二卷第一期及第二期两册，发行事务日繁，拟自第三期起，收归本会自行处理。②

出版委员会尚有刊印丛书事宜，皆因经费阻滞，在本期唯有《老子考》一项丛书付梓。

本会前有刊印丛书之议，限于经费迄未实行，近拟先印王重民之《老子考》作为本会丛书第一种云。③

自本会成立以来，即有刊行丛书之计划，以限于经费，未能实行。本年先将王重民君之《老子考》印行，为本会丛书第一种。此外尚有袁同礼编之《明清私家藏书史料》亦待付刊。④

出版委员会原有编写周年报告的职责，但唯有第一周年报告在《中华图书馆协会会报》登载。下文为出版委员会第一周年报告：

本委员会于一四年九月执行部聘请委员十六人，组织成立。惟出版事业至广，当兹草创，遵执行部之议定，先行编印图书馆学季刊，所有编辑发行事务，应立专部主持，以利进行；而本委员会处于评议地位，协助筹划。但因中华图书馆协会经费无多，独立担任，力有未逮，拟委托书局代为发行，既省经费，又省手续，乃迭向沪上各书局接洽，均因营业上诸多不便，未敢接受，最后始与南京之南京书店订立共同发行之契约。故本委员会即无组织发行部之必要，但编辑部组织仍旧，并请各地方图书馆协会会长为编辑员，而编辑主任暂以出版委员会主任兼任，此创办图书馆学季刊之经过也。

图书馆学季刊之出版期，为每年之三月，六月，九月，十二月，幸以执行部之赞助，各会员之热忱，第一期季刊，得于三月间问世，然印刷方面之周折，不知已费去若干矣，第二期亦已出版，第三期在印刷中，第一期之销路，据南京书店之报告，除国内各地方外，日本曾订购全年十二份，英美亦有四五份，然则本刊之价值，颇可于此觇之，以后应如何努力，以期内容上之进步，不能不望之于会员之踊跃投稿矣。

季刊出版后，对于会员，曾订有一律半价之优待办法，故订阅者，甚形踊跃，此外对于协会之董事，名誉会员，及国外各大图书馆与各国图书馆协会，均常年寄赠，计第一期赠送者达一百八十余册，而赠与著作人及其他机关者尚不在内，自第二期起，执行部有赠送机关会员之提议，又须加添百余册，除本会向南京书店无偿取得之二百本外，尚须照合同备价购置百本也。

经费方面先后共由执行部拨来四百四十八元五角，收支报告，另列于后，惟须

①④　中华图书馆协会执行部. 中华图书馆协会第二周年报告[J]. 中华图书馆协会会报，1927，3(2)：3－6.

②　中华图书馆协会执行部. 中华图书馆协会第三周年报告[J]. 中华图书馆协会会报，1928，4(2)：3－6.

③　中华图书馆协会执行部. 会务纪要[J]. 中华图书馆协会会报，1927，2(4)：16－17.

申明者，则此款除付印刷费外，尚须代购季刊分赠会员，加印单行本，赠送作者，并付赠送各地季刊之寄费，故实际用于印刷方面编辑方面者，实属有限也。

在过去之一年中，本委员会所经办之事业，只有季刊一种，其间所经过之困难，亦不一一具述，然经费有限，凡事不能不力求节省，而各种事务，又均汇集于本委员会之一身，则捉襟见肘，自不能免，是又不能不望本会诸公之原谅而与以匡助者也，又关于校对邮寄等事，金陵大学图书馆同人，均力与匡助，特此致谢。就此一年之经验，对于本会之出版事业，颇有建议之处，姑附陈之，以供采择。

一曰宜刊印丛书，盖季刊系杂志性质，对于过长之文字，颇不便于登载，若任其隐没，尤非提倡学术之本意，故遇此等著作，均非专门刊行不可。况季刊出版期，相隔太久，成本亦较昂，不利于刊登宣传文字，而我国图书馆事业，正在萌芽，高深之研究，固当提倡，鼓吹之著作，亦不可少。现季刊虽间登宣传文字，究虞不足，倘能印成单行之本，或廉售，或赠送，收效必可宏大。且近数年来，我国之图书馆虽多有感觉采用新法之必要，无如无师可资，不知何以着手，此又协会不能不发行实用一方面之书籍，以指导之者也。

二曰确定经费，季刊印刷经费，执行部原拟拨付五百元，但实际上交换赠送等事，均包括在内，以致颇形支绌。窃意若能将交换赠送等事，移归执行部办理，使出版委员专任印刷及编辑，则手续似较简单，进行亦似较易。若能妥筹基金，以其利息为出版之用，以售书所得，仍归入出版事业，再益以每年之经常费，庶乎经费之基础稳固，出版事业方得安然进行不受阻滞也。

出版委员会收支总报告

十四年十月至十五年八月三十一日

甲　收入

十四年十二月	协会拨款	200000
十五年四月	协会拨款	100000
十五年六月	协会拨款	148500
	总计	448500

乙　支出

十五年五月	第一期印刷费半数	144095
	第一期加印单行本	17000
	赠送第一期季刊邮费	8750
	第二期印刷费半数	128500
	赠送第二期邮费	8800
	另制铜版费	9780
	誊写	5600
	稿纸	7500
	邮费及其他办公费	16850
	图章	2800
	实支	349675
	结存	98825

总计　　　　　　　　　　448500

南京书店营业账目,及本会因赠送会员而购买之季刊价值,均因尚未结清,故未列入上项报告。①

• 分类委员会

介绍会员相关分类法著作是分类委员会主要成果之一。图书馆事业日益壮大,书籍种类日细,但各家分类方法不一,且缺乏科学分类法。面对这种困境,中华图书馆协会成立专门分类委员会研究科学统一分类法,鼓励成员及会员研究,并及时发表各家研究成果。

在初期阶段,分类委员会的研究问题集中于现有中国图书分类法中存在的问题,刘国钧的《中国现在图书分类法之问题》是其中杰出代表。

该委员会委员杜定友先生有图书馆分类法之著作,黄文弼先生亦著有对于中国图书部类之研究之论文。②

旧籍分类向以四库为准绳,年来新出版物日多,决分四库所能概括。新分类法之创作,实今日亟要之图。本会会员黄文弼君有《对于改革中国图书部类之意见》,刘国钧君有《四库分类法之研究》及《中国现在图书分类法之问题》,吴敬轩君有《对于中文书籍分类之感想》,均先后载于季刊。此时尚在讨论时期,理想中之分类法,尚有待于将来也。③

关于分类,刘国钧君有《中国现在图书分类法之问题》在季刊第二卷第一期发表。④

• 编目委员会

编目是按照一定的标准和规则,对某范围内文献信息资源每种实体(item)的外部特征和内容特征进行分析、选择、描述,并予以记录成为款目,继而将款目按一定顺序组织成为目录(catalogue)或书目(bibliography)的过程,是图书馆事业有序科学进行的有效保障和必要途径。

民国时期的编目,也是如此,并且是当时图书馆事业亟待解决的问题之一。《论语集目》《孟子集目》《四书集目》等是中华图书馆协会重要成员蒋复璁整理而成,另外,也有其他协会成员根据资源,为藏书楼进行编目。

1927 年间,中华图书馆协会在编目方面成果丰富,其中有些著录在会报上有所披露,限于篇幅,本书不再全文摘录。

关于目录之编纂,本年有蒋复璁君之《论语集目》《孟子集目》《四书集目》,施廷镛君之《天禄琳琅查存书目》,李俨君之《明代算学书志》,陈准君之《瑞安孙氏玉海楼藏书》,叶玉虎之《旅顺关东厅博物馆所存敦煌出土之佛教经典》,王重民君之《史记的版本》,均其较著者也。⑤

---

① 中华图书馆协会执行部. 出版委员会第一周年报告[J]. 中华图书馆协会会报,1926,2(2):10-11.
② 中华图书馆协会执行部. 中华图书馆协会第一周年报告[J]. 中华图书馆协会会报,1926,2(1):5.
③ 中华图书馆协会执行部. 中华图书馆协会第三周年报告[J]. 中华图书馆协会会报,1927,3(2):4.
④⑤ 中华图书馆协会执行部. 中华图书馆协会第二周年报告[J]. 中华图书馆协会会报,1927,3(2):4.

1928年,中华图书馆协会开始在此方面深入研究,对编目科学也有涉足。

> 沈祖荣君有《图书馆编目之管测》一文,刘国钧君有《图书目录略说》,均可资参考。①

- 索引委员会

索引的本质特征是只揭示内容出处或文献线索,主要功能是为人们准确、迅速地获得文献资料提供线索性指引。20世纪20年代,索引理论和编制技术从西方传入。中华图书馆协会认识到索引的存在对学科发展的重要作用.在成立之初,组织了五个专门委员会,其一便是索引委员会。而在日后的发展中,索引理论已在图书馆界同人的研究和推动下,取得一定进步。

1925年,索引委员会在林语堂(又名林玉堂)先生的领导下,探索出新韵索引以及其他相关索引技术,并形成著作,发表于协会另一刊物《图书馆学季刊》上。

> 该委员会主任林玉堂有新韵索引,委员王云五先生发明四角号码检字法,万国鼎先生有修正汉字母笔排列法等著作或论文除王书已印单行本外,其余论文均在本会季刊发表。②

1927年,索引委员会研究成果极盛,各类检字法被研究并公之于世。

> 本年度对于汉字索引之研究可谓极盛。王云五君之四角号码检字法国人已多应用,现复虚心研究,又有更简易之法。其余如瞿重福君之瞿氏号码检字法,张凤君之形数检字法,何公敢氏之单体检字法,陈立夫,张静江二君之汉字排列法,皆各具苦心,先后公诸于世。③

2)发展:1929年至1931年

中华图书馆协会召开第一次年会,为执行年会上议决各案,中华图书馆协会组织了专门委员会:

> 本委员会,为执行年会议决案,及共同研究学术起见,特组织各项专门委员会。现已成立者,有分类,编目,索引,检字,编撰,建筑,善本调查,版片调查,各委员会;及季刊,会报两编辑部。其名单已在会报第四卷第五期发表,兹不赘录。④

附:专门委员会职员名单

---

①③　中华图书馆协会执行部.中华图书馆协会第三周年报告[J].中华图书馆协会会报,1928,4(2):3-6.

②　中华图书馆协会执行部.中华图书馆协会第一周年报告[J].中华图书馆协会会报,1926,2(1):3-5.

④　中华图书馆协会执行委员会.中华图书馆协会第五次会务报告[J].中华图书馆协会会报,1929,5(1/2):27-32.

本会新组织之各委员会

本会为执行年会议决各案,及共同研究学术起见,特组织各种委员会。致聘委员如下:

分类委员会

刘国钧	衡如	南京金陵大学(主席)
蒋复璁	慰堂	北平北海图书馆(书记)
单　丕	不厂	杭州浙江省立图书馆
查　修	士修	美国 101 S. Busey St, Urbana, 111
王文山	文山	美国 Library of Congress, Washington, D. C
毛　坤	体六	武昌文华公书林

编目委员会

李小缘	小缘	沈阳东北大学图书馆(主席)
范希曾	耒研	南京中央大学国学图书馆(书记)
黄星辉	星辉	苏州东吴大学图书馆
徐家麟	徐行	北平燕京大学图书馆
沈祖荣	绍期	武昌文华公书林

索引委员会

杜定友	定友	广州中山大学图书馆(主席)
钱亚新	惟东	广州中山大学图书馆(书记)
毛　坤	体六	武昌文华公书林
万国鼎	孟周	南京金陵大学图书馆
刘国钧	衡如	南京金陵大学图书馆

检字委员会

沈祖荣	绍期	武昌文华公书林(主席)
万国鼎	孟周	南京金陵大学图书馆(书记)
王云五	岫庐	上海商务印书馆编译所
张　凤	天方	上海暨南大学
赵元任	元任	北平清华大学
蒋家骧	一前	南京金陵大学图书馆

图书馆教育委员会

胡庆生	庆生	武昌武汉大学图书馆(主席)
毛　坤	体六	武昌文华公书林(书记)
沈祖荣	绍期	武昌文华公书林
戴　超	志骞	南京中央大学图书馆
刘国钧	衡如	南京金陵大学
洪有丰	范五	北平清华大学图书馆

编纂委员会

洪有丰	范五	北平清华大学图书馆(主席)
缪凤林	赞虞	南京中央大学国学图书馆(书记)

刘国钧　　衡如　　南京金陵大学
李小缘　　小缘　　沈阳东北大学图书馆
柳诒徵　　翼谋　　南京中央大学国学图书馆
沈祖荣　　绍期　　武昌文华公书林
刘纪泽　　平山　　上海暨南大学图书馆
建筑委员会
戴　超　　志骞　　南京中央大学(主席)
袁同礼　　守和　　北平北平北海图书馆(书记)
洪有丰　　范五　　北平清华大学图书馆
关颂声　　　　　　天津马家道基泰工程公司
李小缘　　小缘　　沈阳东北大学南校图书馆
宋元善本书调查委员会
柳诒徵　　翼谋　　南京中央大学国学图书馆(主席)
赵万里　　斐云　　北平北平北海图书馆(书记)
傅增湘　　沅叔　　北平石老娘胡同七号
张元济　　菊生　　上海极斯斐而路四十九号
董　康　　授经　　上海西摩路锦文坊七零五号
徐鸿宝　　森玉　　北平国立北平图书馆
周　暹　　叔弢　　天津英租界泰华里六号
陈乃乾　　乃乾　　上海新闸路六三七号
瞿启甲　　良士　　江苏常熟新县前
单　丕　　不厂　　上海国立中央研究院
杨立诚　　以明　　杭州浙江省立图书馆
欧阳祖经　仙贻　　南昌江西省立图书馆
周延年　　子美　　浙江吴兴南浔嘉业藏书楼
版片调查委员会
徐鸿宝　　森玉　　北平国立北平图书馆(主席)
王重民　　有三　　北平北平北海图书馆(书记)
庄　严　　尚严　　北平古物保管委员会
杨立诚　　以明　　杭州浙江省立图书馆
赵鸿谦　　吉士　　南京中央大学国学图书馆
柳诒徵　　翼谋　　南京中央大学国学图书馆
陈乃乾　　乃乾　　上海新闸路六三七号
欧阳祖经　仙贻　　南昌江西省立图书馆
胡广诒　　翼谋　　安庆安徽省立图书馆
侯鸿鉴　　保三　　福州福建省教育厅
徐绍棨　　信符　　广州中山大学
何日章　　日章　　开封河南图书馆
聂光甫　　光甫　　太原山西省立图书馆

季刊编辑部

刘国钧	衡如	南京金陵大学(主任)
万国鼎	孟周	南京金陵大学图书馆
向 达	觉明	上海商务印书馆编译所
严文郁	绍诚	北平北平北海图书馆

会报编辑部

袁同礼	守和	北平北平北海图书馆(主任)
顾子刚	子刚	北平北平北海图书馆
于震寰	镜宇	北平北平北海图书馆[①]

- 分类委员会

1929 年,分类委员散布国内外,多次策划聚晤,未能成行。主席刘国钧抵京之际,遂定下先搜寻现有分类法编纂成册的工作内容。

> 分类委员会因各委员散处国内外,聚晤为艰,迄未能进行。近顷该委员会主席刘衡如博士抵北平,始决定先行搜罗现行之分类法,以为编纂之根据。现正为第一步之调查,广征一切创制之中籍分类法,并征求各图书馆对于现行各种分类法之意见,以为参证。又会员徐旭君曾编有《民众图书分类法》,极为简便,不过仍待实验。该分类诸发表于会报第五卷第四期中。[②]

附:《民众图书分类法》

> 民众图书馆图书分类法
>
> 图书馆分类法,在今日我国公私大小图书馆所采用的,已有一二十种。这个现象,与阅览者有何不便,姑置不论。就是单说图书馆界本身,已觉得这种各树旗帜的办法,实在不宜;因此在全国图书馆协会第一次年会内,关于分类编目提案总数之十之八九,都以为编制标准图书分类法,使全国图书馆采用,以收统一之功,为一件急不容缓的要务。今在此进行分类法统一高潮时期中,复有不识时务,巧立名称,编什么《民众图书分类法》者,岂非多事耶?
>
> 后略录:
>
> 标准——根据民众在学问名称上之直知直觉,分为二十五类,外加《儿童读物》一类,及其他各书为《杂书》一类计凡二十七类,大多数之类名,皆为民众一目了然的,其中少数,或因难于更改,或因要指导民众必须知道计,所以仍采用较简接的名称。
>
> 标记——以每类名之第一字代表该类之图书。
>
> 类次——二十七类,除《杂书》及《儿童读物》两类排在最末外,其余各类,皆依据民众需要的先后,及应当明白的急缓,编制次序。

---

① 中华图书馆协会执行委员会. 专门委员会职员名单[J]. 中华图书馆协会会报,1929,4(5):26-27.

② 中华图书馆协会执行委员会. 中华图书馆协会第五年度报告[J]. 中华图书馆协会会报,1930,6(1):3-10.

> 排列——图书排列，就涉及著者，谈起著者，就不得不牵连检字法，在现今国内所有之各种新旧检字法，要使一般民众易学易知易检易用者，简实没有，比较可应用的，还是陈立夫的五笔检字法法一——姓名首笔检字法。①

分类委员会在上年收集现行分类法的基础上，征求各图书馆对分类法之意见，并开始介绍国外图书分类法。

> 分类委员会自上年开始搜罗现行之分类法，并征求各馆对于各种分类法之意见，现仍在进行中，会员金敏甫君近将 Berwick Sayers 之图书分类条例译成中文，载于图书馆学季刊第五卷第一期，然原分类法至为简略未足满吾人之希望。又上海新书推荐社之出版月刊第八期为一分类法专号，载有 STT 分类法，大致与前上海通信图书馆之分类法相似，意者，STT 其为 Shanghae Tongshinn Twushu-goan 之缩写。②

1931 年，分类委员会的工作开始深入研究中国图书馆分类法史，其代表是会员傅振伦《中国史籍分类之沿革及其得失》一文。

> 分类委员会自搜求现行之分类法以来，颇著成效。会员傅振伦君有中国史籍分类之沿革及其得失一文，刊于图书馆学季刊第四卷第四期，足为乙部书分类之考证。③

- 编目委员会

编目工作在我国图书馆事业的发展过程中已渐趋成熟，产生了一批探讨编目标准的著作，其中《中文书籍编目条例草案》具有代表性。

> 编目委员会则因主席李小缘先生有辽宁之行，近复转职金陵大学研究所，故未得有何进行。然刘衡如君最近脱稿之《中文书籍编目条例草案》，发表于图书馆学季刊第三卷第四期中，实为创举，亦可谓开我国图书馆编目作业上之一新纪元也。④

也有相对成熟的编目法出现。

> 会员裘开明君回国后，以所著《中国图书编目法》交商务印书馆印行，业于二十年二月出版，从此各馆编目业务上又可多一参照矣。⑤

同时，对西方编目法的借鉴也更深一步。

---

① 徐旭. 民众图书馆图书分类法[J]. 中华图书馆协会会报，1930，5(4)：5－9.

②⑤ 中华图书馆协会执行委员会. 中华图书馆协会第六年度报告[J]. 中华图书馆协会会报，1931，7(1)：1－6.

③ 中华图书馆协会执行委员会. 中华图书馆协会第七年度报告[J]. 中华图书馆协会会报，1932，8(1/2)：1－3.

④ 中华图书馆协会执行委员会. 中华图书馆协会第五年度报告[J]. 中华图书馆协会会报，1930，6(1)：3－10.

自刘衡如博士之编目条例草案发表后，颇得一般人之信赖。会员金敏甫君更将毕孝波氏（Willism Warner Bishop）之现代图书馆编目法（Practical handbook of modern library cataloging）全书移译，将按期刊入图书馆学季刊第五六两卷中，从事于编目工作者，又将增一参考之臂助矣。①

- 索引委员会

索引委员会自1929年改组后，制订了详细的工作计划。其中涉及索引编辑标准、编著索引以及索引工作的宣传事宜等。

附：具体工作计划

索引委员会成立之后，定有三项计划：

1. 编辑中国索引条例

此事为索引上之根本要务，犹规矩绳墨之于工人，宪法之于国家也。

2.《九州索引》《四书字汇及索引》之编制

此乃索引之实际工作，该委员会编制索引，拟以此为第一步之工作。

3. 促进索引事业

为发展文化起见，拟广为宣传，以促进索引之事业，而增加索引之效用。

现正在征集关于索引条例之论著中。至检字委员会，主席沈祖荣君，因事务繁忙，无暇进行，曾一度表示辞意，现已复允担任，日内当可着手进行矣。②

第二年，索引委员会已有相应工作成果，并披露会报之上。

索引委员会自成立以来，曾拟计划三项，载诸本会会报。惟会员散处四方，各任他务，仅以余力从事，亦颇有足纪者。兹分述于后：

（一）编辑中国索引条例方面，已成下列三种：

（A）索引和索引法　钱亚新著　商务印书馆出版　内容索引方面有定义，范围，功用及种类。索引法方面有术语，国语，工具，预备起草，整理，排版，校对，及重排。

（B）卅五年来中国科学书目草案　杜定友著　油印本　内容：（一）校务会议编印卅五年来科学书目案；（二）进行计划大纲；（三）编印细则；（四）分类表；（五）卡片格式；（六）年表。

（C）杂志和索引　钱亚新著　刊载于武昌文华图书科季刊一卷二号　内容：计分八段，其中一段为“怎样去索引杂志”。

（二）索引实际工作方面，有已辑成者，有进行中者，兹分列如下：

（A）已辑成者

中东铁路事件索引　交通大学图书馆编　油印本　已出二册

中国电报号码　杜定友编　印刷中

---

① 中华图书馆协会执行委员会.中华图书馆协会第七年度报告[J].中华图书馆协会会报，1932，8(1/2)：1–3.

② 中华图书馆协会执行委员会.中华图书馆协会第五年度报告[J].中华图书馆协会会报，1930，6(1)：3–10.

图书集成索引　武昌文华图书科编　印刷中

(B)进行中者

九通索引　杜定友编　编辑中

四书字汇及索引　钱亚新编　编辑中

(三)出版界及阅读方面

近今出版之图书，惟未能完全附有索引，但已有者亦复不少。如陈彬龢所编三民主义注释与索引一书，最足称述，此外人文杂志中之最近杂志要目索引。中华教育界中之教育新书提要索引，北平燕京大学引得编纂处。近已出版引得三种为：说苑引得；读史年表附引得；白虎通引得。该处正在编纂者尚有：(一)考古质疑引得；(二)崔东壁遗书引得；(三)书林清话及余话引得；(四)仪礼引得附郑注引书引得附贾疏引书引得；(五)名儒学案引得；(六)四库全书总目及未收书目引得；(七)大藏经及续藏经中书名及译著人名引得；(八)十九种艺文志综合引得等，亦可谓索引事业之新发展焉。①

1931 年，索引事业日渐发达，图书馆界同仁热情投入到研究和辩论我国索引事业之中。

年来索引事业极见发达，已成未成之作，不下数十种，足征会员从事于是项工作之努力，本会亦辑成国学论文索引三编，及文学论文学引续编，均待印行。他如李小缘君之史姓韵编索引；林斯德君之全唐诗文作家引得合编等三种，钱亚新君之四书字汇索引，房兆颖君之清代传纪总记索引；杜定友君之九通索引；均其著者也。至于武昌文华图书科，国立北平图书馆，燕京大学引得编纂处所作，成绩尤多，其名称均著录于会报中，不再赘述。②

- 检字委员会

检字委员会是第一届年会重新组织的一个专门委员会，其工作原先属于索引委员会。检字事业的重要性逐渐突出，第一届年会中关于检字事业的议案也亟须成立专门检字委员会。

1930 年，检字研究界前后创制法甚多：

本年度中检字研究界前后创制新法甚多举之如下：

a 杜定友——汉字形位排检法

b 陆费伯鸿——四笔计数检字法

c 叶心安——四周计头检字法看头检字节法

d 田惮之——折笔检字法

e 郑影云——六类排字法

f 洪煨莲——中国字庋撷

g 蔡野渡，陈稼轩，黄美陶——点直横斜检字法

h 郑午昌——全数头形检字法

---

① 中华图书馆协会执行委员会. 中华图书馆协会第六年度报告[J]. 中华图书馆协会会报，1931，7(1)：1－6.

② 中华图书馆协会执行委员会. 中华图书馆协会第七年度报告[J]. 中华图书馆协会会报，1932，8(1/2)：1－3.

i 谭仪——汉字六笔检字法

以上诸法虽或各有短长，然其应用上均未能如四角号码法推行之广也。[①]

● 图书馆教育委员会

图书馆教育委员会的成立意义主要体现在两个方面：一是在社会教育层面，图书馆在社会教育中要发挥重要的作用，为整个社会的基础教育和高等教育提供帮助；二是为我国图书馆事业培养后继人才，与文华图书馆学专科学校合作办学正是为此。

第一次年会上，图书馆界同人对图书馆在社会教育之地位进行了探讨，更明确了图书馆的职责。年会上宣读论文《图书馆在教育上之位置》，具体如下：

图书馆在教育上之位置

湖北省教育厅厅长　刘树杞　在十八年一月年会论文会宣读

中华图书馆协会于今日军事完成，建设开始之时，召集第一次年会，以谋图书馆事业之发展，其眼光之远大，实令人万分钦佩。予个人深知图书馆事业之有裨于教育，其重要不在学校下，而其效率之普通，或且过之。因学校教育是有限制的，至少是有时间之限制的，而图书馆则不然，无论男女老幼贫富贵贱，皆可随时随地利用之，而任其个性之发展。故树杞自长敝省教育以来，对于图书馆事业，极力谋其普遍，以期收其功效。今日之到会者，均系海内专家，而予对于图书馆事业，虽极知其重要，然终乏深刻之研究。今日不过就予经验所及，略为诸君一道之，借以祝诸君之成功。

我国之图书馆事业，发轫为最早，说者谓周官外史，掌三皇五帝之书，达书名于四方，而老子为周室之守藏史，即为图书馆事业之权兴。其后公家藏书，如石室兰台，崇文秘阁，以及私家之石仓书巢，方外之洞天秘室，先后映辉，为史家所艳称。然皆藏之中秘，或扃之私家，于人民不发生若何关系。甚有以子孙借书与人与□书同科，而为不孝者。故后蜀毋昭裔征时，向人借文选初学记而不可得，及其显达后，乃发奋刻书。苏东坡为李氏山房记，亦有老儒先生自言其少时欲求史记汉书而不可得之语。于此可见一般矣。然此不独我国如此，即欧洲往时，亦莫不然。盖亦乃时势使然，而图书馆事业必经之过程也。今者，教育之目的及方法既变，而图书馆事业亦行革命，一洗往时以图书馆为保存图籍，为点缀品之旧习，而注重于典籍之流通。况吾党以三民五权而建国，而五权之使用，全基于民智之启发，故训政时期之重要建设，即为教育之普及，与谋人才之树植。而今日教育之目标，并非只在求学生能识字阅书及记诵课本上之问答而已，其重要之点，乃在养成学生自动阅读研究之习惯。然此必以图书馆丰富之书籍，随学生性之所近，任其选读，又必须有对于书籍有经验丰富之人员，与教员之合作，加以指导，免入歧途，致终身摸索，无底于成。图书馆员必与教员合作者，因教员与学生接触之时较多，而知之亦较深也。至于合作之方法，近人之言之者甚多，不待更举。此不过图书馆在学校教育上所负重大之责任也。至于学生出校之后，则图书馆更为重要。因学校教育停止之时，即学生重要时期开始之日，此时学校完全失其效用，而图书馆则为其求学之唯一机

① 中华图书馆协会执行委员会. 中华图书馆协会第六年度报告[J]. 中华图书馆协会会报，1931，7(1)：1-6.

关。现今有人谓学生离校之后,即束书不观,而进入知识之坟墓(Intellectually dead)。然此非学生自身之过,乃无便利之机关以供其研求使然也。

去岁美国哥伦比亚大学校长,谓欧洲现在是人才之沙漠,因各时代均有其特出之天才,以为之规划点缀,而如今可说无有。此论一出,虽曾有不少之反对呼声,然以现代欧洲文明之鼎盛,人才之辈出,而白氏犹有斯言,回顾我国事事之落人后,不知更当作何感想。法国当代第一诗家及文学泰斗瓦雷礼氏(Valery),谓"中国虽广大而不得富强,有发明而不得进化",试思此不得进化之原因安在,岂非人才缺乏,而继起之无人乎?国人亦有言近代所谓中国之第一流学者,不过欧美之三四流学者而已者。(现代评论奚若干著所谓智识阶级者一文内所言)此言虽刻,而实可发人深省。今日中国各种事业,均感有乏才之困难,而此种乏才之现象,其原因安在?或者以为现代教育之不良与不普及之所致,此固为其原因之一,而予以为最大原因,则在缺少便利研究及指导机关之所致。即先总理所谓中人之士"必有学会以资其博,学报以进其益"者也。直言之,即缺少完备之图书馆。此种树中,国人才百年之基,而使"人能尽其才,地能尽其利,物能尽其用,货能畅其流"之重大责任,愿与诸君共勉之。①

- 编纂委员会

编纂委员会是随着中华图书馆协会会务日繁,需要整理成册并发表的文档增多,而成立的专门委员会,主要是负责协会年会报告、各类单行本等其他著作的出版工作。1929 年至 1931 年主要工作成果如下:

附 1:1929 年

该委员会担任事务至钜,尤以年会议案中制定之事为多。该委员会主席洪有丰君,因馆务鞅掌,未暇筹划。而各事进行,又颇需财力与人材,故尚未着手编制也。

(1)第一次年会报告

是编以所有南京年会议案及会议纪录为主,首列年会宣言,会序,及开幕大会记事,殿之以筹备经过及出席人员一览表,乃留心图书馆之发展及改进者,所不可不备。于十八年七月出版。

(2)全国图书馆调查表

此乃自会报中提印之单行本。每册仅取价一角。

(3)国学论文索引续编及文学论文索引

国学论文索引出版,前经报告。是书颇足应社会之需求,兹本会复委托国立北平图书馆为国学论文索引续编,以补充之。又另编文学论文索引一种,均待刊行。

(4)标准党义书目之编制

本会南京年会,曾有阐扬党义之宣言。现在各图书馆关于党义书籍需要甚极,而国内出版党化书籍亦至繁杂,购买之顷,每感困难。本会特拟编制一党义书籍标准目录,以资指示各馆所当备之书,与不可不备之书。编成后并拟送请中央执行委员会宣传部予以审核,昭慎重。年前请定杜定友先生主持一切,曾向各方广为调

① 刘树杞. 图书馆在教育上之位置[J]. 中华图书馆协会会报,1929,4(5):3-4.

查,现在编辑中。

(5)会员自动的编纂

此半年中会员之自动的编纂,共有两种,一为中国图书馆名人录,一为图书馆标语集。前者由上海宋景祁君主编,本会主张以改名《中国图书馆馆员录》为明了,曾以书面建议。后者由南京顾斗南君主编,尚未见其刊本。①

附2:1930年

(1)日本访书志补　宜都杨守敬日本访书志,多著录中土久佚之书,传遍士林,会员王重民会服务北平故宫图书馆,得尽阅观海堂遗书,因泛录手跋,并参益他书,较访书志所得多四十余篇。本会以诸题记多属巨制,佐证精审,足补前志之缺,因刊为中华图书馆协会丛书第三种,用广其传。

(2)国学论文索引续编　本会前印行之国学论文索引,为研究国学者之实用工具,今兹续编,体例一如前编,通所收杂志凡七十七种,论文与前编略等,除少数系民国初年出版者外,余均最近出版之新刊物,有关于国学者尤至巨焉。今编为本会丛书第四种,业已出版。

(3)党义标准书目　本会前托杜定友君编制党义书籍标准目录,以供各图书馆采访上之参考。该目编写后,即送中央执行委员会重为审查,以昭慎重。嗣接复函谓"必备之党义书目录",中央训练部正在拟定中。关于贵会所编书目,请勿发表。故印行之举因而中辍。②

附3:1931年

文学论文索引

此书分上中下三篇,为张新虞等所辑,引用杂志一百六十二种,论文凡四千篇,为研究文学之工具。本会因与国学论文索引有同一旨趣,遂编为本会丛书第五种,已于本年一月出版。③

- 宋元善本书调查委员会

宋元善本调查事业是中华图书馆协会早已开始的调查事业中的重要部分,鉴于调查宋元刻本所需专业知识以及工作的巨大,第一次年会决定成立宋元善本书调查委员会。成立后,该委员会调查工作继续:

善本调查委员会主席柳翼谋④先生,热心从事,结果颇有可观。该委员会印制调查表后,所有下列各处均经调查完竣:

① 中华图书馆协会执行委员会. 中华图书馆协会第五年度报告[J]. 中华图书馆协会会报,1930,6(1):3-10.

② 中华图书馆协会执行委员会. 中华图书馆协会第六年度报告[J]. 中华图书馆协会会报,1931,7(1):1-7.

③ 中华图书馆协会执行委员会. 中华图书馆协会第七年度报告[J]. 中华图书馆协会会报,1932,8(1/2):1-4.

④ 原文为"柳異谋",疑有误。

江苏省立国学图书馆，东省文化委员会图书馆，国立北平图书馆，江苏省立苏州图书馆，浙江省立图书馆。

其余国内重要书藏，仍在赓续调查中。[①]

- 版片调查委员会

与善本调查委员会相似，版片调查工作早在协会成立时便已经开始，第一次年会中改组专门委员会时，将版片调查委员会独立出来。

附：1929 年至 1931 年，版片调查委员会工作内容

版片调查委员会经努力进行，惟因困难稍多，成效较鲜。现在完竣者只有河南，江苏，江西各处，其他各地尚在赓续调查中。[②]

- 会报编辑部

中华图书馆协会会报是中华图书馆协会传递消息之刊物，全国发行，每两月一期。1929 年至 1931 年间稳定发行，主要工作成果如下：

附 1：1929 年

此一年中，会报由该编辑部继续出版者，为第五卷第一期至第五期，第六期正在印刷中。本卷重要揭载，有会员提出南京年会之短篇论文，沈代表出席国际图书馆大会及欧洲图书馆概况调查报告，全国图书馆调查表等。[③]

附 2：1930 年

此一年中，会报由该编辑部继续印行者，为第六卷第一期至第六期，该卷内容，论文方面注重于杂志之管理，学校图书馆问题及国际图书馆事业，并载有数篇简要之目录图书馆界及新书介绍两门之细目，详刊卷端，亦予读者以一种检索上之便利。是以一般会员多喜读之，且常以消息或短文寄嘱发表焉。[④]

附 3：1931 年

此一年中会报由该编辑部印行者为七卷第一期至第六期，内容除注重讨论图书馆实际管理诸法外，尚有期刊目录之介绍与调查，并第四次订正之全国图书馆调查表，及最近之会员录均分刊于第三期及第六期。[⑤]

---

①②③　中华图书馆协会执行委员会. 中华图书馆协会第五年度报告[J]. 中华图书馆协会会报，1930，6(1)：3－10.

④　中华图书馆协会执行委员会. 中华图书馆协会第六年度报告[J]. 中华图书馆协会会报，1931，7(1)：1－7.

⑤　中华图书馆协会执行委员会. 中华图书馆协会第七年度报告[J]. 中华图书馆协会会报，1932，8(1/2)：1－4.

- 《图书馆学季刊》编辑部

《图书馆学季刊》是用于中华图书馆协会内部成员交流学科研究论文而特地设置的刊物，1929 年至 1931 年工作成果附下：

附 1：1929 年

图书馆学季刊编辑部，于十八年十月间移至北平，仍由刘衡如博士主持。八阅月来，积极工作，第三卷现已出齐。除第一二期合刊专载南京年会重要论文外，次二期中所收重要文字亦殊多。并自本卷起，增设时论撮要撷录，俾供众览。①

附 2：1930 年

图书馆学季刊本年度第四卷已出齐第五卷第一二期正在编印中，第四卷所刊重要论文甚多，如梁任公之图书大辞典簿录之部（官录及史志）；傅振伦之中国史籍分类之沿革及其得失；岳良木之图书登陆条例；均为不易得之巨著，每期调查栏分载各图书馆概况，尤为图书馆界互通声息之总汇，自第五卷起。另延李君文裿襄助编辑之役。至于材料之征集，印刷之改进均在积极筹划中。②

附 3：1931 年

图书馆学季刊本年度第五卷已出齐，重要论文甚多，如黎锦熙之元杂剧总集曲目表，李文裿之板本名称释略；金敏甫译 Bishop 氏之现代图书馆编目法，均有关实用之作，他如国立北平图书馆概况；及鉴止水斋书目，则为系统之巨制，亦分别刊入，至关于国外图书馆之论文则有严文郁之美国图书馆概况；及谢礼士博士之德国图书馆历史上的进展，皆足以介绍于国人，而供研究与参考者也。③

3）成熟：1932 年至 1935 年

1932 年，由于专门委员会负责人变更较多，无法完成各专门委员会工作。中华图书馆协会内部人员调配重组各专门委员会。这一次重组是专门委员各项工作走向成熟的标志，对于一些原先考虑不周的设置进行了改编，例如，版片调查委员会与善本调查委员会的合并。在 1932 年至 1936 年间，各专门委员会凭借以往多年的工作经验，沿着正确有效的方向不断前进，硕果累累。

附：专门委员会改组细节

本会各专门委员会负责人员或职务变更，或出国深造，执委会为促进各部工作起见，遂于第一次会议决议改组，推定人选如下：④

---

① 中华图书馆协会执行委员会. 中华图书馆协会第五年度报告[J]. 中华图书馆协会会报，1930，6(1)：3－10.

② 中华图书馆协会执行委员会. 中华图书馆协会第六年度报告[J]. 中华图书馆协会会报，1931，7(1)：1－7.

③ 中华图书馆协会执行委员会. 中华图书馆协会第七年度报告[J]. 中华图书馆协会会报，1932，8(1/2)：1－4.

④ 中华图书馆协会执行委员会. 中华图书馆协会第八年度报告[J]. 中华图书馆协会会报，1933，9(1)：2－6.

委员会名称	主席	书记
分类委员会	刘国钧	曹祖彬
编目委员会	裘开明	冯汉骥
索引委员会	万国鼎	蒋一前
检字委员会	杜定友	钱亚新
图书馆教育委员会	沈祖荣	徐家麟
建筑委员会	戴志骞	吴光清
编纂委员会	袁同礼	向达
板片调查委员会	柳诒徵	缪凤林
图书馆学季刊编辑部	刘国钧(主席)、王文山、桂质柏、柳诒徵、冯陈祖怡、查修、李小缘、田洪都、李文祷、洪有丰、王献唐	

另，善本调查委员会归并板片调查委员会，仍由柳诒徵主持：

善本调查委员会初为柳诒徵君主持，积年成绩，甚为可观。本年度专门委员会改组，善本调查归并于板片调查委员会，仍由柳君主持。①

- 分类委员会

分类委员会工作状况稳定，坚持搜求各类分类法，颇有成效。

附：1932 年工作状况

分类委员会自搜求现行之分类法以来，颇著成效，江苏省立国学图书馆编目分类纲要公布后。本会曾刊于第八卷五期会报，类目精详，若纲在纲，颇足以供各图书馆从事分类者之参证焉。②

- 编目委员会

编目委员会继续介绍国外编目著作，使国人有所了解和借鉴；另一方面，开始着手国内统一编目方法。

附：1932 年工作成果

至于编目，会员金敏甫所译毕孝泼氏(W. W. Bishop)之现代图书馆编目法(Practical handbook of Modern Library Cataloging)业已印完，即将发刊单行本。

至于编目方面之参考书如：汪訚之明清蟫林辑传叶启动之四库全书目录板本考，邢云霖之簿式目录中著录详略之研究等文，均会员中近年来努力所得之硕果也。

又编目委员会改组后，编目委员会主席裘开明君制定全国图书馆编目调查表，先从事于调查各馆编目状况，以为改进编目方法之划一及编目条例之准备，该项表

①② 中华图书馆协会执行委员会. 中华图书馆协会第八年度报告[J]. 中华图书馆协会会报，1933，9(1)：2－6.

格已分寄各馆尚有少数未能填覆故统计尚不能露布也。①

- 编纂委员会

本阶段，编纂委员会成果颇丰。下附各年工作成果，便可见一斑。

附1:1932年

(1)文学论文索引续编

文学论文索引初编所收论文四千篇，上年业由本会出版。本年赓续前编完成续编，门类依旧，所著录之材料，足与初编相埒。遂编为本会丛书第六种。现已付印，不久即可出书。又国学论文索引自出书后业已绝版现在再版印刷中。

(2)官书局书目汇编

官书局创始于清末同治，极盛于光绪，及至鼎革，残毁过半，现已多数归并于各图书馆，仍能续行刊印书籍者，则仅浙江一局而已，本书著录当时各局出版书籍名称，价格，间及于著者之年代，及纸张形色，原为朱士嘉所编，现由本会印行，编为本会丛书第七种，八月底出版。

(3)编纂全国学术机关指南

本会鉴于北平图书馆协会编辑之北平学术机关指南明确适用遂有扩大范围而为全国学术机关指南之编纂，以便国内外人士之参阅。惟全国学术机关各省市所在多有，调查匪易，业经分寄调查表，预料完成之期，当在明年春季云。

(4)古逸书录丛辑出版

古逸书录丛辑，计包含中兴馆阁书目辑考五卷，续目一卷，宋国史艺文志辑本二卷，为贵阳赵士炜所辑，本会与国立北平图书馆共同出版者也。②

附2:1933年

(1)文学论文索引续编　文学论文索引续编由国立北平图书馆索引组刘修业女士辑录印校。所收杂志、报章共一百九十三种，自民国十七年至二十二年五月止。分类照前编略有增改举之如下：

(一)上编：总论包括《文学通论》及《全国文学》两种论文；前者以性质分子目，后者以国界而分子目。

(二)中编：分论乃依作品之体制分为诗歌，戏曲，小说及中国特有之词骚与赋等类；每类中更就国界或性质分别编目。

(三)下编：文学评传以国界分目，其排列依作家生年而后定先后。

(四)附录：共有文学书籍之“序跋”，“书目”，“书籍与作家之介绍”，“文坛消息”及“艺术”等六则，序跋之另列一项为便参考者检阅。论艺术之文章，多兼及文学，故关于此等论文附录以供阅者多所参考。又各国文学家备载其生殁年，中国文学家兼记其别号籍贯；新书评介则纪其原书作者及出版处。

---

①② 中华图书馆协会执行委员会.中华图书馆协会第八年度报告[J].中华图书馆协会会报，1933，9(1):2-6.

(2)第二次年会报告　年会之后，执行委员会例有报告之编制，排印后寄赠全国各图书馆，借以传达会议之情形，及议决之议案等等。此次年会因提案均经付印，无须转录，故于会后一月内即行编印告竣。

(3)国学论文索引重印　王重民君所编国学论文索引，出版日久，需要者众，早已绝版，因于本年重行付印，以应求者。

(4)季刊论文单行本　年来图书馆学季刊发表会员重要著作甚多，其中数种篇幅较长，颇有单行之必要，势宜抽印另行装订；又有时为酬投稿者雅意，另印单行本若干为赠，剩有余本存会，备人求索。计有下各种：

图书馆参考论　李钟履

方志艺文志汇目　李濂堂

现代图书馆编目法　金敏甫译

编辑中国史籍书目提要　傅振伦

中国善本图书编目法　于震寰

方召考　崔□

玄赏斋书目

英国国立藏书源流考　李小缘

鉴止水斋藏书目

江苏藏书家小史　吴春晗①

附3:1934年

(1)全国图书馆及民众教育馆调查表　本会前编全国圕调查表，表列国内各圕名称地址，至便检寻，业经四次订正，兹又重行编制，加入新兴之民众教育馆多所，刊为小册。另据以印成地址笺一种，用为寄发刊物及通函之用，除自留若干外并以分售。

(2)中华图书馆协会十周纪念论文集(英文)本会成立业满十载，凡我会员莫不欢庆，更有热心会员特为撰著鸿文，以为纪念。此项论文分中英文两部。中文部分将在图书馆学季刊第九卷第二期发表。英文部分因排印便利故得先行出版，仍括以总题曰Libraries in China，内容如下：

裘开明　　中国之近代图书馆运动

吴光清　　十年来中国之分类与编目

沈祖荣　　中国之图书馆员教育

查　修　　中国之图书馆立法

严文郁　　中国之图书馆间合作

柳诒徵　　中国之省立图书馆现状

戴罗瑜丽　中国之医药图书馆

杜定友　　中国公共图书馆与成人教育

---

①　中华图书馆协会执行委员会.中华图书馆协会第九年度报告[J].中华图书馆协会会报,1934,10(1):3-6.

(3)全国图书馆一览　自本会成立以来,国内新兴之图书馆日多,政府对之亦已特为注意,惟各馆内容情况,向鲜完备专书,以为指南。本会因乘十周纪念之际,拟编一"全国图书馆一览",定于年会前出版,以为继续研究改进之根据。该一览分为中英文两种,英文本专收藏书五千册以上之图书馆,中文本则不问图书馆大小一律收录,以详备为原则。特约赵体曾君专司调查编印之事。赵君于二十四年三月十八日到会,至六月底停职,已成英文本草稿一部,所收约三百馆,审定付印,尚有待焉。①

- 图书馆教育委员会

图书馆教育委员会本段工作主要围绕与文华图书馆学专科学校合办图书馆学免费生之教育,时刻关注合作办学状况,并提供专项奖学金鼓励图书馆专科学生。

附1:1932年,合作办学状况

本会与文华图书馆学专科学校合办之图书馆学免费生,本年度停止招考一次,俟上年度入校生毕业后,下年度再为续招,今夏专科毕业者凡九名,俱已受试准予毕业矣。②

附2:1933年,合作办学状况

本会与武昌文华图书馆学专科学校联合办之图书馆学免费生额,本年度中除招考专科正班学生外,同时复在晋,陕,甘,蜀,云,贵,广,鄂八处招考民众班,其入学程度为中学毕业,以培植民众教育之人材。该民众班免费生凡六人在学期间为一学年,现已毕业。③

附3:1934年,合作办学状况及奖学金设置等

本会与武昌文华图书馆学专科学校合办之图书馆学免费生,廿二年秋季入学各生,已于本年六月毕业,计汪应文,李永安,戴镏龄,黄元福,熊毓文,于各大图书馆服务矣,二十三年取录新生凡九名,计杨漪如,王铭悌,唐月萱,蒋元枚,胡文同,(以上五名女性)胡延钧,顾家杰,颜泽霮,李永增(以上四名男性)籍隶湘鄂冀鲁粤者各一人,苏皖各二人,尚须在校受业一年。本年招考新免费生定额十一名,将于二十四年七月二十五六两日同时分在武昌北平南京上海四地举行试验。

二十三年间袁同礼先生与纽约罗氏基金会商妥专为我国图书馆界设立图书馆学奖学金,以期多得赴美深造机会。首次获领奖金者为李芳馥黄维廉两君。罗氏基金会(Rockefeller Foundation)补助人文科学之研究,以此为创举矣。④

---

①④　中华图书馆协会执行委员会.中华图书馆协会第十年度会务报告[J].中华图书馆协会会报,1935,10(6):3-7.

②　中华图书馆协会执行委员会.中华图书馆协会第八年度会务报告[J].中华图书馆协会会报,1933,9(1):2-5.

③　中华图书馆协会执行委员会.中华图书馆协会第九年度会务报告[J].中华图书馆协会会报,1934,10(1):3-6.

• 会报编辑部

会报编辑部坚持中华图书馆协会会报按时发刊。

附1:1932年,会报发刊情形

> 此一年中会报由该编辑部印行者为第八卷第一期至第六期,内容尚称丰富,计有大部参考书之索引二:(一)碑传集补索引,(二)册府元龟索引。重要集目二:(A)国联调查团书目(B)知见印谱录目,其他图书馆管理法之讨论,新刊书籍之绍介,以及各地方协会及会员消息等,靡不翔实,堪以引起读者之兴趣焉。①

附2:1933年,会报发刊情形

> 此一年中本会会报由该编辑部编印,计第九卷第一期至第六期,内容仍照向例,自二十三年一月起复增期刊生卒调查及期刊要目汇录两栏。前者纪录新创刊与停刊之杂志;后者介绍与图书馆学有若干种杂志中之重要资料。②

附3:1934年,会报发刊情形

> 此一年中本会会报由事务所按期编印,计第十卷第一期至第六期,内容仍按照向例,篇幅较有增加。盖图书馆事业日益发达,而报告资料亦因而丰富也。③

•《图书馆学季刊》编辑部

虽因经费问题有迟误状况,但终补齐。重要论文殊多,研究问题多有系统的论述,可见图书馆学专业研究取得了巨大进步。

附1:1932年,发刊情形

> 图书馆学季刊本年度自六卷一期至七卷二期出齐,连年因印刷迟误之期数俱以补全。重要论文殊多,如桂质柏之大学图书馆之标准,李小缘之英国国立图书馆藏书源流考,周延年之慈云楼藏书志考,均为有系统之著述也。他如华亭董氏玄赏斋书目,方志艺文志汇目,般契书目录,宛委别藏现存书目等,皆足以介绍于国人而供研究与参考者也。④

附2:1933年,发刊情形

> 图书馆学季刊,仍由刘国钧博士主持,并由李文椅君负编排校印之责。本年所出版者为第七卷第三期至第八卷第一期。第八卷第二期在排印中。第二次年会会

①④　中华图书馆协会执行委员会.中华图书馆协会第八年度会务报告[J].中华图书馆协会会报,1933,9(1):2-6.

②　中华图书馆协会执行委员会.中华图书馆协会第九年度会务报告[J].中华图书馆协会会报,1934,10(1):3-6.

③　中华图书馆协会执行委员会.中华图书馆协会第十年度会务报告[J].中华图书馆协会会报,1935,10(6):3-7.

员所提出之论文,均分载于第七卷第三四两期中。张秀民君“选印古书私议”论文,别于“北辰学园讨论影印四库问题专号发表”,故不重载。①

附3:1934年,发刊情形

图书馆学季刊仍由刘国钧博士主持,并由李文裿君负编排校印之责。本年度内所出版者为第八卷第一期至第三期,第八卷第四期及第九卷第一期,现正同时赶排。第九卷起该季刊编辑部因稿件缺乏关系经执行委员会议决改组,仍推刘博士为编辑主任,聘请袁同礼,李小缘,蒋复璁,柳诒徵,陈训慈,严文郁,吴光清,谭卓垣八人为编辑委员。编辑委员姓氏应印志季刊封面之后,每委员在一年内限定应交长篇论文两篇。现第九卷第一期专收关于建筑文字。又该季刊所载李钟履之《北平协和医学院图书馆馆概况实录》印有单行本,叙述详尽,附列种种表格,可作医学图书馆管理法读也。②

4)维持:1936年至1947年

1935年,根据各委员会实际工作状况,执行委员会提出进行改组,并决定在第三次年会上讨论。最终决定在会务会议上再行讨论。日本侵华战争爆发后,中华图书馆协会各项事业陷入停顿,会报也不能按时发刊,后依靠多方努力会报得以复刊,而其他各项专门委员会也只能是苦苦维持,成果很少。

附:年会讨论专门委员会改组事宜

本会分类、编目、索引、检字、图书馆教育、图书馆建筑、编纂、版片调查各委员会年来实际工作,著有成绩者,固属甚多,但无成绩报告者尚复不少,推其原因,或无计划,或无经费,均陷于停顿状态,亟应改组以利进行,似应由全体执行委员会,将各委员会重新改组,以主席书记同一地点为原则,其各委员会委员由主席推荐,请全体执委通过后,再由会函加聘,其办法大要

(一)各委员会应由主席先将一年内之具体计划函告本会

(二)每年六月编制工作报告

(三)各委员会得预支二十元为经费,如经费过大,可陈明执行委员会酌量增加。

上项提案业经本届新执委首次常会决议,请主席依照该项办法办理,惟各委员会如有调查或意见,应随时在会报或季刊发表,藉通声息,对于改组事,候本届年会会务会议内提出讨论。③

- 编纂委员会

编纂委员会本阶段成果不多,却十分具有价值。1935年,所编著《十周年纪念论文集英

① 中华图书馆协会执行委员会.中华图书馆协会第九年度会务报告[J].中华图书馆协会会报,1934,10(1):3-6.

② 中华图书馆协会执行委员会.中华图书馆协会第十年度会务报告[J].中华图书馆协会会报,1935,10(6):3-7.

③ 中华图书馆协会执行委员会.中华图书馆协会第十一年度会务报告[J].中华图书馆协会会报,1936,11(6):21-23.

文本》惠赠国外;1940 年编《国学论文索引》颇得学术界赞许。但其间有几年因战乱编纂工作有所停顿,而后几年也因经费等问题编纂成果不多,故今难以查询。下附本阶段所能搜寻之工作成果。

附 1:1935 年

(1)纪念刊　本会所编之十周年纪念论文集英文本,出版后曾寄赠国外各学术机关,颇得好评,现本会复托国内外大书店代售藉广宣传,关于中文论文数篇,已改在图书馆学季刊发表,其余尚有未交卷者,经本会函促赓续执笔,以便再版时增补俾成完璧。

(2)书目　本会近与北平图书馆协会,合作刊印北平市各图书馆所藏算学书籍联合目录,此书目为邓衍林君所编,内容所举书名,虽限于北平一隅,然列举有一千余种,篇后并附有索引,颇资研究斯学者之参考,现已出版。

(3)索引　文学论文索引三编,及国学论文索引四编,为北平图书馆索引组所编,委托本会出版内容均较前充实,现已出版发售。①

附 2:1940 年

(1)本会出版之国学论文索引先后凡四编,颇得学术界赞许,第五编稿件已交上海开明书店代印,本年内复经商妥国立北平图书馆拟自下年度起代为续编第六编专收抗战以来之国学论文。

(2)四明范氏天一阁为国内私藏魁硕,历史悠久,明刻至为丰富阁书旧有阮元,薛福成二目晚晴以还,颇有散佚;二十四年重修该阁以后,由冯贞群先生另编新目内编十卷;本会以近岁私藏沦劫殆尽,而该阁独能首先努力整饬,对于保存国故不无贡献,特协助其出版,现款预定二百部,专供本会会员采购之用,该目已于本年九月出版。②

- 图书馆教育委员会

图书馆教育委员会前期仍十分专注与武昌文华图书馆学专科学校合办之图书馆学免费生入学、毕业以及工作状况。后来,战火毁坏诸多教育设施,中华图书馆协会开始考虑并践行图书馆在社会教育中应承担的责任。

附 1:1935 年工作状况

本会与武昌文华图书馆学专科学校合办之图书馆学免费生,二十三年度秋季入学各生,已于本年六月毕业,计胡延钧,顾家杰,李永增,颜泽霭,(以上四名男性)杨漪如,唐月萱,胡文同,蒋元枚,王铭悌,(以上五名女性)等九人,均已介绍于各大图书馆服务矣,二十四年录取新生凡十三名,照章入学者只九人,计划

---

① 中华图书馆协会执行委员会.中华图书馆协会第十一年度会务报告[J].中华图书馆协会会报,1936,11(6):21-23.

② 中华图书馆协会理事会.本会民国二十九年度会务报告[J].中华图书馆协会会报,1941,15(5):6-7.

刘济华，廖维祐，吴尔中，杨承禄，杨桂籍，黄作平，（以上六名男性）张行仪，黄慕龄，彭道襄，（以上三名女性）尚须在校受业一年。二十五年度招考新免费生定额十一名，将于本年八月四三两日，同时分在武昌，北平，南京，上海，成都，广州六处举行试验。①

附2:1940年推进辅导各地社教机关图书教育办法以及文华图书馆学专科学校办学情况

推进辅导各地社教机关图书教育办法——部颁图书馆辅导各地社会教育机关图书教育办法大纲为确立全国图书馆制度之先声，本会亟应协助政府努力推进促获成效。爰于半年度内促请各地方图书馆实施推进，并商讨研究推进中之各项实际问题。②

文华图书馆学专科学校消息四则

（一）受各种经费补助　该校经费历年承中华教育文化基金董事会之补助，嘉惠殊深，本年度仍补助一万五千元，教育部继续补助七千元，另补助教席一名（法文讲师袁志刚先生），又管理中英庚款董事会，补助临时建筑费五千五百元，现该校已拟定建筑计划，计（一）为求员生安全起见，开辟一防空洞，（二）建筑一校舍以为教室，教员宿舍及厨室之用。

（二）办理巡回文库　该校迁渝以后，鉴于该市社教工作，亟待发展，爰将已设之巡回文库，扩大办理，除于渝市歌乐山第一保育院内，设立儿童阅读室一所，聘该校毕业同学胡文同女士指导外，并将校内员生轮流派往附近各伤兵医院任图书巡回工作，现歌乐山阅览事宜，以胡女士他就，未另派人，由该院自行负责管理，但图书则仍留该院应用，至各伤兵医院图书巡回工作，则均照常进行云。

（三）添置实习工具　该校为应各机关之需要，特于去秋开设档案班一班，考录高中毕业生二十人，施以专门训练，该班所授课程，除力求充实外，对于实习一项，尤为注重，故近特添置档案橱，目录盒，索引盒档夹与装订实习工具等以供学生实习之用。

（四）课外辅助　该校自迁渝后，因恐学生生活感觉枯燥，爰聘请各专家担任临时讲席，讲题由该校根据学生有关之课程，自为拟定，藉资启迪，先后被请讲演者有（一）陈东原讲：书院藏书之沿革与图书馆之使命；省立图书馆与地方文献；（二）洪范五讲：大学图书馆行政；（三）蒋慰堂讲：中央图书馆之使命；（四）岳良木讲：战时图书馆工作实施计划；（五）王文山讲：人事制度；（六）彭道真讲：英国图书馆概况及图书馆训练；（七）边燮衡讲：战时出版事业情况；（八）萧一山讲：海外图书馆所藏中籍概况；（九）杜刚白讲：经书研究与图书馆分类编目问题；（十）黄汲清讲：地质文献。③

---

① 中华图书馆协会执行委员会．中华图书馆协会第十一年度会务报告[J]．中华图书馆协会会报，1936，11（6）：21－23．

② 中华图书馆协会理事会．本会民国二十九年度会务报告[J]．中华图书馆协会会报，1941，15（5）：6－7．

③ 中华图书馆协会理事会．文华图书馆专科学校消息四则[J]．中华图书馆协会会报，1940，14（5）：15．

在中华图书馆协会的积极推进下，各高等学校渐渐认清图书馆人才的价值，也开办了培育图书馆专科人才的学科，其中金陵大学在刘国钧的带领下率先开办。另一方面，在理论上，对图书馆在教育中地位的讨论也愈演愈烈。下附相关史料。

附1：成都金陵大学筹设图书馆专修科

金陵大学文学院因鉴于中国图书馆学专科人才之缺乏，虽有设立图书馆专修科之计划，藉以培养管理，编目人才。于本年三月呈经教育部正式批准！倾已决定在本年暑期内开始招生，按金大对于图书馆事业，素极重视，该院院长刘国钧博士，又为吾国图书馆专家，历来开办学校，培养人才；对于中国图书馆运动颇多贡献。此专修科之设立，为中国图书馆事业前途之进步，当为教育界人士所赞助云。

附2：《谈设立图书馆专科学校之必要》——陈准著，载于《中华图书馆协会会报》十五卷五期

谈设立图书馆专科学校之必要

图书馆为社会教育事业之一，已成为专门之学科，必须有专门研究者司其事，使购置分类编目阅览等均有专门的训练，然后分门别类，处理井然，使借阅者皆能得心应手，否则遍查全部图书，仍难得到矣。近十年来，图书馆已有蒸蒸日上之势，然以我国幅员广大，而专门训练图书馆员的机关，仅有武昌文华图书馆专科学校，及金陵大学图书馆学系与图书馆专修科，因此人才异常缺乏，一般图书馆对于图书处理，茫无头绪，故非有专门学校受相当训练研究不可。往年余参观某图书馆有所感焉，该馆所藏图书，仅数千册，皆残缺不全，分类错杂凌乱，不便阅览者之借读，且馆长对于图书馆常识毫无经验，仅购报纸二三种，藏书处门窗紧闭，徒饱蠹鱼而已。后与民教馆合并，图书依然另藏一室，无人顾问，不事整理，迨民教馆与图书馆各自成立，始以公币购置万有文库一部，然借阅者颇不乏人，及万有文库第二辑等出版，藏书稍多，借阅者更见日众，但当局仍不注意图书馆事业，每月仅购书费十元左右，其余薪给设备等，不及五六十元，而馆长管理员，均非图书馆界中人，于图书分类编目，既无经验，对于版本，时闹笑话，一经略有图书馆常识者来馆询问，皆瞠目结舌不能答，而当局不问其内容如何，只求外观形式而已，大失图书馆应有之使命，此图书馆无专门人才，可见一般矣。有图书馆专校设立，则有专门人才办理图书馆事业，如设备必须完全馆舍建筑器具购置等，均须合于实用，馆舍必须高燥清净，材料必须坚固，光线充足，馆内布置，须求精雅美术，电灯窗帘椅桌须适合于卫生，藏书库普通阅览室，儿童阅览室，休息室，讲演等，会客室，庭院便所等，均须舒适满意，决不可在破坏之寺观庙宇宗嗣等随便设立，此图书馆学校必须设立培养专门人才者一也。中国图书，浩如烟海，如不注重分类，则发生检查之困难，所以图书之有分类，以求一致，使图书有一系统。自七略至四库皆为我国图书分类最早而便于检查者，明后，牢守四库旧法，势难尽容所有门类，自杜氏十进法问世，而至中国今日各家分类法推行，已解决分类上之困难不少，图书分类，重在实用，类别明显，子目详细，号码简明，易于

取予，无重复芜杂之弊。如无专门人才，则不能管理，此图书馆学校必须设立培养专门人才者二也。图书馆应负指导阅者之责，一般阅者来馆，大都抱消遣主义，无阅览目的，应乘机指导说明，应读何书，在阅时不了解之处，详细为之解释，并介绍有系统之图书，循序而进，服效自宏，非有专门人才不能负此责任，此图书馆学校必须设立培养专门人才者三也。举行通俗演讲，为图书馆重要使命，以启发知识，介绍民众适宜之图书，鼓励来馆阅览者之兴趣，及种种方法，此图书馆学校必须培养专门人才者四也，总之图书馆事业在社会上如此重要，非有专门人才办理，即徒费公币，且失图书馆之目的矣。①

1943年，抗战胜利在即，百废待兴。图书馆教育问题有了新的研究看法。《中华图书馆协会会报》十八卷二期刊载了《推进现代图书教育几点》，反响热烈。作者洪焕春在此文中指出，推行现代图书馆教育需要注意以下几项工作：图书馆专门人才的训练与保障；图书馆经费标准的确定与筹增；私家藏书及家刻板片的调查与征集乡土文献；加强图书交换与编目工作；设立指导部与参考部；统一全国图书馆的分类法与编目条件；各省编辑全省联合书目推广互借。

• 编目委员会

编目技术的不断成熟，使得图书馆界同人开始研究中文编目问题，中华图书馆协会对此问题也投入了大量关注，积极发表相关研究成果于会报之上供学界讨论，如《中文书籍编目条例草案》《谈中文编目》《十年来中国之分类与编目》等。

• 会报编辑部

会报在战火侵扰中坚持出版至二十一卷第四期，下附部分年份会报出版状况：

附1：1935年

自十一卷一期至五期均已按期出版，内容尚称丰富，兹将该卷内容择要分志如下：[概况]山东乡村建设研究院图书馆概况　挪威民众图书馆概况　邹平乡村师范图书馆概况　北平市立第一普通图书馆概况　内政部警官高等学校图书馆概况　平大女子文理学院图书馆概况[目录]各省市图书馆宇摄影藏目[专著]图书馆界应该怎样负责补救连环图画小说流毒　机关参考资料之处理法　如何修理书籍　关于大学图书馆出纳柜和公用目录的设计　中山图书馆观书记[译著]图书馆长的歌德　菲律宾儿童图书馆　图书馆的功用　科学书籍之选择[序文]现代英国印刷展览目录序　图书馆学辞典序[会员录]中华图书馆协会会员录

其他各地图书馆及会员消息，靡不详实，而对于新书介绍栏，专收关于图书馆之书籍，亦颇便利于读者之参考也。②

附2：1940年

本会会报本年度所出为第十四卷第四五六各期及第十五卷第一二三各期。第

① 陈准. 谈设立图书馆专科学校之必要[J]. 中华图书馆协会会报，1941，15(5)：2.

② 中华图书馆协会执行委员会. 中华图书馆协会第十一年度报告[J]. 中华图书馆协会会报，1936，11(6)：21－23.

十四卷各期系在上海印校，后以滇越路中断，交通梗阻，致第六期积压海防久未运到，故自第十五卷起，改在成都出版，由刘国钧博士主编。①

附3:1943年

本会会报由曹辛生负责主编至十七卷一，期止，自第十七卷三、四期起改在渝出版由本会事务所编辑，本年共出四期(十七卷三，四期五，六期，十八卷一二期)后三期均由侨光印书局代为排印，复承该书局经理赵继生先生之赞助，对于印刷费特别优待，并能按期出版，本会同人对其热诚援助，至为感谢。②

附4:1944年

本会会报本年共出三期，(十八卷三期、四期、五期、六期)因印刷费猛涨不已，本会经费支绌，出版至感困难，本会会报前在北平请领之登记证业经遗失，本年经呈准内政部发给杂志登记证原字第九二零号，并经东川邮政管理局登记人为第一类新闻纸类，发给第九九三号执照。③

- 《图书馆学季刊》编辑部

《图书馆学季刊》开始面临各种困难，缺乏人力、物力、财力，使得图书馆学季刊发刊状况多舛。下附1935年图书馆学季刊发刊情形：

季刊编辑部自经去年改组后，仍请刘国钧博士主编，并议决编辑部各委员，每年内应撰论文两篇，关于编排校印诸事，由事务所负责，顾会内以经费困难，不克增添助手，爰由国立北平图书馆派员无给协同助理，该刊初以稿件缺乏，致有愆期，旋因校者更替，诸事未能熟手，复因主编与校者两地遥隔，接洽颇感不便，以致季刊出版期一再迟延，现为整理刷新起见，加聘严文郁先生为本刊编辑部副编辑，并议决文稿悉由主编者审阅纂排，候稿件集有成数，再交由事务所发印，如是则主编者及事务方面易于接洽，而京平两地亦可取得密切联络，出版后即由会所径寄各会员。

九卷二期业于五月下旬寄发全体会员。九卷三四期合订本亦已出版，二十四年度应出版之季刊均行出版二十五年度之十卷一二两期已正向各会员征集文稿著手编辑矣。④

(4)处理其他学术界相关事宜

1)宣传和帮助各地方图书馆协会

中华图书馆协会是在几个地方图书馆协会的基础上创办的，是一个全国意义上的图书

---

① 中华图书馆协会理事会.本会民国二十九年度会服报告[J].中华图书馆协会会报，1941，15(5):6－7.

② 中华图书馆协会执行委员会.中华图书馆协会第三十二年度工作报告[J].中华图书馆协会会报，1943，18(2):18－20.

③④ 中华图书馆协会执行委员会.中华图书馆协会第十一年度报告[J].中华图书馆协会会报，1936，11(6):21－23.

馆协会，对其他地方图书馆负有帮助和指导的义务。中华图书馆协会成立之后，积极宣传各地方图书馆协会，将其工作简章发表于会报之上。各省市图书馆协会章程，详见本篇第三章第一节中的“各地图书馆章程”。

2）领导全国图书馆复兴工作

1937年，中国大地开始遭受战火侵袭。全国图书馆被毁情况严重，中华图书馆协会开始着手图书馆事业复兴。下附图书馆复兴工作状况。

复兴工作

本会自上年十月起，从事两种工作：（一）全国图书馆被毁状况之调查，（二）协助全国图书馆积极复兴。关于调查工作，曾托中外人士亲至各地访问，惠寄确实报告，分类保存，并将报纸所载者，予以剪裁，编成英文报告，以作国际之宣传。关于复兴工作，首将被毁概况，报告欧美各国，次则征求书籍，在各国通都大邑，指定收书地点，广募图书，免费运华，并与美国图书馆协会商妥，一俟战事结束，由该会派定专家一人，来华视察，协助我国图书馆积极复兴云。①

复兴事业

本会向国外征求书籍，曾详上期会报，八月间本会又致驻外各使领馆公函一件，请求协助，兹将该函录后：“径启者，暴日侵华以来，叠陷名城，狂施轰炸，人民颠沛流离，百业咸遭蹂躏，内中以文化机关之摧毁，尤为空前未有之浩劫！迩来战区扩大，各省图书馆所藏之中西图书，秘笈珍本，多被毁于敌人炮火之下，文化精华，悉成灰烬。而东南半体。向为吾国文化中心，私家藏书，尤称美富。自江浙沦陷，古今典籍，荡然无存，实为我国文献之重大损失。伏念文化事业，自有其永久性，必须连续迈进，方能续长增高，经此浩劫，亟宜群策群力，力图恢复。敝会奉令协助全国图书馆从事复兴，除已在国内积极征募外，兹分向欧美各国，征求书籍，俾赖国际同情之助，协助复兴，事关文化，用特函恳贵馆予以匡助，或代为征募，或代予接受，兹将关于我国图书馆被毁情形，撰具备忘录一件，即希台阁，并乞查照办理见复为荷。②

在抗战胜利前夕，关于我国图书馆事业复兴工作，中华图书馆协会执行机关多位成员都发表了相关著作，提出的看法切实可行。较为有代表性的著作，分别是载于《中华图书馆协会会报》十八卷四期的蒋复璁《战后我国图书馆事业之瞻望》和沈祖荣的《战后图书馆发展之途径》。蒋复璁在文中提出战后图书馆发展应注意的几点问题：“1. 应该妥善设计，使图书馆的建筑，既切合实用，又不背于经济的原则，能以简朴的方式，迅速恢复其工作。2. 采购图书的标准必需抉择先后，权衡轻重，审度缓急；设法与各国政府或社团订立图书杂志免费交换的办法，以有易无。3. 应谋原有各校科的充实，并应增设学校或在师范学院中增设专系专科，务使图书馆事业走上专业化的途径。4. 图书馆工作人员的素质，亦应积极设法，使其提高。吸收大学各科的毕业生，再施以图书馆学技术的训练，养成高级图

① 中华图书馆协会理事会. 复兴工作[J]. 中华图书馆协会会报，1938，13(1)：15.

② 中华图书馆协会理事会. 复兴事业[J]. 中华图书馆协会会报，1938，13(2)：17.

书馆员，对于整个国家图书馆事业的发展，是很重要的。至于图书馆人员的待遇与生活，政府尤应设法加以提高与改善。”沈祖荣也在文中提出战后图书馆发展的几点希望：“1. 从事于图书馆事业的人，要有坚强的信心与恒心。2. 今后办理图书馆要同时注意现代化与中国化，中国文化自有其特长，尤富于吸收外来同化的伟力，所以从不是排外的。3. 应添设学术顾问或特设参考咨询部。4. 图书馆要走到一般学校尤其普及中小学去。5. 战后的图书馆要深入乡村去。6. 战后的民众图书馆，更须负起民众识字教育的责任。7. 战后的图书馆要和博物馆密切合作。”

3）处理战时募捐图书事宜

中华图书馆协会为协助图书馆复兴事业，在国外募捐图书，在交通阻隔的环境下，为运抵国内图书能发挥作用，进行了艰辛的努力。

1940 年，中华图书馆协会为国内图书馆事业复兴起见，在国外募捐图书。经过国内外共同努力，图书运抵香港，却因战事阻隔，难以运往内地。中华图书馆协会积极奔走，与政府、学校合作运输，终将部分图书运抵内陆，解决国内学术需求。下附中华图书馆协会在处理部分募捐图书国内转运事宜的相关史料。

附 1：存港图书转运

本会存港图书设法运滇

本会前为协助被毁各图书馆复兴起见，曾在国外征募图书。美国方面根据本会之备忘录，曾发起全国捐书运动，现已有二百余箱运抵香港，因交通困难，兼以国币低落，运入内地，诸感困难。际兹二期抗战期中，学术研究，愈感需要。本会为适应当前迫切起需要起见，已商得教育部之同意，委托九龙关将本会存港之图书设法运滇，运费则由教育部出版品交换局担任，该关以海防仓库已无余地，未能应允。除继续交涉，以冀早日将该书运滇外，倘各大学目前急需参考，而能自行由港运至各该校者，即请函会商洽，以期敏捷云。①

附 2：部分存港图书处理

本会赠送岭南中山二大学图书馆西文图书

本会在美征募之西文图书，因运输关系，迄未能运入内地。现鉴于目前各校需要之迫切，曾规定各校如能自行担任运输事宜，亦可酌量分配。前月香港岭南大学图书馆，已由本会赠与西文图书二十二种二十八册，最近国立中山大学图书馆，亦函请赠予图书，由该校自行运输，本会即照该校指定之收书机关，运往图书四箱，以资应用。兹将岭南大学图书馆致谢本会赠书函录后：

敬启者，顷承发下美国图书馆协会赠送敝馆下列（书名略）图书二十二种，计二十八册，曷胜感谢！敬当列入书目，妥为珍藏，以供众览，而彰盛德。此次贵会为国内图书馆向美国各图书馆募捐，成绩卓著，为战时国内文化团体中最有贡献于国家

① 中华图书馆协会理事会. 本会存港图书设法运滇［J］. 中华图书馆协会会报，1939，14（4）：11.

者，尚希继续努力，协助政府，完成抗战建国之伟业，是所至祷。此致

中华图书馆协会

岭南大学图书馆代馆长何多源启

十一月十七日[①]

附3：存港图书救济

本会呈复教部存港图书救济范围

本会前为协助国内被毁各大学图书馆之复兴，曾向欧美各国征集图书，美国方面，蒙该国学术文化界人士热忱赞助，曾先后捐赠图书一万余册，分装二百余箱，免费运抵香港，除陆续由港起运至昆明，一俟运到，即请教育部指派专门人员，根据各大学之需要作适当之分配外，其余一部，因短期内尚无法起运，现仍暂寄存本会驻港办事处。最近香港侨胞创办华侨图书馆，拟将本会此项寄港未运图书，移赠该馆，充实内容，并呈请教育部酌核拨给，教部于一月十八日特训令本会酌夺径复，并具报备查，本会业已根据向国外征募图书主旨及救济被毁图书馆范围呈复该部矣。兹将教部训令及本会复呈，分别录下：

一、教育部训令

案准中国国民党驻港澳总支部二十八年十二月二十八日驻字第二十五号函开：

"查本部依照六个月工作计划大纲之规定，最近联合本港教育界同人假德辅道广东银行四楼，成立华侨图书馆一所，缘七七抗战以还，内地学校迁移本港者，日增无已，文化粮食，需要甚殷，顾本港图书馆，虽有数间，第每月阅书人士，户限为穿，粥少僧多，向隅不免，细查各校教员，月薪甚微，购置课外参考书籍，自不容易，本部有见及此，故即将图书馆先行成立，其功用在目前则为救济中小学教育教材，在将来即为成立大规模图书馆之基础，除具备党义图书外，并拟专门搜集华侨史料，及为本党在港澳工作之中心，闻贵部前由中华图书馆协会，向美国捐得图书二万余册，尚余一部，寄存本港，可否请贵部酌核，将此项图书，尽量拨给本部，以充实华侨图书馆之内容，而利本港各界侨胞之参考。"

等由，过部，查是项图书，系属该会所有，可否移赠之处，自应由该会酌定。除函复外，合行令仰酌商径复（香港广东银行四楼西南图书印刷公司董事会转）并具报备查为要。此令。

二、本会呈复教育部文

案奉

钧部二十九年一月十八日字第〇〇一六八八号训令内开（略）等因奉此，查联会前向国外征集图书，其主旨在于因战事被毁之图书馆予以救济，且范围仅限于大学图书馆，至通俗性质之图书馆，与高深学术之研究无特殊之贡献者，不在职会救济范围之内，此项办法，且在事前曾得捐书人之同意，似难变更现此项书籍陆续由港运至昆

---

① 中华图书馆协会理事会. 本会赠送岭南中山二大学图书馆四文图书[J]. 中华图书馆协会会报，1939，14(4)：11.

明，一俟运到，拟请钧部指派专门人员，根据各大学之需要，作适当之分配，除由职会将救济主旨及办法函告华侨图书馆外，理合具文呈报钧部，俯予鉴核备案。谨呈[①]

四、中华图书馆协会图书馆

中华图书馆协会附设图书馆，专门收集各项图书。事实上，在中华图书馆协会的整个发展历史上，协会图书馆的出镜率并不高，更多的是承担与图书馆学界联络的纽带作用。所藏图书多为各机关及会员捐赠。自办图书馆使得图书馆协会对图书馆日常工作有更多的更深刻的理解，对于领导整个图书馆界的工作也具有积极意义。

本会图书馆近况本会附设图书馆，专搜集各项图书；承各机关及会员捐赠书籍，增加日多。近又承上海新闻报馆捐赠新闻报一份，交通部叶总长捐赠书籍多种，特此致谢。[②]

本会附设图书馆，搜集各种，图书；成立以来，呈各机关及会内外同志先后捐助书籍，增加日多。

近又蒙陶兰泉先生惠赠自印之营造法式一部，全书摹印精良，实开我国印书史之新纪元，（见会报第二期新书介绍栏内）现陈列于本会总事务所云。[③]

受赠图书致谢于每期会报发表，附会报第一卷第四期图书致谢为例：

本会图书馆通告一

兹承

建瓯公立图书馆赠　照片　五张

集美学校图书馆赠　照片　三张

格式图表　一份

集美学校季刊　一册

集美学校概况　一册

莲山堂文集　一册

闽南小学教育　一册

集美学校十周年纪念刊　一册

浙江公立图书馆赠　第十期年报　一册

上海通信图书馆赠　月报三期　三册

李雁晴先生赠　史记订补　四册

藻玉堂书店赠　纪元通考　四册

温飞卿诗集　二册

---

① 中华图书馆协会理事会. 本会呈复教部存港图书救济范围[J]. 中华图书馆协会会报，1939，14(5)：12.

② 中华图书馆协会理事会. 会务纪要[J]. 中华图书馆协会会报，1939，1(2)：13－14.

③ 中华图书馆协会执行部. 会务纪要[J]. 中华图书馆协会会报，1925，1(3)：19－23.

秋林琴雅　一册
朝阳大学浙江同乡会赠　越旭四期　二册
陈绳夫先生赠　辛白论文　一册
日本东洋文库赠　Caralogue of the Asiatic Library of Dr. G. E. Morrison　一册
Rough History of the Oriental Library　一册
考定中原音韵　一册
龙歌故语笺　一册
鸡林类事丽言考　一册
西域発見,絵画二見エタル服飾,研究　一册
东洋文库展观图书目录　二册
东洋文库沿革略　一册
财团法人东洋文库章程　一册
东洋文库建筑概要　一册
支那古代史论　一册
中国公学图书馆赠　中国季刊第一卷第一册　一册
日本图书馆协会赠　图书馆杂志第七十五号　一册
东京市立图书馆赠　东京市立图书馆增加图书目录第六十三号　一册
特此申谢

十二月二十日

第五章　规章制度

中华图书馆协会规章制度主要涉及三个方面,机构管理、财务管理和人才培训。各项规章制度是中华图书馆协会在进行各项工作时所必须遵守的行为规范。合理合法制定规章制度是协会内部的"立法",是协会规范运行和能力科学提升的重要方式之一。事实上,中华图书馆协会在各项制度的制定和实施上虽不能说是完美,但也基本保障了各项工作运行平稳、有效。

第一节　组织机构管理制度

中华图书馆协会成立之初,便意识到合理的组织机构管理制度具有重要价值,要规范中华图书馆协会组织结构的设置和调整,建立有效、权责明确的组织机构以及规范的管理制度是必须的。

一、执行机构和监察机构管理制度

根据中华图书馆协会组织大纲要求,协会的组织机构由监察机关和执行机关构成。其内部的规章制度是中华图书馆协会规章制度的基础。

1. 中华图书馆协会执行部细则

中华图书馆协会执行部出台的第一版《中华图书馆协会执行部细则》,规定了中华图书馆协会执行部各项管理细则。在此版《细则》中规定设总事务所于北京,分事务所于上海。但是在实际工作情况中,限于经费及其他种种困难,只有设置北京总事务所。

附:中华图书馆协会执行部细则(1925—1928 年)

第一条

本部依组织大纲第十三条至第十四条之规定,由正副部长及部长聘任之干事组织之。

第二条

本部依组织大纲第二十四条之规定,设总事务所于北京,分事务所于上海。以各该地方之干事,分担事务。

第三条

未设事务所各地,暂以干事一人掌其事务。

第四条

一地方事务增繁,得由部长酌量情形,设临时分事务所,或分事务所;但分事务所之设立,须提出于董事部,经其认可。

第五条

各事务所得聘佣事务员,书记及劳役。

第六条

各事务所得依组织大纲第十五条之规定,分股办事。细则由部长定之。

第七条

会务之分配于各事务所,由部长酌定之;但编制总预决算,会员总名簿,征收会费及总出纳,由总事务所办理。

附则　本细则自十四年六月一日施行。①

2. 中华图书馆协会执行委员会细则

1928年,中华图书馆协会组织大纲第一次修订,根据组织大纲的修改,中华图书馆协会执行委员会细则也有相应增改。由原来正副部长设置改为五人常务委员会制。主持专门委员会事宜被专门提出,并制定专属规程。

附:中华图书馆协会执行委员会细则(1928—1937年)

第一条

本委员会依据中华图书馆协会组织大纲第六条第十二条之规定,由大会会员票举会员十五人组织之。

第二条

本委员会设常务委员五人,主持本会会务及一切进行事项,任期一年。

第三条

常务委员互选一人为本会主席,执行一切事项。

第四条

本委员会设常任书记一人,掌理并保管纪录文件及杂物事项;会计一人掌理出纳及簿记事项,因事务之需要得聘用雇员。

第五条

本委员会为处理特别学术问题起见得组织各项专门委员会,其规程另定之。

第六条

本委员会每年至少开会二次,以三分之二以上之出席为法定人数,委员因事不能出席者,得正式函托本协会会员为代表。

第七条

本委员会每三月须造报告书陈述会务进行状况于监察委员会。

第八条

本细则由执行委员会通过后施行。②

3. 中华图书馆协会监察委员会细则

1928年,中华图书馆协会组织大纲修订,将董事部改为监察委员会。监察委员会自行定制委员会规程,对监察委员会组织机构和职权义务都做了相对具体的规定。此项细则强化了监察委员会的监督职能,是中华图书馆协会组织机构走向成熟的一大表现。

---

① 中华图书馆协会执行部.中华图书馆协会执行部细则[J].中华图书馆协会会报,1925,1(1):5.

② 中华图书馆协会执行委员会.中华图书馆协会执行委员会细则[J].中华图书馆协会会报,1930,5(4):11.

附：中华图书馆协会监察委员会细则（1928—1937 年）

第一条

依据中华图书馆协会章程，由大会会员票举会员九人组织监察委员会。

第二条

监察委员任期三年，惟第一次委员任期一年者三人，二年者三人，抽签定之，每次年会票举三人补充。

第三条

本会设主席一人、书记一人，任期均一年，由本会公推。

第四条

本会每年至少开会三次，委员出席以三分之二以上为法定数，委员因事不能出席者，得正式函托代表出席，惟代表必为本协会会员；开会地点临时由主席通告各委员决定。

第五条　监察委员会之职权如下：

一、督促执行委员会执行议案；执行事件有与大会议案抵触者，得提出纠正；

二、审查协会预算决算。

第六条

执行委员会执行议案每三月必具书面通告监察委员会一次。

第七条

执行委员会执行议案有关于经济事项，必具预算书通告监委会，俟监委会通过后施行；监委会因事未能即行开会，执委会得据预算案先行支付一部分，俟监委会开会时追认。

第八条

纠正执委会之议案须监委四人以上提出，经监委三分之二以上通过，始得提交执委会；执委会因事实上之困难碍难执行议案时，得由执委会说明理由，提交监委会复议，监委会复议认为必须依据监委会纠正案执行时，执委会不得再行提出复议。

第九条

关于监委会职权事项，监委会得接受大会会员十人以上联署之请议书，提出监委会会议。

第十条

监委会有违法事，得由大会会员二十人以上之联署提出议案于大会，经大会会员三分之二以上认为违法者，得解散监委会改组。

第十一条

监委会遇必要时得设立常务委员会。

第十二条

监委会章程草案由监委公议，全体通过后试行一年，再提出大会修正。①

① 中华图书馆协会执行委员会. 中华图书馆协会监察委员会细则[J]. 中华图书馆协会会报，1930，5(4)：11-12.

二、其他机构细则

中华图书馆协会其他机构也制定了内部办事简章，事务所、专门委员会的具体章程附下。

1. 中华图书馆协会总事务所办事简则

事务所是中华图书馆协会的主要办事机构，在中华图书馆协会成立初期，于北京设立事务所。下文所附是最初版本的《中华图书馆协会总事务所办事简则》，并未十分正规，但是从中对事务所日常工作也可有相当了解，事务所成立初期，暂不分股，由部长指派各干事分担各项事务。定期召开常会，部长在会议上听取干事报告，并指派事务。

附：中华图书馆协会总事务所办事简则

第一条

本事务所暂不分股，由部长指派各干事分担事务。

第二条

暂置书记一人，掌记录缮写及保管文卷簿册。

第三条

每月以第二星期日及第四星期日，各开常会一次。遇必要时，得由部长召集临时会。

第四条

开会之前二日，由部长整理议题，通知各干事。干事提议之案，应于至少四日前寄交部长。

第五条

开会时以部长为主席，由书记记录其列席缺席人名及议决事项。

第六条

凡干事所办事件，应各具简明报告。当开会时提交部长。

第七条

开会时间，每次不得过两小时。

第八条

干事遇开会时，有不得已事故不能列席者，必须委托他干事代表。①

2. 中华图书馆协会委员会规程

中华图书馆协会专门委员会是中华图书馆协会的专门学术组织，隶属于执行机构。由执行机构负责组织专门委员会，各专门委员会委员由执行部负责聘任。专门委员会主要负责处理本门学术问题以及董事部或执行部委托事项。

附：中华图书馆协会委员会规程

第一条　本会为共同研究学术或处理特别问题起见，得依组织大纲第四章第十六条第四项之规定，由执行部组织委员会。

① 中华图书馆协会执行部. 中华图书馆协会总事务所办事简则[J]. 中华图书馆协会会报，1925，1(1)：5.

第二条　委员会委员，由执行部聘请之。

第三条　委员会设主任副主任各一人，由委员会委员互选之；书记一人，由委员会主任推任之；惟第一届之主任副主任书记，由执行部聘请之。

第四条　委员会处理下列职务：

(一)关于该门学术或该种问题之处理事项；

(二)关于该门学术或该种问题议案之审查事项；

(三)关于董事部长或执行部长交议或委托事项；

(四)关于本委员会建议事项。

第五条　处理上列事宜之方法，由委员会自定之。

第六条　委员会为进行便利起见，得设分委员会。

第七条　委员会会议由委员会书记商承主任召集之。

第八条　委员会进行事宜，应随时与执行部长接洽，并于某项问题研究完竣时，缮就具体报告交执行部分别执行。

第九条　委员会所需经费，由委员会主任拟具计划预算交执行部长提出董事部核定；如所需数目超出本会预算时，得由董事部协同委员会筹款项充之。

第十条　本规程如有未尽事宜，得由执行部修改之。①

第二节　财务管理制度

中华图书馆协会财务管理是协会管理的基础，是协会内部管理的中枢。财务管理是组织资金运行，处理同有关方面财务关系的一项经济管理工作。这项工作渗透和贯穿于协会一切经济活动之中。协会的资金筹集、使用和分配，一切涉及资金的业务活动都属于财务管理的范围。

在中华图书馆协会发展的整个历程中，缺乏足够的活动经费一直是阻碍协会发展的重要因素。于是，开源节流成为中华图书馆协会财务管理的重要思想。不断扩大经费来源、请求政府方补助、向图书馆界募集捐款等，是中华图书馆协会在资金筹集方面的主要方法。对于资金的使用和分配更是十分谨慎，基本是紧紧围绕着协会的核心业务使用经费。

一、经费收入

经费收入是中华图书馆协会赖以开展活动的物质保证，是协会财务工作的基础，这项工作好与坏，直接关系到中华图书馆协会整个工作的开展。因此，积极有效地管理好经费收入，是非常关键的问题。

中华图书馆协会的经费收入主要分为三大块：政府补助、事业收入以及其他收入(募捐收入)。

1. 政府补助收入

中华图书馆协会作为一个非营利性行业组织，政府补助是其主要的经费来源。请求政府补助一直是协会日常重要工作。以下为一次请求政府补助相关史料，从中可以看到，协会日常获取政府教育部、宣传部等部门补助之流程。此次请求补助是在日军侵华、中华图书馆

① 中华图书馆协会执行部. 中华图书馆协会委员会规程[J]. 中华图书馆协会会报，1925，1(2)：3.

协会迁往昆明后，确感工作困难，请求教育部维持年度补贴。下面是协会请求函件。

本会呈请教部续予经费补助

本会自前年在昆明恢复工作以来，对于国内图书馆被毁之调查及在国外征募图书，协助各馆复兴等工作，至感繁重。曾以经费困难，于去春呈请教育部予以补助，蒙准于二十八年五月起至十二月止，按月补助一百元，每三月具领在案，兹以此项补助，业经满期，但本会各项事业，积极推动，亟需巨款，为特呈请教育部，续予经费补助，每月拨给二百元，以利工作进行。兹将本会呈文录左：

呈为推进战时文化，因经费困难，恳请增加补助，以利进行事，窃职会自迁滇工作以来，本中央抗战建国之旨，协助各图书馆之复兴与发展，并在国外征集图书，已有相当之效果，上年春间，蒙钧部指令，准自上年五月份起至十二月份止，按月补助一百元，每三个月具领在案，查年来各项事业，积极推动，国外图书，踊跃捐赠，而各地图书馆均能安于地域，力谋复兴，本会调查与宣传工作，更感繁重，惟职会除会员会费外，并无其他补助，拟请钧部自本年一月起，念其事业之重要，按月补助二百元，藉资挹注，是否有当，理合具文呈请钧部俯赐鉴核，指令只准，谨呈

附中华图书馆协会二十八年度工作概况一份

一、协助西南各省筹设图书馆　自抗战军兴以后，西南各地，已成后方重镇，推进文化建设，实为当务之亟，本会为发展西南文化起见，对于西南文化机关曾做系统之调查，深觉图书设备，诸多简陋，以致社会教育，颇难发展，曾于去年分函西南各省教育当局，请多筹设图书馆，以应战时文化需要，并函请管理中英庚款董事会斟酌缓急，分别补助西南各省图书馆，俾能充实其内容，现云南昆明图书馆，由本会之提议，已由中英庚款会拨付建筑费五万元，并与云南省政府合组委员会，从事筹备一切，该馆馆址，业经勘定，馆舍建筑之设计图样，亦经本会贡献意见，短期内当可兴工建筑，四川省立图书馆，正在积极筹备之中，由本会之申请，中英庚款会曾议决拨给该馆购书费三万元，该馆成立之后，本会仍拟继续援助。本年度除促进西南各地图书馆事业之发展与改进，以求适应抗战期中之需要外，并拟定计划，积极推进西北各省图书馆事业，陕西城固及甘肃兰州均有多数图书馆继续成立，藉以扫除文盲，促进社教，唤醒民族意识，激发抗战情绪，而增强抗战之力量。

二、继续向国外征募图书　自敌军发动侵略以后，我国图书馆被毁惨重，而图书之损失，尤难数计，本会为协助被毁各馆早日复兴，以供研究参考起见，曾将各地图书馆被毁状况，详加调查，编成英文报告（见附件一）分寄欧美各国学术机关，以作国际之宣传，同时并请征募书籍，助我复兴，此项申请，颇获得各国人士之同情与赞助，一年以来，各国捐赠图书者，至为踊跃。兹将各国征募图书情形分别录后：

Ⅰ美国　美国图书馆协会，根据本会之备忘录，曾于前年冬季，发起全国捐书援华运动，并聘请社会知名之士，组织一委员会负责主持一切，（见附件二）开征未及数月，即募得图书万余册，分装二百余箱，免费运抵香港，现仍在继续征募中，每月均有二十箱按期寄到。该国对于我们之同情赞助，甚堪铭感。本会为应各大学之急切需要起见，曾得教育部之同意，委托九龙关由香港运入内地，由教育部根据各方需要，作适当之分配，已运抵海防者共二十余箱，装箱候九龙关提运者一百余箱。

Ⅱ英国 （一）牛津大学 该校教授白朗博士，受本会之委托，于一九三九年一月三日在伦敦泰晤士报通讯栏内，详述中国各大学被毁之惨及迁移内地工作后缺乏应用图书之需要，（见附件三）同时该校史博鼎先生慨然捐助二千镑，购置图书，以为之倡。该校其他人士，力为赞助，慷慨捐书，特组织一委员会，董理其事，夏间在伦敦又设一联属委员会，五月二十八日该会曾通函各自治领及印度诸大学，为中国呼吁，因欧战发生，工作稍陷停顿。（二）英国图书馆协会 该会对于本会之申请，原定于中日战事停止，复兴工作开始之时，再为进行征募，后鉴于美国图书馆协会捐书之踊跃，及史博鼎君捐助图书之影响，遂于一九三九年八月间由执行委员会议决，即日发动捐书运动，并在该会出版之第十四卷第八期（一九三九年八月）会报篇首，刊布长篇征书缘起，（见附件四）各图书馆、出版界、及学术团体，与该会会员陆续捐赠之书，颇为踊跃，本拟集有成数，即行运华，惜九月初欧战爆发，交通阻滞，致该会工作深受影响。

三、香港办事处之工作 本会为接受国外赠书便利起见，特于二十七年三月在香港设立办事处，承香港大学当局之盛意。指定冯平山图书馆为存书及办公之用，书籍寄到后，即进行下列诸工作：（一）点收，（二）函谢，（三）登记，（四）盖章，（五）编目，（六）装箱，（每箱附有清单）刻下有职员三人，（登记编目打字各一）留港工作。

四、调查会员状况 七七事变以后，本会会员，迁移流离，变动甚多，本会为求明了各会员状况及各馆之工作起见，曾于今春举行会员总登记一次，其中除一部分在沦陷区者，因环境特殊，未曾办理登记外，其在后方及临近战区各会员，业已登记完毕，现会员中除百分之四五供职其他机关外，其余仍继续服务于各地图书馆，以谋后方文化事业之发展，计现有会员三百六十余人。

五、出版物之编印 本会自迁至昆明后，鉴于战时图书馆学术之提倡，我国图书馆被毁情况之宣传，以及图书馆界服务人员消息之传达，实为刻不容缓之事，爰于去年七月将本会会报在昆明复刊，迄今已出十期，中间虽遭经费、印刷种种困难，然均能按期出版，从未间断；此外并编图书馆学季刊十卷总索引一种，业已出版，嗣后凡检查该季刊所载之资料均感莫大便利云。

六、本会经济状况 本会经济来源，除会费外，并无其他补助，二十八年度仅收入会费四百六十元，又自二十八年五月起，由教育部每月补助一百元，本年共收八百元，关于开支方面分列如左：

甲、昆明 除职员二人月薪各三十五元外，其余办事人员均由北平图书馆馆员中调充，概不受酬，每期会报及邮费约一百二十元，（全年六期共七百二十元）加以文具纸张及其他印刷费，每年约需三千元。

乙、香港 香港办事人员薪水，均按港币付给，自本年六月国币狂跌以来，维持港方事业异常困难，爰商得北平图书馆当局之同意，自本年八月起，按月补助美金一百元，（合港币三百七十元左右）以一年为限，凡国外捐赠书籍，须本会担任运费及在港起卸一切费用，均在该项补助费内开支云。①

① 中华图书馆协会理事会.本会呈请教部续予经费补助[J].中华图书馆协会会报，1940，14(5)：10－12.

2. 事业收入

中华图书馆协会作为一个学术性质的行业协会，召开会员会议以及专业出版物是协会本应有的工作内容。会员会费和各类出版物收入也是中华图书馆协会经费的重要构成部分。会员会费作为周期性费用，中华图书馆协会对此项费用有专门记录。另外，各类出版物本就是为促进图书馆事业进步而出版的，为方便行业同人交流，常折价出售给协会会员，获利较少，但也是经常性收入之一。

(1)会费收入

会员缴纳会费，是中华图书馆协会自有经费收入的重要组成。会员登记、缴纳会费记录由《中华图书馆协会会报》定期刊发。以下，仅截取几次记录为例。

附:1941 年 7 月会费缴纳记录

会费

兹将本年七月至十月缴纳会费各会员大名披露如后:

(甲)机关会员

国立厦门大学图书馆　真中中学图书馆　圣约翰大学罗氏图书馆　重庆市立图书馆　福建省立图书馆　国立同济大学图书馆　浙江省立图书馆

(以上缴二十九年度会费各五元)

齐鲁大学国学研究所图书室　国立厦门大学图书馆　真中中学图书馆　国立东北大学图书馆　圣约翰大学罗氏图书馆　重庆市立图书馆　福建省立图书馆　广东省立图书馆　国立同济大学图书馆　浙江省立图书馆　洞阴中学图书馆

(以上缴三十年度会费各五元)

广东省立图书馆

(以上预缴三十一年度会费五元)

(乙)个人会员

略①

(2)出版物收入

中华图书馆协会出版物众多，发行收入是中华图书馆事业性收入之一。关于出版具体收入可参看本节账目管理部分，出版事业在第三章也有相当详细之介绍，本节不再赘述。

3. 其他收入

募捐收入是中华图书馆协会收入中不可忽视的一部分。民国时期特别是抗战时期，中华图书馆协会的经费一直靠协会领导者苦苦维持，日常活动经费不能满足之时，募捐成了协会唯一的出路，尤其在战争时期，募捐范围已经扩大至全世界。中华图书馆协会在第二次年会中讨论成立了募集基金专门委员会。

附:年会讨论结果

本会因基本经费无着，成立业经九载，犹附设于北平图书馆中，未能应时进展，

① 中华图书馆协会理事会. 会费[J]. 中华图书馆协会会报，1941，16(1/2):14－15.

为海内人士所深惜。第二次年会举行会务会议时，咸以本会为全国图书馆事业之枢纽，亟宜积极发展，因议决募集基金一案，俾经费无竭蹶之虑，而会务幸得日起有功。执行委员会即照议决案订定募集基金办法，同时征求赞助会员及永久会员。一次交会费百元者为赞助会员，代募基金五百元者或同时介绍永久会员十人者亦得为赞助会员；一次交会费五十元者为永久会员，代募基金二百五十元者或同时介绍永久会员五人者亦得为永久会员；凡机关一次交会费百元者为永久会员。推定戴志骞君为基金保管委员会主席，洪有丰，刘国钧，周诒春，王文山四君为基金保管委员会委员。另推请募集基金委员会委员七十人，志名于左：

蒋梦麟　蒋复璁　钱亚新　赵鸿谦　康爵
周诒春　洪有丰　沈祖荣　陈子彝　姚大霖
袁同礼　吴光清　胡庆生　俞庆棠　谢大祉
……①

二、账目管理

中华图书馆协会账目管理相当严谨，每年年度工作报告几乎都会将本年度协会总收支对照表公开，有些年份对预算表也进行了公开。从 1925 年至 1944 年，中华图书馆协会都刊发了年度收支表，后因时事动荡，年度报告尚不能如期刊行，年度收支表也就难以发布。

下表为中华图书馆协会 1925 年至 1944 年，历年间收入、支出和结存汇总。总体来讲，去除通货膨胀因素，历年账目变化不大，基本稳定。

年份	收入(元)	支出(元)	结存(元)
1925 年 4 月至 1927 年 5 月	6353.840	2677.635	3676.057
1927 年 6 月至 1928 年 6 月	4291.750	1107.540	3184.210
1928 年 7 月至 1929 年 6 月	8652.91	5561.57	3091.34
1929 年 9 月至 1930 年 6 月	7681.67	2379.08	5302.59
1930 年 7 月至 1931 年 6 月	6252.03	1544.09	4707.94
1931 年 7 月至 1932 年 6 月	104.72	2427.25	2815.13
1932 年 7 月至 1933 年 6 月	8021.03	3832.3	4188.73
1933 年 7 月至 1934 年 6 月	7162.13	4337.95	2824.13
1934 年 7 月至 1935 年 6 月	5020.80	3278.56	1742.24
1935 年 7 月至 1936 年 6 月	5962.08	3129.44	2832.64
1939 年 7 月至 1940 年 6 月	2737.85	1385.63	1352.22
1940 年 7 月至 1941 年 6 月	3564.09	1989.05	1575.04
1941 年 7 月至 1942 年 6 月	5734.11	3856.53	1873.58
1944 年 1 月至 1944 年 12 月	69542.55	47597.17	21945.38

① 中华图书馆协会执行委员会. 中华图书馆协会第九年度报告[J]. 中华图书馆协会会报，1934，10(1)：5－6.

第三节 人才培养制度

中华图书馆协会是协调中国图书馆事业发展的组织，促进图书馆事业发展以及协会内部的持续发展都离不开人才。人才是中华图书馆协会能够长远发展的非常重要的战略性资源。一个成功的集体，必然是能不断聚集和持续造就高素质人才的集体。对于中华图书馆协会这样一个学术性行业协会来讲，更应当是如此。如何培养后继人才也就必然地成为中华图书馆协会工作的重要方面。形成合理、完善的人才培养制度更是重中之重。

中华图书馆协会在教育人才方面一直秉持着“合作办学、积极宣传”的策略。与文华图书馆学专科学校的合作办学是协会培养人才的主要方式，积极宣传图书馆学科，鼓励其他高等学校设立图书馆学科是辅助方式。因此，在人才培养制度这一章节主要介绍的是中华图书馆协会在与文华图书馆学专科学校的合作办学过程中，形成的各项制度。这些制度主要涉及专科学生招考和奖学金方面。

一、图书馆学专科学生招考条例

中华图书馆协会与文华图书馆学专科学校合作办学，多年坚持招考图书馆学免费新生。为保证招考过程公平公正，特订立简章于《中华图书馆协会会报》上广而告之。下附具体章程。

图书馆学免费新生招考

本会历年与武昌文华图书馆学专科学校合办招考图书馆学免费新生，本年度除招考专科生外，复于陕、甘、云、贵、广、鄂、晋、川八处招考民众班，兹录新订简章如下：

〔一〕免费新生

【宗旨】本年度中华教育文化基金董事会委托中华图书馆协会及本校招考专门班及民众班免费新生各十四名，本校北平同学会及国立北平图书馆馆长袁守和先生，各委托本校招考免费生一名，以促进图书馆学教育及造就管理专门图书馆与民众图书馆之适当人才为宗旨。

【学额及资格】(一)招考专门班新生十五名，两年毕业，凡在立案大学修业二年期满，持有合格之成绩证书，而身体健全，具有图书馆学兴趣者，皆可投考。(二)招考民众班新生十五名，一年毕业，凡在立案高级中学毕业，且在图书馆服务二年以上者，皆可投考；惟本年只在山西陕西甘肃四川云南贵州广西及本校八处举行入学考试。

【报名日期及手续】(一)自七月一日至七月十日为报名期间，各招考处分别同时举行。(二)专门班报名者，须函附邮票十分，任向武昌昙华林街本校教务处，北平文津街中华图书馆协会，南京金陵大学图书馆，广州岭南大学图书馆，成都四川省政府教育厅，各招考处索取报名格式。民众班报名者，须函附邮票十分，向山西陕西甘肃四川云南贵州广西各省教育厅招考处，及本校教务处领取格式。(三)须

将以下各项妥寄就近之招考处备检。(A)两班投考生除有毕业证书者外,均须请其原肄业学校之校长,或教务处填注履历书正副张,并于正张上签字证明,凡以修业证书或转学证书代履历书正张上之成绩证书者,考取后仍需补交成绩证书。(B)两班投考生均须将健康检查表,请政府注册西医检查填注,并须其签字证明。(C)履历书正副张及健康检查表上均须各贴最近四寸半身相片一张。(D)两班投考生均须缴纳报名费二元。(E)民众班须填交备就之服务证明书。(四)审查合格者给予准考证,不合格者退还,其考费及证书准考而未来应考,及应考而未经取录者,除证书外,概不退还。

【试验科目及时间】七月十七日上午九时至十二时,两班均考试党义及国文,下午二时至四时两班均考试英文。七月十八日上午九时至十二时,专门班考试物理学及化学,或社会学及经济学。(此二组考生得任选一组应试)民众班考试中国文化史。下午二时至四时,两班均考试历史,四时至六时口试。各招考处分别同时举行,考生于报名时选定一处应考,选定后不得更改。试场地点,当于寄与准考证时通知之。

【取录入学与费用】(一)入学考试各科平均分数须在七十分以上者方能及格,七十分以下六十分以上者,得以自费入学。凡在七十分以下六十分以上愿自费入学者,报名时须注明之。(二)凡曾应试者无论取录与否本校当一律于八月二十日左右分别专函通知之。(三)凡经取录者,务于本校开学前三日来教务处办理入学手续,填写入学志愿书,缴纳费用,并在武昌或投考地,觅取能负一切责任者一人为保证人,出具保证书,或持有其保送机关之正式公函者,方能入学。迟到者每日国洋一元,但以一星期为限,过此不能入学。(四)各生除自备来校之旅费,及在校之书籍杂费外,每学期开学时须缴纳学费五十元,食宿费五十元。免费生由补助者分别每年每名给洋二百元,以供以上费用之需,不足者,由学生自己补足之。(五)凡免费生在校之期考或年考,平均分数在七十以下者,取消其享受免费之权利。

〔二〕自费新生

甲　专门民众两班自费新生均只在武昌本校举行考试。

乙　入学考试各科平均分号以在六十分以上者为及格。

丙　一切费用均需自行缴纳。

丁　遇免费生因成绩不良,遗出有免费额时,得以自费生之成绩优良者提补之。

戊　其余一切手续及办法,与免费生同。①

二、奖学金相关制度

文华图书馆学专科学校设立的奖学金起到了引导和鼓励学生奋发向上刻苦学习的作用,它调动了学生的积极性和主动性,在图书馆学专门人才培养过程中发挥着非常重要的导向和促进作用。

---

① 中华图书馆协会执行委员会.图书馆界[J].中华图书馆协会会报,1933,8(6):24－26.

合理的奖学金制度对各类奖学金的申报条件进行明确、可测的规定，有利于引导学生自己确立奖学金的目标，明确努力的方向及程度。

附：北平同学会纪念韦棣华女士奖学金简章

文华专校新设两奖学金

武昌文华图书馆学专科学校，为我国图书馆界专门人才训练之所，每年中华教育文化基金董事会原在该校设有免费生额各二百元。近复有人在该校新设两奖学金额。一为袁同礼先生纪念其先慈所设，名为袁母韩太夫人纪念免费学额，一为文华图书馆学专科学校北平同学会纪念该校创办人韦女士所设，名为纪念韦棣华女士奖学金，兹录该同学会所订暂行简章如左：

第一条　名称　本奖学金定名为文华图书馆学专科学校北平同学会纪念韦棣华女士奖学金。

第二条　资格　凡在文华图书馆学专科学校肄业已满一年，品学兼优，家境清贫者得，向本奖学金董事会陈请本奖学金（以下简称董事会）。

第三条　名额　本奖学金名额暂定一名。

第四条　办法　（甲）奖学金每额银数国币二百元，分两期付给，上下学期各付一百元（乙）凡资格相符之学生，愿请领此项奖学金者，须于下学年开学前一月向本奖学金董事会具函，连同成绩表陈请准给，与否由董事会函知，如本年度无相当资格者，其奖学金得由董事会保留之（丙）凡已得其他奖金或补助者，不得领受本奖学金（丁）领受本奖学金之学生，如在第一学期内成绩不佳，或上学期因故中途离校，本董事会得停付其第二学期之奖学金。

第五条　董事会　本奖学金之董事会以董事三人组织之，其董事由本同学会长期聘请，遇有缺额时，仍由本同学会聘补，凡本奖学金之保管及其给予均由董事会办理之，并将每年办理情形于该学年终了后报告本会，其董事会细则另订之。

第六条　施行　本简章自民国二十三年起施行。①

---

① 中华图书馆协会执行委员会. 文化专校新设两奖学金[J]. 中华图书馆协会会报，1934，9（4）：27.

第六章　资源调动

第一节　行业资源:图书馆行业、教育行业

为健全全国图书馆组织,发展图书馆事业,钻研图书馆学术,加强图书馆间联系,中华图书馆协会自成立之初便注重与行业内外及政府进行密切的联系。从中华图书馆协会孕育成立到发展繁荣,协会在利用图书馆行业资源、教育行业资源,与政府保持联系,加强国际资源合作方面尤为突出。从国内方面看,协会与图书馆行业和教育行业联系极其密切,这一点从史料中便可证实。

1944 年,《中华图书馆协会会报》第十八卷第四期《关于图书馆行政之促进》有记载:"欲健全全国图书馆之组织面推广其业务,图书馆行政上之兴革,至关重要。本会对于下列各项事业,如图书馆经费之确定,法令之颁布。专门人才之培养及保障,图书馆专科学校课程之拟定及增设,省立图书馆辅导工作之推进,县立图书馆及民众教育馆工作之标准,防止古书及古写本之出国,各地版片之调查,地方文献之保存,以及各馆图书之互借与流通,复本书刊之交换,联合目录之编辑,工作报告之编制,专门图书馆之设立等等,或呈请政府采择施行,或通告全国各馆办理,历年以来,颇著成效。"

另外,协会在钻研图书馆学术、培养图书馆人才方面也积极与图书馆行业专家联络,搭建图书馆行业发展的资源调动平台。"图书馆技术之研讨本会为处理特殊问题起见陆续设立各项专门委员会,计有图书馆教育委员会,建筑委员会,分类,编目,索引检字,善本调查,版片调查等委员会。关于图书馆教育方面,如在南京举办暑期学校。开授图书馆学,与文华图书馆专校合办免费生额等,至于分类编目索引等委员会,对于编制分类法与调理,以使此类工作之标准化,颇多予各馆技术上之助力。又为观摩改进起见,始则于十四年夏邀请美国专家鲍士伟博士来华视察,继在二十六年又邀请美国专家毕少博博士来华指导,以谋联系与改进,旋以抗日战起而中止。"①

中华图书馆协会发端于中华教育改进社图书馆教育委员会,其孕育成立离不开图书馆与教育界人士的奔走呼号,成立后不断发展壮大更是离不开图书馆同行的鼎力支持与教育行业专案的指导帮助,可以说,图书馆行业与教育行业在中华图书馆协会发展史上的互相支持,是中华图书馆协会不断发展成熟的助力。

一、图书馆行业资源

1. 协会会员组成

协会会员由图书馆员、热心图书馆事业者,以及于图书馆学术或事业上有特别成绩者组成。

---

① 中华图书馆协会执行部. 会务纪要[J]. 中华图书馆协会会报,1944,18(4):6-8.

据《中华图书馆协会会报》第一卷第一期的“会务纪要”所记载，协会各部职员大都来自于各大学图书馆馆员，以下为执行部职员姓名及通讯处：

徐鸿宝　北京京师图书馆
钱稻孙　北京姚家胡同三号
冯陈祖怡　北京师范大学图书馆
陆　秀　北京女子师范大学图书馆
查　修　北京清华学校图书馆
许连聪　北京燕京大学图书馆
蒋复璁　北京松坡第二图书馆
高仁山　北京中华教育改进社教育图书馆
马家骧　北京国立北京大学图书馆
孙心磐　上海商科大学图书馆
王永礼　上海交通部南洋大学图书馆
程保成　上海席肇公学图书馆
周秉衡　上海江海开图书馆
黄警顽　上海商务印书馆
王恂如　上海总商会图书馆
王文山　天津南开大学
桂质柏　济南齐鲁大学图书馆
侯兴炳　太原山西国立图书馆
李长春　开封中州大学图书馆
郗慎基　西安陕西图书馆
彭济鹏　苏州苏州图书馆
章　箴　杭州公立图书馆
陈宗鉴　南昌江西省立图书馆
王　杰　安庆安徽省立图书馆
胡庆生　武昌华中大学文华公书林
李次仙　长沙湖南省教育会馆
张世珍　四川江安县图书馆
李永清　云南图书馆
潘寰宇　贵州遵义通俗图书馆
吴敬轩　广州国立广东大学
吴家象　奉天东北大学
初宪章　吉林省立图书馆
冯汉骥　厦门大学①

① 中华图书馆协会执行部. 会务纪要[J]. 中华图书馆协会会报，1925，1(1)：6－8.

增聘教育人士为名誉会员。

本年年会于二月一日会务会议议决，聘请蔡元培、戴傅贤、蒋孟(梦)麟、杨铨、胡适、叶楚伧六先生，为名誉会员。因即根据该案，备函正式致聘。①

2. 图书馆及教育界人士对发展图书馆事业的重视

中华图书馆协会自其萌芽到发展形成过程中，受到了无数图书馆和教育界人士的重视，既有重视并推动图书馆和教育进步的有识人士提供经济的帮助，又有国内外图书馆学大家对协会发展的指导与研究奉献。

协会发展初期，得到图书馆和教育界人士的大力支持，经费和图书捐助为协会的初期发展提供了一定的物质基础。

本会成立伊始，全恃私人捐集。本会董事梁启超、袁同礼、颜惠庆、范源濂、胡适各捐助五十元，松坡图书馆捐助百元，谨此致谢。②

附：卢木斋捐建南开图书馆

卢木斋先生，名靖，湖北汉阳人，精畴人术，尤热心于文化。辛亥以来，隐居津门，以丹铅自娱，现年已七十三岁。本年三月捐十万金于南开大学，建筑新式图书馆，每日亲往监工，明年五六月可期完成。并拟将所藏图籍二十万卷，悉数捐出，以惠后学云。③

国内外图书馆学大家，如梁启超、杜威、美国图书馆协会鲍士伟博士对协会发展的指导与研究，为协会的发展起到了智力支持的作用。

3. 图书馆教育

为普及图书馆学，宣传图书馆事业，协会特组织图书馆学校，推进图书馆教育，培养图书馆人才。

(1)开设图书馆学校

为提倡图书馆事业，促进图书馆界业务水平的提高，各地纷纷开设图书馆学校，开授图书馆专业课程。

- 东方图书馆之暑期讲习班

上海东方图书馆馆长王云五，为提倡图书馆事业，在该馆开办图书馆学暑期讲习班。并在上海图书馆协会内推请孙心磐(中央大学上海商业图书馆主任)，沈丹泥(复旦大学图书馆主任)，陈伯逵(上海民立中学图书馆主任)，宋景祁(上海清心

---

① 中华图书馆协会执行委员会.中华图书馆协会第五次会务报告[J].中华图书馆协会会报，1929，5(1/2)：27－33.

② 中华图书馆协会执行部.捐款鸣谢[J].中华图书馆协会会报，1925，1(2)：10.

③ 中华图书馆协会执行部.卢木斋捐建南开图书馆[J].中华图书馆协会会报，1927，3(2)：11.

中学图书馆主任),陈友松(上海基督教教育会编辑)等五君,分期演讲图书馆学及其他应用学术。自七月九日起至八月十八日止。定额四十名,须现在图书馆服务人员,及大学二年级肄业生。课程为四角号码检字法及实用图书馆学;第一星期上午听讲,下午实习,第二星期起接连五星期全日实习,晚间听讲。受业者每人可得津贴三十元,以大学二年级生为限云。①

- 华中大学文华图书科消息

本会与武昌华中大学文华图书科办理之图书馆学免费生额,第一届毕业生现均已介绍于各大图书馆就职,成绩极为优美。今夏在南京,上海,广州,武昌及北平继招新生,因资格及程度限制甚严,且考试认真,故录取者仅十二名。学生等均来自国内有名之大学,如北平之清华大学,燕京大学,及师范大学,武昌之华中大学,长沙之雅礼大学,上海之复旦大学,及沪江大学,广州之中山大学等处。现已到校受课者,有徐家壁(湖北);曾宪文(湖北);刘华锦(湖北);耿靖民(湖南);陈颂(湖南);陶述先(江苏);吴鸿志(江苏);李继先(浙江);周连宽(广东)九人。华中大学现因正在着手进行立案,故本年大学部除图书科外均未招生。所有图书馆课程方面注重专门学识,如分类法,编目法,中西文参考学,中西文目录学,图书馆经营法,图书馆行政,图书选择法及现代史料,打字,实习等;并拟聘请国内外图书馆专家来校演讲,及领导学生赴各处参观;课程之齐全,设备之完善,诚不愧为吾国之惟一图书馆专门学校也。又该科学生现已组织一种研究团体,专注重研究讨论现在吾国图书馆界所遇之种种困难问题,大约明春即可发行一种刊物,以供献于图书馆界人士云。②

- 私立武昌文华图书馆学专科学校开设档案管理讲习班

私立武昌文华图书馆学专科学校,自去夏迁渝以后,一切校务进行,极称顺利。本年暑假该校毕业生,均为各机关学校预行聘定,颇有供不应求之势。当此国难期间,该校毕业生,既有如此出路,足征图书馆事业,在抗战建国期中,更感需要,此层殊足使吾人服务于图书馆界者,益当奋勉。该校本年度经费,除仍由中华教育文化基金董事会,继续予以补助外,并得管理中英庚款董事会予以建筑设备费五千五百元,该校得此巨额款项补助,对于今后校务进展,当必更有一番新猷表现。现该校因应各机关之需要,自本季起,又开办档案管理讲习班一班,由新近留美归国专门研究图书馆学及档案管理之该校前教务主任徐家麟先生及教授毛体六先生等担任主讲云。

兹将该校附设档案管理讲习班招生章程录后:

(一)名额:二十人,男女兼收。

---

① 中华图书馆协会执行部.东方图书馆之暑期讲习班[J].中华图书馆协会会报,1928,4(1):15.

② 中华图书馆协会执行部.华中大学文华图书科消息[J].中华图书馆协会会报,1928,4(3):24.

（二）资格：高中毕业或具有高中毕业之同等学历，而年在二十二岁以下者。

（三）报名：九月十二日起十五日止，在求精中学内本校，报名时除验证件外，并缴相片二张，报名费五角。

（四）考试日期及科目：九月十六日上午八时起，考试国文英文史地口试。

（五）待遇：每生年给公费二百元，修业期限一年毕业后，由校介绍工作。①

- 成都金陵大学筹设图书馆专修科

金陵大学文学院因鉴于中国图书馆学专科人才之缺乏，遂有设立图书馆专修科之计划，藉以培养管理，编目人才。于本年三月呈经教育部正式批准！顷已决定在本年暑期内开始招生。按金大对于图书馆事业，素极重视，该院院长刘国钧博士，又为吾国图书馆专家，历来开办学校，培养人才；对于中国图书馆运动，颇多贡献。此专修科之设立，为中国图书馆事业前途之进步，当为教育界人士所赞助云。②

- 私立武昌文华图书馆学专科学校续招专科及档案管理班新生

私立武昌文华图书馆学专科学校，自迁渝开办以来，进行顺利，成绩斐然。自去年开办档案管理讲习班一班，本年内毕业。兹悉该校本年度续招专科及档案管理班公费生各一班，名额各定为二十名，公费分甲，乙，丙三种，由一百元至三百元。招考处设重庆曾家岩求精中学内及成都华西大学图书馆，昆明西南联合大学图书馆外；另在重庆南岸米市街中华大学图书馆，乐山武汉大学图书馆，贵阳医学院图书馆，桂林广西大学图书馆，辰溪湖南大学图书馆，城固西北大学图书馆等处设招考代办处；并定于十月初旬开学云。③

- 成都四川省立图书馆办理图书管理员讲习班

四川省教育厅为改进中等学校图书管理，训练专门技术人员起见，特委托省立图书办理第一期中等学校图书管理员讲习班。自经筹备后，已于十一月七日正式上课。其学员由教厅调派，实数报道者，计有省立教育学院，民，建，财厅以及中等学校图书管理员，共二十五人。训练时期，定为二个月。训练班正副班长，由教育学院院长，及省馆馆长分别担任。关于教务部分由省立馆长曹祖彬全权办理。训导部分，则由教育学院派员主持，所聘请讲师有刘国钧，李小缘，陈兴伟，戴安邦，省馆方面，有曹祖彬，陶述先，吕洪年，陶吉庭等，关于图书馆学主要科目均开设无遗。每日除规定上午授课外，下午概为实习时间，商得华大金大金女大各图书馆之赞

---

① 中华图书馆协会理事会. 私立武昌文华图书馆学专科学校开设档案管理讲习班[J]. 中华图书馆协会会报，1939，14(2/3)：17.

② 中华图书馆协会理事会. 成都金陵大学筹设图书馆专修科[J]. 中华图书馆协会会报，1940，14(6)：11.

③ 中华图书馆协会理事会. 私立武昌文华图书馆学专科学校续招专科及档案管理班新生[J]. 中华图书馆协会会报，1940，15(1/2)：10.

助，并指导实习，而以金大图书馆作为主要实习场所，师资设备，颇称完善，闻第一期讲习班人员毕业后，继续办理第二期讲习班云。①

• 国立社会教育学院图书博物馆学系概况

图书馆和博物馆事业的兴起，在中国还不过三十年的光景。至二十六年止，全国各机关学校已做到各自皆有一所图书馆（或至少有书报阅览室）的地步了。博物馆的建立，也在各大都市萌芽起来。抗战以还，我政府本教育救国策略，于学校教育力量未能达到之处，尽力推行社会教育；以图书馆与博物馆为社会教育实施中坚，我教育当局乃创设社会教育学院，而以图博系与其他各系科并列，自是意厚心长。

本院之设立图博系，宗旨在训练专才，加强社会服务事业的阵容。使学生从学校里获得基本的整理与鉴定图籍和器物的方法——"图书馆方法"——应用到将来所从事的教导民众的事业中。

本系修业年限为四年，专门课程自第二年始，至第三年复分图书组与博物组，四年修毕，依照教育部规定，授予教育学士学位，现有教授四人，副教授二人，讲师二人，助教一人，学生一、二年级共八十名，教育部除规定大学必修科目及教育学院必修科目外，兹列举本系必修科目如次：

（1）一般性的图书馆学通论，博物馆学通论，图书馆行政与设计，博物馆行政与设计，图书馆史，博物馆史，特种图书馆学，特种博物馆学，教育博物馆学。

（2）技术性的图书编目法，分类学，资料整理法，图书馆经营法，图书选择与订购，图书馆推广，古迹古物鉴别法，博物物品整理法，博物馆经营法，标本采集与制作，博物馆使用法，档案经营法，打字。

（3）学术性的目录学，各科名著介绍，版本学，参考书及参考工作，考古学，古物概论，金石学，美术史，史料研究，自然科学，工艺科学，阅览调查与研究。

（4）辅导性的检字索引法，问题研究方法，英法德日外国语尚有选修科目十余种。

至于本系将来希望，除训练专门人材外，在本国则注重国籍实物之整理与社教工作之推进，在国际间则注重国际合作，诸如分类编目，交换互借，资料供应，发掘展览，在在皆足以促进图书馆和博物馆广阔而深入的开展。②

• 文华图书馆学专科学校近讯

一、毕业生之就业去年暑假该校图书专科毕业六人档案管理训练班毕业学生三十三人，业已分别就业。

二、添招新生去年秋季续招图书馆专科新生一班，计十三人，内男生八人，女生

① 中华图书馆协会理事会. 成都四川省立图书馆办理图书管理员讲习班[J]. 中华图书馆协会会报，1941，15(3/4)：16.
② 中华图书馆协会理事会. 国立社会教育学院图书博物馆学系概况[J]. 中华图书馆协会会报，1943，18(1)：5.

五人。

另招档案班第四期学生一班，共二十八人，均为男生，内考取者十九人，由机关保送者九人。

三、兴建礼堂之落成该校于去年春季发起募捐修建礼堂，承社会人士热心赞助，捐得国币近二十万元于暑假内动工，计建筑礼堂一座，可容二百余人，附图书室一座，可容三四十人，另附教室一座，可容二十人，共费国币二十三万余元，房舍现已修饰就绪，开始应用，并于去年十二月二十五日举行落成典礼云。

四、本届毕业典礼本届毕业典礼定于一月二十日举行后即放寒假。①

(2)推进图书馆教育

为发展图书馆事业，培养图书馆专业人才，广大图书馆和教育界人士纷纷提出推进图书馆实践理论与经验的教育。1929 年 1 月，时任湖北省教育厅厅长刘树杞在年会上宣读《图书馆在教育之上位置》②的论文，专门阐述图书馆教育之重要。洪焕椿发表论文《推进现代图书教育几点》③。为推广教育人才起见，中华图书馆协会与文华图书馆学专科学校合办招收图书馆学免费生，并在会报上刊登了陈准所著《谈设立图书馆专科学校之必要》。

附：谈设立图书馆专科学校之必要

图书馆为社会教育事业之一，已成为专门之学科，必须有专门研究者司其事，使购置分类编目阅览等均有专门的训练，然后分门别类，处理井然，使借阅者皆能得心应手，否则遍查全部图书，仍难得到矣。近十年来，图书馆已有蒸蒸日上之势，然以我国幅员广大，而专门训练图书馆员的机关，仅有武昌文化图书馆学专科学校，及金陵大学图书馆学系与图书馆专修科，因此人才异常缺乏，一般图书馆对于图书处理，茫无头绪，故非有专门学校受相当训练研究不可。往年余参观某图书馆有所感焉，该馆所藏图书，仅数千册，皆残缺不全，分类错杂凌乱，不便阅览者之借读，且馆长对于图书馆常识毫无经验，仅购报纸二三种，藏书处门窗紧闭，徒饱蠹鱼而已。后与民教馆合并，图书依然另藏一室，无人顾问，不事整理，迨民教馆与图书馆各自成立，始以公币购置万有文库一部，然借阅者颇不乏人，及万有文库第二辑等出版，藏书稍多，借阅者更见日众，但当局仍不注意图书馆事业，每月仅购书费十元左右，其余薪给设备等，不及五六十元，而馆长管理员，均非图书馆界中人，于图书分类编目，既无经验，对于版本，时闹笑话，一经略有图书馆常识者来馆询问，皆瞠目结舌不能答，而当局不问其内容如何，只求外观形式而已，大失图书馆应有之使命，此图书馆无专门人才，可见一般矣。有图书馆专校设立，则有专门人才办理图书馆事业，如设备必须完全馆舍建筑器具购置等，均须合于实用，馆舍必须高燥清净，材料必须坚固，光线充足，馆内布置，须求精雅美术，电灯窗帘椅棹须适合于卫生，藏书库普通阅览室，儿童阅览室，休息室，讲演等，会客室，庭院便所等，均须

① 中华图书馆协会理事会.文华图书馆学专科学校近讯[J].中华图书馆协会会报，1943，18(2)：15.

② 刘树杞.图书馆在教育上之位置[J].中华图书馆协会会报，1929，4(5)：3－4.

③ 洪焕椿.推进现代图书教育几点[J].中华图书馆协会会报，1943，18(2)：2－5.

舒适满意,决不可在破坏之寺观庙宇宗嗣等随处设立,此图书馆学校必须设立培养专门人才者一也。中国图书,浩如烟海,如不注重分类,则发生检查之困难,所以图书之有分类,以求一致,使图书有一系统。自七略至四库皆为我国图书分类最早而便于检查者,明后,牢守四库旧法,势难尽容所有门类,自杜氏十进法问世,而至中国今日各家分类法推行,已解决分类上之困难不少。图书分类,重在实用,类别明显,子目详细,号码简明,易于取予,无重复芜杂之弊,如无专门人才,则不能管理,此图书馆学校必须设立培养专门人才者二也。图书馆应负指导阅览者之责,一般阅者来馆,大都抱消遣主义,无阅览目的,应乘机指导说明,应读何书,在阅时不了解之处,详细为之解释,并介绍有系统之图书,循序而进,服效自宏,非有专门人才不能负此责任,此图书馆学校必须设立培养专门人才者三也。举行通俗讲演,为图书馆重要使命,以启发知识,介绍民众适宜之图书,鼓励来馆阅览者之兴趣,及种种方法,此图书馆学校必须培养专门人才者四也,总之图书馆事业在社会上如此重要,非有专门人才办理,则徒费公币,且失图书馆之目的矣。①

1940 年度会务报告中也提出了推进各地社教机关图书教育办法。

推进辅导各地社教机关图书教育办法——部颁图书馆辅导各地社会教育机关图书教育办法大纲为确立全国图书馆制度之先声,本会亟应协助政府努力推进促获成效。爰于本年度内促请各地方图书馆实施推进,并商讨研究推进中之各项实际问题。②

(3)培养图书馆人才

为发展图书馆事业,钻研图书馆学术,促进国内图书馆业务水平的提高,各地尤为注重加强图书馆教育,促进图书馆专门人才的培养。

附 1:关于注重图书馆专门人才

(一)图书馆专门学校应暂援设立;至津贴已开办之图书馆学校应照私立学校条例办理。

(二)准予通令各大学于文学院或教育学院内酌量添设图书馆学课程,或图书馆学系。

(三)准予通令各省教育厅,各特别市教育局及清华大学于每年考送留学生时酌定图书馆学名额。

(四)本部颁布中小学课程暂行标准,正在试验俟将来修正时,图书馆课程可酌量增加。

(五)各级学校应有有系统的图书制用法之指导,暂时无庸由部规定。③

---

① 陈准. 谈设立图书馆专科学校之必要[J]. 中华图书馆协会会报,1941,15(5):2.

② 中华图书馆协会理事会. 本会民国二十九年度会务报告[J]. 中华图书馆协会会报,1941,15(5):7.

③ 中华图书馆协会执行委员会. 中华图书馆协会第五年度报告[J]. 中华图书馆协会会报,1930,6(1):3-9.

附2:中华图书馆协会第七年度报告

专门教育

本会与文华图书馆学专科学校合办之图书馆学免费生额,于廿二季复续招十五名,计录取及格者凡九名,业由该校呈报教育部准予立案,中华教育文化基金董事会为扩充该校图书科课程起见,特议决增加补助费三千六百元,设讲座一席,该校于十二月初延自美返国桂质柏博士教授,兼教务主任云。①

附3:中华图书馆协会第八年度报告

专门教育

本会与文华图书馆学专科学校合办之图书馆学免费生,本年度停止招考一次,俟上年度入校生毕业后,下年度再为续招,今夏专科毕业者凡九名,俱已受试准予毕业矣。②

附4:中华图书馆协会第九年度报告

专门教育

本会与武昌文华图书馆学专科学合办之图书馆学免费生额,本年度中除招考专科正班学生外,同时复在晋,陕,甘,蜀,云,贵,广,鄂八处招考民众班,其入学程度为中学毕业,以培植民众教育之人材。该民众班免费生凡六人在学期间为一学年,现已毕业。③

4. 由地方图书馆协会及省区图书馆协会进而成为中华图书馆协会

中华图书馆协会这一机构组织的成立与地方图书馆协会及省区图书馆协会的积极组织、密切配合是分不开的。1925年6月2日中华图书馆协会成立仪式上,不仅有多所图书馆寄赠祝词,多达18位省市地区图书馆代表参会,更有如梁启超、韦棣华等著名图书馆专家发表演说。随后,各地图书馆协会此起彼伏,如雨后春笋般相继成立,各省市图书馆颁布图书馆章程,召开各地图书馆协会会议,力谋共促图书馆事业发展及图书馆间互助协作。

(1)各地图书馆协会纷纷筹办成立

附1:福建图书馆协会正式成立

福建图书馆协会之筹备,已告完成,曾于九月十六日先开通过章程及职员选举会,随于十七日开成立大会,并各委员宣誓就职。除呈报福建省党部及教育厅立案,并请教育厅转呈教育部备案外,又以宣言,章程,细则,委员及会员表等,送至本

① 中华图书馆协会执行委员会. 中华图书馆协会第七年度报告[J]. 中华图书馆协会会报,1932,8(1/2):1-4.

② 中华图书馆协会执行委员会. 中华图书馆协会第八年度报告专门教育[J]. 中华图书馆协会会报,1933,9(1):2-6.

③ 中华图书馆协会执行委员会. 中华图书馆协会第九年度报告[J]. 中华图书馆协会会报,1934,10(1):3-6.

会登记。①

附2:瑞安图书馆协会成立

瑞安图书馆协会简章

第一条　本会定名为瑞安图书馆协会

第二条　本会以研究图书馆学术促进图书馆事业之发展并谋联络图书馆界之感情为宗旨。

第三条　本会暂设瑞安杨衙街利济医院内。

第四条　本会会员分甲乙二种,甲为公众会员,乙为个人会员,凡以机关名义入会者为公众会员,以个人名义入会者为个人会员,公众会员开会时须派代表一人参加。

第五条　凡曾服务于图书馆或于图书馆学具有兴味者,经会员二人以上之介绍得为本会会员。

第六条　本会采用委员制设执行委员七人由大会公选之,任期一年,连选得连任。

第七条　本会由执行委员中互推常务二人,余五人分担文书事务各职。

第八条　会期分大会常会临时会三种,均由常务委员召集之大会每年一次于七月间行之,常会每两月一次,临时会无定期于必要时或会员三人以上提议临时召集之。

第九条　会费甲种会员每年五元,乙种会员会费每年二元,分两次缴纳。

第十条　本会经费以下列各项充之:

(一)会员缴费

(二)捐助费

(三)官厅补助费

第十一条　附则本简章经会员三人以上之通过修整之。②

附3:无锡图书馆协会成立

(一)无锡各图书馆组织协会藉资切磋,业于本年一月间在无锡县立图书馆举行成立大会。计出席者:江苏民众教育学院徐旭,大公荣培彦,国专何葆恩,教育学院实验民众图书馆姜和,和县女中袁锦韵沈韵冰,泾滨蒋英倩,一高高云鹤,邹邦俊,二高严钦允,天上陶衡常,县初中张朴生,县图书馆陈献可范放等,列席者,教育局芮麟,主席陈献可,记录范放。此次开会原为筹备会,因基本会员大多出席,为免除下次再行召集起见,乃将筹备会改为成立大会。当由主席提出简章,议决照案修正通过。选举机关为县图书馆,江苏省立民众教育学院图书馆,大公图书馆,县女中图书馆,县一图书馆五所,为本届执行委员,并议决下次大会于本年三月在江苏

① 中华图书馆协会执行委员会.福建图书馆协会正式成立[J].中华图书馆协会会报,1929,5(1/2):58.

② 中华图书馆协会执行委员会.瑞安图书馆协会成立[J].中华图书馆协会会报,1930,6(1):38-39.

省立民众教育学院举行。嗣执行委员会复议决通过办事细则，设候补执委二人，以县二图书馆县初中图书馆当选；分任会务，推县女中任事务股，教育学院任研究股，县一任交际股，请各股主任将本股进行事宜拟一计划书，付下次执委会讨论。该会现已在本协会立案为当然机关会员，兹志其缘起简章及会员如下：

无锡图书馆协会缘起

（二）国家之盛衰系乎其文化之兴颓，故文明各国为增益民智阐扬文化起见，莫不遍设图书馆以辅学校教育之不及。而辨理图书馆者，对于图书馆学研究兴味尤浓，设备必如何而后周，组织必如何而后当，利用藏书之道何似而最宜，启沃社会之方何似而多效，皆从长计划，不厌精详。故其民智之超迈，文化之丕振，良有以也。无锡号称教育发达之县，学校而外，以言图书馆则合公立私立暨学校所附设不下十有余所，亦不可为丕盛。惟彼此之间，各自为政，少智识交换之机会，缺情感联络之组织，以故协助互益之效不克收获。同仁有鉴于此，欲为无锡各图书馆扩一大范围，建一新纪元，爰拟组织地方图书馆协会，本集思广益之方，收相观而善之美。是不独内部可期于革进，而于增益民智阐扬文化之道，或亦能稍增效率乎？故敢略述缘起，以作嘤求，如蒙热忱匡赞，幸甚！幸甚！

无锡图书馆协会简章

一、定名

本会定名为图书馆协会

二、宗旨

本会以研究图书馆学术，促进图书馆事业，并谋各图书馆之协助互益为宗旨。

三、会员

（一）团体会员，各公私立图书馆及各机关附设之图书馆，皆得为本会团体公员。（开会时代表一人）

（二）个人会员，图书馆员或对于图书馆事业热心研究者，经会员二人以上之介绍，均得为会员。

四、组织

本会设执行委员五人，于大会时选出之委员中互推主席一人，执行会务，任期一年，连举得连任。其办事规则另订之。

五、开会

本会每年开大会二次，轮流在各图书馆举行，其地点及日期均于上届开会时预定之。每两月开执行委员会一次，于会所举行。遇必要时，得开临时会，由主席召集之。

六、会费

团体会员每年纳费两元，个人会员每年纳费五角。如遇特别需要时，得募特别捐。

七、会所

暂设无锡县图书馆。

八、附则

本章程如有未尽善处，得提出大会，经出席会员过半数之同意，修改之。

无锡图书馆协会执行委员会办事细则

第一条　本会细则按照简章第四条之规定订定之。

第二条　本会委员五人均为常务委员，分任执行会务。

第三条　本会互选主席一人，总理全会事宜。

第四条　本会设事务股，股设主任一人，由委员担任之，掌理文书会计庶务等事宜。

第五条　本会设研究股，股设主任一人，由委员担任之，掌理讨论统计编辑等事宜。

第六条　本会设交际股，股设主任一人，由委员担任之，掌理调查通讯交谊等事宜。

第七条　本会各股主任，由委员互选之，各股股员由主任提出会议通过后，由本会函请各会员担任之。

第八条　本会执行大会之议决各案，及各地图书馆协会全国图书馆协会所托办之事宜。

第九条　本会每于开全体大会时，须将过去之工作印发并报告大会。

第十条　本会每两月开常会一次，临时会议临时举行，均由主席召集之。

第十一条　本会执行委员缺席时，得由候补执行委员递补之。

第十二条　本会经费由大会收入项下开支。

第十三条　本细则如有未尽善处，由本会开会时修改之。

第十四条　本细则自通过日起施行。①

附4：安徽图书馆协会成立

安徽图书馆协会于二十年六月二十二日在安庆旧藩署安徽省馆开成立大会，到会会员五十四人。除通过会章及宣言外，并选举陈东原，刘华锦，刘会斌，叶宗高，杨翠华，苏球，丁法三等七人为执行委员，赵介栢，赵筱梅为候补执行委员，杨起田，汪荫祖，胡廷臬等三人为监察委员。通过要案甚多。②

附5：重庆图书馆界筹组图书馆协会

重庆市图书界为加强本身之联系，并谋求全市图书事业之发展起见，乃由国立罗斯福图书馆筹委会，国立重庆大学图书馆，重庆市立图书馆以及美国新闻处图书馆等卅余团体，发起组织重庆图书馆协会。并已于四月十九日在国立罗斯福图书馆举行发起人会议，到有全体发起人四十余人，商讨一切，积极筹备云。③

(2)各地图书馆协会章程

为研究图书馆学术，促进图书馆事业，加强各图书馆之间的协作，各协会制订了章程。下附各地图书馆协会简章。④

---

① 中华图书馆协会执行委员会. 无锡图书馆协会成立[J]. 中华图书馆协会会报，1931，6(4)：23－26.

② 中华图书馆协会执行委员会. 安徽图书馆协会成立[J]. 中华图书馆协会会报，1931，6(6)：24－26.

③ 中华图书馆协会理事会. 渝图书馆界筹组图书馆协会[J]. 中华图书馆协会会报，1947，21(1/2)：20.

④ 中华图书馆协会执行部. 各市图书馆章程汇录[J]. 中华图书馆协会会报，1926，1(5)：7－12.

● 北京图书馆协会

会长袁同礼　副会长冯陈祖怡　书记查修　通讯处清华大学图书馆

简章

一、本会定名为北京图书馆协会。

二、本会宗旨在图谋北京各图书馆间之协助互益。

三、本会会员分两种：

（一）甲种会员　图书馆（开会时每图书馆派代表一人）；

（二）乙种会员　个人（服务图书馆或对于图书馆具有兴味者经会员之介绍均得为会员）。

四、本会设会长一人副会长一人书记一人任期一年并得连任于每年三月年会选举之（会计事务由副会长执行，会长副会长及书记为职员会）。

五、本会除寒暑假外每月开常会一次其地点及日期由职员会商定之，遇必要时得由职员会召集临时会。

六、会费分两种：

甲种会员会费每年五元；乙种会员会费每年一元。

七、本会议决事宜之执行得由各图书馆自行酌夺。

八、本会章程经出席会员三分之二之肯定得行修正惟修正案须于开会前一星期通告各会员。

● 天津图书馆协会

会长王文山　书记李晴皋　通讯处南开大学图书馆

简章

一、本会定名为天津图书馆协会。

二、本会组织由天津各图书馆组织之。

三、本会宗旨图谋天津各图书馆之协助互益。

四、本会会员分三种：

（一）甲种会员　图书馆（开会时每图书馆代表一人）；

（二）乙种会员　个人对于图书馆具有兴味者经本会会员之介绍均得为会员；

（三）丙种会员　凡有特别捐款或实力赞助者本会得聘为名誉会员。

五、本会设会长一人、副会长一人、会计一人、书记一人，任期一年并得连任。于每年九月年会选举之会长、副会长、会计及书记得开职员会。

附条　凡本会各职员均名誉职。

六、本会除寒暑假外每月常会一次其地点及日期由职员会商定之。

附条　遇必要时得由职员会召集临时会或会员三人以上之动议得向职员会请求召集之。

七、会费分为两种：

甲种会员费每年三元；乙种会员费每年乙元；凡有特捐会费者听。

八、本会议决事宜即由各图书馆执行之,但遇决难执行时,亦可由各图书馆自行酌夺。

九、本会章程经出席会员三分之二之肯定得行修正惟修正,案须于开会前一星期通告各会员。

- 济南图书馆协会

会长桂质柏　书记纪文严、尹世铎　通讯处济南齐鲁大学

简章

缘起　近来图书馆事业之趋势一变而为专门职业化,诚以其启迪民智,愉慰精神,关系于地方文化发展者厥功甚伟也。济南为山东首善之区,图书馆教育实施场所,以数量计各项总合不下念有余,所惟彼此之间各自为政,少智识交换之机会,缺情感联络之组织,以故协助互益之效竟不克获。本会有鉴于此欲为济南各图书馆扩一大范围建一新纪元,此地方图书馆之所由起也,本会简章条列如下:

(一)本会定名为济南图书馆协会。

(二)本会宗旨有三:

(甲)研究图书馆学识;

(乙)增进各图书馆间之利益及友谊;

(丙)提倡全国图书馆运动。

(三)本会会员分为三项:

(甲)名誉会员(凡热心图书馆事业者本会聘请之);

(乙)团体会员(凡公立私立学校附设图书馆阅报室均可加入);

(丙)个人会员(凡服务图书馆或对于图书馆有兴味者经会员之介绍均得为本会会员)。

(四)会员有选举权及被选举权。

(五)本会设会长一人、副会长一人、书记二人、干事五人,均任期一年,于每年阳历九月大会选举之;

会长主席常会特别会及办理本会进行事宜;

副会长如会长缺席代理会长职务并兼任本会会计职务;

书记分掌通知会员记录本会事务及与他处往来之信件;

干事分掌庶务调查交际等事务。

(六)本会除寒暑假外每月开常会一次,其地点日期事项均由会长定夺之,遇必要时由全体商定召集临时会。

(七)会费分三种

(甲)团体会员每年大洋二元(二次缴清);

(乙)个人会员每年大洋一元(一次缴清);

(丙)特别捐。

(八)会所齐鲁大学图书馆内。

(九)本会议决事项关于各图书馆者各图书馆有自行酌夺施行之权。

（十）本会简章经会员三分之二以上之列席及三分二以上之同意得修改之，惟修正案须于前五日通知各会员。

- 开封图书馆协会

会长何日章　书记李燕亭　通讯处河南第一图书馆

简章

一、名称本会定名为开封图书馆协会。

二、宗旨本会宗旨在图谋开封各图书馆间之协助互益。

三、会员本会会员分甲乙两种。

（一）甲种会员　图书馆（开会时每图书馆推代表一人）；

（二）乙种会员　个人（服务图书馆或对于图书馆具有兴味者经会员之介绍均得为会员）。

四、组织　本会设会长一人、副会长一人、书记兼会计一人，任期一年并得连任，于每年五月年会选举之。

五、集会　本会每月开常会一次，其地点及日期由会长临时决定，遇必要时得由会长召集临时会。

六、会费　会费分两种：甲种会员每年纳费二元；乙种会员每年纳费四角；分两次交纳。

七、本会议决事宜之执行得由各图书馆自行酌夺。

八、本会章程经出席会员三分之二之肯定得行修正。

- 南京图书馆协会

会长李小缘　书记施廷镛　通讯处东南大学图书馆

简章

一、定名　本会定名为南京图书馆协会。

二、宗旨　本会宗旨在谋南京各图书馆之互助并研究改进图书馆事业。

三、会员　本会会员分为两种：

（一）甲种会员　图书馆（开会时每图书馆派代表一人）；

（二）乙种会员　个人（服务图书馆或对于图书馆学术具有心得者由会员介绍经本会承认均得为会员）。

四、职员　本会采用干事制设总干事一人、副干事一人、会计一人、文牍一人、交际一人，任期一年得连举连任。

五、开会　本会除寒暑假外每月开会一次轮流在各图书馆举行其地点及日期由干事定之。

临时会由干事召集之并得由会员提议亦由干事召集之。

六、会费：

甲种会员会费每年三元准募；特别捐乙种会员会费每年一元。

七、本会议决事宜之执行得由图书馆自行酌夺。

八、章程修改　本会章程有会员五人以上之提议经全体会员三分之二之出席会员过半数之决议得修改之。

- 苏州图书馆协会

会长彭清鹏　书记蒋怀若　通讯处苏州图书馆

简章

(一)本会由苏州各图书馆及研究图书事业者组织之定名为苏州图书馆协会。

(二)本会以协谋苏州各图书馆之发展及互助事业为宗旨。

(三)本会会员分为甲乙两种:

图书馆为甲种会会员(开会时每馆派代表出席);

个人为乙种会员(凡赞同本会宗旨者经会员之介绍均得入会)。

(四)本会设正会长一人、副会长一人、书记一人、会计庶务一人,任期一年,开大会时选举之连举得连任。

(五)本会会议分大会(每年一次)、常会(每季一次)、临时会三种,其日期由正副会长商定之。

(六)会费分两种:甲种会员年纳五元;乙种会员年纳一元。

(七)本会议决事宜得由各图书馆自行酌量执行。

(八)本会会址附设于苏州图书馆内。

(九)本简章如有欠妥处得提出大会经出席会员过半数之同意修改之。

- 上海图书馆协会

委员长杜定友　副委员长孙心磐　书记王恂如　通讯处上海总商会图书馆

简章

一、定名　上海图书馆协会。

二、宗旨　(一)图书馆之联络与互助;

(二)图书馆学术之研究;

(三)图书馆事业之改进;

(四)图书馆事业之发展。

三、事业　(一)讨论及研究图书馆之管理方法及各种制度;

(二)实行图书之互借及交换制度;

(三)介绍阅览;

(四)选择图书及购订图书之合作;

(五)调查图书馆状况以谋管理法之改进;

(六)轮流参观及研究;

(七)发刊图书目录介绍新旧书籍;

(八)发行图书学报以研究及讨论图书馆问题流通图书馆消息;

（九）发刊上海各图书馆总目录及各种汇报；

（十）设立图书学之图书馆；

（十一）设立图书学讲习会；

（十二）介绍图书馆人才；

（十三）鼓吹图书馆事业；

（十四）普及图书馆之运动；

（十五）其他关于图书馆及出版物之事业。

四、会员　（一）团体会员（各图书馆及教育机关设有图书馆者每团体得派代表二人）；

（二）个人会员（图书馆员或对于图书馆事业热心研究者经会员之介绍得为会员）。

五、组织设委员十一人于大会时选出之委员中互推委员长一人、编辑二人、调查二人、交际二人、会计一人、庶务二人、书记一人。

六、会期　（一）年会　每年十月中；

（二）常会　每二月一次；

（三）委员会　每月一次；

（四）临时会　由委员长召集之。

七、会费　（一）团体会员每年五元；

（二）个人会员每年一元。

八、会所　暂设上海总商会图书馆。

九、附则　本章程有未尽善处在大会提出修改得到会者三分之二同意通过之。

• 江苏图书馆协会

会长洪有丰　书记朱家治　通讯处东南大学图书馆

简章

一、定名　本会定名为江苏图书馆协会。

二、宗旨　本会以研究图书馆学术促进图书馆事业并谋各图书馆之协助互益为宗旨。

三、会员　本会会员分二种如下：

（甲）团体会员各图书馆及各教育机关附设之图书部皆得为本会团体会员（开会时代表一人）；

（乙）个人会员　任职图书馆或有志研究图书馆学术者经会员之介绍得为本会个人会员。

四、组织　本会为主持全会事务设正副会长各一人，为分任各部事务设干事九人，除总务部干事由会长聘任外，其他均由全体会员公举之任期一年连举得连任之。

本会为执行会务设下列四部：

（甲）总务部　设干事三人分掌文牍会计庶务事宜；

（乙）研究部　设干事二人掌理调查报告及研究问题之收发事宜；

（丙）编辑部　设干事二人掌理编辑事宜；

（丁）交际部　设干事二人掌理招待及一切接洽事宜。

五、开会　本会于每年暑假开年会一次，会期与地点均于每届开年会时预定之。

六、会费　团体会员每年二元，个人会员每年一元，如遇特别需要时得募特别捐。

七、会所　暂设南京国立东南大学孟芳图书馆内。

八、附则　本会章程如有未尽事宜于开年会时经五人以上之提议得修改之。

- 浙江省会图书馆协会

会长章箴　书记高克潜　通讯处浙江公立图书馆

简章

一、名称　本会定名为浙江省会图书馆协会。

二、宗旨　本会宗旨在图谋浙江省会各图书馆间之协助互益。

三、会员　会员分甲乙两种甲种为在浙江省会之图书馆凡欲入会者开会时每馆派代表，一人，乙种为个人服务于图书馆或对于图书馆具有兴味者经会员二人以上之介绍得为会员。

四、职员　本会设会长一人总理会务副会长一人协理会务书记兼会计一人掌理文书收支款项前项职员由大会分次选举以得票最多数者当选任期一年并得连举连任。

五、会期　会期分大会常会临时会三种均由会长召集之大会每年一次于四月间行之常会每两月一次临时会无定期于必要时或会员三人以上提议时召集之。

六、会费　甲种会员会费每年两元乙种会员会费每年一元第一年于入会时缴之以后开大会时缴之。

七、附则　本简章经会员三人以上之提议并出席会员三分二以上之通过得行修正。

- 广州图书馆协会

正会长徐信符　副会长陈德芸　书记陈烜延　会址广东大学图书馆

简章

第一条　本会定名为广州图书馆协会。

第二条　本会以谋广州各图书馆间之协助利益及图书馆事业之发展为宗旨。

第三条　本会会员暂分两种：

（一）甲种会员图书馆（开会时每图书馆派代表一人出席）；

（二）乙种会员　个人（服务图书馆者或对于图书馆事业具有兴味而经会员二人之介绍者）。

第四条　本会设会长一人副会长一人书记一人庶务一人任期一年并得连任于每年一月年会选举之（会计事务由副会长兼理会长副会长及书记庶务为职员会）。

第五条　本会除暑假外每两月例会一次，一、三、五、九、十一等月行之其地点及日期由职员会商定之遇必要时得召集临时会。

第六条　会费暂定如下：

甲种会员会费每年十元；

乙种会员会费二元。

第七条　本会甲乙两种会员均有选举权至被选权限于甲种会员（指图书馆主管者）及乙种会员中之服务图书馆者。

第八条　本会开会以甲种会员全体过半数为足法定人数以出席人数三分二之同意为通过议案。

第九条　本会议决事宜由各图书馆分别执行其有困难情形仍得由各馆提出再议。

第十条　本章程自公布日施行但经会员全体四分一以上之同意得提出大会修正之。

(3)各图书馆及图书馆协会召开会议颁布图书馆规程

● 山东发表公立图书馆规程

山东省教育厅于十月间颁布《山东所县公立图书馆暂行规程》（在先闽赣两省亦有该项规程公布，与此大致相同），所订各条果能切实施行，将来该省之图书馆事业定能于短时间内见其发展。兹志其规程本文如次：

第一条　各县至少设公立图书馆一所，隶属于县教育局。

第二条　公立图书馆设馆长一人，办理全馆事务；管理员，事务员，若干人，承馆长之指挥，分任各项事务。

第三条　公立图书馆长，以品行端正，服膺党义，而合于左列资格之一者为合格；

（一）大学或专门学校毕业并于图书馆学有相当之研究者；

（二）中等学校毕业并曾在图书馆专科学校毕业者；

（三）中等学校毕业，曾任图书馆主要职务三年以上，确有成绩者。

第四条　公立图书馆长，由县教育局长选定合格人员，呈经教育厅核准，由该局聘任之，并呈报县政府备案。县教育局应于呈请委任时，缴验下列文件：（一）毕业证书；（二）服务证明书；（三）计划书或著作。

第五条　公立图书馆管理员及事务员，由馆长呈准县教育局长委任之。

第六条　公立图书馆长及管薪之俸理员，由县教育局长酌量情形按下列等级支给之：

月薪等级 职务	第一级	第二级	第三级	第四级	第五级	第六级	第七级
馆长	60	55	50	45	30	25	20
俸理员	40	35	30	25	20	15	10

第七条　公立图书馆长不以本县人为限。

第八条　公立图书馆长，不得兼任他项有给职务。

第九条　公立图书馆长应编制全馆预算，及决算，呈由县教育局长核准之。

第十条　公立图书馆经费，由县教育经费项下支给。

第十一条　公立图书馆长每半年应将经过情形及下半年为进行计划，呈由县教育局转呈教育厅查核。

第十二条　公立图书馆办事细则，由馆长另定之，并呈报县教育局备案。

第十三条　公立图书馆长任期一年，但如有违背党义及违法行，或服务不力者，得由县教育局长呈准教育厅撤换之。

第十四条　私人或私人团体设立图书馆供公众阅观者，须呈请所在县教育局核准。转呈教育厅备案，其馆长资格应依照本规程第三条之规定办理。

第十五条　私人或私人团体设立之图书馆，应标明私立字样。

第十六条　私立图书馆立案规程另定之。

第十七条　本规程如有未尽事宜，得由教育厅厅务会议决修正之。

第十八条　本规程自公布日施行。①

- 北平图书馆协会常会

北平图书馆协会于三月三十一日下午二时，在南池子门神库，政治学会图书馆，举行第四次常会，到会会员甚众。首由主席袁同礼报告会务之进行，并由丛书、期刊两联合目录委员会，分述编辑与调查之情形。继请德国莱思米博士讲演《德国研究中华文化之概况》，从趣味，精神与方法各方立论，详征博引，会员饱聆之下莫不欣佩不置，嗣由陈宗登报告政治学会图书馆之沿革及现状，复讨论下次开会地点及该会徽章图案之绘制。爰进茶点，各会员为不拘形式之欢谈，兴阑而散。②

(4)《公立图书馆在行政上及事业上应有之联络》

此文乃沈绍期先生(祖荣)在本协会今年七月间于青岛举行第三次年会时之讲演辞，除照例辑入年会报告书外，编者以其所论诸点颇中时弊而建议各项尤堪采纳，故特复载于此以广其传并供国内主持公立图书馆者之参考焉

编者附识

兄弟今天对诸位要讲的话，是根据昨天沈市长在开幕典礼中所提到的"合作推

① 中华图书馆协会执行部．山东发表公立图书馆规程[J]．中华图书馆协会会报，1928，4(3)：28－29.

② 中华图书馆协会执行部．北平图书馆协会常会[J]．中华图书馆协会会报，1929，4(5)：27.

广”及讨论会所通过的几种重要议决案的补充，故题目定名为“公立图书馆在行政上及事业上应有之联络”。

现在图书馆在行政上的第一不良现象，是各自为政，本图书馆的办法，他图书馆不能适用，例如同是公立的图书馆，但是各自受主管机关的命令督促，所有上级机关的命令，不论对本馆事业上有无益处，须绝对接受，而在图书馆方面，也只要本市主管机关不加以申责就得了，所以大图书馆想用极好的方法，去提携一般小图书馆，小图书馆是不会接受的，小图书馆对大图书馆的观感，则又以为大图书馆馆址好，藏书多，经费充足，设备齐全，可以聘用专门人才经营，可以尽力发展，小图书馆朝不保夕，望尘莫及，于是认为大图书馆来谈方针，简直是唱高调而已，结果大图书馆只能在外观上有进步，却失去领导小图书馆的机会，而小图书馆始终是畏首畏尾，不敢图发展，仿佛大图书馆与他们有天渊之别，由是形成“尔为尔”“我为我”“闭门造车”“各行其是”的局面，这种文化事业割据起来，焉能希望有良好的贡献，这是图书馆现在很不好的现象。第二种不良的现象，是不通声气，本来图书馆应当如活水，不应当如死水，流通愈大，则其贡献愈大，这种流通的功用，全在互通声气，若彼此之间，漠不相关，既失去互助的方法，且减少利用的机会，决不能有何发展，决不能使群众满足，须知一个图书馆的能力有限，财力有限，如不使之流通，吸取他馆的长处，补助本馆的不及，则本馆势必形成枯寂的沉闷的现状，试思一国之内，大小图书馆虽有一千多所，按人口分配，本来尚不敷应用，再若彼此不相往来，岂不力量更为薄弱吗？假如素有联络，互通声气，既可资借镜，又可借攻错，那末图书馆在行政上事业上的效率，定日新而月异，像欧美图书馆协会，对此种工作，甚为努力，各图书馆莫不一致拥护，认定他是通声气的一种总机关，如“空谷传音，无响不应”现在我国图书馆相形见绌，实不能与之相较，曷胜浩叹，这是图书馆第二种不好的现象。因有上述的两点现象，致发生种种影响，间接不能利于他馆的工作，直接减少本馆的发展力量，且于国家社会，均受极大损失，所以我们必须要借重一切的力量，设法增进本馆的工作，并能把本馆事业，推广于他馆，由国立推及省市立，进而及于县立，上下流通，循环联系，绝不使有顷刻停滞，由是各馆精神，俱形焕发；各馆事业，均有生气，则纵然是一个至小至弱的图书馆也不难循序而进，可惜现在各图书馆对此种工作，如交换上，巡回上，一点不能实行，一旦有需要他馆帮助的地方，则因素无联络，宁可牺牲本馆事业而不求助于人，甚至于有求而不应者，以致图书馆暮气沉沉，图书馆员意味索然，阅览者不能发生兴趣了。

为要免除上项不好现象所发生之影响，图书馆在行政上及事业上应有种种之联络，现在大概具体的列举如下：

一、就行政上言：一个图书馆应有一个图书馆的行政；全国的图书馆，也应该有整个的行政，这个问题，不是在取监督的意思，是为全国图书馆事业谋打成一片的，比如大图书馆应辅助小图书馆，若行政上不发生关系，则大图书馆虽欲援手而无所凭借；反过来说，小图书馆本想借重于大图书馆，但无行政关系，也不便进辞，假如有行政的联络，则对此一切不圆满问题，很可以迎刃而解，最高的图书馆行政机关对各图书馆有确切的统计，成绩佳者，予以奖励，成绩劣者，予以警告，某图书馆有何重要处，则可以补其不足；使实际上得着帮助，由是事权集中，运用一致，由上而下，由下而上，系统整然，不难有所改进了。

二、就事业言之：图书馆的事业，更应联络，试举出数点说说：

（一）关于分类编目：全国图书馆分类编目所采用的工具书籍，各不相同，许多图书馆都是忙于此一部分工作，而不能推行其他的部分，这种困难，我想各馆同人都能知之，现在国立北平图书馆，他有印成之卡片目录，本可以为此项工作谋统一，如此推行各省市县立各图书馆，一定可以减少编目上之大部分麻烦，大图书馆可以完全采用，小图书馆可以采用大半，这是就编目分类事业上应有之联络。

（二）关于采购书籍：采购书籍，属于商业上的知识者居多，如有购买合作的联络，非常的经济，例如与国外书局无往来的图书馆，则买书自必成为问题，不妨请国立图书馆办理，可以取得折扣的便宜及免除困难，至于县立图书馆亦可借重省立图书馆选购书报杂志，当有不少的利益，既可以减少汇费，又可以买到切合实用的书籍，这是就选购事业上应有的联络。

（三）关于流通书籍：好多县立图书馆，因经费的困难，想商议省立图书馆用流通的办法，以供民众的阅览，比如湖北省教育厅于本年五月间所办的民众教育馆员讲习会，有许多讲员向我发表意见，倘素有整个的联络，对此当不成问题。

（四）关于馆员技术与学识：小图书馆与大图书馆更应有密切联络，利用假期，用补习或实习的办法，增进馆员程度，或者由各大图书馆在假期开办图书馆员讲习会，或者由小图书馆派馆员到大图书馆研究几星期，种种机会，均可利用，使图书馆工作上人材上得着圆满的效用。

三、就馆员友谊方面言：图书馆员首要的条件就是要养成与人合作的精神，因图书馆的事业，是流通图书以供各界人士的阅览，所以馆员必须态度温和，谦恭自持，多予以亲善机会，使社会人士对图书馆发生最好的印象与观感，甚至为取得群众与本馆友善计，图书馆员更要有种种联络的表现，彼此发生友谊关系，绝不要存在任何偏见，亦不可严分阶段，因为我们服务，是为社会服务，遇有适宜办法，不妨提出以贡献于一般同志，某馆如有调查他馆状况的事情，各馆应尽量搜出材料，以为解答，至于中华图书馆协会开年会时，各馆同志应尽量参加，一方面辅助大会工作之进行，一方面各同志有联络之机会，同时应各抒意见，有最好改进之提案，内地各图书馆同志，无论在消息上学术上较边远同志的机缘，多得便利，应将所得的一切新事业，报告中华图书馆协会，以便传播远省各图书馆同人，总之，凡与友谊上有关切者，各同志应取合作的态度，实行联络，以期一致团结，共策进行，此点与图书馆事业更有密切之关系。

以上所述，实为由联络中所产生之种种利益，但怎样达到这联络的目的呢？其步骤有如下述几点：（一）中心机关：以中华图书馆协会作全国图书馆界联络之中心机关：凡一切事项，须请求政府帮助者，或须借助他馆者，可函请中华图书馆协会接洽，比较容易，因为该会对一切消息与前进事业，比较明了，力量集中则推行顺利，还有对于国际图书馆的事业，若用中华图书馆协会的名义代表中国的图书馆，才能相称，故各图书馆应拥护中华图书馆协会并将一切进行消息，随时报告该会。（二）管辖范围：公立图书馆在管辖上除教育当局外，还可以有一个图书馆节制机关，此并非为监督或干涉其行政，而是为图书馆事业上之辅助或指导者，因主管机关只能负经费的责任，对于事业的改进，非专门图书馆机关不可，所以这种节制机关，系为

图书馆事业而设立，至于节制范围，最好国立图书馆与省立图书馆发生关系，省立与县立者发生关系，或者请求教育部或教育厅设图书馆督学，同负此专责，此与近日设体育督学的意义相同。（三）给予补助：为方便调查起见，可以请求政府给以经费的补助，这种补助费须按全国图书馆的预算以为分配，比如每个省立图书馆预算全年为二万元，全国以二十个省立图书馆计算，以百分之十的补助，则教育部每年只需筹出补助费四万元，各省教育厅对各县立图书馆给以百分之五的补助，一年不过四五千元而已，分配的比例，以成绩定其多寡，用途只限于图书设备之类，至于办法，由教育部图书馆督学或国立图书馆馆长组织一委员会办理，最好国立图书馆馆长兼任全国图书馆督学，省立图书馆馆长兼任全省图书馆督学，这样行之数年，全国图书馆成绩定有可观，是国家所费的公帑无几，而收到的功效，一定很大的。

兹欣逢中华图书馆协会举行第三届年会，鄙人无良好意见贡献，实为惭愧只将平昔所感觉到图书馆在行政上及事业上应有的联络工作，提出说说，不敢说是改进图书馆事业的不二法门，只能以此促进全国整个图书馆事业的一番热诚，敬求诸位的参考及批评。①

二、教育行业资源

在中华图书馆协会的萌芽和发展过程中，离不开教育界名人之士的支持帮助，教育部门的赞助和支持也是不可或缺的，图书馆学校和图书馆教育对专门人才的培养也为协会的发展提供了源源不断的专业人才供应。

- 教育界名人担任名誉会员

中华图书馆协会名誉会员多来自于当时教育界名人，如年会执行委员会第一次报告中所记载，名誉会员聘请蔡元培、戴傅贤、蒋梦麟、杨铨、胡适、叶楚伧六位先生。

附：中华图书馆协会第五次会务报告名誉会员之增聘

本年年会于二月一日会务会议议决，聘请蔡元培、戴傅贤、蒋孟（梦）麟、杨铨、胡适、叶楚伧六先生，为名誉会员。因即根据该案，备函正式致聘。②

- 学校为图书馆培养图书馆专业人才

以促进图书馆学教育及造就管理专门图书馆与民众图书馆适当人才为宗旨，各地相继开设图书馆学课程、开办图书馆学专科学校，通过图书馆教育培养图书馆专业人才，为图书馆事业发展提供了人力资源支持。另外，中华教育文化基金董事会设立图书馆学助学金并拟订助学金规程，也为图书馆教育的持续进行提供了经费支援。

附1：华中大学文华图书科消息

本会与武昌华中大学文华图书科办理之图书馆学免费生额，第一届毕业生现

---

① 沈祖荣讲，李尚友记. 公立图书馆在行政上及事业上应有之联络[J]. 中华图书馆协会会报，1936，12(3)：1－3.

② 中华图书馆协会执行部. 中华图书馆协会第五次会务报告[J]. 中华图书馆协会会报，1929，5(1/2)：27－30.

均已介绍于各大图书馆就职，成绩极为优美。①

附2：中华图书馆协会第六年度报告专门教育

本会与文华图书馆学专科学校合办之图书馆学免费生额，为推广教育人材起见，除正科十名外，于十九年秋季另设讲习班，招中等学校毕业者十五人，考试结果，专科生只取五人；讲习班取十四人，入学者十二人。该班因系一年毕业，故现已均由校中介绍至各图书馆服务。②

- 教育部门政策及经费支持

教育部在协会的萌芽发展过程中，从批呈协会图书馆立案、设立图书馆学专科学校、添设图书馆学专科、推广图书馆教育、指导馆员任用、拟定图书馆行政要点、修正全国图书教育普及办法、制定新书呈缴办法、拨款进行经费支持等方面给予支持。

附1：教育部立案

本会于九月间援学术团体立案前例，呈请教育部立案；当蒙核准备案。兹将原呈及批文录下：

教育部立案呈文　　呈为呈请立案事：袁同礼等前为研究图书馆学术，发展图书馆事业起见；曾集合全国图书馆及斯学专家共同组织中华图书馆协会，业于本年四月二十五日成立，并择定北京石虎胡同七号为本协会总事务所；特援学术团体立案前例，检具本会组织大纲职员名单及会报等附同注册费二十圆，呈请大部准予立案，实为公便，谨呈。十四年九月二十六日

教育部批呈悉。所请核与学会请求立案之规定相符，应准备案。此批。十四年十月十七日③

中华图书馆协会曾呈请教育部拨款，在北京设立图书馆学专科学校，并令各国立大学开设图书馆学专业；然后又通函各省立图书馆，（如江苏省立国学图书馆，河南图书馆，国立北平图书馆，浙江省立图书馆，山东省立图书馆，广州市立中山图书馆，安徽省立图书馆，福建省立图书馆，山西公立图书馆，湖南省立中山图书馆，广西省立第一图书馆，江西省立图书馆），开设图书馆学讲习所；通函各省教育厅、各市教育局、社会局或管理公署，每年设置图书馆学公费学生名额，希望扩大专门人才教育。

附2：协会致各省教育厅教育局公函

（甲）致各省教育厅教育局等公函

案查：吾国图书馆事业日趋竞进，惟专门人才亟感缺乏，至于已致身图书馆界

---

① 中华图书馆协会执行部. 华中大学文华图书科消息[J]. 中华图书馆协会会报，1928，4(3)：24.

② 中华图书馆协会执行部. 中华图书馆协会第六年度报告[J]. 中华图书馆协会会报，1931，7(1)：6.

③ 中华图书馆协会执行部. 会务纪要[J]. 中华图书馆协会会报，1925，1(3)：19.

者，时须再求新知识之增进，方能应付裕如。

顷本会举行第二次年会于北平，有各省市图书馆人材经费设备充足者，附设图书馆学讲习所，以培育人材一案，业经议决通过，查上项办法，允为当务之急。相应检附原案（中华图书馆协会第二次年会报告第六十四页）函请查照办理。仍希将进行情形随时见复为荷！

（乙）致各省市各大图书馆公函

案查：吾国图书馆事业，日趋竟进。而图书馆专门人才，殊感缺乏。国内如武昌文华图书馆学专科学校，南京金陵大学图书馆学科，历年毕业者分布于各地，仍有供不应求之势。推其原因，前往就学者为数甚少，欲期人才辈出，非由官厅特予奖诱不为功。顷本会举行第二次年会于北平，议决函请各省市教育厅自二十二年度起，每年考选二人，分送国内各图书馆学校读书，其学膳宿费由省教育费中指拨，以期广育人才。事关图书馆事业前途之发展，谅荷赞许！兹特检附原案，（见中华图书馆协会第二次年会报告第六十四页）函请查照，并希将办理情形，随时见复为荷！①

附3：河北省图书馆人员任用办法

河北省教育厅上年制定《河北省民众教育馆及图书馆职员任用暂行办法》十条，觅录于左：

第一条　省立民众教育馆及图书馆职员之任用依本办法之规定。

第二条　省立民众教育馆馆长主任以具有左列资格之一者充之。

一、国内外师范大学教育系及高等师范毕业，对于社会教育有研究及兴趣者。

二、民众教育实验学校、师范学校毕业，曾任社会教育职务二年以上著有成绩者。

三、国内外专门以上学校及民众教育人员养成所毕业，曾任社会教育职务三年以上著有成绩者。

第三条　省立图书馆馆长主任以具有左列资格之一者充之。

一、国内外图书馆专科学校或大学图书馆学系毕业者。

二、合于第二条所列资格之一者。

第四条　各馆馆长比照中等学校校长，由教育厅提出合格人员经省政府委员会通过后用之。各馆主任由教育厅任免之。

第五条　各馆馆员由馆长呈请教育厅核准后委任之。各馆事务员由馆长任用呈报教育厅备案。

第六条　馆长薪俸由教育厅定之。

第七条　各馆员额及薪金应由馆长拟妥呈请教育厅核定。

第八条　馆长、主任及馆员均为专任职，不得兼任其他有给职务。

---

① 中华图书馆协会执行部.推广图书馆教育[J].中华图书馆协会会报，1933，9(3)：18－19.

第九条　河北省民众教育馆组织大纲及省立图书馆暂行规程与本办法有抵触者，应依本办法之规定。

第十条　本办法自呈准之日施行。①

附4：教育部委托中华图书馆协会拟具改进图书馆行政要点

教育部社会教育司鉴于过去各市县立图书馆或民教馆阅览部，购置图书漫无标准，工作活动，亦未规定，爰特委托本会乘年会之便，讨论一具体办法呈部，俾资采择，用供改进。本会为求妥慎起见，除在年会讨论外，拟再组织一改进图书馆行政要点讨论会，重行研讨。兹将教部社教司原函披露如左：

径启者本司鉴于过去各县市立图书馆或民教馆阅览部，购置图书漫无标准，其工作活动，多未规定，深感有厘订图书设备及工作标准之必要，惟兹事体大且关系专门学术，实有赖于图书馆学专家之精密设计，素念贵会系我国图书馆学专家组织而成，过去各地图书馆之普设，贡献甚多，最近复定期在青岛举行年会，集全国专家于一堂，共同讨论今后图书馆事业之进展，本司以为如此良机，不可多得。特拟订改进图书馆行政要点数则，附录于后，请贵会提交年会商定一具体办法，于闭会后，详为见告，相应函达，即希查照见复为荷！

此致

中华图书馆协会

附改进图书馆行政要点一份

教育部社会教育司启　六·二二

改进图书馆行政要点

(1)县立图书馆至少限度应备图书标准

(2)县立民众教育馆阅览部应备图书标准

(3)县立图书馆工作标准

(4)县立图书馆全县巡回图书办法

(5)各县木刻古版保存办法

(6)县立图书馆或民教馆阅览部分类编目标准

(7)省立图书馆辅导及推进全省图书馆教育工作办法②

附5：教育部社教司提交年会议案议决具复

教育部社会教育司鉴于过去各县市立图书馆或民教馆阅览部，购置图书漫无标准，工作活动多未规定，深感有厘订图书设备及工作标准之必要，爰特拟订改进

---

① 中华图书馆协会执行部. 河北省任用馆员办法[J]. 中华图书馆协会会报,1935,10(4):25.

② 中华图书馆协会执行部. 教部委本会拟具改进图书馆行政要点[J]. 中华图书馆协会会报,1936,12(1):18.

县市图书馆，行政要点数则，致函本会请提交本届年会，商定一具体办法，于闭会后，详为函复，社教司原函及所附改进县市图书馆行政要点七则，已于上期会报中披露，本会自接到社教司公函后，即分函各地图书馆，之于县市图书馆，有经验者请其详加研讨，拟具方案于年会之前，寄交本会，以便汇集于年会时讨论，而收集思广益之效，如期收到者，不在少数，常于年会之第三日，(七月二十二日)，开全体会员大会，专事讨论此项问题，除书面之意见外，临时发抒者颇多，俱皆汇入纪录，会历三小时始毕，佥以为仍有再事慎重研究讨论之必要，爰又有特别委员会之产生于会后，复一再研究讨论具体办法，始告完成.除去函具复社会教育司外，特将原函及所拟关于改进县市图书馆，行政要点之具体办法披露如下：

迳覆者，前奉贵司六月二十二日函开"本司鉴于过去各县市立图书馆或民教馆阅览部，购置图书，漫无标准，其工作活动，亦未规定，深感有厘订图书设备及工作标准之必要，惟兹事体大，且关系专门学术，实有赖于图书馆学专家之精密设计，素念贵会系我国图书馆学专家组织而成，过去各地图书馆之普设，贡献甚多，最近复定期在青岛举行年会，集全国专家于一堂，共同讨论今后图书馆事业之进展，本司以为如此良机，不可多得。特拟订改进图书馆行政要点数则，附录于后，请贵会提交年会商定一具体办法，于闭会后，详为见告。附改进图书馆行政要点一份。"等因。敝会遵于本届年会将改进各县市图书馆行政要点一案，列为专项，慎重讨论，仅将讨论结果汇编成册，交袁守和先生携京即希鉴核，酌予采纳。实为公便。此致

教育部社会教育司

中华图书馆协会执行委员会谨启九月十四日

改进县市图书馆行政要点

(一)县立图书馆至少限度应备图书标准

1. 县立图书馆购书费应占图书馆经费百分之三十至四十

2. 图书分量的标准

(1)地方文献　百分之五

(2)生产教育　百分之十五(应用科学等)

(3)历史地理　百分之十(国际关系，民族英雄)

(4)公民教育　百分之四

(5)报纸　百分之五

(6)杂志　百分之十

(7)自然科学　百分之十

(8)卫生　百分之四

(9)文艺　百分之八

(10)社会科学　百分之十

(11)儿童读物　百分之四

(12)其他　百分之十五

3. 图书内容的标准

(1)文字要深浅适当

(2)内容要充满实际

(3)条理要简洁清晰

(4)思想要趋向振作

(5)版本要新近正确

(6)定价要低廉适当

(二)县立民众教育馆阅览部应购图书标准

1. 如有县立图书馆则民众教育馆阅览部应备图书标准如后并应与县立图书馆合作以免重复

(1)购书经费应占民众教育馆经费百分之十

(2)书籍分配方法

甲,报纸杂志　百分之三十

乙,通俗读品　百分之五十

丙,其他　百分之二十

2. 如无县立图书馆其图书标准得适用第(一)项办法

(三)县立图书馆工作标准

1. 内部工作

(1)采购

(2)登记

(3)分类编目

(4)典藏

(5)阅览(图书陈列)

(6)保存地方文献

2. 其他活动

(1)举办流通书库及巡回书库

(2)辅助地方教育与社会事业

(3)推进全县图书馆事业(如乡区图书馆及学校图书馆)

(4)推进识字运动(铲除文盲)

(5)指导读书(尤其关于职业指导之书籍)

(6)广播及演讲

(四)县立图书馆全县巡回图书办法

1. 组织

(1)划全县为若干区

(2)用管理员若干人(由小学教员或乡镇长兼任之)

2. 地址

(1)乡公所或区公所

(2)乡村小学及私塾

(3)乡村茶园

(4)祠堂及庙宇
(5)集市及其他公共场所
3. 设备
(1)巡回书担
(2)巡回书车
(3)巡回书箱
4. 办法
(1)规定路线
(2)每箱备目录及巡回表
5. 内容
(1)民众读物
(2)幼童读物
6. 数量　百册至五百册
7. 时间　二星期至一个月
8. 统计及报告
(五)各县木刻古版保存办法
1. 由县立图书馆集中保管(私家不能保藏之版本应归公家保管)
2. 调查
3. 征购
4. 登记
5. 保存(通风;插架;度藏;修补;防水,火,烛,湿设备)
6. 印刷流通
7. 制止流出海外
(六)县立图书馆或民众教育馆阅览部分类编目标准
1. 分类
(1)分类法当具原则
甲,适合现有或拟购图书之性质
乙,类目丰富而有伸缩性
丙,类码简明
丁,有适当索引
(2)提出采用之分类法
甲,刘国钧中国图书分类法
乙,王云五中外图书统一分类法
丙,杜定友杜氏分类法
2. 编目
(1)目录种类
甲,著者目录
乙,书名目录
丙,分类目录

丁,书架目录

(2)目录编制　采用刘国钧中国图书编目条例或采用国立北平图书馆印就之卡片

(3)目录形式

甲,卡片式

乙,必要时可印书本式专类目录

(七)省立图书馆辅导及推进全省图书馆教育工作办法

1. 省立图书馆应按时调查全省各县图书馆状况并遣派专员指导藉谋改进
2. 编制全省图书联合目录以便各图书馆间互借并采访之用
3. 省立图书馆应促成全省图书馆间图书互借其详细办法由各该省立图书馆拟定之
4. 省立图书馆应负训练各县立图书馆馆员之责并视实际情形得设训练班或函授部
5. 协助各县立图书馆馆员赴各大图书馆参观及实习
6. 省立图书馆应设专部以备各县图书馆之问讯(如建筑设备,采购,及指导民众阅读等问题)
7. 县立图书馆用品及书籍等如有特别情形时可请求省立图书馆代为购置
8. 各省省立图书馆应组织全省图书馆委员会及图书馆协会以辅导其全省图书馆教育工作①

附6:教育部修正普及全国图书教育办法

教育部近修正普及全国图书教育办法十五条至关重要兹录如下:

第一条　教育部为普及全国图书教育以提高文化水准起见特订定本办法

第二条　各省市(院辖市以下仿此)已设置省市立图书馆者应即设法充实其设备发挥其效能其未设置者应即一律设置各省市至少应先设立一所并须依经济能力地方需要逐渐增设

第三条　各县市(省辖市以下仿此)依照经济能力应设置县市立图书馆或在民众教育馆内附设图书室,经费困难之县市得呈由省市政府依照实际情形酌予补助

第四条　各乡镇应即设置书报阅览室一所并应逐渐增设以期每保有书报阅览室一所其经费以乡镇自筹为原则,贫瘠乡镇得由县市政府补助

第五条　各级图书馆应尽量于集镇或人口稠密之处设置分馆或书报阅览室以利阅览

第六条　各级学校及各机关团体附设之图书馆应一律开放供民众阅览开放办法另订之

第七条　各级图书馆除遵照图书馆辅导各地社会教育机关图书教育办法之规定辅导图书教育事业外,并得设置书报供应站办理各该项下级图书馆室及书报阅览室书报供应事宜其办法另订之

第八条　各级图书馆书报供应站得酌量情形受私人委托代向书局或其他图书馆订

① 中华图书馆协会执行部. 教部社交司提交年会议案议决具复[J]. 中华图书馆协会会报,1936,12(2):21-24.

购或借阅书报事宜

第九条 各级图书馆书报供应站由各级图书馆馆长兼任主任，并指派馆内职员协助办理必要时得设置专人，所需经费应在各该图书馆经费预算内增列专项开支。

第十条 图书馆经常费省市立者每年不得少于五万元，县市立者每年不得少于一万五千元，乡镇书报阅览室每年不少于二千元，其分配标准应依照图书馆规程第二十六条办理

第十一条 乡镇书报阅览室得附设于乡镇中心学校及保国民学校办理

第十二条 图书馆设备标准表另行订定在未颁布以前县市立图书馆及乡镇书报阅览室选购书报以合于右列各项原则者为准。

一、弘扬三民主义者

二、适应抗战建国之需要者

三、有关一般民众之职业及生活者

四、有益于一般民众个人修养及社会风俗文化之提高增进者

五、文字通俗条达内容切要充实印刷清楚者

第十三条 各省市教育厅局及国立图书馆对于图书馆干部人员应积极设法训练以应各方需要

第十四条 各级教育行政机关应尽量鼓励私人或私法人设立图书馆，并得依照捐资与学褒奖条例予以奖励

本办法自公布之日施行①

附7:新书呈缴办法

教育部近有训令第六〇〇九号致各省教育厅，嗣各书局应缴新出图书，除应缴教部图书馆一份呈部外；其余两部应分别径寄国立中央图书馆筹备处，暨国立北平图书馆，原文云：

案查本部前准国立北平图书馆委员会函，以北平图书馆瞬将成立，新出图书自宜无所不备。请将该馆规定于新出图书呈缴规程第三条之内，或将中央图书书籍先行拨借，以供众览，经准于拨借，并通令各省市教育主管机关，将呈缴新书，检出一份径寄北平图书馆，各在案。兹据中央图书馆筹备处呈称案查，新出图书呈缴规程第三条内有，(凡呈缴之图书在中央图书馆未成立前暂由教育部图书馆代为保存)之规定。兹以本馆业已奉命筹备，积极图成。所有前项规定范围内，由钧部图书馆代为保存之应得图书，除备文呈请准予检发，俾资策进，早睹厥成外，更恳转饬各呈缴图书机关，对于此后呈缴新出图书时，应直接径寄国立中央图书馆筹备处。缘查据惯例，如出版书籍最多之上海各书局，对于呈缴新出图书手续綦繁，即先由出版者送交书业公会，汇缴地方教育官署，复由地方教育官署，转呈钧部，然后始得拨到馆。是故一书之呈缴有辗转费时至数月以上者。复查欧美各国，在国立中央图书馆与出版书局之间，皆有互相为用之处，盖在中央图书馆方面，固有享受出版

---

① 中华图书馆协会执行部. 教部修正普及全国图书教育办法[J]. 中华图书馆协会会报,1943,18(2):13－14.

书局呈缴新出书籍、杂志或报章一份乃至数份之特权,但同时却负有一种有利于出版者之义务,如中央图书馆收到新缴图书后,每按星期或月编刊一种出版目录,宣示国内。故吾人一阅出版目录,即了然于某星期或某月内,国内有若干新刊物之发刊,此不啻为出版界作一总宣传。故彼出版界每届某项新刊物之发行,莫不思利用此项费省效伟之宣传,而乐予呈缴也。且国家对于调查全国出版界之统计时,亦多以中央图书馆所编刊之定期目录为标准。至于欧美各国对于出版法,及版权之登记。多由国立图书馆主掌,亦颇多足为借镜之处。本馆对于编刊定期出版目录,一节颇愿效行,冀副钧部宣扬文化之至意。惟既拟效力于编刊定期出版目录,则对于各呈缴出版图书者,首当计及出版物宣传上之时效问题,而图书馆之阅览者,亦以新出书籍先睹为快,故特恳请钧部转饬呈缴图书之机关,以后将应呈缴之图书,径行检出一份,寄缴南京沙塘园七号国立中央图书馆筹备处。是否有当。理合备文仰祈鉴核指示祇遵。等情据此,除将该馆应得图书准予拨给并令知国立北平图书馆,改借中央教育馆图书外,合行合仰该厅遵照,嗣后除将应缴本部图书馆一份呈部外,其余两部径寄国立中央图书馆筹备处;暨国立北平图书馆查收。此令。①

第二节　政府资源:政府关系

政府机构既是中华图书馆协会的名誉会员,同时又在一系列行政管理过程(申请、命令、批复)中对中华图书馆协会进行协作引导。这一系列的行政管理过程既包含协会向政府提出的申请,又涵盖政府对协会下发命令,以及行政请求的批复等。

一、申请

1. 申请经费补助

根据中华图书馆协会《组织大纲》第五章第18条规定,协会经费来源之一为官厅补助费。中华图书馆协会为非营利性组织机构,依靠会员会费支持日常经费支出,经费不足导致各种计划难以实施。协会董事联名于1925年7月6日呈请政府经费补助,终于8月7日得批准5000元。将原呈及公函照录如下:

呈为请予补助用彰文化恭呈仰祈钧鉴事:

审查近今教育趋势,多利赖于图书馆,而民族文化,亦即于是觇之。启超等顾国籍之亟待董理,新学之尚须研寻,以为非力谋图书馆教育之发展,不可与列邦争数千年文化之威权,所关深钜,孰则逾是;用萃集全国公私立二百余图书馆及国中研究斯学之人,组织中华图书馆协会,业于本年四月成立。拟先从分类,编目,索引及教育四端着手。惟寒儒奋力,终不易于经营,国家右文,宁有吝夫嘉惠:合无仰恳,执政顾念国学,特予殊施,俾所策划,早得观成,士林幸甚,为此敬呈伏候训示施

① 中华图书馆协会执行部.新书呈缴办法[J].中华图书馆协会会报,1933,9(2):32-33.

行，谨呈

临时执政。

中华图书馆协会董事梁启超、袁同礼、颜惠庆、蔡元培
范源廉、熊希龄、胡适、袁希涛、洪有丰、丁文江、王正廷
钟福庆、沈祖荣、陶知行、余日章
中华民国十四年七月六日

临时执政府秘书厅公函，第一千六百三十九号：

径启者；前奉执政发下中华图书馆协会董事梁启超等呈请补助图书馆文一件，当经函交财政部查酌办理去后，兹准复称：查中华图书馆协会成立，提倡文化，嘉惠士林，政府自可量予赞助，既奉执政批财政部酌应即由本部筹拨五千元，藉资补助，函复查照等因，相应函达查照；此致

中华图书馆协会梁董事启超

中华民国十四年八月七日①

附1：中华图书馆协会第一周年报告请求政府补助：

十四年七月六日全体董事联名呈请政府给予补助，于八月七日接得回文，准由财政部筹拨五千元以资补助。进行庚款十四年六月二日董事部会议，讨论中华教育改进社图书馆教育委员会拟以美国退还庚款三分之一建设图书馆之提议（见会报第三期）及鲍士伟博士之意见书，大体赞同，惟附以说明三项。

一、提出美国退还庚款本利三分之一，发展图书馆事业。

二、假定中华教育文化基金董事会决定只准用利，本协会为确定图书馆事业基础起见，认为有立即创办第一图书馆及图书馆学校之必要。拟请将前三年之本，准予拨给，每年约美金十万元，共美金三十万元。

三、假定中华教育文化基金董事会决定许用本，则照原计划进行，但其中详细办法，得由中华图书馆协会董事部随时斟酌之。②

附2：中华图书馆协会呈请教育部续予经费补助

本会自前年在昆明恢复工作以来，对于国内图书馆被毁之调查及在国外征募图书，协助各馆复兴等工作，至感繁重。曾以经费困难，于去春呈请教育部予以补助，蒙准于二十八年五月起至十二月止，按月补助一百元，每三月具领在案，兹以此

---

① 中华图书馆协会执行部. 会务纪要[J]. 中华图书馆办会会报，1925，1(2)：10－11.

② 中华图书馆协会执行部. 中华图书馆协会第一周年报告[J]. 中华图书馆协会会报，1926，2(1)：3－5.

项补助，业经满期，但本会各项事业，积极推动，亟需巨款，为特呈请教育部，续予经费补助，每月拨给二百元，以利工作进行，兹将本会呈文录左：

呈为推进战时文化，因经费困难，恳请增加补助，以利进行事，窃职会自迁滇工作以来，本中央抗战建国之旨，协助各图书馆之复兴与发展，并在国外征集图书，已有相当之效果，上年春间，蒙钧部指令，准自上年五月份起至十二月份止，按月补助一百元，每三个月具领在案，查年来各项事业，积极推动，国外图书，踊跃捐赠，而各地图书馆均能于安全地域，力谋复兴，本会调查与宣传工作，更感繁重，惟职会除会员会费外，并无其他补助，拟请钧部自本年一月起，念其事业之重要，按月补助二百元，藉资挹注，是否有当，理合具文呈请钧部俯赐鉴核，指令祇遵，谨呈

附中华图书馆协会二十八年度工作概况一份

一、协助西南各省筹设图书馆　自抗战军兴以后，西南各地，已成后方重镇，推进文化建设，实为当务之亟，本会为发展西南文化起见，对于西南文化机关曾作系统之调查，深觉图书设备，诸多简陋，以致社会教育，颇难发展，曾于去年分函西南各省教育当局，请多筹设图书馆，以应战时文化需要，并函请管理中英庚款董事会斟酌缓急，分别补助西南各省图书馆，俾能充实其内容，现云南昆明图书馆，由本会之提议，已由中英庚款会拨付建筑费五万元，并与云南省政府合组委员会，从事筹备一切，该馆馆址，业经勘定，馆舍建筑之设计图样，亦经本会贡献意见，短期内当可兴工建筑，四川省立图书馆，正在积极筹备之中，由本会之申请，中英庚款会会议决拨给该馆购书费三万元，该馆成立之后，本会仍拟继续援助。本年度除促进西南各地图书馆事业之发展与改进，以求适应抗战期中之需要外，并拟定计划，积极推进西北各省图书馆事业，陕西城固及甘肃兰州均有多数图书馆继续成立，藉以扫除文盲，促进社教，唤醒民族意识，激发抗战情绪，而增强抗战之力量。

二、继续向国外征募图书　自敌军发动侵略以后，我国图书馆被毁惨重，而图书之损失，尤难数计，本会为协助被毁各馆早日复兴，以供研究参考起见，曾将各地图书馆被毁状况，详加调查，编成英文报告（见附件一）分寄欧美各国学术机关，以作国际之宣传，同时并请征募书籍，助我复兴，此项申请，颇获得各国人士同情与赞助，一年以来，各国捐赠图书者，至为踊跃。兹将各国征募图书情形分别录后：

Ⅰ美国　美国图书馆协会，根据本会之备忘录，曾于前年冬季，发起全国捐书援华运动，并聘请社会知名之士，组织一委员会负责主持一切，（见附件二）开征未及数月，即募得图书万余册，分装二百余箱，免费运抵香港，现仍在继续征募中，每月均有二十箱按期寄到。该国对于我们之同情赞助，甚堪铭感。本会为应各大学之急切需要起见，曾得教育部之同意，委托九龙关由香港运入内地，由教育部根据各方需要，作适当之分配，已运抵海防者共二十余箱，装箱候九龙关提运者资百余箱。

Ⅱ英国　（一）牛津大学　该校教授白朗博士，受本会之委托，于一九三九年一月三日在伦敦泰晤士报通讯栏内，详述中国各大学被毁之惨及迁移内地工作后缺乏应用图书之需要，（见附件三）同时该校史博鼎先生慨然捐助二千镑，购置图书，以为之倡。该校其他人士，力为赞助，慷慨捐书，特组织一委员会，董理其事，夏间在伦敦又设一联属委员会，五月二十八日该会曾通函各自治领及印度诸大学，为中国呼吁，因欧战发生，工作稍陷停顿。（二）英国图书馆协会　该会对于本会之申请，原定于中日

战事停止，复兴工作开始之时，再为进行征募，后鉴于美国图书馆协会捐书之踊跃，及史博鼎君捐助图书之影响，遂于一九三九年八月间由执行委员会议决，即日发动捐书运动，并在该会出版之第十四卷第八期（一九三九年八月）会报篇首，刊布长篇征书缘起，（见附件四）各图书馆、出版界、及学术团体与该会会员陆续捐赠之书，颇为踊跃，本拟集有成数，即行运华，惜九月初欧战爆发，交通阻滞，致该会工作深受影响。

三、香港办事处之工作　本会为接受国外赠书便利起见，特于二十七年三月在香港设立办事处，承香港大学当局之盛意。指定冯平山图书馆为存书及办公之用，书籍寄到后，即进行下列诸工作：（一）点收，（二）函谢，（三）登记，（四）盖章，（五）编目，（六）装箱，（每箱附有清单）刻下有职员三人，（登记编目打字各一）留港工作。

四、调查会员状况　七七事变以后，本会会员，迁移流离，变动甚多，本会为求明了各会员状况及各馆之工作起见，曾于今春举行会员总登记一次，其中除一部份在沦陷区者，因环境特殊，未曾办理登记外，其在后方及临时战区各会员，业已登记完毕，现会员中除百分之四五供职其他机关外，其余仍继续服务于各地图书馆，以谋后方文化事业之发展，计现有会员三百六十余人。

五、出版物之编印　本会自迁至昆明后，鉴于战时图书馆学术之提倡，我国图书馆被毁情况之宣传，以及图书馆界服务人员消息之传达，实为刻不容缓之事，爰于去年七月将本会会报在昆明复刊，迄今已出十期，中间虽遭经费、印刷种种困难，然均能按期出版，从未间断；此外并编图书馆学季刊十卷总索引一种，业已出版，嗣后凡检查该季刊所载之资料均感莫大便利云。

六、本会经济状况　本会经济来源，除会费外，并无其他补助，二十八年度仅收入会费四百六十元，又自二十八年五月起，由教育部每月补助一百元，本年共收八百元，关于开支方面分列如左：

甲、昆明　除职员二人月薪各三十五元外，其余办事人员均由北平图书馆馆员中调充，概不受酬，每期会报及邮费约一百二十元，（全年六期共七百二十元）加以文具纸张及其他印刷费，每年约需三千元。

乙、香港　香港办事人员薪水，均按港币付给，自本年六月国币狂跌以来，维持港方事业异常困难，爰商得北平图书馆当局之同意，自本年八月起，按月补助美金一百元，（合港币三百七十元左右）以一年为限，凡国外捐赠书籍，须本会担任运费及在港起卸一切费用，均在该项补助费内开支云。①

2. 请示具体事件

中华图书馆协会以"钻研图书馆学术、发展图书馆事业，并谋图书馆间合作"为宗旨，其行业协会性质使其需遵照政府相关政策执行活动，因而，协会就具体事件请示政府也是协会与政府关系的一项活动。下附协会就存港图书救济范围向教育部请求及答复。

附1：中华图书馆协会呈复教部存港图书救济范围

本会前为协助国内被毁各大学图书馆之复兴，曾向欧美各国征集图书，美国方

① 中华图书馆协会理事会. 本会呈请教部续予经费补助[J]. 中华图书馆协会会报,1940,14(5):10－12.

面，蒙该国学术文化界人士热忱赞助，曾先后捐赠图书一万余册，分装二百余箱，免费运抵香港，除陆续由港起运至昆明，一俟运到，即请教育部指派专门人员，根据各大学之需要，作适当之分配外，其余一部，因短期内尚无法起运，现仍暂寄存本会驻港办事处。最近香港侨胞创办华侨图书馆，拟将本会此项寄港未运图书，移赠该馆，充实内容，并呈请教育部酌核拨给，教部于一月十八日特训令本会酌夺径复，并具报备查，本会业已根据向国外征募图书主旨及救济被毁图书馆范围呈复该部矣。兹将教部训令及本会复呈，分别录左：

一、教育部训令

案准中国国民党驻港澳总支部二十八年十二月二十八日驻字第二十五号函开：

"查本部依照六个月工作计划大纲之规定，最近联合本港教育界同人假德辅道广东银行四楼，成立华侨图书馆一所，缘七七抗战以还，内地学校迁移本港者，日增无已，文化粮食，需要甚般，顾本港图书馆，虽有数间，第每月阅书人士，户限为穿，粥少僧多，向隅不免，细查各校教员，月薪甚微，购置课外参考书籍，自不容易，本部有见及此，故即将图书馆先行成立，其功用在目前则为救济中小学教育教材，在将来即为成立大规模图书馆之基础，除具备党义图书外，并拟专门搜集华侨史料，及为本党在港澳工作之中心，闻贵部前由中华图书馆协会，向美国捐得图书二万余册，尚余一部，寄存本港，可否请贵部酌核，将此项图书，尽量拨给本部，以充实华侨图书馆之内容，而利本港各界侨胞之参考。"等由，过部，查是项图书，系属该会所有，可否移赠之处，自应由该会酌定。除函复外，合行令仰酌商径复（香港广东银行四楼西南图书印刷公司董事会转）并具报备查为要。此令。

二、本会呈复教育部文

案奉

钧部二十九年一月十八日字第〇〇一六八八号训令内开（略）等因奉此，查职会前向国外征集图书，其主旨在对于因战事被毁之图书馆予以救济，且范围仅限于大学图书馆，至通俗性质之图书馆，与高深学术之研究无特殊之贡献者，不在职会救济范围之内，此项办法，且在事前征得捐书人之同意，似难变更，现此项书籍陆续由港运至昆明，一俟运到，拟请钧部指派专门人员，根据各大学之需要，作适当之分配，除由职会将救济主旨及办法函告华侨图书馆外，理合具文呈报钧部，俯予鉴核备案。谨呈[①]

附2：呈教育部推行议案

"本会第二次年会议决案，须由教育部明令施行者甚多，已经执行委员会汇总呈送教育部鉴核。兹录呈文于左：

为呈请事：窃本会于本年八月二十八日至三十一日在北平举行第二次年会，各地图书馆代表出席者，共有十七省市，以民众教育及图书馆经费为讨论中心，综计各项提案判为四类：

（一）推广民众教育；

（二）订定图书馆经费标准；

① 中华图书馆协会理事会．本会呈复教部存港图书救济范围［J］．中华图书馆协会会报，1940，14（5）：12．

（三）专材之培植与指导事业；

（四）善本之流传。

综上四端，经到会代表，本其经验，悉心讨论。其最称扼要而便于实施者，共予通过十一案，靡不击于图书馆事业之发展。惟是推行实践，固为本会所当尽力。而奖劝策励仍有仰赖大部之提携。理合开列各项议决案，分类清单一纸，原案理由办法一册，具文呈请鉴核恳准分别施行，实为公便，谨呈教育部长。

中华图书馆协会执行委员会主席袁同礼谨呈

附送中华图书馆协会第二次年会议决案清单

甲、推广民众教育

一、呈请教育部通令各省市县在乡村区域从速广设民众图书馆案。

二、建议中央通令各省于宗祠内附设民众图书馆案。

三、县市图书馆与民众教育馆应并行设立，分工合作案。

乙、订定图书馆经费标准

一、拟定各级图书馆经费标准，请教育部列入图书馆规程案。

二、呈请教育部规订补助私立图书馆临时及经常费案。

丙、专材之培植与指导事业

一、请协会建议行政院及教育部指拨的款于北平设立图书馆学专科学校案。

二、再请教育部令国立大学添设图书馆学专科案。

三、呈请教育部于图书馆规程中规定省立图书馆应负辅导全省各图书馆之责任案。

四、请协会呈请教育部通令各省市县教育行政机关应聘请图书馆专家指导各中小学图书馆一切进行事宜案。

丁、善本之流传

一、建议当局传抄及影印孤本秘籍以广流传案。

二、建议教育部此次选印四库全书应以发扬文化为原则在书店赠本内，提出若干部分赠各省市立重要图书馆及国立各大学图书馆案。①

附3：中华图书馆协会呈请教育部准予登记战区图书馆人员

教育部前为统筹战区专科以上学校教员战时服务，及学生就学或训练起见，曾制定员生登记办法，俾免流亡。诚以战时教育之维持，实为抗战中主要工作。本会鉴于图书馆事业，为社会教育之中心，自战事蔓延，被毁奇重。亟应设法救济，庶免流离，而得为国效力，前特具呈教部，拟恳援照战区专科以上学校员生登记办法，准同待遇，予以登记，业承核准施行，兹录原呈如次：

呈为恳请登记战区各地图书馆人员，俾得献力国家，而免流离，仰祈鉴核令遵

① 中华图书馆协会执行委员会. 呈教育部推行议案[J]. 中华图书馆协会会报，1933，9(2)：26－27.

事，窃查近年以来，我国图书馆事业，赖政府之指导，社会之协助，积极推广，成效卓著。惟自事变以来，各地沦为战区，文化机关，被毁尤甚，馆务停顿，缃帙流离，馆员中荡析无归者，殊不乏人。

钧部前为统筹战区专科以上学校教员战时服务，及学生就学或训练起见，曾制定员生登记办法，并在川、黔、湘、豫、陕各省，分别设立临时大学及临时中学，俾流亡学子，得安心向学，树用来兹，宏猷擘划，奠定国基。惟是学术充实，图书是赖，战事学术界之恐慌，如何救济？现代科学刊物，如何传播？以及抗战期间如何启发民智？指导社会？战事结束以后，如何复兴？则图书馆之职责，颇为重大。查数十年来，我国以历史关系，已往重要建设，偏重沿海沿江一带，而西南内地，边疆各省，鲜少效力，分布失均，积重难返。当兹全面抗战期间，惩前毖后，亟有调整此种畸形发展之必要。窃以图书馆之地位与人员，实不在学校及其他事业之下，矧其为一种专门事业，已无待赘言，似应援照战区专科以上学校员生登记办法，准予在大部登记，分别派遣西南及西北各省继续服务，以期人尽其才，事尽其利，俾能充实文化，而收指臂之效。是否有当，理合具文呈请钧部鉴核实行，实为德便。

谨呈教育部部长陈①

二、政府批复及命令

政府对于中华图书馆协会请求给予答复，并对协会发展中具体业务给出政策指示和行政命令。

附1：中央大学区扩充教育机关主任会议关于图书馆之提议

中央大学区于十月二十三日举行扩充教育机关主任会议，讨论一切兴革事项，当时关于图书馆事之提议甚多，兹特集录此项决议案如下：

一、各县图书馆得酌设借书部，借书出馆阅览案。——宜兴图书馆原提

二、拟请各省立县立图书馆内附设博物院或金石专部，以彰文化而资研究案。——苏州图书馆提议

三、各县通俗教育机关应多备关于国耻图书案。——如皋图书馆提议

四、呈请中大行政院对于各县民众教育机关主任应予以用人行政全权，并准修改各机关暂行条例案。——宜兴图书馆原提

五、拟请大学院征集国内图书馆学专家，目录学专家，各图书馆主任，斟订妥密完善之图书分类法，颁发国内各图书馆及各学校图书馆遵用，以资划一案。——苏州图书馆提议

六、请中央大学转呈大学院，委托专家编订图书馆编目大纲，颁发各图书馆遵行案。——无锡图书馆提议

七、请各图书馆互抄或印刷先哲遗著及掌故丛书，以资志乘而彰文献案。——苏

① 中华图书馆协会理事会. 本会呈请教部准予登记战区图书馆人员[J]. 中华图书馆协会会报，1938，13(1)：15.

州图书馆提议

八、全省县图书馆及通俗馆分区组织研究会,并交换图书及陈列物品案。——泰县图书馆提议

九、联络各县图书馆交换书籍案。——吴县教育局提议

十、请省县立图书馆及通俗馆添办巡回讲演及巡回文库,以资倡导读书运动,并宣传党化教育案。——文阴教育局提议

十一、联合呈请中央大学,训令各县将新旧县志板片交由图书馆及通俗馆典藏俾便流通案。——江都民众图书馆提议

十二、各县通俗馆图书馆公园等,应一律附设实验民众学校案。——中央民众教育院提议

十三、购置图书,应由中央大学转商各大书坊,价目格外从廉案。——泰县图书馆提议①

附2:中央大学区组织图书馆联合会

中大区扩充教育机关议会闭会后,中大区立苏州图书馆发起组织全省图书馆联合会,当在午后集合各县代表讨论一切,并推定中大苏州图书馆蒋镜寰与吴县公立图书馆杨蓉裳为起草委员。草订规程,再行印发各县,征集意见,以便下次大会集议。通信中心及会所公决在苏州沧浪亭中大区立苏州图书馆云。②

各省教育厅为图书馆协会制定征求图书文献条例,拟定征订图书办法。1928年《中华图书馆协会会报》第四卷第一期刊载江西省务会议通过的《江西省征求图书文献条例》,为征集图书及地方文献提供条例支持。1930年《中华图书馆协会会报》第六卷第二期中的江苏教育厅图书馆征书办法明确"助长切磋创作的兴趣,提倡学术研究精神,促进教育文化事业"的征书目标,规定馆藏应备书籍种类,征书周期与征书接洽事宜。

下文将《江西省征集图书文献条例》照录如下:

第一条,为征集各种图书及地方文献起见,特定本条例颁行之。

第二条,征集之种类如下:

1. 各郡县志及山水志;
2. 各地方金石或拓本;
3. 各姓族谱;
4. 已刊未刊之各家著述;
5. 各种图书及版本;
6. 各种文献物品;
7. 各学校讲义;

① 中华图书馆协会执行部. 中大区扩教会议关于图书馆之提议[J]. 中华图书馆协会会报,1928,4(2):24.

② 中华图书馆协会执行部. 中大区组织图书馆联合会[J]. 中华图书馆协会会报,1928,4(2):24-25.

8. 各种集会记录；

9. 各机关重要档案及刊物；

10. 关于革命之各种记载。

第三条，凡征集之图书文献均由江西省立图书馆保管之。

第四条，前第二条所列第七项至第九项，应由各学校各集会及各机关备具副本，均责成各县长官及教育局长征集之。

第五条，各县长官及教育局长征集成绩若何，应列入办学考成内，分别奖惩。

第六条，前江西官书局刊刻之各种图书版本，均应收归省立图书馆庋藏。

第七条，凡省会及外属书肆，遇有新出版物须自发行之日起两个月内，将该项图书一份寄送省立图书馆。

第八条，凡本省出版新闻杂志均须寄送省立图书馆一份。

第九条，凡捐赠图书文献者得优予奖励，其条例另定之。

第十条，凡征集图书文献，其种类名称，以及征集之姓名，均于教育公报公布之。

第十一条，本条例经省务会议通过施行。[①]

第三节　国际资源：国际交流与合作

中华图书馆协会成立后不断参与国际图书馆事业，发起成立国际图联，参与国际图书馆交流、开展国际图书馆学术交流，推动国际图书馆教育事业发展，不仅增强了国际联络，同时也促进我国图书馆在水平的提高。

一、国际间友谊之联络

1927 年，美国图书馆协会大会和助国际协进社先后发起国际图书馆联络协助运动（见中华图书馆协会会报第二卷第四期及第三卷第一期），声明将于英国图书馆协会五十周年大会之际决定此事，并就此事征询中华图书馆协会意见。同年 9 月 26 日，英国图书馆协会在爱丁堡举行五十周年大会，专门设立了委员会讨论此项事宜，韦棣华女士代表中华图书馆协会出席，并参与讨论成立国际图书馆及目录委员会（International Library and Bibliographical Committee）。中华图书馆协会董事部考虑到此事关系到与国际图书馆之间的联络，决定正式加入该会，并推选戴志骞、袁同礼、沈祖荣为代表参与相关工作[②]。1928 年 10 月 14 日至 16 日，国际图书馆会议及美国图书馆协会第五十五届年会在芝加哥举行，中华图书馆协会选派驻美会员、哈佛大学汉和图书馆主任裘开明为代表参会。1928 年春天，国际图书馆与目录委员会成立后，各国相继成立图书馆协会，于是定于 1929 年 6 月在罗马举办第一次国际图书馆大会。中华图书馆协会作为发起单位之一，积极组织，派员参会。此次大会后，国际图书馆与目录委员会正式定名为国际图书馆协会联合会（国际图联）。

---

① 中华图书馆协会执行部. 江西省征集图书文献举例[J]. 中华图书馆协会会报，1928，4(1)：16－17.

② 中华图书馆协会执行部. 国际图书馆界之联络[J]. 中华图书馆协会会报，1928，3(4)：17－21.

1930年12月,第一次全亚教育大会在印度本奈尔举行,特设图书馆业务组,由马德剌(今金奈)图书馆协会书记郎迦那簪担任筹备,并请中华图书馆协会加入,但却未能参会。该会曾决定搜集亚洲各国图书馆运动的报告,因此中华图书馆协会寄赠了多份英文的中国图书馆概况,以供研究。

1933年,国际图书馆协会联合会之国际图书馆委员会第六届会议分别于10月14日在美国芝加哥,11月13日至14日在法国阿维尼翁分两次举行。中华图书馆协会请裘开明先生代表该会出席芝加哥会议。裘开明在会议上提出中国图书馆情报及中国图书馆与出版之统计各一篇。1934年5月28日至29日,第七届委员会在西班牙马德里召开,袁同礼先生未及时赶到,临时由日内瓦中国国际图书馆馆长胡天石代表我国图书馆界与会。胡天石提出了中国图书馆报告一篇。①

1935年5月20日至30日,第二次国际图书馆大会在西班牙首都马德里举行,中华图书馆协会受大会邀请派代表参加。时我国正值经济紧缩之际,但为了图书馆事业的发展,经中华图书馆协会执行委员会讨论,决定请当时正在美洲考察图书馆事业的汪长炳先生为出席代表,这样可以降低花费。并请教育部委任汪长炳为部派代表,拨给旅费。②

除了参加国际会议,中华图书馆协会还编辑英文图书通讯,以加强与国际图书馆界的联系。自1944年3月起,中华图书馆协会开始编辑英文图书通讯一种,介绍我国战时图书馆的工作及战后图书馆的复兴计划,以使国际社会能够了解我国的实际困难情形,从而取得密切联系与努力。该英文通讯分别寄往英、美、苏三国,再由各国分制复本,代为传播。此外,中华图书馆协会还用英文写成了《中国图书馆之被毁及战后复兴》一文,发表在《美国图书馆杂志》上。③

1. 与美国图书馆协会之关系

(1)美国图书馆协会年会

1926年10月,美国图书馆协会在大西洋城举行五十周年大会,并召集世界图书馆员会议,中华图书馆协会派裘开明、桂质柏两位先生及韦棣华女士三人为代表,出席大会。④

- 与美国图书馆协会之关系

> 美国图书馆协会,为全世界图书馆运动之最著或效者,去年本会成立,曾派代表来华考察,以谋有所协助。五月二十四日执行部干事会议特议决委托刘国钧先生代表本会出席于该会之一九二五年年会,并由临时费项下购备纪念物相赠,以结友谊上之好感。所赠为古代(元魏时)之瓦质牛车一个,委托王永礼先生由上海送President Jackson船上,托鲍士伟博士返美时带交,月前已接到美国图书馆协会谢函,谓该件已经送到。⑤

- 美国图书馆协会大会之参与

> 美国图书馆协会,十五年十月在阿特兰提克城举行五十周年大会,并招集世界

① 中华图书馆协会执行委员会. 中华图书馆协会第九年度报告[J]. 中华图书馆协会会报,1934,10(1):3-6.

② 中华图书馆协会执行委员会. 国际大会之参加[J]. 中华图书馆协会会报,1935,10(5):21.

③ 袁同礼. 中华图书馆协会之过去现在与将来[J]. 中华图书馆协会会报,1944,18(4):2-3.

④ 中华图书馆协会执行部. 中华图书馆协会第二周年报告[J]. 中华图书馆协会会报,1927,3(2):3-8.

⑤ 中华图书馆协会执行部. 中华图书馆协会第一周年报告[J]. 中华图书馆协会会报,1926,2(1):3-5.

图书馆员会议。本会除驰电祝贺外，并派本会在美会员裘开明，桂质柏及韦棣华女士三人为出席代表。①

(2)美国费城世界博览会

1926年夏天，美国举行建国五十周年纪念，在费城召开世界博览会，并邀请中国参展。中华图书馆协会受中华教育改进社委托，向国内各图书馆征集图书馆设备、建筑影片、模型等展品，并于5月运往展览会，深受观众欢迎。鉴于中华图书馆协会对于促进中国民众教育所做的贡献，大会审查委员会向中华图书馆协会颁发了奖状。

附1：美国费城世界博览会

今夏美国举行百五十周年纪念，在费来德禄斐亚城开世界博览会，其政府及社会均望吾国参与，并望于教育方面特为注重，中华教育改进社，特于三月十五日函请本会向国内征集关于图书馆设备建筑等影片及模型，执行部当即分函国内较著名之图书馆，请其从速准备该项出品。除因经费困难，未能筹办，或由驻沪赛品管理处直接寄出者外，计共收到影片二十余起并加以说明书，皆于五月间送往中华教育改进社运美展览。

费城博览会奖凭之给赠去夏美国举行百五十周年纪念，在费尔特费亚城开世界博览会，本会曾向国内征集关于图书馆设备建筑等影片，并加以说明书，寄美展览，深得该会当局及一般民主之赞许。近由该会审查委员会审查结果，已托纽约华美协进社转寄本会。②

附2：美国费城博览会寄赠本会奖

去年美国在费城开一百五十周年纪念博览会，本会曾联合国内图书馆界送出展览品多种，函蒙该会当局及一般民众之赞许。近由该会审查委员会审查结果，以本会于我国民众教育之促进贡献颇多，特给予奖凭一纸，已由华美协进社转寄本会总事务所，并闻凡我国参加之教育团里联合得一大奖云。③

(3)其他中美两国图书馆界之交流

中美两国之间文化交流，除了中国赴美参加学术会议和展览会之外，还有以下文化交流：

- 美国国会图书馆中国书藏

美国国会图书馆搜求中国书籍不遗余力，近将全部书藏，移至新建之书库之一部，可遥望华盛顿全城。二年后拟设一中国文化讲座，辅助各大学作高深之研究；

---

① 中华图书馆协会执行部.中华图书馆协会第二周年报告[J].中华图书馆协会会报，1927，3(2)：3－8.

② 中华图书馆协会执行部.中华图书馆协会第一周年报告[J].中华图书馆协会会报，1926，2(1)：3－5.

③ 中华图书馆协会执行部.美国费城博览会寄赠本会奖[J].中华图书馆协会会报，1928，3(1)：19.

同时并希望可收入中国书十万册，丛书四百种云。[①]

• 美国举行中国书周

美国战时新闻处与美国图书馆协会合作特于本年三月廿四日至三十日全国举行中国书周 China Book Week，其旨趣在促进美国人士对于中国之了解与认识。其实施办法则由全国图书馆在该周内同时举行关于中国研究资料之展览并在各地广播电台举行广播，同时举行演讲并演奏中国音乐以助余兴。美国图书馆协会在本年一月份会报内并刊载一文题为《利用图书了解中国》云。[②]

• 美国图书馆协会派专家来华考察

1925 年，鲍士伟博士代表美国图书馆协会来我国考察，中华图书馆协会赠与美国图书馆协会古代瓦制牛车一具，委托鲍士伟博士带回，用以酬谢该会对我国图书馆事业的盛大帮助，而结用好。

美国图书馆协会为促进中美两国图书馆界之关系，拟派一图书馆专家来华访问，一方面搜集中国图书馆界之重要资料，作援华准备，并经由私人间直接谈话探求问题及困难之所在，一方面与中国图书馆界保持密切友好之联系。[③]

美国图书馆协会为促进中美两国图书馆界之关系，并调查中国图书馆实际情形俾作援华准备起见，经建议由美国国务院聘请哥伦比亚大学图书学院院长兼图书馆馆长怀特博士来华考察，定于十二月初抵渝，本会奉教育部令主持招待事宜，当即组织招待怀特博士委员会。订定怀氏考察日程，编制英文本本会工作概况及我国西南、西北主要图书馆概况俾赠怀氏参考，分函后方各地重要学术机关筹备招待，并分函各学术机关编制英文本工作概况专供怀氏参考，请教育社会两部拨发招待费用，并拟编制备忘录一种提交怀氏，各项工作，均在积极进行之中。[④]

2. 英国图书馆协会五十周年纪念会

英国图书馆协会成立于一八七七年。本年九月二十六日至三十日，为该会庆祝五十周年纪念之期，在苏格兰爱丁堡举行；各国均派有代表出席。其会序中各讲演可纪者如下：1. 乡村图书馆，2. 苏格兰国立图书馆之组织及现状，3. 五十年来图书馆协会之回顾，4. 图书馆员之职业，5. 读书之教授法，6. 耶鲁大学之新建筑，7. 美国图书事业之近状，8. 英国公立图书馆之改进报告，9. 克里弗兰公立图书馆之事业等。其议决案之重要者，则为关于国际图书馆及目录委员会之决议案。[⑤]

---

① 中华图书馆协会执行部. 美国国会图书馆中国书藏[J]. 中华图书馆协会会报，1927，3(2)：12.

② 中华图书馆协会理事会. 美国举行中国书周[J]. 中华图书馆协会会报，1943，18(3)：13.

③ 中华图书馆协会理事会. 美国图书馆协会拟派专家来华考察[J]. 中华图书馆协会会报，1943，18(4)：17－18.

④ 中华图书馆协会执行部. 中华图书馆协会三十三年度工作报告[J]. 中华图书馆协会会报，1944，18(5/6)：12－13.

⑤ 中华图书馆协会执行部. 英国图书馆协会五十周年纪念会[J]. 中华图书馆协会会报，1927，3(3)：22.

去年英国图书馆协会于九月杪在爱丁堡举行成立五十周年纪念大会，同时并召集世界图书馆员会议。本会以道远未得派员与会，适韦棣华女士自美赴会，遂请其代表本会，参加一切讨论，极博群众之欢迎。①

3. 与各国交换出版物，加入国际交换出版品协约

《中华图书馆协会会报》早在创刊之处，就开始寄赠欧美及日本等国，请各国图书馆交换，并得到函复同意。1925年8月，经华俄通信社介绍，与苏联的交换机关苏俄文化沟通社建立联系。1925年9月，教育部出版品国际交换局成立，同年12月，中国加入国际交换出版品协约，与各缔约国建立联系。

在刊行会报之初，即寄赠欧美日本各处，请其交换，已陆续接到复函应允。十四年八月十八日又由华俄通讯社介绍苏俄之交换机关"苏俄文化沟通社"。迨教育部出版品国际交换局成立，本会亦按期寄送会报多份，以便转寄。计现与本会实行交换者，有英美法德比利时西班牙捷克苏俄日本各国。②

附：中国加入国际交换出版品协约之经过，袁同礼著

中国加入国际交换出版品协约余曾参与其事十四年九月出版品国际交换局成立，又为之筹划与缔约国发生关系前后约有十余国，年来政治纷扰进行停顿，我国应尽之义务多未履行，殊为遗憾，爰将经过事实籍本报披露之。

国际联盟于一九二二年有智育互助委员会之组织以法哲学家柏格森为委员长，成立之始即以沟通国际学术事业为目标，而对于国际交换书报之举尤希望其充分发展，先是一八八六年（光绪十二年）三月十五日美利坚比利时意大利巴西西班牙葡萄牙塞尔维亚瑞士八国曾有交换公牍及科学文艺出版品公约及快捷交换官报与议院记录及文牍公约，即所谓一八八六年之公约是也（附录二及三）惟此约仅限八国范围颇狭智育互助委员会极图扩充其范围，乃于一九二二年第一次会议时，有请各国加入之议决案，经国际联盟第三届大会通过，认为可行，是年十月四日复经行政院之议决乃于十一月二十日由院长Lama通告，凡未签字一八八六年公约各国商令加入（附录一）次年（民国十二年）二月二十六日我国外交部咨文教育部征询意见，三月二十八日教育部提出国务会议议决由教育部筹备加入，旋以政局不定事遂停止进行。

一九二四年七月智育互助委员会在日来弗召集一专家会议讨论改进国际交换事业之方法，而对于科学及文学出版品之交换尤特别注意爰有新公约之拟定（附录五），经九月之第五届大会之许可，遂于十一月十日由行政院秘书长通告各国征询对于新公约之意见（附录四），次年（民国十四年）三月二十六日外交部将原案送交教育部查核至八月六日，复由外交部提出国务会议议决加入时章行严长教育部遂

① 中华图书馆协会执行部. 中华图书馆协会第三周年报告[J]. 中华图书馆协会会报，1928，4(2)：3－6.

② 中华图书馆协会执行部. 中华图书馆协会第一周年报告[J]. 中华图书馆协会会报，1926，2(1)：3－5.

决定组织出版品国际交换局,隶属于教育部。九月十四日国务会议议决该局经费每月暂定三千元以政费无着至十一月五日始,通告成立,旋由教育部转咨外交部,请将我国正式加入两公约及组织出版品国际交换局,经过通知比国政府及国际联盟行政院并声明中国政府对于新公约表示同意,十二月以外交部之呈请奉令准予完全加入(附录六),十二月二十二日由驻比公使王景岐正式通知比国政府(附录七),复由比国政府函告国际联盟(附录八)一九二六年一月二十八日比国函复王公使报告中国加入公约之举已转知其它签约各国(附录九)

国际交换局既告成立所举办之事业较重要者列举如下:

一　政府出版品之调查　关于此种调查前此向无专书而政府各机关对于本机关出版品之处置,其组织至为焕散,倘问以其出版品共有若干种,出版后赠寄于何机关均无记录可查,不得已乃委托北京大学图书馆将该馆所藏之政府出版品编一总目,即十五年出版之北京大学图书馆所藏政府出版品目录(五十五页)也虽内容未能完备然重要者已搜罗无遗,十六年夏北京大学改组一切归于停顿乃委托北京图书馆继续其事,现该馆所编之目在印刷中。

二　上海交涉使公署中美交换书报处之接收　十四年十一月十二日由教育部咨外交部请将上海交涉使公署中美交换书报处之事务归并交换局接收,外交部于十一月二十六日复函认可,先是光绪三十三年间,中美有互换政府出版品之接洽由苏松太道呈明两江总督,就上海洋务局,设立中美换书局遴派委员,以掌其事。民国以来上海交涉使公署成立继承洋务局之事业,但未设置专员经理其事,以致历年积存之书散佚损坏时所不免,九年许秋舤沅到任,查得存储美国书报已及一百五十九期之多乃于署中设中美交换书报处遴派专员负责清理并将大部分书暂借与南京科学社图书馆。小部分暂借与上海总商会,十三年秋苏浙战事发生兵士占据交涉使公署所藏书报多被焚毁,亦一大劫也(此系余在沪时许君告余者)

三　委托北京图书馆为接受外国政府出版品机关　中美交换书报处自奉令归并后,前后寄来书报共二十五箱,尽为美国政府出版品,其时局中已与其他缔约国发生关系陆续寄到之书亦不尠,乃于十五年四月由政府委托北京图书馆为承受机关,凡局中以国际交换寄到之出版品均由该馆编目度藏,公开阅览,该馆并拟参照美国国立图书馆前例组织官书部专司其事焉。

四　与缔约国之接洽　我国政府出版品目录既委托北京大学图书馆编印成书,乃与各国交换局正式接洽,十五年一月至十月先后与美国日本新南威鲁斯西澳大利亚比利时意大利波兰瑞士捷克乌拉圭鲁满尼亚诸国互交换其出版物,内中以美国出版品为最多,而又按期寄到毫无迟滞,其行政上之效能深堪为他国模范也。美国政府出版品寄往国外者分为全部 Fall Sets 半部 Partial Sets 两种,计接受全部者六十处接收半部者四十三处,中国自一九零八年以后即接收其全部,置之于上海交涉使公署,散佚损坏不计其数,自一九二六年五月起改藏于北京图书馆编目整理蔚然钜观矣。

五　与总税务司之接洽　前此美国政府出版品递寄上海交涉使公署者由轮船寄到后,往往受海关之检查且时有置之码头多日而无人过问者,交换局成立之始有鉴于此,乃于十五年三月十七日向税务处及总税务司接洽请其免验并派天津海关代为接收,由负责人经理转运,于四月六日得其同意,自是以后凡书籍到津皆由津海关接收并代转运于北京,极称便利焉。

交换局接受到之外国政府出版品既由北京图书馆为之编目整理,供众阅览则其对于缔约国之义务可谓完全履行,尽此两机关之关系正如美国斯密安学院(即美国交换局)及国会图书馆之关系也。惟尚有其他职务如分寄国内外学术团体互相交换或寄赠之出版物等等,均以款绌无由进行,此极待解决者也。

一九二七年十月二十四日国际联盟行政院将比国政府关于征询加入新公约之调查函告各国并以智育互助委员会第九次会议讨论之结果及其建议以及九月二日行政院之议决案,征求各国之意见并请对于第二段予以答复(附录十及十一)政府当局征询于余爰为拟定办法四项(附录十二),倘能实行则国际出版品之交换,可望逐渐改进矣。至各缔约国参与一八八六年之公约至一九二七年止先后共二十三国,兹注明其加入之年,而以非正式参加者及不参加之各国均列于下表。①

4. 其他国际会议之参加

附1:中华图书馆协会第七年度报告

主持国际图书馆协会联合会会务之国际委员会,本年六月九日至十日在瑞士京城泊尔尼国立图书馆内举行第五次会议,连函本会代表出席。本会因路途修远,特编制一年来中国图书馆概况之简略报告,并附叙上海各大图书馆此次沪战之损失,惟未能专人前往云。②

附2:中华图书馆协会第八年度报告

国际图书馆协会在罗马举行第一次大会时,本会曾派代表沈祖荣参加出席。本年十月十四日至十六日,在支加哥举行,国际图书馆会议,及美国图书馆协会第五十五届年会,本会业经选派驻美会员哈佛大学汉和图书馆主任裘开明君为代表届时便道前往参加矣。③

附3:中华图书馆协会第十一年度会务报告

国际图书馆协会理事会定于今夏五月三十一日至六月二日,在波兰华沙 Warsaw 举行第九次年会,讨论国际间图书馆及目录问题。本会曾将最近一年来中国图书馆之发展,编撰英文报告,连同一九三五年出版之英文本中国之图书馆一书,寄送该会,藉资宣扬,关于参加年会,本会以此次非大会性质,故未派员前往出席,惟会函托日内瓦中国国际图书馆馆长胡天石博士,就近代表,而胡氏以事赴德,故转托驻波兰使馆

① 袁同礼. 中国加入国际交换出版品协约之经过[J]. 中华图书馆协会会报,1928,3(3):3-20.

② 中华图书馆协会执行部. 中华图书馆协会第七年度报告[J]. 中华图书馆协会会报,1932,8(1/2):1-4.

③ 中华图书馆协会执行部. 中华图书馆协会第八年度报告[J]. 中华图书馆协会会报,1933,9(1):2-6.

虞和德先生代表参加，本会所寄撰稿，亦已由虞君在大会中宣读矣。[①]

附4：参加国际图书馆委员会十三次会

国际图书馆协会联合会第十三次委员会，于卅六年五月二十日至二十二日，在挪威京城奥斯陆举行。我协会原拟请会员胡天石博士代表出席，嗣因旅费未能及时汇出，改托使馆秘书雷孝敏氏代表出席，以资联系，并有书面报告《复员后之中国图书馆概况》航寄雷氏，此届年会，除选举新会长及改组各小组委员会外，会中注意各会员国图书馆所特遇之问题及该会所能为力事项。会后联合会总干事塞文司马先生来函云：

奥斯陆国际会议中，讨论问题若干，决定问题若干，谅贵协会会员必深感兴趣，故特尽先奉闻，至祈转达：

（一）美国图书馆协会热诚建议一九四八年之第三次国际图书馆大会在美举行，已得专门图书馆协会及医药图书馆协会附议，并经大会通过。按照本会过去之决议，下届国际会议讨论题目，决定限于国际性或普遍性之问题，尤注重欧洲图书馆及图书馆学者与其他各大陆图书馆界之联系，例如交换图书馆员交换出版品，以及目录学及编目等范围内之合作。日期地点暨大会程序，一经决定即行通知，并请各分委员会之主席与各该委员会之会员保持连系，庶得及时准备对大会之贡献。此间同人深知欧洲各地图书馆学者莅美参加会议之种种困难，刻正努力为参与本会之欧洲人士策划减除此种困难。

（二）本会奥斯陆第十三次年会报告已整备就绪，希望最近印为联合会会刊第十二卷，分寄联合会各会员协会。

（三）新编会员协会概况草样，以稿件尚未齐全，未能立即寄出，兹随函附上联会各分委员会之目录草样，敬希阅后传观。

（四）本会已选定“编目规则之简化与统一”为第一次塞文司马奖金之论文题目，奖金金额暂定为一千瑞士法郎。竞奖章则见联合会会刊第十一卷之附录第三十五。

（五）联教组织代表迦特先生曾在会议上披露该组织对图书馆方面之计划，其谈话将收为会议报告附录之一。本会已与联教组织订立草约，详记二机构间之合作方法，是项草约亦将载入报告。

（六）合作事业中之交换图书馆员一项亟待推进，贵国专为图书馆员设立之奖学金及可以给予图书馆员之奖学金情形，即盼见示。联教组织会谓就图书馆之功用观之，事实上极需要图书馆员中在联教组织之各国委员会内有代表参加。联教组织在墨西哥京城举行会议时，拟办一图书馆展览会。

（七）本国际委员会已接受捷克图书馆协会之邀请，一九四九年之会议将于捷克布拉克举行。

旋复接其来函，谓第三次国际图书馆大会已延期至一九五零年举行，因该年为

① 中华图书馆协会执行部．中华图书馆协会第十一年度会务报告［J］．中华图书馆协会会报，1936，11（6）：21－23．

美国国会图书馆一百五十周年,有种种之便利;一九四八年改开第十四次国际图书馆委员会,地点在伦敦或满其斯特,时间在九月,同时联教组织与国际图书馆协会联合会并将办一公共图书馆暑期学校云。①

二、国际间友谊之组织

中华图书馆协会参与国际事务最为突出的一项,是共同发起成立国际图书馆联合会(International Federation of Library Associations)并参加相关会议。1921 年,美国召集世界教育会议时,提出了成立世界图书馆局(International Library Bureau)的议案,前教育部代表谢冰君参与了讨论。1924 年,中华教育改进社年会图书馆教育组也曾提出此类议案;1925 年秋,捷克曾邀请世界图书馆专家在北京举行会议,但讨论未果。1926 年,美国图书馆协会五十周年纪念大会上,提议创设世界图书馆联合会(World Library Federation)国际智育合作社。1927 年,英国图书馆协会在爱丁堡举行五十周年大会,专门设立了委员会讨论此项事宜,韦棣华女士代表中华图书馆协会出席,并参与讨论成立国际图书馆及目录委员会(International Library and Bibliographical Committee)②。中华图书馆协会董事部考虑到此事关系到与国际图书馆之间的联络,决定正式加入该会,并推选戴志骞、袁同礼、沈祖荣为代表参与相关工作。随后,各国相继成立图书馆协会,于是定于 1929 年 6 月在罗马举办第一次国际图书馆大会。中华图书馆协会作为发起单位之一,积极组织,派员参会。接到通知后,中华图书馆协会即组织参加国际图书馆会议筹备委员会,聘请委员 16 人,协助筹办大会。戴志骞、沈祖荣、胡庆生、顾子刚、裘开明、桂质柏等六位撰写论文各一篇,印成论文集,带至大会。此次大会还举办了展览会,制定参展细则,向各国广泛征集展品。中华图书馆协会也承担了几项展品,并于 4 月 28 日在北平北海公园内举行了展览预备会,审查展品。展品内容以我国图书馆制度和现代图书馆运营方法为主。各项展品充分展示了中国悠久的历史文化,深受欢迎。出席代表方面,经讨论,推举武昌文华图书科主任沈祖荣为正式代表参会,并由教育部委任为部派代表,代表中华民国政府。此外,还邀请了时在欧洲的中华图书馆协会前董事张伯苓出席③。5 月 23 日,沈祖荣从北京出发,代表政府参会(委任沈祖荣代表参会详见教育部指令第 1299 号)。此次大会后,该机构正式定名为"国际图书馆协会联合会",即国际图联。

此外,考虑到沈祖荣长途跋涉,机会难得,因为中华图书馆协会特意委托其顺路调查欧洲图书馆概况。沈祖荣先后到访德、意、荷兰、英、法、瑞士、俄、奥等国参观图书馆,并曾调查德国出版界与书店的情况。此次访问后,沈祖荣提出,我国的国立图书馆应参考欧洲的做法,注重专门与保存;而公共图书馆则应参考美国,注重应用与普及。

1. 国际图书馆协会联合

(1)国际图书馆联合之进行

美国图书馆协会,去年开五十周年大会时,各国赴会代表,曾讨论国际图书馆

---

① 中华图书馆协会理事会. 参加国际图书馆委员会第十三次会[J]. 中华图书馆协会会报,1947,21(3/4):3.

② 中华图书馆协会执行部. 发起国际图书馆及目录委员会议案[J]. 中华图书馆协会会报,1928,3(4):18.

③ 中华图书馆协会执行部. 中华图书馆协会第五次会务报告[J]. 中华图书馆协会会报,1929,5(1/2):27-31.

协助问题,当有决议报告。该会现为此种问题致函本会并附该项报告,其函大意如下:

敬启者,一九二六年在阿特兰提克城举行美国图书馆协会五十周年大会,各国赴会代表计五十七人,凡代表二十三国,虽非国际图书馆会议,然在大会以及两次临时集会中,颇多国际图书馆协助之讨论。今奉上此二次临时集会之报告一件,其第二次集会,系举行于两周游览之末,曾有下列议案之表决。

十三国之代表参与美国图书馆协会会外游览者,极希望此国际图书馆互助精神之赓续,爰有下列事项一致请美国图书馆协会执行。

由美国图书馆协会发起通告世界各国图书馆协会,建议组织一"国际图书馆委员会"并征求各协会意见,但此种讨论之正式提出,当在明年爱丁堡集会之时,其最后之决定,须取于届时各国图书馆总机关特派之代表。

兹美国图书馆协会,特以此议案奉达贵会,但须请注意者,即十三国各代表建此议时,对于现在或将来新机关所成之国际图书馆协助,其发展应至若何程度,以及此新组织之是否需要,并无具体意见。至于美国图书馆协会会外游览中所成关于国际图书馆协助议案之纲领,则详于附寄之报告。

依各国诸代表所表示之愿望,敝会特请贵协会以促进国际图书馆合作之建设的意见见赐,至先生个人之意见亦所欢迎,四月底以前收到之一切意见书,拟由美国图书馆协会国际联合委员会编为纲要,分布与各国图书馆协会,余谨代表美洲敝会同人敬致意于先生及贵协会各同志,此致

中华图书馆协会执行部部长袁同礼先生

美国图书馆协会总秘书米来牟谨启

一九二七年二月一日①

(2)国际图书馆之联络

国际联盟智育合作委员会于一九二六年七月集会之时,曾议决召集其附设之目录委员会内之图书馆专家,以便讨论各国图书馆之协助办法,自智育合作国际协进社在巴黎成立以来,即设立科学联合部,以沟通国际间科学事业之联络,同时又以科学界之联络势非先从国际图书馆联络入手不可,乃于本年召集一专家会议,并将其议决案分送各国国立图书馆馆长及图书馆协会会长,征询意见,并拟于英国图书馆协会举行其五十周年大会时讨论之,兹将智育合作国际协进社致本会函,译其大意如下:

敬启者:智育合作委员会在一九二六年五月二十九日大会,议决召集一目录分委员会之图书专家会议,讨论智育合作国际协进社所举办对于图书馆及研究机关之联络办法,到会者有下列诸专家:

考莱博士 主席 牛津大学图书馆馆长

约翰斯顿博士 美国国会图书馆驻欧代表

① 中华图书馆协会执行部.国际图书馆联合之进行[J].中华图书馆协会会报,1927,2(4):19-21.

郭戴特先生　瑞士国立图书馆馆长
柯鲁士博士　德国国立图书馆馆长
马色尔先生　法国国立图书馆馆长
毕寿普先生　美国图书馆协会国际联会委员会主任
欧布勒思姑先生　国际联盟智育合作委员会秘书
斯定威克书记　国际协进社科学联合部部长

依诸专家所表示之意见,鄙人特以通过之决议案,函达先生;然该决议案尚须待本年七月智育合作委员会大会之赞同,方发生效力。在本年爱丁堡举行之图书馆员大会时,尚冀能得机会,对于此事详为讨论。此致

中华图书馆协会执行部部长袁同礼先生

科学联合部部长斯定威克谨启
一九二七年五月三十日

国际联盟图书专家委会员议决案

图书专家委员会,依据一九二五年七月国际智育合作委员会大会之希望,又以国际智育合作协进社之成立,已见诸事实;有以下之建议:

一、于国际智育合作协进社,科学联合部内,特组织一图书馆事务处。该事务处之职务,暂拟如下:

(甲)供给各国已成立之咨询机关间之联络方法。

(乙)促进各国咨询机关之建设或发展;以指导学者与研究者对于分科研究之专门书藏之利用为宗旨。遇有可能之时,应将其所需要之书藏现藏何处注明。

二、各国所设此项咨询机关,应将其设备报告于智育合作协进社之图书馆事务处。此等合作办法,当使各国咨询机关(如此项机关尚未设立,则属之国立图书馆)用途日益扩大;或自身供给学者所需要之资料,或导引之于重要专门图书馆。

三、图书馆事务处按照国际智育合作委员会先期之提议,应从事研究一种能伸缩而又经济之方法,以便互相借用写本及图书。此项方法应注意学者之兴趣与保存贵重图书之必要,以及新照像法及其他复制方法,以减少图书之损坏而免送出原本于国外。

四、该事务处应尽量努力,增加加入一八八六年及一九二五年出版品国际交换公约之国数,而改进各国交换局所采之方法。各国图书馆,大学校及其他学术机关,交换事业之密切联络,尤为重要。各机关均应将所备交换之书及所欲得者各为目录;收到国外出版品后,仍应按照各机关之需要分配之。

五、图书专家委员会得毕寿普先生关于一九二六年十月在阿特兰提克城所举行之美国图书馆协会大会时,所讨论组织国际图书馆协会一案之报告后,公推斯定威克先生前往一九二七年九月在爱丁堡举行之英国图书馆协会大会,以便参核施行此项提议之进行。倘此事能成事实,则智育合作协进社之新事务处与计划中之

国际图书馆协会间之联合关系，应如何规定，亦应考虑而付表决者也。

六、图书专家委员会之意见，希望将上列议案分别函送各国国立图书馆馆长及图书馆协会会长，以便一九二七年九月之爱丁堡大会时，易于交换关于此问题之意见①。

“国际图书馆联络协助之运动，经去年美国图书馆协会大会及智育互助国际协进社先后发起，（见本报第二卷第四期及第三卷第一期）同时声明取决于本年九月之英国图书馆协会之爱丁堡大会，当时均曾有函征询本会意见。爱丁堡大会在九月二十六日开会首日，即组织一委员会专讨论此事，其时本会会员韦棣华女士，代表我国出席与议，结果遂有国际图书馆及目录委员会之成立。本会董事部以此事关系国际图书馆之联络甚巨，已决定正式加入，并推定戴志骞，袁同礼，沈祖荣三先生为本会代表。兹将该委员会主席柯林氏来函及委员会条例议决案译其大意如左：

国际图书馆及目录委员会主席柯林氏致本会执行部部长袁君函

敬启者：鄙人被推为国际图书馆及目录委员会主席，兹谨奉上一九二七年九月三十日在爱丁堡英国图书馆协会五十周年纪念大会，经十五国图书馆协会全权代表所签署之议决案一件。该议决案包括本委员会之条例及第一届执行委员之委任。依议案之规定，此项成立条例须得志愿加入本委员会及曾有代表签署议案之各国图书馆协会之赞同，方能有效，用特恳请。

先生从速将此条例提出于贵协会，准予通过，并同时推举代表一人，候补代表一人，以便代表。

贵协会行使职权。俟务代表举出后，当即组织第一届执行委员会，并选举第一及第二两副主席及书记。

在爱丁堡与议之各代表对于上项议决案均予以充分之赞助，盖各国图书馆协会如能有科学的协助胥于此赖之。鄙人承乏为本委员会之第一任主席无任荣幸，至希先进各协会予以恳切之提携，俾吾人所怀之图书馆事业，由国际协助之途径，得较大之成功焉。此致

中华图书馆协会执行部部长袁同礼先生

瑞典皇家图书馆馆长柯林谨启

一九二七年十一月二十九日②

促进图书馆事业专家会员（Committee of Experts of the Coordination of Library Work），应国际联合会所设之国际智育合作社之请，于本年一月二十七日至二十八日在巴黎举行会议。此次会议乃继续去年四月之会议，到会者大半为各国国立图书馆馆长，仍由牛津大学图书馆馆长考莱博士（Dr. A. E Cowley）主席，由居利夫人

① 中华图书馆协会执行部. 国际图书馆之联络［J］. 中华图书馆协会会报，1927，3（1）：14－18.

② 中华图书馆协会执行部. 国际图书馆界之联络［J］. 中华图书馆协会会报，1928，3（4）：17－18.

(Mme. Curie Sklodowska)代表国际智育合作委员会,合作社科学部部长斯定威克博士(Dr. J. de Vos Van Steenwijk)为书记。

此会议之主要目的,在联合各国咨询机关建设一国际机关,以为国际间之总枢纽,借供目录上之咨询,并预备国际间书籍与写本之互贷。但此项议案尚须待国际智育合作委员会之赞同始能有效。兹译其议案大意如下:

议案

专门委员会鉴于前在一九二七年四月专家会议所通过关于建设各国中央咨询机关及扩充与联合之议案,已于一九二七年九月得国际联合会大会之认许,并查得此项机关已成立,或已扩充,正在建设者,有奥,法,德,英,匈牙利,荷兰,及波兰,瑞典,瑞士及美利坚等国,现认此项之咨询机关,有订定其工作及联合上之简明大纲之必要,有以下之建议。

(一)中央咨询机关之组织,须就各国国立或中央图书馆联合成立,凡从事各种专门研究者,皆得向之访问某图书馆或专门书藏可供给专门学者之书籍,期刊,稿本,地图,板画,孤本等等,或供工作上一切需要之指导。

(二)此项咨询机关所需备者,非仅限于专门人才及经费而已,凡关于事务上需要之工具皆须设备,如各公私图书馆之书目或卡片目录,其它书志及传记与关于该国特殊问题之资料等是也。

(三)此项咨询机关须力事密切之联合,以资答复各国中央机关所不能答之问题。以此,各国咨询事务处并须(甲)尽力担任供给其他中央咨询机关所请求之报告;(乙)精慎转送各种咨询或请求于其它咨询机关;(丙)保存一切请求文件,归档后并须加入以后所得之资料;(丁)集中本国请求之资料;(戊)交换其各该国关于特殊书藏之报告。

(四)各中央咨询机关应供给书籍及文件等复印上之设备,以便他处有原本而无影印机关者可借用之。

专家委员会复查一九二七年四月第一次会议时所通过之案,业通过于九月之国际联合会大会,有以上之提议:

行将在国际智育合作社科学部特设之“图书馆事务处”,须以下列之事为重要之任务—(甲)中央咨询机关竭力建设此项机关于尚未成立之国中。(乙)促进各中央机关之关系并使之互通声气知彼此事务上之进步。(丙)研求种种方法,使国际互贷及交换得以改进。(丁)对于特别藏书目录用罕见文字印行者增广其效用,印行其简明译本。

综上观之,此议案之要点即为使各国俱设有全国咨询机关,以报告特别书籍收藏之所。而各国之中央机关均得直接通函,或于必要时经由巴黎之国际中央机关以形成国际间咨询与互贷之津梁。

此次会议之最有用之议决案,即使国际机关编一“咨询机关一览”,以报告各国已成立及正在组织之中央机关。此书完成后(其初编或须属暂定性质),则学者一览内容,即可以直接通讯询问。各国代表现均担任供给其本国此项机关之报告,以

便编辑云①。

(3)发起国际图书馆及目录委员会议决案

同人等,谨代表各国图书馆协会,于一九二七年九月三十日在爱丁堡集议,并议决下列之议案;但此项议案之是否有效,当以各该国图书馆协会之是否加入为准。

一、今议决设立国际图书馆及目录委员会。

二、本委员会会员由赞同此条例之各国图书馆协会选出之代表组织之。每国得指定代表一人予以选举权,但亦能派定副代表一二人。

三、本委员会之职务,选定国际图书馆大会之时期及地址,并由各国临时委员之协助预备此项大会之程序;与研究及介绍关于国际间图书馆及图书馆协会之沟通联络事业。

四、国际图书馆大会至少须五年举行一次其第一次大会由本委员会召集者,当于一九二九或一九三零年举行之。本委员会之全体会议应随同国际图书馆大会举行。他项会议,经会员三分之一之提议得由主席召集之。本委员会第一次全体会议应自现时起于一年内举行之。

五、本委员会得有指定本会会员或任何各国图书馆协会会员组织,分委员会之权利。

六、国际图书馆及目录委员会之职员设主席一人。副主席二人及书记一人。此项职员与其他会员四人得组织"执行委员会"。执行委员会之主席,副主席,书记及其他四会员由委员会选举之,任期至下次大会年之十二月三十一日止。书记得为各国协会指定之代表充任之,惟亦不拘。执行委员如有空额,当由委员会补充之。第一届国际图书馆大会举行后至该年十二月三十一日任满之执行委员焉。

捷克,法,德,英,意,瑞典及美各代表。第一任主席由瑞典代表充之,副主席二人及书记由执行委员推举。

七、同人等以为现在尚无向各国图书馆协会征费之必要。将来如有需要之时,当按各国协会会员人数之相当比例,由委员会决定后征收之。

(附注—以上所言之委员会除上有执行二字者外皆本委员会全体)②

(4)国际图书馆及目录委员会之成立

美国图书馆协会提议组织之"国际图书馆委员会",国际联合会智育合作协进社拟设之"图书馆事务处",既均声明在爱丁堡大会时为最后之讨论。去年九月,英国图书馆协会于开会之始,即特组织一委员会,讨论此事。结果,遂有"国际图书馆及目录委员会"之成立。当议决组织条例七条,由韦棣华女士代表本会签字。嗣经

① 中华图书馆协会执行部.国际图书馆之联络[J].中华图书馆协会会报,1928,4(1):17.

② 中华图书馆协会执行部.国际图书馆界之联络[J].中华图书馆协会会报,1928,3(4):17－18.

本会董事会以此事关系国际之联合至钜，推定戴志骞，袁同礼，沈祖荣三先生为本会代表，参与其事，并函告该会查照。该会于一月三十一日在罗马举行常务委员会时曾代本会报告一切云。①

(5)国际图书馆协助之进行

美国大会席上，颇多国际图书馆协助之讨论，曾由美国图书馆协会建议组织一“国际图书馆委员会”。嗣后国际联盟会智育合作协进社所招集之图书专家会议，又有成立“图书馆事务处”之拟议。二者，皆将于本年九月，英国图书馆协会之爱丁堡大会，为最后之讨论，先后将议案函送本会，征询意见。本会特各函复表示赞同。详本会会报第二卷四期及第三卷一期。②

2. 国际图书馆大会

国际图书馆与目录委员会成立后，各国相继成立图书馆协会，于是定于1929年6月在罗马举办第一次国际图书馆大会。中华图书馆协会作为发起单位之一，积极组织，派员参会。接到通知后，中华图书馆协会即组织参加国际图书馆会议筹备委员会，聘请委员16人，协助筹办大会。征文方面，选出戴志骞，沈祖荣，胡庆生，顾子刚等四位论文各一篇，印成*Library in China*论文集，带至大会；此外，中华图书馆协会裘开明、桂质柏两位会员也各选一篇论文，寄至大会主席，所以共计论文6篇。展览会方面，大会制定了参展细则，向各国广泛征集展品。出席代表方面，经讨论，推举武昌文华图书科主任沈祖荣为正式代表参会，并由教育部委任为部派代表，代表中华民国政府。此外，还邀请了时在欧洲的中华图书馆协会前董事张伯苓出席。5月23日，沈祖荣从北京出发，代表政府参会(委任沈祖荣代表参会详见教育部指令第1299号)。

此次大会共有32个国家参会，正式代表150人。会议历时两周，同时举行分组会议，分组会议共计16组。我国代表所在的第九组，规定工作为宣读论文。论文共计150余篇，宣读了其中与图书馆事业的进行、方法与统计等相关的论文宣读，我国5篇论文选入此组。

- 第一次国际图书馆大会之参加

本年国际图书馆协会，召集第一次国际图书馆会议，同时开国际图书展览会，于六月十五日至三十日在罗马举行。本会原为发起人之一，自当努力参加。自接到通知后，即于三月八日组织参加国际图书馆会议筹备委员会，敦聘委员十六人，协助进行。论文征得者，有戴志骞，沈祖荣，胡庆生，顾子刚四君各一篇，在北平印成“*Library in China*”论文集一种，携往大会。本会会员留美者，有裘开明及桂质柏二君各选一论文，径寄大会主席，故前后有论文六篇。对于展览会出品，除规定细则广为征集外，更向各处特约专门出品，本会亦担任出品数种；一面复接洽在罗马展览事项。惟出席代表人选，关系甚重，经同人详加考虑，公推武昌文华图书科主

① 中华图书馆协会执行部. 中华图书馆协会第三周年报告[J]. 中华图书馆协会会报,1928,4(2):3-6.

② 中华图书馆协会执行部. 中华图书馆协会第二周年报告[J]. 中华图书馆协会会报,1927,3(2):3-8.

任沈祖荣君为正式代表，并呈请教育部加委为部派代表，以便代表国民政府。嗣又添请田美赴欧之本会前董事张伯苓君，就近参加。所有经过情形，曾在会报第四卷第五期，详细报告，并请鉴阅。①

- 第二次国际大会之参加

第二次国际图书馆大会将于二四年五月二十日至三十日在西班牙首都马德里举行，业经函请本会派员出席。此次大会东西各国政府及学术团体，莫不踊跃参加。我国虽值经济紧缩之际，似亦未可后人。经执行委员会议，即请现在美洲考察图书馆事业之汪长炳先生为出席代表。程途既近，用费自轻，大约最低国币一千二百元即可敷用。仍援往例。呈请教育部加委汪先生为部派代表，并拨给旅费。旋奉到教育部指令第三一〇八号云：

呈悉，所请加委该会代表汪长炳充部派出席第二次国际图书馆代表大会一节，应准照办；附发委任令一件，仰即查收转发至所请补助旅费一节，准予补助国币六百元，另行汇寄，并仰查收转发，取具收据呈部备查！此令。

该项补充业托蒋慰堂先生代领汇交汪长炳先生，（合美金224.72元）其余半数由会补足，亦随即汇出。闻汪先生已定于五月十一日由美起程云。②

附：中华图书馆协会第十年度会务报告

第二次国际大会参加

第二次国际图书馆大会于二十四年五月二十日至三十日，在西班牙首都马德里举行，先期正式函请本会派员出席。此次大会，东西各国政府及学术团体莫不踊跃参加，我国虽值经济紧缩之际，似亦未可后人，经执行委员会议，即请现在美洲考察图书馆事业之汪长炳先生为出席代表。并由教育部加委为部派代表，并拨给旅费。汪先生于五月十一日由美启程前往出席，执行委员冯陈祖怡先生适因公至日内瓦，亦就近参加。会员章新民先生曾提出《中国图书馆宣示馆中藏品之方法》英文论文一篇，在民众图书馆组会议席上宣读。汪先生现已返美，正在撰拟详细报告，八九月间当可在本会刊物中发表也。③

3. 参加国际名著目录之编制

美国图书馆协会一直以来都在编制各国政府定期刊物总目录，而中国则是由专人负责定期刊物目录的编制，袁同礼，李小缘负责调查情况并编辑成书。1925 年 4 月，国际联盟智育合作委员会上，目录编制新标准的议定则是在 1925 年 4 月国际，提出按年编制世界各国名著目录，并且编制各国《现代刊物总目》（*Index Biblirgoaphicus*），中华图书馆协会参与并完

---

① 中华图书馆协会执行委员会. 中华图书馆协会第五次会务报告[J]. 中华图书馆协会会报，1929，5（1/2）：30.

② 中华图书馆协会执行委员会. 国际大会之参加[J]. 中华图书馆协会会报，1935，10（5）：21.

③ 中华图书馆协会执行部. 中华图书馆协会第十年度会务报告[J]. 中华图书馆协会会报，1935，10（6）：3－8.

成了这两项工作。

附:参加国际名著目录之编制

> 日纳瓦国际联盟会智育合作委员会所设之国际大学询问处,于去年四月六日议决按年编制世界各国名著目录。八月二十日执行部以本会既为全国图书馆之总机关,亟应参加,分担我国部分,并拟定程序五条,向国内征集新出版之名著目录,十一月四日该会来函,深表欢迎感谢之意。①

三、其他

随着东西方文化交流日渐频繁,再加上日内瓦和上海都开设中国国际图书馆,国际文化交流的需求也越来越大,需要与世界各国的图书馆界建立联系,学习交流。因此,1934 年春季,日内瓦中国国际图书馆馆长胡天石博士向欧美各国图书馆发起征集照片、图表、概况、规章等,计划举办世界图书馆展览会。同年秋季,上海中国国际图书馆将征集的各国展品,并向国内各大图书馆征集展品。10 月 10 至 17 日,展览会正式举办。展会内容包括德国柏林国立图书馆、汉堡大学图书馆、格尼斯堡邦奇大学图书馆、斯图加特图书馆,英国布里斯托中央图书馆、不列颠图书馆、伦敦图书馆,奥地利维也纳图书馆、因斯布鲁克大学图书馆,加拿大多伦多公共图书馆,西班牙加泰罗尼亚图书馆,美国芝加哥图书馆协会、波士顿公共图书馆、国会图书馆、纽约布拉特学院自由图书馆,法国国立巴黎图书馆、凡尔赛图书馆、苏瓦送图书馆、巴黎商会图书馆,荷兰阿姆斯特丹大学图书馆等来自 16 个国家的 42 个图书馆的展品。参展的国内图书馆共 66 个。日内瓦中国国际图书馆是我国在欧洲设立的唯一一所文化机关,自设立后一直积极宣扬中国文化,成绩卓著,广受赞誉,成为日内瓦重要名胜之一。国际图联大会期间,该馆特商借日内瓦政府大厦,于 9 月 12 日至 10 月 11 日召开中国图书馆艺术展览会,展出千余件艺术精品,包括古今名画、瓷器、绣品、漆器、青铜器、玉器、陶器、善本书籍等。盛况空前,观众络绎不绝。日内瓦中国国际图书馆原址位于日内瓦佛老僧街五号,馆舍狭小,随着馆内藏书日益增加,馆舍已经不能满足使用。因此于 9 月中旬搬迁至蒙大莱宫。新馆布置完成后,为了使各界知悉,于 9 月 23 日举办茶会,邀请各国学者及代表、记者、国联及劳工局全体职员等宾客 500 余人。为了给各国学者及中国留学生提供参考,该馆还每月编制目录,邮寄至各学术机关及中国各地。

---

① 中华图书馆协会执行部. 中华图书馆协会第一周年报告[J]. 中华图书馆协会会报,1926,2(1):3-5.

第七章　项目管理

第一节　学术研究

中华图书馆协会的宗旨是研究图书馆学术、发展图书馆事业。为了执行年会议决案，开展学术研究及交流，协会成立专门委员会，解决各类专门问题，包括图书馆分类、编目、索引、检字、编撰、建筑、善本调查、版片调查等委员会，以及《图书馆学季刊》和《中华图书馆协会会报》两编辑部①。图书馆教育、图书馆建筑与设备、编纂及出版、调查等学术研究成果较显著，协会事务问题则由执行委员会负责进行。

一、分类研究

关于图书分类的研究，向来以“四库”为准绳，伴随新出版物的增多，关于图书分类的创新研究层出不穷。图书分类的研究问题集中于现有中国图书分类法中存在的问题，刘国钧的《中国现在图书分类法之问题》是其中杰出代表。

> 旧籍分类向以四库为准绳，年来新出版物日多，决分四库所能概括。新分类法之创作，实今日亟要之图。本会会员黄文弼君有《对于改革中国图书部类之意见》，刘国钧君有《四库分类法之研究》及《中国现在图书分类法之问题》，吴敬轩君有《对于中文书籍分类之感想》，均先后载于季刊。此时尚在讨论时期，理想中之分类法，尚有待于将来也。②

根据分类编目工作的实际需要，1925 年 7 月成立分类委员会，以梁启超为主席，徐鸿宝为副主席，袁同礼为书记，至 1929 年 3 月改组，以刘国钧为主席，蒋复璁为书记，1932 年又改以曹祖彬为书记。多年来，中华图书馆协会会员从多种角度对图书分类法进行研究，包括翻译外国著名论文，或研讨国外具有权威性的分类法，或整理中国旧籍分类的历史，或专门研究某部门的分类得失，取得了较丰富的成果。1929 年年会，决议由协会编制标准分类法一案，以期各馆制度划一。公订原则四项，一是中西书籍一致，二以创造为原则，三标记须易写易识易明，四是须合中国图书情形。会员于震寰有《重要图书分类法简表辑录》一种，可为初步检讨之根据。

以“民众图书馆图书分类法”研究为例：

> 图书馆分类法，在今日我国公私大小图书馆所采用的，已有一二十种。这个现

① 中华图书馆协会执行部. 中华图书馆协会第五次会务报告[J]. 中华图书馆协会会报，1929，5(1/2)：27－31.

② 中华图书馆协会执行部. 中华图书馆协会第二周年报告[J]. 中华图书馆协会会报，1927，3(2)：3－5.

象,与阅览者有何不便,姑置不论。就是单说图书馆界本身,已觉得这种各树旗帜的办法,实在不宜;因此在全国图书馆协会第一次年会内,关于分类编目提案总数之十之八九,都以为编制标准图书分类法,使全国图书馆采用,以收统一之功,为一件急不容缓的要务。今在此进行分类法统一高潮时期中,复有不识时务,巧立名称,编什么《民众图书馆图书分类法》者,岂非多事耶?①

后文略录:

(一)标准——根据民众在学问名称上之直知直觉,分为二十五类,外加“儿童读物”一类,及其他各书为“杂书”一类,计凡二十七类,大多数之类名,皆为民众一目了然的,其中少数,或因难于更改,或因要指导民众必须知道计,所以仍采用较简接的名称。

(二)标记——以每类名之第一字,代表该类之图书。

(三)类次——二十七类,除“杂书”及“儿童读物”两类排在最末外,其余各类,皆依据民众需要的先后,及应当明白的急缓,编制次序。

(四)排列——图书排列,就涉及著者,谈起著者,就不得不牵连检字法,在现今国内所有之各种新旧检字法,要使一般民众易学易知易检易用者,简实没有,比较可应用的,还是陈立夫的五笔检字法法一——姓名首笔检字法。

分类委员会组织虽已成立,但因各委员散处国内外很难聚齐,所以只能先进行搜罗调查等工作。

分类委员会因各委员散处国内外,聚晤为艰,迄未能进行。近顷该委员会主席刘衡如博士抵北平,始决定先行搜罗现行之分类法,以为编纂之根据。现正为第一步之调查,广征一切创制之中籍分类法,并征求各图书馆对于现行各种分类法之意见,以为参证。又会员徐旭君曾编有《民众图书分类法》,极为简便,不过仍待实验。该分类诸发表于会报第五卷第四期中。②

分类委员会搜集了各种分类法,并征求各馆对于分类法的意见,有中文译本 Berwick Sayers 的《图书分类条例》,登载于《图书馆学季刊》第五卷第一期,傅振伦著《中国史籍分类之沿革及其得失》一文,刊于《图书馆学季刊》第四卷第四期,此外,还分布了《江苏省立国学图书馆编目分类纲要》。

二、编目研究

编目与分类是截然不同的两种专业活动,但编目对于图书馆效能来说,比分类更重要。编目委员会首次成立于 1925 年 7 月,傅增湘任主席,沈祖荣任副主席,洪有丰任书记。1926 年 12 月编目委员会重组,李小缘任主任,章箴任副主任,沈祖荣、查修、蒋复璁、孌汝僖、施廷

---

① 徐旭. 民众图书馆图书分类法[J]. 中华图书馆协会会报,1930,5(4):5 – 9.

② 中华图书馆协会执行委员会. 中华图书馆协会第五年度报告[J]. 中华图书馆协会会报,1930,6(1):3 – 10.

镛、王文山六人为委员。各项规章制度短时间内无法梳理完成，因此未形成具体报告。但首先编制普通图书编目条例，其次编制旧籍条例等。在该委员会的指导下，目录编制成果颇丰，有蒋复璁的《论语集目》《孟子集目》《四书集目》、施廷镛的《天禄琳琅查存书目》、李俨的《明代算学书志》、陈准的《瑞安孙氏玉海楼藏书》、叶玉虎的《旅顺关东厅博物馆所存敦煌出土之佛教经典》、王重民的《史记的版本》等著作①。

对于编目事业，李小缘制订了四项计划：首先是拟定图书馆普通书编目条例，其次是拟定中文旧籍编目条例，第三是中文书籍编目参考书，第四是印售书目片。对于前两项工作，年会上议决由编目委员会负责，且已有刘国钧著《中文书籍编目条例》（草案），载于《图书馆学季刊》第三卷第四期中。此条例之前，有杜定友著《图书目录学》，由商务印书馆出版；沈祖荣译《简明图书馆编目法》，由文华图书科出版；有有裘开明著《中文书籍编目法》，由商务印书馆出版。编目参考书目方面，有毛坤在编目时所要用的几种参考书，刊登于《文华图书科季刊》第一卷第四期中。关于印行目片发售，由于需要繁琐手续和大量资金，因此虽然国立北平图书馆曾讨论过此事，但也没能实现。至于各会员平时所编的各种专题参考目录，数量较多，在此不一一列举。1932 年，编目委员会重组，裘开明为主席，冯汉骥为书记。裘开明曾制定表格，调查全国各图书馆编目状况，作为改进编目方法及统一编目条例的根据。

> 分类编目学，为办理图书馆绝不可缺少之知识，山西古代家藏书家多有详细之藏书目录，藏书志等书，今就志乘所记，略举数种：如明韩霖所选之卉乘楼书目，宋王尧臣等之崇文总目六十六卷，宋晋阳王氏碑目，唐柳中郢撰之西堂书目，隋王邵之所撰之开皇二十年书目四卷，唐薛稷道等藏音义目录音一百一十三卷，宋裴松之所撰之史目等书，不恃见庋藏之富，亦可见分类编目之完善也，（见储大文山西通志经籍类及王轩山西道志经籍记）。②

> 分类及编目为我国图书馆事业亟待解决之问题，本年本会之分类委员会及编目委员会各委员，积极研究，已有进展。关于分类，刘国钧君有《中国现在图书分类法之问题》在季刊第二卷第一期发表；关于编目，沈祖荣君有《图书馆编目之管测》一文，刘国钧君有《图书目录略说》，均可资参考。编目委员会仍由李小缘君主任，并添聘赵万里，范希曾，毛坤三君加入为委员，已拟定草案多条，惟兹事体大，决非短时所能完成者也。③

如今，编目是按照一定的标准和规则，对某范围内文献信息资源每种实体（Item）的外部特征和内容特征进行分析、选择、描述，并予以记录成为款目，继而将款目按一定顺序组织成为目录（Catalogue）或书目（Bibliography）的过程，是图书馆事业有序科学进行的有效保障和必要途径。

编目研究工作在编目委员会的组织影响下，卓有成效地开展。一方面介绍国外编目著

---

① 中华图书馆协会执行部. 中华图书馆协会第二周年报告[J]. 中华图书馆协会会报，1927，3(2)：3－5.

② 聂光甫. 山西藏书考[J]. 中华图书馆协会会报，1928，3(6)：3－9.

③ 中华图书馆协会执行部. 中华图书馆协会第三周年报告·分类及编目[J]. 中华图书馆协会会报，1928，4(2)：3－6.

作，使国人有所了解和借鉴；另一方面，开始着手国内统一编目方法。

附：1932 年工作成果

> 至于编目，会员金敏甫所译毕孝波氏（W. W. Bishop）之现代图书馆编目法（Practical handbook of Modern Library Cataloging）业已印完，即将发刊单行本。
>
> 至于编目方面之参考书如：汪闾之明清蟫林辑传叶启勋之四库全书目录版本考，邢云霖之簿式目录中著录详略之研究等文，均会员中近年来努力所得之硕果也。
>
> 又编目委员会改组后，编目委员会主席裘开明君制定全国图书馆编目调查表，先从事于调查各馆编目状况，以为改进编目方法之划一及编目条例之准备，该项表格已分寄各馆，尚有少数未能填复，故统计尚不能露布也。①

编目技术的不断成熟，使得图书馆界开始研究中文编目问题，中华图书馆协会对此问题也投入了大量关注，积极发表相关研究成果于会报之上供学界讨论。

三、索引与检字研究

索引委员会成立于 1925 年 7 月，林语堂（原名林玉堂）为主席，赵元任为副主席，1929 年 3 月改组，分为索引检字两委员会，杜定友为索引委员会主席，钱亚新为书记；沈祖荣为检字委员会主席，万国鼎为书记。1932 年再次改组，万国鼎为索引委员会主席，蒋一前为书记；杜定友为检字委员会主席，钱亚新为书记。

1. 索引工作研究

1928 年，学界对于汉字索引的研究热度极高，其中如王云五、翟重福等人成果颇丰。

> 本年度对于汉字索引之研究可谓极盛。王云五君之四角号码检字法国人已多应用，现复虚心研究，又有更简易之法。其余如瞿重福君之瞿氏号码检字法，张凤君之形数检字法，何公敢氏之单体检字法，陈立夫，张静江二君之汉字排列法，皆各具苦心，先后公诸于世。②

杂志既是茶余饭后的消遣品，又是研究各项学术问题的导师，关于杂志索引的需要和编制大纲方面，刘纯有较系统论述。1929 年《中华图书馆协会》第四卷第四期刊载了他的《杂志索引之需要及编制大纲》和《编制杂志索引大纲》两篇论著。

索引委员会成立以后，拟订了三项计划，所获成绩较丰。具体可见中华图书馆协会第六年度报告。

附：中华图书馆协会第六年度报告·索引

> 索引委员会自成立以来，曾拟计划三项，载诸本会会报。惟会员散处四方，各任他务，仅以余力从事，亦颇有足纪者。兹分述于后：

① 中华图书馆协会执行委员会. 中华图书馆协会第八年度报告[J]. 中华图书馆协会会报，1933，9(1)：2-6.

② 中华图书馆协会执行部. 中华图书馆协会第三周年报告[J]. 中华图书馆协会会报，1928，4(2)：3-6.

(一)编辑中国索引条例方面,已成下列三种:

(A)索引和索引法　钱亚新著　商务印书馆出版

内容:索引方面有定义,范围,功用及种类。索引法方面有术语,国语,工具,预备起草,整理,排版,校对,及重排。

(B)卅五年来中国科学书目草案　杜定友著　油印本

内容:(一)校务会议编印卅五年来科学书目案;(二)进行计划大纲;(三)编印细则;(四)分类表;(五)卡片格式;(六)年表。

(C)杂志和索引　钱亚新著　刊载于武昌文华图书科季刊一卷二号

内容:计分八段,其中一段为"怎样去索引杂志"。

(二)索引实际工作方面,有已辑成者,有进行中者,兹分列如下:

(A)已辑成者

中东铁路事件索引　交通大学图书馆编　油印本　已出二册

中国电报号码　杜定友编　印刷中

图书集成索引　武昌文华图书科编　印刷中

(B)进行中者

九通索引　杜定友编　编辑中

四书字汇及索引　钱亚新编　编辑中

(三)出版界及阅读方面

近今出版之图书,惟未能完全附有索引,但已有者亦复不少,如陈彬龢所编三民主义注释与索引一书,最足称述,此外人文杂志中之最近杂志要目索引。中华教育界中之教育新书提要索引,北平燕京大学引得编纂处。近已出版引得三种为:说苑引得;读史年表附引得;白虎通引得。该处正在编纂者尚有:(一)考古质疑引得;(二)崔东壁遗书引得;(三)书林清话及余话引得;(四)仪礼引得附郑注引书引得附贾疏引书引得;(五)明儒学案引得;(六)四库全书总目及未收书目引得;(七)大藏经及续藏经中书名及译著者人名引得;(八)十九种艺文志综合引得等,亦可谓索引事业之新发展焉。①

国立北平图书馆一直以来十分注重索引事业,曾编制多种索引登载于该馆报告中。

年来索引事业极渐发达,已成未成之作,不下数十种,足征会员从事于是项工作之努力,本会亦辑成国学论文索引三编,及文学论文学引续编,均待印行。他如李小缘君之史姓韵编索引;林斯德君之全唐诗文作家引得合编等三种,钱亚新君之四书字汇索引;房兆颖君之清代传纪总记索引;杜定友君之九通索引;均其著者也。至于武昌文华图书科,国立北平图书馆,燕京大学引得编纂处所作,成绩尤多,其名称均著录于会报中,不再赘述。②

---

① 中华图书馆协会执行委员会.中华图书馆协会第六年度报告[J].中华图书馆协会会报,1931,7(1):1-6.

② 中华图书馆协会执行委员会.中华图书馆协会第七年度报告[J].中华图书馆协会会报,1932,8(1/2):1-3.

2. 检字工作研究

检字委员会成立之前，已经有何公敢关于单体检字法的研究和李栋的形数检字法等研究。

1929 年 3 月，中华图书馆协会成立检字委员会，沈祖荣为主席，万国鼎为书记。该委员会是第一届年会重新组织的一个专门委员会，可见当时检字事业的重要性逐渐突出。

1930—1931 年间，检字研究界的研究成果颇多：

> 本年度中检字研究界前后创制新法甚多举之如下：
> a. 杜定友—汉字形位排检法
> b. 陆费伯鸿—四笔计数检字法
> c. 叶心安—四周计头检字法看头检字简法
> d. 田惮之—折笔检字法
> e. 郑影云—六类排字法
> f. 洪煨莲—中国字度撷
> g. 蔡野渡，陈稼轩，黄美陶—点直横斜检字法
> h. 郑午昌—全数头形检字法
> i. 谭仪—汉字六笔检字法
> 以上诸法虽或各有短长，然其应用上均未能如四角号码法推行之广也。①

1932 年，《中华图书馆协会会报》第七卷第四期载舒纪维著《汉字排检问题》，对汉字排检问题作了系统论述，文章略录如下：

> 一、理论与实用，兼包并容
> （一）排检法的方式：
> 1. 排字法优检字法亦优；
> 2. 排字法劣检字法亦劣；
> 3. 排字法优检字法劣；
> 4. 排字法劣检字法优。
> （二）杜定友法独到之处：
> 1. 从汉字本身着想解决汉字排检问题；
> 2. 在字形上分纵横斜载覆角方整八形，较把一字分做四角在事实上容易分别些；
> 3. 部首的方位确定排起来很整齐；
> 4. 部首的数量无一定，全凭汉字天然的多寡为转移，倒毫无人为自造的地方。
> 二、研究排检法应取的态度②

① 中华图书馆协会执行委员会. 中华图书馆协会第六年度报告[J]. 中华图书馆协会会报，1931，7(1)：1－6.

② 舒纪维. 汉字排检问题[J]. 中华图书馆协会会报，1932，7(4)：1－2.

四、图书馆教育

图书馆教育委员会成立于1925年7月,洪有丰为主席,胡庆生为副主席,朱家治为书记。1929年改组,胡庆生为主席,毛坤为书记,1932年沈祖荣再次担任主席,徐家麟为书记。该委员会成立后,一方面,极为强调专门人才教育的推广和图书馆利用法的指导;另一方面,推广年会各项议决案,呈请教育部相关部门采择推行。

图书馆教育委员会的成立意义,主要体现在两个方面:一是在社会教育层面,图书馆在社会教育中要发挥重要的作用,为整个社会的基础教育和高等教育提供帮助;二是为我国图书馆事业培养后继人才,与文华图书馆学专科学校合作办学正是为此。

第一次年会上,图书馆界的学者对图书馆在社会教育中的地位进行了探讨,并明确了图书馆的职责。图书馆教育委员会这一阶段的工作,主要是围绕与文华图书馆学专科学校合办图书馆学免费生教育,时刻关注合作办学状况,并提供专项奖学金鼓励图书馆专科学生。

附1:1932年合作办学状况

本会与文华图书馆学专科学校合办之图书馆学免费生,本年度停止招考一次,俟上年度入校生毕业后,下年度再为续招,今夏专科毕业者凡九名,俱已受试准予毕业矣。①

附2:1933年合作办学状况

本会与武昌文华图书馆专科学校合办之图书馆学免费生额,本年度中除招考专科正班学生外,同时复在晋,陕,甘,蜀,云,贵,广,鄂八处招考民众班,其入学程度为中学毕业,以培植民众教育之人材。该民众班免费生凡六人在学期间为一学年,现已毕业。②

附3:1934年合作办学状况及奖学金设置等

本会与武昌文华图书馆学专科学校合办之图书馆学免费生,廿二年秋季入学各生,已于本年六月毕业,计汪应文,李永安,戴镏龄,黄元福,熊毓文,李景新,张鸿书,彭明江等八人,除汪君留校襄理教务事宜外,除均介绍于各大图书馆服务矣,二十三年取录新生凡九名,计杨漪如,王铭悌,唐月萱,蒋元枚,胡文同(以上五名女性),胡延钧,顾家杰,颜泽霮,李永增(以上四名男性)籍隶湘鄂冀鲁粤者各一人,苏皖各二人,尚须在校受业一年。本年招考新免费生定额十一名,将于二十四年七月二十五六两日同时分在武昌北平南京上海四地举行试验。

二十三年间袁同礼先生与纽约罗氏基金会商妥专为我国图书馆界设立图书馆学奖学金,以期多得赴美深造机会。首次获领奖金者为李芳馥黄维廉两君。罗氏

① 中华图书馆执行委员会.中华图书馆协会第八年度报告[J].中华图书馆协会会报,1933,9(1):2-5.

② 中华图书馆执行委员会.中华图书馆协会第九年度报告[J].中华图书馆协会会报,1934,10(1):1-6.

基金会(Rockefeller Foundation)补助人文科学之研究,以此为创举矣。①

图书馆教育委员会前期十分专注与武昌文华图书馆学专科学校合办的图书馆学免费生入学、毕业以及工作状况。后来,战火毁坏诸多教育设施,中华图书馆协会开始考虑并践行图书馆在社会教育中应承担的责任。

附1:1935年工作状况

本会与武昌文华图书馆学专科学校合办之图书馆学免费生,廿三年度秋季入学各生,已于本年六月毕业,计胡延钧,顾家杰,李永增,顾泽霭(以上四名男性),杨漪如,唐月萱,胡文同,蒋元枚,王铭悌(以上五名女性),等九人,均已介绍于各大图书馆服务矣,二十四年录取新生凡十三名,照章入学者只九人,计划刘济华,廖维祐,吴尔中,杨承禄,杨桂籍,黄作平(以上六名男性),张行仪,黄慕龄,彭道襄(以上三名女性),尚须在校受业一年。二十五年度招考新免费生定额十一名,将于本年八月三四两日,同时分在武昌,北平,南京,上海,成都,广州六处举行试验。②

附2:1940年推进辅导各地社教机关图书教育办法以及文华图书馆学专科学校办学情况

推进辅导各地社教机关图书教育办法——部颁图书馆辅导各地社会教育机关图书教育办法大纲为确立全国图书馆制度之先声,本会亟应协助政府努力推进促获成效。爰于本年度内促请各地方图书馆实施推进,并商讨研究推进中之各项实际问题③。

文华图书馆学专科学校消息四则

(一)受各种经费补助　该校经费历年承中华教育文化基金董事会之补助,嘉惠殊深,本年度仍补助一万五千元,教育部继续补助七千元,另补助教席一名(法文讲师袁志刚先生),又管理中英庚款董事会,补助临时建筑费五千五百元,现该校已拟定建筑计划,计(一)为求员生安全起见,开辟一防空洞,(二)建一校舍以为教室,教员宿舍及厨室之用。

(二)办理巡回文库　该校迁渝以后,鉴于该市社教工作,亟待发展,爰将已设之巡回文库,扩大办理,除于渝市歌乐山第一保育院内,设立儿童阅读室一所,聘该校毕业同学胡文同女士指导外,并将校内员生轮流派往附近各伤兵医院任图书巡回工作,现歌乐山阅览事宜,以胡女士他就,未另派人,由该院自行负责管理,但图书则仍留该院应用,至各伤兵医院图书巡回工作,则均照常进行云。

(三)添设实习工具　该校为应各机关之需要,特于去秋开设档案班一班,考录高中毕业生二十人,施以专门训练,该班所授课程,除力求充实外,对于实习一项,尤

① 中华图书馆执行委员会.中华图书馆协会第十年度会务报告[J].中华图书馆协会会报,1935,10(6):3-7.

② 中华图书馆执行委员会.中华图书馆协会第十一年度会务报告[J].中华图书馆协会会报,1936,11(6):21-23.

③ 中华图书馆协会理事会.本会民国二十九年度会务报告[J].中华图书馆协会会报,1941,15(5):6-7.

为注重，故近特添制档案橱，目录盒，索引盒档夹与装订实习工具等以供学生实习之用。

（四）课外辅助　该校自迁渝后，因恐学生生活感觉枯燥，爰聘请各专家担任临时讲席，讲题由该校根据学生有关之课程，自为拟定，藉资启迪，先后被请讲演者有（一）陈东原讲：书院藏书之沿革与图书馆之使命；省立图书馆与地方文献；（二）洪范五讲：大学图书馆行政；（三）蒋慰堂讲：中央图书馆之使命；（四）岳良木讲：战时图书馆工作实施计划；（五）王文山讲：人事制度；（六）彭道真讲：英国图书馆概况及图书馆训练；（七）边燮衡讲：战时出版事业情况；（八）萧一山讲：海外图书馆所藏中籍概况；（九）杜刚白讲：经书研究与图书馆分类编目问题；（十）黄汲清讲：地质文献。①

在中华图书馆协会的积极推进下，各高等学校渐渐认清图书馆人才的价值，也开办了培育图书馆专科人才的学科，其中金陵大学在刘国钧的带领下率先开办。同时，在理论上，对图书馆在教育中地位的讨论也越来越热烈。

五、图书馆建筑与设备

时值大批图书馆建设时期，例如北京图书馆、厦门大学图书馆、南开大学木斋图书馆、暨南大学洪年图书馆、江西省立图书馆等，而由于图书馆是特殊的建筑，各馆均感心有余而力不足，因此设立建筑委员会十分必要。

建筑委员会成立于 1929 年 3 月，戴志骞为主席，袁同礼为书记，并邀请有建筑图书馆经验的人士加入。1932 年改以吴光清为书记。该委员会旨在“为经费不等的各种图书馆，预先研究计划其建筑的图样，以供当事者之参照应用；在研究各种图书馆用具（如书架等）之标准尺寸及容量”。该委员会的工作对其时图书馆建设颇有帮助，如江西省立图书馆的建筑就是在该委员会的帮助下建设完成的。

关于图书馆之特殊建筑，已有数处竭力经营，最著者如北京图书馆，厦门大学图书馆，南开大学木斋图书馆，暨南大学洪年图书馆，江西省立图书馆等，均先后从事专门之建筑。而卢木斋先生捐巨款于南开大学，辅助该校之进展，诚图书馆界之创举也②。

此外，对于图书馆馆址、馆宇方向、内部配置与设备、建筑本身的注意事项等内容，在中华图书馆协会第一次年会上也有相应的研究讨论。

附：《对于图书馆建筑应注意之数点》，田洪都著

（甲）馆址之选择

（一）学校图书馆之位置，虽不拘于学校全部之中央，而最低限度，亦不可与课室相距太远。如能建筑于一空旷高燥且与课室接近之地，更佳。

---

① 中华图书馆协会理事会　文华图书馆学专科学校消息四则［J］. 中华图书馆协会会报，1940，14（5）：15.

② 中华图书馆协会执行部　中华图书馆协会第三周年报告［J］. 中华图书馆协会会报，1928，4（2）：3－6.

(一)公共图书馆馆宇,宜于闲静轩爽,交通便利,或空旷高燥之所在建设之。

(乙)馆宇之方向

馆宇之正面适于南向,东向者次之,西向及北向最不适宜。

(丙)图书馆建筑本身上应注意之点

(一)须坚固而适用。

(一)须美观而合卫生。

(一)须注意内部之配合。

(一)须预计将来之发展。

(一)屋顶宜高厚以避夏热,寒冷地方,馆内宜设防寒器。

(丁)内部之配置

(一)办公室馆　内最低限度宜设有馆长办公室及编目室,其他如购书室,陈列室,厕所等,可以图书馆建筑之情况定之。

(一)阅览室　切忌与书库相离太远,光线宜充足,尤忌有墙壁书架之中隔,俾便于监视。

(一)书库　除一室式外,较大之图书馆皆另备他室而作藏书之用于书库之设备,不可不注意下列数项。

(一)不可与阅览室相连离太远,致不便于图书馆之传递。

(一)预计藏书之多寡。(五百册约估六平方尺书架七尺五寸高)

(一)须避火险。

(一)须防潮湿,尘埃,及日光直射。

(一)经济库内之地位。

(戊)图书馆之设备

(一)外部　周围宜多种花草林木,以增自然之美。

(一)内部　内部之设备最繁,除目录橱,桌椅,书架等物,不可少者外,其他什物,则视该图书馆之性质及情况酌定之。[①]

六、编纂及出版

随着中华图书馆协会会务日繁,需要整理成册并发表的文档增多,成立专门的编纂委员会出版协会年会报告、各类单行本等其他著作等,已势在必行。出版委员会成立于1925年7月,以刘国钧为主席,杜定友为副主席,施廷镛为书记。1929年3月改组为编纂委员会。洪有丰为主席,缪凤林为书记。同时分立图书馆学季刊编辑部,由刘国钧主持;会报编辑部,由袁同礼主持。1932年后改以袁同礼为编纂委员会主席,向达为书记。中华图书馆协会编辑刊行的书籍,主要分为三种:期刊、丛书和报告。此外为了阐扬“党义”,曾委托杜定友编制“党义”书籍标准目录,以供各图书馆采访参考。

---

① 田洪都.对于图书馆建筑应注意之数点[J].中华图书馆协会会报,1929,5(1/2):4-5.

附1:1929年工作成果

3. 第一次年会报告

是编以所有南京年会议案及会议纪录为主，首列年会宣言，会序，及开幕大会记事，殿之以筹备经过及出席人员一览表，乃留心图书馆之发展及改进者，所不可不备。于十八年七月出版。

4. 全国图书馆调查表

此乃自会报中提印之单行本。每册仅取价一角。

5. 国学论文索引续编及文学论文索引

国学论文索引出版，前经报告。是书颇足应社会之需求，兹本会复委托国立北平图书馆为国学论文索引续编，以补充之。又另编文学论文索引一种，均待刊行。

……

7. 标准党义书目之编制

本会南京年会，曾有阐扬党义之宣言。现在各图书馆关于党义书籍需要甚极，而国内出版党化书籍亦至繁杂，购买之顷，每感困难。本会特拟编制一党义书籍标准目录，以资指示各馆所当备之书，与不可不备之书。编成后并拟送请中央执行委员会宣传部予以审核，昭慎重。年前请定杜定友先生主持一切，曾向各方广为调查，现在编辑中。

8. 会员自动的编纂

此半年中会员之自动的编纂，共有两种，一为中国图书馆名人录，一为图书馆标语集。前者由上海宋景祁君主编，本会主张以改名《中国图书馆馆员录》为明了，曾以书面建议。后者由南京顾斗南君主编，尚未见其刊本。[①]

附2:1930年编纂委员会工作成果

3. 日本访书志补

宜都杨守敬日本访书志，多著录中上久佚之书，传遍士林。会员王重民曾服务北平故宫图书馆，得尽阅观海堂遗书，因泛录手跋，并参益他书，较访书志所得多四十余篇。本会以诸题记多属巨制，佐证精审，足补前志之缺，因刊为中华图书馆协会丛书第三种，用广其传。

4. 国学论文索引续编

本会前印行之国学论文索引，为研究国学者之实用工具，今兹续编，体例一如前编，通所收杂志凡七十七种，论文与前编略等，除少数系民国初年出版者外，余均最近出版之新刊物，有关于国学者尤至巨焉。今编为本会丛书第四种，业已出版。

5. 党义标准书目

本会前托杜定友君编制党义书籍标准目录，以供各图书馆采访上之参考。该目编写后，即送中央执行委员会重为审查，以昭慎重。嗣接复函谓"必备之党义书目

---

① 中华图书馆协会执行委员会. 中华图书馆协会第五年度报告[J]. 中华图书馆协会会报,1930,6(1):3-10.

录”,中央训练部正在拟订中,关于贵会所编书目,请勿发表。故印行之举因而中辍。①

附3:1931年编纂成果

文学论文索引

此书分上中下三篇,为张新虞等所辑,引用杂志一百六十二种,论文凡四千篇,为研究文学之工具。本会因与国学论文索引有同一旨趣,遂编为本会丛书第五种,已于本年一月出版。②

附4:1932年工作成果

3. 文学论文索引续编

文学论文索引初编所收论文四千篇,上年业由本会出版。本年赓续前编完成续编,门类依旧,所著录之材料,足与初编相埒。遂编为本会丛书第六种,现已付印,不久即可出书。又国学论文索引自出书后业已绝版现在再版印刷中。

4. 官书局书目汇编

官书局创始于清末同治,极盛于光绪,及至鼎革,残毁过半,现已多数归并于各图书馆,仍能续行刊印书籍者,则仅浙江一局而已,本书著录当时各局出版书籍名称,价格,间及于著者之年代,及纸张形色,原为朱士嘉所编,现由本会印行,编为本会丛书第七种,八月底出版。

5. 编纂全国学术机关指南

本会鉴于北平图书馆协会编辑之北平学术机关指南明确适用遂有扩大范围而为全国学术机关指南之编纂,以便国内外人士之参阅。惟全国学术机关各省市所在多有,调查匪易,业经分寄调查表,预料完成之期,当在明年春季云。

6. 古逸书录丛辑出版

古逸书录丛辑,计包含中兴馆阁书目辑考五卷,续目一卷,宋国史艺文志辑本二卷,为贵阳赵士炜所辑,本会与国立北平图书馆共同出版者也。③

附5:1933年工作成果

(1)文学论文索引续编　文学论文索引续编由国立北平图书馆索引组刘修业女士辑录印校。所收杂志报章共一百九十三种,自民国十七年至二十二年五月止。分类照前编略有增改,举之如下:

(一)上编:总论包括“文学通论”及“全国文学”两种论文;前者以性质分子目,后者以国界而分子目

---

① 中华图书馆协会执行委员会. 中华图书馆协会第六年度报告[J]. 中华图书馆协会会报,1931,7(1):1-7.

② 中华图书馆协会执行委员会. 中华图书馆协会第七年度报告[J]. 中华图书馆协会会报,1932,8(1/2):1-4.

③ 中华图书馆协会执行委员会. 中华图书馆协会第八年度报告[J]. 中华图书馆协会会报,1933,9(1):2-6.

（二）中编：分论乃依作品之体制分为诗歌，戏曲，小说及中国特有之词骚与赋等类；每类中更就国界或性质分别编目

（三）下编：文学评传以国界分目，其排列依作家生年而后定先后。

（四）附录：共有文学书籍之“序跋”“书目”“书籍与作家之介绍”“文坛消息”及“艺术”等六则，序跋之另列一项为便参考者检阅。论艺术之文章，多兼及文学，故关于此等论文附录以供阅者多所参考。又各国文学家备载其生殁年，中国文学家兼记其别号籍贯；新书评介则纪其原书作者及出版处。

（2）第二次年会报告　年会之后，执行委员会例有报告之编制，排印后寄至全国各图书馆，借以传达会议之情形，及议决之议案等等。此次年会因提案均经付印，无须转录，故于会后一月内即行编印告竣。

（3）国学论文索引重印　王重民君所编国学论文索引，出版日久，需要者众，早已绝版，因于本年重行复印，以应求者。

（4）季刊论文单行本　年来图书馆学季刊发表会员重要著作甚多，其中数种篇幅较长，颇有单行之必要，势宜抽印另行装钉；又有时为酬投稿者雅意，另印单行本若干为赠，剩有余本存会，备人求索。①

附6：1934年工作成果

三、全国图书馆及民众教育馆调查表　本会前编全国图书馆调查表，表列国内各图书馆名称地址，至便检寻，业经四次订正，兹又重行编制，加入新兴只民众教育馆多所，刊为小册。另据以印成地址笺一种，用为寄发刊物及通函之用，除自留若干外并以分售。

四、中华图书馆协会十周纪念论文集（英文）　本会成立业满十载，凡我会员莫不欢庆，更有热心会员特为撰著鸿文，以为纪念。此项论文分中英文两部。中文部分将在图书馆学季刊第九卷第二期发表。英文部分因排印便利故得先行出版，仍括以总题曰 *Libraries in China*，内容如下：

袁开明　中国之近代图书馆运动
吴光清　十年来中国之分类与编目
沈祖荣　中国之图书馆员教育
查　修　中国之图书馆立法
严文郁　中国之图书馆间合作
柳诒徵　中国之省立图书馆现状
戴罗瑜丽　中国之医药图书馆
杜定友　中国公共图书馆与成人教育

五、全国图书馆一览　自本会成立以来，国内新兴之图书馆日多，政府对之亦已特为注意，惟各馆内容情况，向鲜完备专书，以为指南。本会因乘十周纪念之际，拟编一“全国图书馆一览”，定于年会前出版，以为继续研究改进之根据。该一览分

① 中华图书馆协会执行委员会．中华图书馆协会第九年度报告［J］．中华图书馆协会会报，1934，10（1）：3－6．

为中英文两种，英文本专收藏书五千册以上之图书馆，中文本则不问图书馆大小一律收录，以详备为原则。特约赵体曾君专司调查编印之事。赵君于二十四年三月十八日到会，至六月底停职，已成英文本草稿一部，所收约三百馆，审定付印，尚有待焉。①

编纂委员会本阶段成果不多，却十分具有价值。1935 年，编著《十周年纪念论文集英文本》惠赠国外；1940 年编《国学论文索引》颇得学术界赞许。但其间有几年因战乱，编纂工作有所停顿，而后几年也因经费等问题，编纂成果难以查询。下附能搜寻到的该阶段工作成果。

附 1:1935 年编纂出版著作

1 纪念刊　本会所编之十周年纪念论文集英文本，出版后曾寄赠国外各学术机关，颇得好评，现本会复托国内外大书店代售藉广宣传，关于中文论文数篇，已改在图书馆学季刊发表，其余尚有未交卷者，经本会函促赓续执笔，以便再版时增补俾成完璧。

……

4 书目　本会近与北平图书馆协会，合作刊印北平市各图书馆所藏算学书籍联合目录，此书目为邓衍林君所编，内容所举书名，虽限于北平一隅，然列举有一千余种，篇后并附有索引，颇资研究斯学者之参考，现已出版。

5 索引　文学论文索引三编，及国学论文索引四编，为北平图书馆索引组所编，委托本会出版内容均较前充实，现已出版发售。②

附 2:1940 年编纂出版著作

(1)本会出版之国学论文索引先后凡四编，颇得学术界赞许，第五编稿件已交上海开明书店代印，本年内复经商妥国立北平图书馆拟自下年度起代为续编第六编专收抗战以来之国学论文。

(2)四明范氏天一阁为国内私藏魁硕，历史悠久，明刻至为丰富阁书旧有阮元，薛福成二目晚晴以还，颇有散佚；二十四年重修该阁以后，由冯贞群先生编新目内编十卷；本会以近岁私藏沦劫殆尽，而该阁独能首先努力整饬，对于保存国故不无贡献，特协助其出版，现款预定二百部，专供本会会员采购之用。该目已于本年九月出版。③

七、调查及出版

谋求图书馆事业的发展及研究之切实，调查事业尤为重要。中华图书馆协会的调查

① 中华图书馆协会执行委员会. 中华图书馆协会第十年度会务报告[J]. 中华图书馆协会会报，1935，10(6):3－8.

② 中华图书馆协会执行委员会. 中华图书馆协会第十一年度报告[J]. 中华图书馆协会会报，1936，11(6):21－23.

③ 中华图书馆协会理事会. 本会民国二十九年度会服报告[J]. 中华图书馆协会会报，1941，15(5):6－8.

对象包括图书馆、民众教育馆、书店、新书、期刊、善本和版片，共计七项，此外还有各地图书馆协会的调查。调查结果均发表在该会会报和《图书馆学季刊》上。《中华图书馆协会会报》在战争前出版了 12 卷，在战时也一直坚持出版；《图书馆学季刊》则共出版 10 卷，两种期刊均印有总索引一册。此外还有《国学论文索引》与《文学论文索引》各四编、《现代中国作家笔名录》一种，供学者参考，供工作人员查检。此外还出版了《老子考》等书，不胜枚举。并以英文编印《中国图书馆概况》两次，在国际图书馆会议时分送与会的各国代表者。

1. 图书馆的调查

对图书馆的调查可分为两种。第一种是调查重要城市的图书馆。1925 年，美国图书馆协会代表鲍士伟博士来华，考察各重要城市图书馆状况，并将其所见著为报告，致中华图书馆协会及中华教育改进社，对事务上应改善的方面提出诸多建议。1933 年 4 月，为改进图书馆教育方针，促进图书馆事业发展，中华图书馆协会委托私立武昌文华图书馆学专科学校校长沈祖荣，赴鄂、赣、皖江、浙、鲁、豫、冀诸省，调查各图书馆，为期一个月，并在第二次年会发表调查报告。第二种是调查全国图书馆。包括全国图书馆数量、名称、地址等。无论是图书馆界人士还是普通公众，都希望了解这些内容。鉴于此，中华图书馆协会制作了《全国图书馆调查表》，刊载于会报，并时时关注图书馆界的动向，随时修正。同时，考虑到实用性，协会还印发了单行本发售，供各地使用。第三种是分省图书馆调查。河北省教育厅拟改进全省图书馆，委托中华图书馆协会会员李文裿为视察员，历时三个月，共视察 45 处，视察报告刊载于《图书馆学季刊》第六卷第二期。

调查过程中，由于四川地处西南，交通不便，但是图书馆事业颇为发达。1932 年夏，协会会员毛坤返乡时，委托其代为调查。其余各省的调查则正常进行。1925 年 10 月首次调查时，图书馆数量仅为 502 所，至 1928 年 10 月再次调查时，三年之间增加了 140 余所，总数为 642 所。这与中华图书馆协会在南京举办年会，以及政府的倡导有紧密关系。截至 1930 年 2 月，图书馆数量骤增 786 所，共计 1428 所，如下表所示（该表第三次修订于 1929 年 12 月，载于《中华图书馆协会会报》第五卷第五期）①。

国立图书馆（现仅北平图书馆，中央图书馆尚未成立）	1
省立图书馆	47
普通图书馆（市县立及私立）	878
学校图书馆	387
社会图书馆	38
机关图书馆	36
专门图书馆（儿童图书馆占多数）	41

（本表数据包含四川、宁夏、青海等较偏远省份，但未包含新疆、内蒙古、西藏等地数据。）

1931 年截至《中华图书馆协会会报》第七卷第三期刊行止，全国图书馆调查计 1527 所。两次调查间隔两年，图书馆事业逐渐发达，据调查结果显示，新增图书馆 100 余所。

① 中华图书馆协会执行委员会. 各种类图书馆调查数据统计[J]. 中华图书馆协会会报，1930，5(5)：5－34.

国立图书馆(仅北平图书馆中央图书馆未成立)	1
省立图书馆	49
普通图书馆(市县立及私立)	921
学校图书馆	413
社会图书馆	45
机关图书馆	44
专门图书馆(小学及儿童图书馆占多数)	54
总计	1527

2. 书店调查

在各地会员的协助之下,中华图书馆协会对全国书店进行了调查,共调查了北京、南京、上海、苏州、杭州、宁波、长沙、福州、厦门、桂林、昆明、济南、太原、沈阳、哈尔滨等城市,均先后发表在会报上,供公众参考。

3. 新书调查

中华图书馆协会长期对新版图书进行调查,并在会报上择要介绍主要以图书馆学、目录学、国学及参考书籍为主,并编制特种调查目录发表。

4. 期刊调查

新兴学术创立、一般学者的讨论等,多是发表在期刊之上;此外,政府相关政策法令也是通过期刊发布。因此,期刊也是非常重要的参考文献。中华图书馆协会编制中国期刊调查表,刊载在会报上。1930 年,中华图书馆协会编制了《中国政府出版期刊调查表》,著录数量多于国立中央研究院出版品国际交换局编制的《中国政府机关刊物目录》。截至 1930 年《中华图书馆协会会报》第五卷第六期发行,共计创刊发表 210 种期刊。

5. 善本调查

1929 年后,中华图书馆协会成立了善本调查委员会,柳诒徵为主席,赵万里为书记。该委员会印制调查表后,江苏省立国学图书馆、东省文化委员会图书馆、国立北平图书馆、江苏省立苏州图书馆、浙江省立图书馆各处均经调查完竣①。中华图书馆协会对《永乐大典》所存残本进行了详尽的调查,并刊载于会报和《国立北平图书馆馆刊》。并印制详表,广为调查,书籍不限种类,只要是名藏,均收录其中,作为后期编制总目的资料。1932 年,该委员会并入版本调查委员会继续进行善本调查工作。1933 年专门委员会改组,善本调查委员会并入版片调查委员会,仍由柳诒徵主持工作,并将嘉业藏书楼、松江韩氏藏书楼和南海康氏藏书楼所藏宋元刊本一一调查完毕。

6. 版片调查

版片的重要性经常被忽略,得不到妥善保护。中华图书馆协会会员刘纯于 1926 年就对南京家刻版片进行过调查。1929 年春,中华图书馆协会成立了版片调查委员会,进行大范围调查,并详细登记,不限新旧,一概著录。该委员会以徐鸿宝为主席,王重民为书记。1932 年,善本调查委员会并入版片调查委员会,改以柳诒徵为主席,缪凤林为书记。

7. 各地方图书馆协会调查

---

① 中华图书馆协会执行委员会. 中华图书馆协会第五年度报告[J]. 中华图书馆协会会报,1930,6(1):3-10.

鉴于各地方图书馆协会相机成立，且随着工作推进，各地协会规章多有修改之处，因此中华图书馆协会致函各地方图书馆协会，调查其会章及会员情况，并索取其会议记录作为参考①。

8. 宋元善本书调查委员会

宋元善本调查事业是中华图书馆协会早已开始过的调查事业中的重要部分，鉴于调查宋元刻本所需专业知识以及巨大的工作量，中华图书馆协会第一次年会时即决定成立宋元善本书调查委员会。

9. 版片调查委员会

该委员会与善本调查委员会相似，早在中华图书馆协会成立之初就已经展开版片调查工作，并于第一次年会改组专门委员会时，将版片调查委员会独立出来。

八、发明创新

学术研究之路即为沿随前人成果的不断发明创新之路，中华图书馆协会在学术研究摸索前进的路上不断实践，发明了新检字法、简字和条式书标等。

1. 新检字法

> 哥伦比亚大学硕士瞿重福君，于图书馆学颇有心得，因鉴于汉文检字之困难，出其平日研究所得，创作一种字典，破除一切复杂之部首，而将原有汉子笔画，分为十类，即以亚拉伯码代之。每字假有此十种笔画，每笔画悉以一号数为代表。检字时，将欲检之字分为两半，循第一半第二半首尾两笔代表号码，顺序检之，一索即得。试举例如下：譬如欲检“棉”字，则棉字之第一半首尾两笔为短横与点，号码代表中，短横为3，点为1，第二半首尾两笔，为斜撇与短竖。斜撇为8，短竖为5，既得此四笔之号码为3185，即可于3185号位中检出。再倘不能分为半者，如“立”字，则只须首尾两号码，亦即得欲求之字。尽此项检字法优点，在无部首与记算等一切重复手续，故极简便且速。（的较康熙字典部检字法加速十倍。）抑且学习甚易，孺子可知，费时不过五分钟，即可完全了解。此法创作之初，瞿君曾加以数度精密之考验，最后一次试验，将日用二千四百三十六字排成一千三百十六号码，同字不过五个者，约估全数百分之九十七，过五个者仅百分之三。有字最多之号码为1731，及8531，皆含有常用之字十四个。此检字法脱稿之后，瞿君曾以之就正于胡适之，胡极赞此法之新颖与简便，称之为聪明思想。瞿君并以中国电码亦至复杂，将参照此意，从事改编，闻亦已著手进行。瞿君之通信处为上海西门大吉路正风中学；有《瞿氏号码检字法》一文，载于青年进步杂志第一零五册（十六年九月），留心中国检字方法者，不可不一读之云。②

---

① 中华图书馆协会执行委员会. 中华图书馆协会第五年度报告[J]. 中华图书馆协会会报，1930，6(1)：3－10.

② 中华图书馆协会执行部. 又一种新检字法之发明[J]. 中华图书馆协会会报，1927，3(2)：11－12.

2. 简字运动

简字是一种救济今日旧文字厉行作虐，而新文字又不能通行的改良汉字。其字体取材，第一步系采俗字，或将俗字加以订正，如：“燈”“遷”“萬”“變”“體”“寶”“聽”“□”等字之简体是；（因刻铅不便，各字简体未能列出，阅者可以自悟，以下同此；）第二步系采草字，或将草字加以改善，如：“長”“言”“無”“見”“發”“門”“會”“專”等字之字体是；第三步系采古字，或将古字加以审择，如：“眾”“與”“爾”“禮”“節”“團”“處”“算”等字之简体是；第四步系依上三法仿造：字体与习惯投合并与原字面目相似的结构自然的新字，如：

“髮”“域”，（缩长体，兼草俗字）；“聲”作“聽”，（同上，兼删复笔；）

略

此外，更统计全部简字的性质，又要分两种：一是“减笔的”简字，此种字只减原字笔画，不动原字的“笔形”，如：“姙”“條”“釐”“聲”“殼”“陽”“獨”“豊”等字的简体便都属于此类；一是“缩体”的简字，此种字既减原字笔画，仍须缩变原字的面目，如：“變”“個”“萬”“錢”“當”“菴”“□”“□”等字的简体便都属于此类的。

简字的字体，十分之八九都在十二画以下，但无论如何，绝不出十六画的范围，平均每字则为七画。所以它们写起来速度高，（每点钟可为楷体字约一千个，行书字约二千多个），用起来效力大，比较旧有汉字平均每字竟约有二十画，每点钟所写楷行书不过数百千字，自然便利得多了。

以上所说，都是关于简字运动的大略情形。作者另有《简字方案》一书，其中研究简字的一切问题尚为详备，该书已于十六年售与中法大学校学术研究院，现又修改一过，不日即可由该校交商务印书馆印行。又有中华简字表一卷，内中共选有最常用的字约五千二百个，除“一”“二”“人”“丁”……等字外，一一均缀以各种简体，（计有简字约五千个，别体简字约二千个），并注明其简体之根据及理由等，不久亦可交商务印书馆印行。此两书外，尚有简字论集一书，即将由商务印书馆出版。稍缓我们并拟刊行简字周刊，来努力鼓吹也。①

3. 条式书标

《条式书标的发明》载于1934年《中华图书馆协会会报》第十卷第三期。杜定友发明条式书标，利用粗细线条表示号码，无论书籍薄厚，都可以采用这种书标，十分便于排架检书。条式书标的功能与色条书标不相上下，是图书馆界一大贡献。具体如下：

一、条式书标，用红蓝二色，分九种线条，代表一至九号，O字用空白条。号码略依罗马字制，但不用X。

二、读号码由下至上。

三、如需用英文字母时，得用红色0—9代表A—J，蓝色1—9代表K—T，用红色1—6下加红线一条代表U—Z。

① 陈光垚.简字运动的概况[J].中华图书馆协会会报，1930，5(6)：7-8.

四、贴书标时，手续如下：

1. 先将书码抄在书角上。

2. 用书标尺靠齐书根，在空口上各划一铅笔线。

3. 依书码将第一个号码，用红色书标贴在铅笔线上。

4. 第二码用蓝色书标，依此贴上，如此红蓝相间，以便辨别。

5. 如有小数时，将第一位小数，贴在第二铅笔线上。

五、凡小册及薄本图书，与其他图书混合排列者，小册及薄本可不必用著者号码，因分类号码既属相同，则著者地位，可由前后推算之也。

六、如必须标贴著者号码时，则在分类号码之上隔半公分地位贴起。纸条及用具由上海中国图书馆服务社制售，每套价二元五角云。①

第二节　年会

根据《中华图书馆协会组织大纲》②第21—22条规定："本会每年开年会一次，在各省区轮流举行，地点由前一年年会决定之；但遇必要时，得开临时会。""本会开年会时，各机关会员得派代表一人出席。"

一、第一次南京年会

中华图书馆协会第一次年会于1929年1月在当时首都南京金陵大学举行。200余名会员及来宾参加了本次年会。国民政府特派代表参会，内政部、工商部、外交部、卫生部、教育部共六位代表到会；中央大学为俞庆棠、巢仲觉两代表参加；江苏省政府章警秋代表参加。外宾则有德国图书馆协会代表莱斯米（Dr. G. Reismuller）博士参会。年会名宿毕集，称得上是一场图书馆界盛会。大会历时五天，会议分为代表演讲、分组会议和会务会议。其中分组会议对于图书馆的实际改进关系重大，因此安排在上午。分组会议分为行政组、索引检字组、编纂组、分类编目组、建筑组和教育组共六组。各组均讨论通过众多议案，成果颇丰。

行政组所通过议案涉及主体有呈请政府案、通令各图书馆案，以及政府部门案（教育部、交通部）。其中，行政组共通过议案60项，涉及内容多为宏观政策性议案，主要有：呈请教育部从速筹办中央图书馆案；呈请国民政府防止古籍流出国境并命令全国各海关禁止出口案；请各大图书馆搜集金石拓片如有必要设立金石部以资保存案；呈请教育部通令各出版处以后出版图书要加印国语罗马字书名及国语罗马字著者姓名案；采用"圕"字新案；军营内设立军人图书馆案；请咨交通部免纳寄赠出版品邮费案等一系列案。

索引检字组主要讨论完善检字法的标准问题，通过设立汉字排检法研究委员会一案。并接受胡庆生"对于各种检字法，应当研究试验及鼓励发明的态度为原则，暂不规定采用某一方法"动议。

编纂组通过议案主要涉及：编纂图书馆年鉴案；编纂中国图书馆志案；编纂古书索引案；

① 杜定友发明条式书标[J]. 中华图书馆协会会报，1934，10(3)：11.

② 中华图书馆协会执行部. 中华图书馆协会组织大纲[J]. 中华图书馆协会会报，1925，1(1)：4.

编制各种图书馆选书书目案;编制中文杂志索引案;编制中华人名大字典案;订定中国图书馆学术语案及请协会编制全国地志目录案等共14项议案。

教育组主要从专门和普通两个角度讨论人才培养问题,最终通过在暑期内聘请专门人才在各地轮流开办图书馆讲习所案;训练图书馆专门人才案;拟定图书馆学课程请教育部核定施行案;在各类各级学校有步骤的图书馆使用指导案;及在中学或师范学校课程中加增图书馆学识案共五项议案。

分类编目组议决采用四项分类原则;议决并通过组织标题编制委员会并将协同编纂事项交由编目委员会负责案;议决并通过分类委员会编制分类法案。

建筑组由戴志骞主席主持会议,通过组织建筑委员会研究计划图书馆建筑案;指导特约图书公司制造图书馆应用物品案;及请专门专家研究中文书籍排架法并定平排直排的标准容量及架的深浅等四项议案。

中华图书馆协会第一次年会以发展我国图书馆事业为出发点,提出很多切实可行的议案,在这些议案的指导实施下,无论是宏观的政策,抑或微观性的工作办法,都对我国图书馆界当时存在并需要改进问题的解决起到极大的帮助。并且年会上提供的很多议案,如金石拓片的保存、民间先贤著作的征集等议案都是功在当代、利在千秋的。

二、第二次北京年会

中华图书馆协会第一次年会后随即着手第二次年会,关于第二次年会召开地点,最先拟议1930年4月浙江省立图书馆建筑落成后在杭州举行,却因馆舍建设未能如期竣工而延期至1931年①。次年因时局不清而未有定论,又延期至1932年举行。直至1933年第二三次执行委员会会议议决,第二次年会定于1933年4月3日至6日在北京召开,出席会员于前一日报到②。然而,因时局关系年会再次改期,改至8月28日至31日,在北京清华大学举行。大会讨论要点以图书馆经费、图书馆与民众教育为范围③。

此次年会主题是如何在战乱纷飞中解决图书馆经费及图书馆与民众教育问题,200余名会员和嘉宾参加了此次会议。年会会议分为演讲会、会务会、分组讨论会三种。分组讨论依然分为六组:图书馆行政组、分类编目组、图书馆经费组、图书馆教育组、民众教育组、索引检字组。此次分组会议为更好的讨论中心议题“图书馆与民众教育”问题,所以分组会议细分到图书馆教育组和民众教育组两组。另外,受动乱的局势影响,各地图书馆发展均体现出经费不足发展困难,因而图书馆经费成为大会另一中心议题。

本次大会细分的六个讨论组分别讨论如下议题:分类编目组,审定杜威十进分类法中关于中国历史地理文学金石字画等项分类编目案;请全国各图书馆于卡片目录外应酌量形增编书本目录以便编制;由协会建议书业联合会编制出版物联合目录案;请协会根据上次会议从速规定分类编目标题及排字法标准共四项议案④。

图书馆经费组及图书馆教育组同时举行会议,其中图书馆经费组议决五项议案:拟定各级图书馆经费标准请教育部列入图书馆规程案;向中英庚子赔款董事会请速拨款建设中央

① 中华图书馆协会执行委员会.本会执行委员会第二次报告[J].中华图书馆协会会报,1930,5(4):16.

② 中华图书馆协会执行委员会.第二三次两次执行委员会议决案[J].中华图书馆协会会报,1933,8(4):17-18.

③ 中华图书馆协会执行委员会.第二次年会定于八月廿八日起举行[J].中华图书馆协会会报,1933,8(6):24.

④ 于震寰.中华图书馆协会第二次年会纪事[J].中华图书馆协会会报,1933,9(2):22-26.

图书馆并请中美庚子赔款董事会;补助各省图书馆经费案;呈请教部规定补助私立图书馆临时及经常费案;请中央拨棉麦借款美金100万扩充全国图书馆事业案。

图书馆教育组共议决五项议案,建议行政院及教育部指拨的款于北平设立图书馆学科校案;再请教育部令国立大学添设图书馆学专科案;请各省市图书馆人财经费设备充足者附设图书馆学讲习所以培育人才案;函请各省教育厅每年考选学生两名分送国内图书馆学学校肄业其学膳宿费由教育费中指拨案;函请图书馆学校应注重语言案①。

民众教育组共议决议案六项,分别为:请协会通函全国各图书馆注重民众教育事业案;为推广民众教育拟请本会组织民众教育委员会案;呈请教育部通令各省市县在乡村区域从速广设民众图书馆案;建议中央通令各省于各宗祠内附设民众图书馆案;县市图书馆与众民教育馆应并行设立分工合作案;编制通俗图书馆书目录案。

图书馆行政组讨论议案共十项,分别为:请协会呈请教育部通令各省市县教育行政机关应聘请图书馆专家指导各中小学图书馆一切进行事宜案;国内各馆馆员得互相交换以资观摩案;通函各县市应设立儿童图书馆并规定各图书馆附设儿童阅览室案;请本会建议各省市县公共图书馆附设流动图书馆书部案;监狱附设小图书馆案;酌量公开学校图书馆俾学校图书馆与社会合成一气补助成人的教育案;由协会通知全国公私立图书馆尽量搜罗方志与图书馆以保文献案;建议当局传钞及影印孤本秘籍以广流传案;建议教育部选印四库全书应以发扬文化为原则在书店赠本内提出若干部分赠各省市立图书馆暨国立各大学图书馆案;图书馆应扩大宣传方法借谋事业之发展案。

索引检字组没有提出议案。

本次大会收到议题相关论文共六篇:一、杜定友《经济恐慌中美国图书馆之新趋势》;二、徐旭《民众阅读指导问题》;三、钱亚新《类分图书馆书之要诀》;四、蒋一前《汉字检字法沿革史略》;五、于震寰《善本图书编目法》;六、张秀民《选印古书私议》②。

此次大会议案议决情况不如第一次南京年会多,先后分别推行。以民众教育和图书馆经费为讨论中心,各项提案归为四类,分别是推广民众教育,制定图书馆经费标准,专门人才的培养与指导事业,善本的流传。其中简洁扼要且便于实施的议案共予通过11件,都是以图书馆事业的发展为首要。

附:中华图书馆协会第二次年会议决案清单

甲、推广民众教育

一、呈请教育部通令各省市县在乡村区域从速广设民众图书馆案。

二、建议中央通令各省于宗祠内附设民众图书馆案。

三、县市图书馆与民众教育馆应并行设立,分工合作案。

乙、订定图书馆经费标准

一、拟定各级图书馆经费标准,请教育部列入图书馆规程案。

二、呈请教育部规定补助私立图书馆临时及经常费案。

丙、专才之培植与指导事业

一、请协会建议行政院及教育部指拨的款于北平设立图书馆学专科学校案。

---

①② 于震寰.中华图书馆协会第二次年会纪事[J].中华图书馆协会会报,1933,9(2):22-26.

二、再请教育部令国立大学添设图书馆学专科案。

三、呈请教育部于图书馆规程中规定省立图书馆应负辅导全省各图书馆之责任案。

四、请协会呈请教育部通令各省市县教育行政机关应聘请图书馆专家指导各中小学图书馆一切进行事宜案。

丁、善本之流传

一、建议当局传抄及影印孤本秘籍以广流传案。

二、建议教育部此次选印四库全书应以发扬文化为原则在书店赠本内,提出若干部分赠各省市立重要图书馆及国立各大学图书馆案。①

中华图书馆协会第二次年会以解决我国图书馆事业发展过程中存在问题为出发点,提出很多切合实际的议案,在这些议案的指导实施下,无论是提高省立图书馆的行政经费,还是在乡村地区广设民众图书馆,都对我国图书馆界当时存在并需要改进问题的解决起到极大的帮助。

三、第三次青岛年会

第三次年会筹议已久,最早为抓住商请美国密歇根大学图书馆主任毕寿普和耶鲁大学图书馆主任凯欧两专家来华考察指导的契机,拟将在南京召开年会,而两专家未能成行,因此决定待两专家来华时,即 1936 年春另行召开②。

第三届年会之前,曾有“注意实际问题之商讨,一般提案过于理想者不必提出,以期节省讨论之声明”,深切希望本次大会讨论议定的事项均能推行。第三届年会讨论的议案遵循以下四项原则:一是提案应以实际存在问题且容易施行者为重点;二是关注图书馆事业所服务的对象;三是关注培养图书馆专门人才及能够服务附中所需图书馆的专家人才;四是书籍出版要符合道德荣誉,追求质与量的统一③。

第三次年会的筹备工作十分充分,包括通过年会经费及联合会所建筑费案,图书馆用品展览会案、游览案,民众图书馆暑期讲习会案,设一民众图书馆讲习会。

经过紧锣密补的筹备工作,第三次中华图书馆协会年会于 1936 年 7 月 20 日至 24 日在山东大学举行,到会会员及来宾 150 余人。此次年会因抗战等原因未能明确中心议题,也没有像前两次会议那样设置分组会议,此次会议主要有演讲会、宣读论文、会务会、讨论会四种形式。由于大会未设分组会议,因此议案的提出并不是按各专题组,而是分散于各个主题之下。主要有民众教育类、图书馆教育类、图书馆经费类、购书类、目录及书目类等。

关于“一般”议案有:呈请协会建议教育部法规中明定各省市至少应设一所省立图书馆;协会组织委员会从速审定图书馆学名词术语公布备用案;函请教育当局拨款建筑地下室或其他适当方法以防意外事变案;设立儿童图书馆事业咨询委员会案;规定各类图书馆应用表格标准样式,供各馆参考案。

---

① 中华图书馆协会执行委员会.呈教育部推行议案[J].中华图书馆协会会报,1933,9(2):26-27.

② 中华图书馆协会执行委员会.年会之筹议[J].中华图书馆协会会报,1935,10(5):21-22.

③ 李文裿.写在本届年会之前[J].中华图书馆协会会报,1936,11(6):1.

关于人事有：呈请教育部保障图书馆服务人员订颁待遇标准案；各图书馆主要职员应援用专门技术人员案；确定图书馆经费与职员人数之比例案。

关于经费者：呈请中央通令各省市县，确定并保障各馆经费案；设法请求各庚子赔款委员会，拨款补助各省市县公私立图书馆事业案；呈请教育部拨款补助各省市县优良公私立图书馆案。

关于购书有：请教育部对于图书馆向书店购书享受九折之规定，函请各书业公会维持优待各图书馆购书办法案；通函各书局及邮政当局注意向图书馆寄递案；请函交通部邮务司转知各地邮局关于无法投递之刊物，于一定时日后移赠当地图书馆案；函请各出版界对于刊物图书应刊印书名页（或版权页）目次及索引案；请协会编制全国图书馆联合目录通知各馆推广馆际互借案；向各报馆交涉，每次另印质料优良之报纸若干份，并于每月抄汇寄各图书馆案；筹办消费合作社，经营订购图书筹办图书馆用品等业务，以谋便利而资撙节案。

关于图书馆教育有：呈请教育部明令中等以上学校增设图书馆学课程案；请各省教育当局办理图书馆学暑期讲习会，并请以训练图书馆服务人员案；为图书馆员谋进修机会请厘定方案案；武昌文华图书馆学专科学校增设图书馆学函授部案；呈请教育部在每届英庚子赔款及清华留美公费生名额内，列入图书馆学一科俾资深造案。

关于民众教育有：请各图书馆推进非常时期教育及国难教育事业以期唤起民众共同御侮案；县市图书馆举办推广事业，以期发展城市与乡村民众教育案；呈请教育部令各省市县及公立小学及未经设儿童图书馆者应从速设立或附设儿童图书馆案；由协会函请各省市各教育当局令各民众图书馆于其经费内抽出百分之五，专在附近茶园中办理，以资推广民众教育案；申请中央划定专款补助各省特制汽车图书馆，利用公路提高内地民智水准案；呈请教育部通令全国各教育机关民众教育馆及图书馆增设流通图书馆及巡回书车案。

关于推广事业有：呈请教育部组织图书馆教育委员会或添专员案；呈请教育部令各县内设立县图书馆及乡村图书馆案；函司法行政部设立监狱图书馆，并以之为中心实施监犯教育案；函请中国全国各地公私立图书馆舆图部案；函请各公私立图书馆及藏书家尽量公开所藏图书，以广阅览借便研究案；请协会规定全国读书运动周日期以资宣传而鼓励读书风气案；请各图书馆应设阅读指导员以增进读者效率案；拟定普通图书馆最低标准书目案；函请各图书馆所藏复本图书互相交换流通案；呈请教育部严禁古书出国盗卖私借等事并设法迁移至适中安全地点案①。

其他提案：

22 日上午讨论教育部交议的八项议案：县立图书馆至少限度应备图书之标准；县立民众教育馆阅览部应备图书标准；县立图书馆工作标准；县立图书馆全县巡回图书办法；各县木刻古板保存办法；县立图书馆阅览部分类编目标准；省立图书馆辅导及推进全国图书馆教育工作办法②。

22 日下午四时在科学馆大讲堂继续开会务会，首先由袁同礼主席作会务报告；接下来由执行委员会提出两案，然后是讨论会员提议案及临时提议案，分志如次：

---

①② 李文祷. 写在第三次年会之后[J]. 中华图书馆协会会报，1936，12（1）：1－5.

(A)执委会提出二案：

一、南京会所建筑费案

二、会员会费应如何催缴案

(B)会员提议案：

一、请本会每年编印全国图书馆各项统计案。

二、请本会通函委托各省市立图书馆逐年编制各省市图书馆概况并由本会汇编全国图书馆概况案。

三、本会宜设立儿童图书馆事业咨询委员会案。

四、拟请本会规定各类图书馆应用表格标准样式以供各馆参考案。

五、各省市应设立图书馆协会联络各省市公私立图书馆会员藉资研究以补本会不能每年开会之不足案。

六、本会通信改选职员时应于被选人姓名下附以略履及其著作俾会员便于选举案。

七、本会会址应移京及年会应在京举行案。

八、为求年会议案实现起见应选举一执行年会议案委员会以专其事案。

九、明年年会地点拟定在武汉大学图书馆或庐山图书馆案。

(C)临时提议案：

改执行委员会为理事会，监察委员会为监事会案。[①]

下午四时举行闭幕式，由叶恭绰主席致闭会词，严文郁报告图书馆协会分组讨论会经过，马衡报告博物馆协会讨论会经过，袁同礼、马衡二人再分别报告两会会务情况。沈祖荣报告教育部提交议案讨论的经过。临时动议议决：

(一)两会下届年会仍联合举行，地点拟在西安、武汉、南京、北平，由两会商洽决定。

(二)以大会名议函谢青岛市政府、山东省政府、山东大学及胶济路局招待之盛意，至是联合年会遂告圆满闭幕。

四、后三次重庆年会

第四、五、六次年会都是为了配合中国教育学术团体联合办事处主持联合年会的日期而举行。因此后三次年会中华图书馆协会不是作为主办方，而是作为参会会员身份。中国教育学术团体联合办事处成立于1937年春，抗战事兴，随政府西迁到重庆。中华图书馆协会于1938年9月加入。

中华图书馆协会第四次年会召开时，会员因战乱而迁居各地，难于召集，为了便于安排，集中资源，因此决定与各教育学术团体举行联合年会[②]。1939年，第四次年会出席年会会员共63人，其中新会员约30人，代表20所图书、1所图书馆专科学校和1家地方图书馆协会[③]。第四次年会中心议题为战时应对和图谋复兴。共讨论以下10项议案：请协会转呈交

---

① 李文裿. 写在第三次年会之后[J]. 中华图书馆协会会报,1936,12(1):1－5.

② 中华图书馆协会执行部. 本会第四次年会筹备及经过报告[J]. 中华图书馆协会会报,1939,13(4):13－15.

③ 中华图书馆协会执行部. 本会第四次年会出席会员[J]. 中华图书馆协会会报,1939,13(4):15－17.

通部将“圕”字列入电报书内以利电讯而省费用案；协会是年度应即征募临时办公费用以利进行一切抗战救亡工作案，决议交理事会参考；协会历次年会议决案应厘定实施办法案；暂停每年改选理事及监事三分之一之举，至第五次年会之前为止案，决议改选理事及监事三分之一，延至会员总登记完毕后举行；由理事会参酌协会之人力与事业，拟定协会在抗战期间之工作计划，决议通过；前项议案计划应请陈东原先生加入编制案，决议通过；协会加入中国教育学术团体联合办公处，请推举代表三人案，议决通过；正式函谢此次年会捐款及协助协会各机关案，议决通过；年会余款及所收会费于会毕后移交昆明总事务所并请推举一人审查账目案；年会会后在短期内编成《中华图书馆协会第四次年会报告》送交事务所案，无异议通过①。

第五次年会于1942年2月8日至9日在重庆中央图书馆召开，参会的党政机关领导及各团体会员共200余人，代表13家单位；中华图书馆协会方面，有6个机关会员和34名个人会员参会。经众决定当场募捐补助会费等事。主席临时动议，在座会员酌捐款，每人至少补助协会经费五元，全体通过；姜文锦先生动议“组织陪都区图书馆馆员联谊会案决议”获通过，推选沈祖荣、陈训慈和蒋复璁负责筹备，由沈祖荣负责召集②。

第六次年会于1944年5月在重庆国立中央图书馆召开，共65人出席年会，此次年会旨在集思广益，联络感情。立足战后世界和平与教育改进，实行实业计划最初十年所需人才培养。讨论培养图书馆人才、增加图书馆经费、提高社会教育人员待遇、将图书馆采编组分为采购和编目两组、呈请教育部增设图书馆督学以促进图书馆事业发展等议案，保留杜定友提出的将11月11日设为图书馆节议案和为加强联系促进各地方图书馆协会设立与回复等议案。

从后四次年会的举办和讨论的中心议题看，中心议题已经和图书馆的相关度越发的淡远了。

第三节 战时募集

一、战时图书馆损毁情况

因日本帝国主义对中华大地的觊觎侵略，造成中华文物载籍遭敌人轰炸抢夺，不可胜数。据教育部1935年的统计数据，国内图书馆数量达4000余所；而遭敌伪袭击、沦落敌人手中者，估计已达2500多所，并且沿海各大城市藏书丰富，遭袭更重。我国图书馆建立仅30余年，正是萌芽发展期，遭受战火之后，需要国人埋头苦干，勇往直前，群策群力，共同迈进，积极征募筹集③。

二、战时图书馆调查与全国图书馆复兴工作

中华图书馆协会在战时的主要工作集中在两个方面，一是调查战区、后方及沦陷区图书

---

① 中华图书馆协会执行委员会. 中华图书馆协会第四次年会会务纪录[J]. 中华图书馆协会会报，1939，13(4)：10－11.

② 中华图书馆协会执行委员会. 本会第五次年会述略[J]. 中华图书馆协会会报，1942，16(5/6)：14.

③ 中华图书馆协会理事会. 抗战建国时期中之图书馆[J]. 中华图书馆协会会报，1938，13(4)：2－4.

馆的实际情况，以备战后向敌人索取赔偿的准备；二是协助全国图书馆战时的发展及战后复兴。

1. 战时图书馆调查工作

战时图书馆调查工作主要是委托中外人士至沦陷区访问，或采用私人通讯的方法，或由协会拟定表格，征集各项资料，分别登载《中华图书馆协会会报》中公布。

2. 全国图书馆复兴工作

关于协助全国图书馆复兴的工作，政府委托中华图书馆协会进行国内外图书征集事宜，成立战时图书征集委员会，定期召开执行委员会议。中央社会部通令各地党部征募书报、各地积极响应征集图书运动①。面向国内方面，包括登记战区图书馆馆员，介绍相关工作，并呈请政府及庚子赔款机关，指定专款在西北及西南各省兴建图书馆，作为社会文化发展中心。如庐山图书馆征集名贵书籍②、汉市图书馆筹委会开始募捐购书③、济南府志等版片归省立图书馆保存、清华大学图书馆搜集厂甸名贵书籍④、寿县掘出古物归省立图书馆保存⑤、东吴法学院图书馆搜集法学旧书⑥、文华图书馆学专科学校迁渝后学生服务巡回文库征募书报捐款活动⑦；面向国外方面，则分别向欧美各国征集图书，免费运输到国内。其中既有各国政府、各图书馆协会，亦不乏像英国牛津大学这样大学机构。

三、成立战时征集图书委员会

成立战时征集图书委员会，负责征集图书事宜。为了使国际社会了解我国政府已经统一安排了战时图书征集事宜，战时图书征集委员会特函请在该会未成立以前已向国外征集图书的团体，加入该会统一办理；已征募的图书，均集中该会由教育部作最后的分配。

附：战时征集图书委员会致本会袁同礼理事长函

> 守和先生大鉴，关于中华图书馆协会向美国图书馆协会征集图书事，经先生之努力，已获得该会之同情，允向各方捐赠，我国文化前途，实深利赖。兹全国各学术机关团体，因感觉此项工作之重要，已在政府指导之下，联合成立战时征集图书委员会，并拟向各国作大规模之宣传与征集，刻正积极进行。为对国际间表示统一，俾收较宏大之效果起见，经本会第二次执行委员会会议决议："凡在本会未成立以前，已向国外征集图书之团体，均拟请共加入本会统一办理，对于已征集之图书，均请集中本会由教育部作最后之分配"纪录在卷，此项决议，一方向可使国际间明了中国政府对于征集图书已有统一之组织，一方面可将已征得之图书，斟酌各方损失及需要情形，作适当之分配，谅荷

① 中华图书馆协会理事会.中央社会部通令各地党部征募书报输送前方[J].中华图书馆协会会报，1940，14(4)：24－25.

② 中华图书馆协会执行委员会.庐山图书馆征集名贵书籍[J].中华图书馆协会会报，1936，12(3)：38－39.

③ 中华图书馆协会执行委员会.汉市图书馆筹委会开始募捐购书[J].中华图书馆协会会报，1936，12(3)：39.

④ 中华图书馆协会理事会.清华大学图书馆搜集厂甸名贵书籍[J].中华图书馆协会会报，1936，12(4)：23.

⑤ 中华图书馆协会理事会.寿县掘出古物归省立图书馆保存[J].中华图书馆协会会报，1936，12(5)：33－34.

⑥ 中华图书馆协会理事会.东吴法学院图书馆搜集法学旧书[J].中华图书馆协会会报，1940，13(4)：19.

⑦ 中华图书馆协会理事会.文华图书馆学专科学校由鄂迁渝后工作概况[J].中华图书馆协会会报，1939，13(5)：22－23.

赞同尚祈惠示尊见，以利进行，无任企盼之至。再本会成立经告情形，想已由沈祖荣先生转达，兹特检送本会章程，及历次会议记录各一份。以供参考，此颂

台祺！

战时征集图书委员会启　一月十九日

自成立战时征集图书委员会以来，共召开战时征集图书委员会执行会议六次，在1931年年底，即太平洋战事发生以前，已收到征集图书共二万余册，等到日寇掀起太平洋战事后，因国际交通梗阻，无法起运，但国际间的联系与援助，始终未曾间断。征集的图书则暂存美国，战事结束后，设法运寄，由中华图书馆协会商定分配到国内各大图书馆[①]。

四、政府委托协会继续办理在美征集图书事宜

中华图书馆协会接到战时征集图书委员会来函后，就曾请协会理事签注意见。此外，鉴于抗战以来，国内各学术团体中，只有中华图书馆协会在征募图书工作中取得了较大效果，因此为了进一步顺利推进该项工作。1939年3月7日，战时征集委员会在召开会议时正式议决“由政府委托中华图书馆协会继续办理在美征集图书事宜”。接到政府正式委托后，中华图书馆协会更加积极地继续在美国征集图书，以期协助被毁的图书馆更早地恢复运营。

战时征集图书委员会于三月七日晚八时半，在重庆举行会议，出席者：张伯苓，郭有守，顾毓琇，李迪俊，袁同礼，杭立武，吴俊升，蒋复璁等，议决各案如下：

（一）郭有守因事辞职照准，遗缺请吴俊升继任，并公推章益为执行委员；

（二）在美国征集图书，由政府委托中华图书馆协会继续办理，并建议教育部予以经费之补助；

（三）在英国征募图书，由战时征集图书委员会办理，并委托国际出版品交换处负责国内运输之责云。[②]

五、协会向国外征求图书致函及函复情况

附协会向国外征求书籍函，及函复情况：[③]

- 1938年8月间协会致驻外各使馆请求协助公函

迳启者，暴日侵华以来，叠陷名城，狂施轰炸，人民颠沛流离，百业咸遭蹂躏，内中以文化机关之摧毁，尤为空前未有之浩劫！迩来战区扩大，各省图书馆所藏之中西图书，秘笈珍本，多被毁于敌人炮火之下，文化精华，悉成灰烬。而东南半体，向为吾国文化中心，私家藏书，尤称美富。自江浙沦陷，古今典籍，荡然无存，实为我国文献之重大损失。伏念文化事业，自有其永久性，必须连续迈进，方能续长增高，经此浩劫，函宜群策群力，力图恢复。敝会奉令协助全国图书馆从事复兴，除已在

① 中华图书馆协会理事会. 战时征集图书委员会致本会袁理事长函[J]. 中华图书馆协会会报，1939，13(5)：12.

② 中华图书馆协会理事会. 战时征集图书委员会举行第三第四次执行委员会会议[J]. 中华图书馆协会会报，1939，13(6)：18.

③ 中华图书馆协会理事会. 复兴事业[J]. 中华图书馆协会会报，1938，13(2)：17－18.

国内积极征募外,兹分向欧美各国,征求书籍,俾赖国际同情之助,协助复兴,事关文化,用特函恳贵馆予以匡助,或代为征募,或代予接受,兹将关于我国图书馆被毁情形,撰具备忘录一件,即希台阁,并启查照办理见复为荷。

- Utah 图书馆协会复函

Utah 图书馆协会年会,将于九月十七日举行,余敢确信,届时余等将以充分时间讨论,贵会之需要,并以此项问题提出全体会员之前,裨所有图书馆员易于研究一完善方法,以进行贵会所需书籍之搜集也。

以余所知,各图书馆所藏良好书籍,多有副本,余等将以此举列写州立图书馆事务之一部,加以考虑,倘余等对于贵会有所协助,实衷心所愿也。

- 纽约医科专门学校图书馆来函

余等闻中国图书馆界请求协助,极愿尽力赞襄,余等欲以他人捐赠本馆之书籍,陆续转赠,此类书籍,虽稍过时,而大多数仍属极有用之刊物也。

阁下如有意接受此类书籍者,倘承见示,诚为幸甚!

- 美国国会图书馆馆长 H. Putnam 致《美国图书馆协会会报》编辑函(原文载《美国图书馆协会会报》六月号)

中国图书馆因所受损失重大,请求赠送任何刊物以充实其收藏,想阁下定已收悉。

国立北平图书馆馆长袁同礼氏四月二十三日由香港来函,内称中国需要图籍至急。凡吾人赠送之书,均愿接受,分配,并立即编目应用。袁氏又谓,倘各地能将刊物寄交美京华盛顿 Smithsonian Institution,则此类刊物当由国际交换出转寄中国也。用特函达,即希公布为幸。

六、英美积极响应援助中国

中华图书馆协会向国外征集图书过程中得到各国先后函复允予赞助,其中美国态度极为积极,其进行的办法也较为切实。据该国图书馆协会秘书长米兰君(Carl H. Milam)来函表示,为华征书一事,由该会国际关系委员会主席但滕君(J. Periam Danton)负责主持,成立赞助委员会,委员除胡王雨大使外,皆为美国知名人士。在和平未恢复前,书籍暂留香港编目保存。1938 年诺贝尔文学奖得主赛珍珠女士(Mrs. Riohard J. Walsh)及格雷夫先生(Mortimer J. Gravei)也应该会的邀请,担任捐书援华的赞助委员①。

该委员会全美捐募图书运动开始后,不到一月时间内就收到 27 处(图书馆、出版界、团体)赠送之图书、期刊、小册等共 5000 册。

---

① 中华图书馆协会理事会. 美国图书馆协会发起捐书援华运动之成绩[J]. 中华图书馆协会会报,1939,13(5):14-15.

附1:美国图书馆协会发起捐书援华运动之成绩

美国图书馆协会去年应本会理事长袁同礼先生之请,为中国被毁之各图书馆捐募书籍,从事复兴事,特交该会国际关系委员会发起主持办理。该委员会全美捐募图书运动,自开始工作以来,为时不过一月,业经收到二十七处(图书馆,出版界,团体)赠送之图书,期刊,小册等共五千册。该会现正盼在十二月三十一日此种运动正式结束以前,能收获数倍于今之书籍云。

据美国国际交换局局长巴特博士(G. G. Abbot)报告,凡经该局收到之书籍,均已随时运华,且与中华图书馆协会商妥,已运华之书籍,在和平未恢复前,暂留香港编目保存云。

大地作者曾领一九三八年诺贝尔文学奖金之赛珍珠女士(Mrs. Riohard J. Walsh)及格雷夫先生(Mortimer J. Gravei)近亦应该会之邀请,为捐书援华之赞助委员云。①

附2:英美学术界积极援华

本会鉴于暴日侵华以来,我国图书馆损失之重大,曾在国内外征募图书。美国方面根据本会之备忘录,曾于去冬发起全国捐书运动,现已有二百余箱,陆续运华。英国全国图书馆协会及国际图书馆协会下月在利物浦及海牙分别举行年会,对于本会申请,均将有重要决议。本会理事长袁同礼氏,近又接牛津大学副校长来函,内附英国赞助委员会致英国印度加拿大澳大利亚各大学之公函,该公函于本月由伦敦发出,特为译出,披露如左:

径启者,英国大学对于欧战后之比国鲁文大学,一九二三年地震后之东京帝国大学,以及火灾后之南非洲大学,均先后参与援助,想同人尚未忘怀。今中国适有同样之机会,但救济范围之广,实远超出三校以上!世人深悉该国一百十三所文化机关(其中包括大学四十七所),历数百英里长途之跋涉,作西迁内地之壮举,该机关等对于图书及仪器之设备,均感缺乏。

牛津大学现已尽其所能,弥补此项缺陷,数月以来,除向校内各院系各教授征集适用图书外,并广募现金,以备采购之用。最近某君(按系指Spalding先生)无条件独立捐助二千镑,并允如该大学能募得同等捐款时,渠当续捐三千镑,此种对于中国之同情,必能激起其他大学作同样之努力。最近伦敦各大学中国委员会,为赞助此项运动起见,业已认捐一百镑,藉以表示提倡之微意,而国际学生服务社,除于去岁在英募得四千七百镑救济中国学生外,本岁仍拟继续筹集此数,并根据中国之申请,发出征书通启,藉以援助该国学术机关。

但中国今日之需要,至为迫切,如欲求其充实,非大英帝国印度及各自治领所属各大学各学术机关,通力合作不为功,想尊处对此建议,必能赞助,故特专函奉读。吾人深信如每一大学,能作单独之努力,从专事于征募,则对于中国同情之扩

① 中华图书馆协会理事会.美国图书馆协会发起捐书援华运动之成绩[J].中华图书馆协会会报,1939,13(5):14-15.

大，与在该国所发生之影响，实较一次联合举办之效力为远大也！现中国已组织一委员会，由南开大学校长张伯苓博士主持其事，该会专司调查中国各大学及学术机关之需要，而运往中国之图书仪器，亦有该会负责分配，吾人深信西方学者此等同情之表示，对于中国学术界，实较实际上物质之援助，尤有价值，盖其主旨基于纯粹学术之合作，而非出于政治的经济的或宗教的动机也。牛津大学副校长戈登，各大学中国委员会主席马克毋，国际学生服务社主席毛必烈，同启。①

第四节　出版物发行：报刊及图书

依据组织大纲及协会事业发展需要，协会发行的出版物种类较丰富，既涵盖会报、季刊、篇幅较长的小册子、丛书之外，还包含年会报告、纪念论文、各种类调查表、国学经典专著、汇编丛书等。

一、《中华图书馆协会会报》

根据中华图书馆协会组织大纲，该会刊印《中华图书馆协会会报》一种。1925 年 6 月 30 日，《会报》创刊，其初衷为建立会员之间的联系，传达消息，并作为全国图书馆事业的通讯机关。7 月 25 日获得出版执照，9 月 5 日在北京邮务管理局挂号被确定为新闻纸类。

二、《图书馆学季刊》

1925 年 9 月，中华图书馆协会执行部聘请 16 位委员，组织成立出版委员会。由于出版事业涵盖范围极广，成立初期，按照执行部的决议，该委员会先行编印《图书馆学季刊》，所有编辑发行事务，应成立专门部门主持。而出版委员会则担任评议角色，协助筹划。但是因为协会经费欠缺，最后与南京书店签订了共同发行协议，自 1926 年 3 月起出版《图书馆学季刊》。

该刊出版期为每年的 3 月、6 月、9 月和 12 月。出版后，会员订阅可享受半价，因此订阅较为踊跃。此外，还免费寄送给中华图书馆协会董事、名誉会员及国外各大图书馆和各国图书馆协会。第一期出版后，共计免费寄送 180 余册，此数量还不包含赠送给作者和其他机关的数量。自第二期开始，中华图书馆协会执行部提议免费赠送机关会员，因此又增加了百余册。

经费方面，执行部拨款 448.5 元，此部分款项除了用于印刷费，还用于代购季刊分赠会员、加印单行本、赠送作者、赠送各地的邮寄费用等，因此实际用于印刷编辑的费用非常有限。（关于季刊的出版发行情况，请参照“组织专门委员会事业”的“季刊编辑部”部分。）

三、实用书籍——刊印丛书

由于《图书馆学季刊》是杂志性质，不便于刊登文字过多篇幅较长的文章，但为了提倡学术，遇到此类著作，都需要专门刊登发行。此外《图书馆学季刊》出版周期较长，相隔时间久，

---

① 中华图书馆协会理事会. 英美学术界积极援华[J]. 中华图书馆协会会报，1939，14(1)：11－12.

成本较高，不利于登载宣传性文字。而由于我国图书馆事业正处于萌芽阶段，理应提倡深入的研究，宣传图书馆事业的文章也必不可少。若能印成单行本丛书，可以廉价销售或赠送读者，宣传效果必不会小。而且我国图书馆已经认识到新式方式的必要性，但是苦于无师可资，不知从何处着手，因此也需要发行实用书籍予以指导。在这样的情况下，丛书刊行便应运而生。

> 一曰宜刊印丛书，盖季刊系杂志性质，对于过长之文字，颇不便于登载，若任其隐没，尤非提倡学术之本意，故遇此等著作，均非专门刊行不可。况季刊出版期，相隔太久，成本亦较昂，不利于刊登宣传文字，而我国图书馆事业，正在萌芽，高深之研究，固当提倡，鼓吹之著作，亦不可少。现季刊虽间登宣传文字，究虞不足，倘能印成单行之本，或廉售，或赠送，收效必可宏大。且近数年来，我国之图书馆虽多有感觉采用新法之必要，无如无师可资，不知何以着手，此又协会不能不发行实用一方面之书籍，以指导之者也。
>
> 二曰确定经费，季刊印刷经费，执行部原拟拨付五百元，但实际上交换赠送等事，均包括在内，以致颇形支绌。窃意若能将交换赠送等事，移归执行部办理，使出版委员专任印刷及编辑，则手续似较简单，进行亦似较易。若能妥筹基金，以其利息为出版之用，以售书所得，仍归入出版事业，再益以每年之经常费，庶乎经费之基础稳固，出版事业方得安然进行不受阻滞也。①

自刊印丛书计划以来，由于经费有限，丛书刊印多是计划多于实践，据《中华图书馆协会会报》记载，协会在 1927 年刊印了王重民《老子考》，袁同礼编《明清私家藏书史》待付刊。

四、年会报告

年会报告是以汇编各届年会议案及会议记录为主要内容的出版物，详细记载年会宣言、会序、开幕大会记事，年会筹备经过及出席人员一览表，是关注图书馆发展及改进，所必不可少的刊物。第一次年会报告于 1929 年 7 月出版。

五、全国图书馆调查表

对图书馆现状有清晰明确的掌握与了解是求图书馆事业发展的首要条件。对于图书馆事业的调查可分为两种：一是调查重要都市图书馆，以期各都市早日组织地方图书馆协会以图图书馆界协同之效果；二是调查全国图书馆②。对图书馆调查中所包含的各地各种类图书调查、各地图书馆协会调查、中国定期刊物调查表、杂志状况、编制索引与图书装订调查，编制成全国图书馆调查表。不仅掌握图书馆界资源分布脉络，更为图书馆界同人以及各出版机关提供便利③。

---

① 中华图书馆协会执行部. 出版委员会第一周年报告[J]. 中华图书馆协会会报，1926，2(2)：10－11.

② 中华图书馆协会执行部. 中华图书馆协会第一周年报告[J]. 中华图书馆协会会报，1926，2(1)：3－5.

③ 中华图书馆协会执行部. 中华图书馆协会第三周年报告[J]. 中华图书馆协会会报，1928，4(2)：3－6.

六、其他

1. 日本访书志

《日本访书志》是湖北宜都人杨守敬所著,内容多为失散已久的书籍。该书出版后,在学术界引起了关注。中华图书馆协会会员王重民时任北平故宫图书馆馆员,也广泛阅览参考,著录四十余篇访书志。中华图书馆协会鉴于佐证精确,能够弥补杨守敬所著《日本访书志》的缺漏之处,特作为中华图书馆协会丛书第三种,出版《日本访书志补》①。

2. 国学论文索引续编

中华图书馆协会1929年出版了《国学论文索引》,出版后反响较好,能满足国学研究者的实用需求,因此,协会再次委托国立北平图书馆出版《国学论文索引续编》,论文数量与前篇基本相同。索引内容除了少数为民国初年出版,其余均为当时新出版的刊物,尤其是关于国学的内容。本书为中华图书馆协会丛书第四种②。

3. 文学论文索引续编

《文学论文索引》分为初编和续编,两编分类相同,著录论文数量均约4000多篇,为中华图书馆协会丛书第六种③。

4. 官书局书目汇编

官书局始创于清末同治年间,极盛于光绪年间,后多数归并于各图书馆,只有浙江官书局仍能继续发行刊印书籍。《官书局书目汇编》著录了当时各局出版书籍的名称、价格、著者的年代及纸张形色等,原为朱士嘉所编。中华图书馆协会将该书编为协会丛书第七种⑤。

5. 标准党义书目的编制

中华图书馆协会在南京召开年会时,曾有阐扬党义的宣言。此外,各图书馆也急需关于党义的书籍,而国内出版党化书籍极为繁杂,购买极为复杂困难。因此,中华图书馆协会特编制"党义书籍标准目录",为各图书馆提供购书指导。编成后为慎重起见,送请中央执行委员会宣传部予以审核④。

6. 编纂全国学术机关指南

鉴于北平图书馆协会编辑的《北平学术机关指南》便于参考使用,因此中华图书馆协会扩大范围,编纂《全国学术机关指南》,以便国内外人士的参阅⑥。

7. 古逸书录丛辑出版

古逸书目录丛辑,包含《中兴馆阁书目辑考》五卷,续目一卷,《宋国史艺文志辑本》二卷,编者为贵阳赵士炜,由中华图书馆协会与国立北平图书馆共同出版⑦。

8. 中华图书馆协会十周纪念论文集

中华图书馆协会成立十周年之际,开展了纪念论文征集活动,文字不限中文西文,内容需注重国内图书馆实况及十年来图书馆的改进与以后发展的方针。前后收到英文论文九篇,编辑出版了 *Libraries in China*(《中国之图书馆》);中文论文数篇则发表于《图书馆学季

---

①② 中华图书馆协会执行委员会.中华图书馆协会第六年度报告[J].中华图书馆协会会报,1931,7(1):1－7.

③⑤－⑦ 中华图书馆协会执行委员会.中华图书馆协会第八年度报告[J].中华图书馆协会会报,1933,9(1):2－6.

④ 中华图书馆协会执行委员会.中华图书馆协会第五年度报告[J].中华图书馆协会会报,1930,6(1):3－10.

刊》⑤。

9. 全国图书馆一览

自中华图书馆协会成立以来，国内新建图书馆日益增多，但缺乏完整介绍各馆情况的指南。因此，中华图书馆协会趁十周纪念之际，编辑出版了《全国图书馆一览》。该一览分为中英文两种，英文本收录藏书5000册以上的图书馆；中文本则不论图书馆规模大小，一律收录，以详备为原则⑥。

截至1939年第14卷2、3期发刊，中华图书馆协会出版书籍及售价如下表所录：

图书馆学季刊	每期五角全年二元
中华图书馆协会第一次年会报告	一元二角
中华图书馆协会第二次年会报告	六角
国学论文索引第二版	一元二角
国学论文索引续编	一元
国学论文索引三编	一元二角
国学论文索引四编	一元五角
文学论文索引	一元八角
文学论文索引续编	一元八角
文学论文索引三编	一元八角
编目方法	四角
北平各图书馆所藏中国算学书联合目录	一元
官书局书目汇编	六角
方志文艺志汇目	三角
江苏藏书家小史	六角
方言考	三角
英国国立图书馆藏书源流考	四角
中国图书馆概况(英文本)	四角
中国之图书馆(英文本)	三角
国际图书馆合作指南(英文本)	一元二角

---

⑤ 中华图书馆协会执行部. 十周年纪念论文刊出版[J]. 中华图书馆协会会报,1936,11(4):14－15.

⑥ 中华图书馆协会执行部. 中华图书馆协会第十年度会务报告[J]. 中华图书馆协会会报,1935,10(6):3－7.

第三篇　附　录

一、大事记

大事记选取标准

思路：

以时间为序，着重分阶段描述协会的成立与发展。
参考资料主要为中华图书馆协会及其各委员会年度报告、会务纪要等。

大事记收录标准：

凡能反映中华图书馆协会工作、活动的全貌，对查证史料有帮助，以及作为材料有保存价值的事项，都应计入大事记。

(1)中华图书馆协会召开的各种重要会议；
(2)协会做出的重要决定、决议、规划、部署以及发布的重要文件；
(3)中华图书馆协会成立、合并、复议、撤销以及内部结构设置变化情况；
(4)中华图书馆协会管辖隶属分管关系和职能范围的变化；
(5)中华图书馆协会内历届管理人员换届、任免、奖惩及相关重要活动；
(6)中华图书馆协会负责举办、承办及协办的国际性、国家性、地区性重要会议；
(7)重要纲领的颁布，会报、季刊等重要刊物的发行；
(8)中华图书馆协会内人员完成的重大研究成果；
(9)相关领导单位对中华图书馆协会做的重要批示以及指导工作；
(10)中华图书馆协会开展的重要外事工作，如相关领导来访指导或协会主要领导人物及团体外出访问或作为代表出席重大国际会议等；
(11)协会及内设机构分并等变动；
(12)报刊、电台、电视台有关中华图书馆协会的重要报道；
(13)中华图书馆协会所涉及范围内的重大灾情及事故；
(14)其他重大事件和重要情况。

重要时间段：

(1)孕育筹备阶段(1919 年—1925 年 5 月)；
(2)初步成立阶段(1925 年 4 月—1925 年 6 月)；
(3)繁荣发展阶段(1925 年 6 月—1937 年)；
(4)迟缓衰落阶段(1937—1949 年)。

重要时间点：

(1)1925 年中华图书馆协会成立；
(2)1929 年第一次南京年会；
(3)1933 年第二次北京年会；
(4)1936 年第三次青岛年会；
(5)1938 年、1942 年和 1944 年重庆年会。

格式：

大事记采用条目形式呈现,逐年逐月记载。

中华图书馆协会大事记

1925 年(民国十四年)

4 月,美国图书馆协会主席鲍士伟博士来华考察之际,中国图书馆界多次在北京、上海发起中华图书馆协会成立会及成立筹备会。

4 月 22—24 日,来自全国各地的代表在上海徐家汇南洋大学集会讨论中华图书馆协会章程、董事会及执行部组成人员、会址等事项,最终通过了全国图书馆协会组织办法,定名为中华图书馆协会。

4 月 25 日,中华图书馆协会在上海成立。大会通过组织大纲,蔡元培、梁启超、胡适等 15 人被推举为董事部董事,戴志骞被推举为执行部部长,杜定友、何日章为副部长,聘定执行部干事 33 人,并经议决在北京设立总事务所,地址位于石虎胡同七号松坡图书馆,择日举行成立仪式。

5 月 12 日,中华图书馆协会会员调查表反馈,陆续寄回者,计有机关会员 129 名,个人会员 202 名,共计 331 名。均经董事会审定,成为本会会员。

5 月 18 日,中华图书馆协会呈请京师警察厅转呈内务部备案。

5 月 27 日,中华图书馆协会董事部举行第一次会议,公选梁启超为部长,袁同礼为书记,并公推颜惠庆、熊希龄、丁文江、胡适、袁希涛组成财政委员会,筹划协会基金。

6 月 2 日,中华图书馆协会成立仪式在北京南河沿欧美同学会礼堂举行。各省区图书馆及图书馆协会代表百余人与会。教育部次长吕健秋及鲍士伟发表演讲,董事部部长梁启超发表演说,阐述了他对图书馆事业发展方向及协会使命的看法。韦棣华女士发表了题为《中美国际友谊之联络》的演说。

6 月 30 日,《中华图书馆协会会报》(*Bulletin of the Library*)创刊,为双月刊,是协会偏重通讯性质的机关刊物,主要报道全国图书馆或各地方图书馆协会消息。

6 月,桂质柏发起济南图书馆协会。

7 月 6 日,中华图书馆协会全体董事联名呈请政府给予补助。

7 月 15 日—8 月 15 日,中华图书馆协会与国立东南大学、中华职业教育社、江苏省教育会合组暑期学校。

8 月 20 日，中华教育改进社第四次年会图书馆教育组议决案第一次会议议案。

8 月，彭庆鹏发起成立苏州图书馆协会。

9 月，教育部出版品国际交换局成立。中华图书馆协会按期将会报寄至该局，转寄英、美、法、比利时、西班牙、捷克、苏联、日本等各国交换。

10 月 17 日，中华图书馆协会在教育部申请立案。

12 月，中国加入国际交换出版品协约。

1926 年（民国十五年）

2 月，鉴于图书馆学专门人才缺乏，中华教育文化基金董事会决议，从是年 8 月开始到 1929 年 6 月止，每年设立图书馆学助学金 1 万元，辅助武昌华中大学文华图书科并扩充其课程，给予助学金额 25 名，希望培养图书馆专门人才。

3 月，中华图书馆协会主办的《图书馆学季刊》正式创刊，出版期为每年 3 月、6 月、9 月、12 月，使中华图书馆协会"以研究图书馆学术，发展图书馆事业，并谋图书馆之协助"的宗旨得到了更好的贯彻。

5 月，中华图书馆协会新一届选举顺利进行。经会员公选颜惠庆、梁启超、袁希涛、张伯苓、戴志骞五君为董事，又从由董事中推举梁启超为部长，戴志骞为书记，袁同礼为执行部部长，杜定友、刘国钧为副部长。

5 月，美国举行建国 150 年纪念，在费城开世界博览会。中华图书馆协会受中华教育改进社之请，向国内征集图书馆设备、建筑等影片及模型加以说明，于 5 月间运往展览。

6 月，中华教育文化基金董事会在武昌华中大学文华图书科设图书馆助学金额，并扩充其课程，会同中华图书馆协会办理招考事宜。中华图书馆协会推荐戴志骞、刘国钧两先生与该科合组考试委员会，主持各项工作，在北京、上海、南京、武昌、广州五地同时举行考试，录取学生。

10 月，美国图书馆协会在大西洋城举行 50 周年大会，并召集世界图书馆员会议。中华图书馆协会除驰电祝贺外，并派该会在美会员裘开明、桂质柏及韦棣华女士三人为出席代表。

1927 年（民国十六年）

3 月 1 日，中华图书馆协会搬离石虎胡同七号松坡图书馆，迁入北京图书馆内。

4 月，董事部改选筹备工作顺利开展。

5 月，董事部改选顺利进行。上届董事部 15 人中，王正廷、熊希龄、蔡元培、洪有丰、沈祖荣五位董事及执行部正副部长均已任满。经会员公选蔡元培、熊希龄、洪有丰、周诒春、沈祖荣五人为继任董事，袁同礼连任执行部部长，李小缘、刘国钧二人为副部长。

6 月 12 日，梁启超致北京图书馆委员会请资助编纂图书大辞典。

9 月 20—30 日，英国图书馆协会成立 50 周年大会在苏格兰爱丁堡举行，韦棣华女士受中华图书馆协会委托作为代表出席，并在发起成立"国际图书馆协会联合会"议案上签字，中华图书馆协会成为国际图联的发起者之一。

1928 年(民国十七年)

7 月 17 日,北京图书馆协会在北京图书馆举行常会,并欢迎韦棣华女士;由副会长钱稻孙先生主席。由于该会之前处在奉系政府权势之下,会务工作,停顿不前,亟待振作,因此袁同礼提议采用委员制。

7 月,中华图书馆协会于行政院教育部立案得到批复,准予立案。

12 月 23 日,北平图书馆协会在燕京大学图书馆召开第十八次常会。

1929 年(民国十八年)

1 月 28 日,中华图书馆协会第一次年会在当时首都南京金陵大学举行,会期五天,参与年会的会员与来宾约 200 人。国民政府特派代表与会,内政部、工商部、外交部、卫生部、教育部共六位代表到会,中央大学俞凤岐、巢仲觉两代表参加,江苏省政府章警秋代表参加。外宾则有德国图书馆协会代表莱斯米(Dr. G. Reismuller)博士参会。大会历时五天,分为代表演讲、分组会议和会务会议,其中分组会议分为行政组、索引检字组、编纂组、分类编目组、建筑组和教育组共六组,各组均通过众多议案,对于图书馆的实际改进关系重大。

第一次年会以发展我国图书馆事业为出发点,提出了很多切实可行的议案,在这些议案的指导实施下,无论是宏观的政策,抑或微观性的工作办法,都对我国图书馆界当时存在并需要改进问题的解决起到极大的帮助。

1 月,全国图书馆协会代表招待德国国际出版品交换局代表。

1 月,中华图书馆协会修订组织大纲,规定董事会和执行部改组为执行、监察两委员会,下又组织各专门委员会。执行委员会职权:按规定发展事业、筹募经费、编制预算及决算、通过会员入会手续、推举常务委员及候选执行委员等。监察委员会职权:督促执行委员会执行议案、遇执行事件与大会议案抵触者,提出纠正、审查预算决算等。

2 月,中华图书馆协会监察委员会在南京安乐酒店开第一次临时会议,推举柳诒徵为监察委员会主席。

4 月 28 日,中华图书馆协会因征集国际图书展览会出品之便,特于北平北海公园内举行展览预备会。

5 月 20 日,太原图书馆协会成立。

6 月 15—30 日,国际图书馆协会第一次国际图书馆会议在罗马举行,同时开展国际图书展览会。中华图书馆协会作为发起组织之一,积极筹备,推举武昌文华图书科主任沈祖荣为正式代表,由国内携带书籍、照片等参加展出;董事张伯苓就近参会。协会特别邀请戴志骞、沈祖荣等专家撰写《中国图书馆之发展》《中国文字索引法》等 6 篇论文,并集成 *Library in China* 论文集携往大会,分赠各国代表,将中国图书馆学及事业发展情况与世界分享,引起了与会代表的共鸣和关注。

7 月 20 日,中华图书馆协会监察委员会为促进会务起见,在杭州市浙江省立图书馆开第一次常会,出席委员:柳诒徵、杨立诚、侯鸿鉴、欧阳祖经、陆秀、毛坤。主席:柳诒徵。临时记录:余和笙。

7 月,第一次年会报告出版,以所有南京年会议案及会议记录为主,首列年会宣言、会序及开幕大会记事,然后是筹备经过及出席人员一览表。

8 月，私立武昌文华图书馆学专科学校成立。

9 月，福建图书馆协会成立。

10 月，图书馆学季刊编辑部移至北平，仍由刘国钧博士主持。

1930 年（民国十九年）

2 月 10 日，中华图书馆协会执行委员会第二次之事务报告提交监察委员会，以备核审。

3 月 24 日，北平第一普通图书馆举行开馆周年纪念，同时召开北平图书馆协会该年第二次常会。由刘国钧先生讲演普通图书馆与民众之关系，与中华图书馆协会会商举办图书馆学暑期学校。

6 月 7 日，北平图书馆协会在故宫博物院图书馆举行该年度第三次常会，恰逢胡适在该馆看书，因此发表演讲。胡先生曰："北平近数年来，图书馆事业大有进步，实皆赖诸君提倡之功，与袁守和君之努力。余前在北平留寓多年。此点最足引余故乡之思，乃欲长留此以享受诸君所供给之便利与眼福。"（见《中华图书馆协会会报》，1930 年第五卷第六期）

7 月，中华图书馆协会监察委员会改选后，主席及书记仍由柳诒徵、杨立诚分别连任，执行委员会编制年度报告。

8 月 19 日，监察委员会通过中华图书馆协会第五年度报告。

9 月，瑞安图书馆协会成立。

秋季，中华图书馆协会与文华图书馆学专科学校合办图书馆学讲习班，录取 14 人，入学 12 人。

1931 年（民国二十年）

1 月，无锡图书馆协会成立。

6 月 25 日，北平北海图书馆（即北京图书馆）并入国立北平图书馆，迁入北平文津街一号新馆。中华图书馆协会事务所随图书馆一同搬迁至新馆址，此后一直设事务所于国立北平图书馆。

6 月，安徽图书馆协会成立。

8 月 1 日，国立社会教育学院筹备委员会结束，教育部聘请陈礼江为首任院长，地址设在四川璧山，设图书博物馆学系，招收高中毕业生，学制四年，授予教育学士学位。

1932 年（民国二十一年）

1 月，江西图书馆协会成立。

5 月，编制中华图书馆协会概况以备教育部采入年鉴。本月初，教育部商议编纂第一次中国教育年鉴，印发概况要目，令行各教育机关及学术团体分别造报，以资採择采编。本会当即按照要目，编制概况一册。

6 月 9—10 日，国际图书馆协会联合会会务之国际委员会在瑞士首都伯尔尼国立图书馆内举行第五次会议，中华图书馆协会因道途修远，除编制一年来中国图书馆界概况之简短报告并附续上海各大图书馆之损失外，未能请人前往。

12 月 23 日，执行委员第二次会议议决案发布。

1933 年(民国二十二年)

1 月 3 日,执行委员第三次会议议决案发布。

7 月 17—18 日,[中华图书馆协会历年与武昌文华图书馆学专科学校合办招考图书馆学免费新生,是年除招考专科生外,又于晋、陕、甘、蜀、云、贵、广、鄂八处招考民众班],此两日为第一次招考(8 月 11—12 日在北平、武汉两处各续招一次)。

8 月 4 日,在国立北平图书馆召开第二次年会第一次筹备会议。

8 月 28—31 日,中华图书馆协会第二次年会在北平国立清华大学大礼堂举行。年会的中心议题为“图书馆经费及图书馆与民众教育”。会员与来宾 200 余人参会。年会会议分为演讲会、会务会、分组讨论会三种。分组讨论分为六组:图书馆行政组、分类编目组、图书馆经费组、图书馆教育组、民众教育组、索引检字组。

10 月 14 日,国际图书馆协会联合会之国际图书馆委员会第六届会议在美国芝加哥举行,并于 11 月 13 日至 14 日在法国阿维尼翁举行第二次会议。中华图书馆协会选派驻美会员裘开明参加芝加哥会议。

1934 年(民国二十三年)

3 月,四川图书馆协会成立。

是年,武昌文华图书馆学专科学校开设档案管理课程,作为图书管理专业的辅助课程。

是年,《国立中央图书馆筹备处暂行中文编目规则》在《学觚》第一卷第五、六期发表。

是年,监察委员会和执行委员会改选。

1935 年(民国二十四年)

1 月 14 日,中华图书馆协会因国立北平图书馆新馆已不敷用,故迁入中海增福堂所办公。

5 月 20—30 日,中华图书馆协会按照惯例派员并携带中方文献《中国图书馆事业》参加在西班牙首都马德里举行的第二次国际图书馆及目录学大会。

7 月,[本会与武昌文华图书馆学专科学校合办招考图书馆学免费生事宜],本年在北平、武昌、南京、上海四地同时招考。7 月 15—20 日为报名期间,7 月 25—26 日举行考试。四处投考学生共 28 人,被录取者计 13 人。

是年,中华图书馆协会十周年纪念论文集《中国之图书馆》出版。前有袁同礼序文一篇,对于十年来中国图书馆之状况阐述详尽,论文集共包含英文论文九篇:裘开明《中国图书馆近代运动》、吴光清《中国图书馆十年来之分类法与编目法》、沈祖荣《中国图书馆员专门教育》、查修《中国图书馆与立法》、严文郁《中国图书馆间之合作》、蒋复璁《中国国立图书馆》、柳诒徵《中国省立图书馆》,戴罗瑜丽《中国医学图书馆》,杜定友《中国公共图书馆与成人教育》。

1936 年(民国二十五年)

1 月,国立北平图书馆开始发售印刷卡片。

4 月,全浙图书馆协会在合并浙江省会图书馆协会、浙江第二学区图书馆协会和浙江省第一学区图书馆协会基础上成立。

6 月 22 日，教育部社会教育司委托中华图书馆协会在年会上商定改进县市图书馆行政要点。

6 月 25 日，第三次年会筹备会在国立北平图书馆举办。

7 月 20—24 日，中华图书馆协会第三次年会在山东大学举行，与会会员及来宾 150 余人。此次年会因抗战等原因未能明确中心议题，也没有设置分组会议，主要有演讲会、宣读论文、会务会、讨论会四种形式，且与中国博物馆协会联合举行。

9 月 14 日，中华图书馆协会函复教育部社会教育司，提交年会商定的“改进县市图书馆行政要点”。

10 月，国立北平图书馆发行书本式目录，赠送卡片订户。

1937 年（民国二十六年）

1 月，执行委员会改为理事会，监察委员会改为监事会。

6 月，《图书馆学季刊》出版第十一卷第二期后因抗日战争而停刊。《中华图书馆协会会报》也因北平沦陷无法赓续，停刊一年。

7 月 7 日，七七事变之后，中国进入全面抗战时期，中华图书馆协会事务进入停顿期。

1938 年（民国二十七年）

3 月，中华图书馆协会随国立北平图书馆迁入昆明，附设于昆明国立西南联合大学图书馆。

4 月，考虑到战时通讯不易，在全国各地设立通讯处 14 所，如武昌文华公书林、重庆中央图书馆、昆明西南联大图书馆、广州岭南大学图书馆等。

7 月，《中华图书馆协会会报》在昆明复刊，但发展到 1948 年第二十一卷后最终彻底停刊。

11 月，在中国教育学术团体召开联合会期间召开中华图书馆协会第四次年会。

1939 年（民国二十八年）

3 月 7 日，政府委托中华图书馆协会继续办理在美征集图书事宜，以协助被毁各图书馆早日复兴。

4 月 20 日，中华图书馆协会召开第五次执行委员会会议。

4 月 27 日，中华图书馆协会召开第六次执行委员会会议。

是年，已迁移至昆明的事务所跟随国立北平图书馆迁移至昆明柿花巷 22 号。

1940 年（民国二十九年）

9 月，中华图书馆协会事务所又随国立北平图书馆迁至昆明文庙尊经阁。

11 月 17 日，中华图书馆协会赠送香港岭南大学、国立中山大学两所大学图书馆西文图书。

1941 年（民国三十年）

7 月 7 日，文华图书馆学专科学校重庆校舍被敌机炸毁，中华图书馆协会致函慰问。

1942 年（民国三十一年）

2 月，中国教育学会等在重庆举行联合年会，中华图书馆协会派代表参加，即举行第五次年会。

1943 年（民国三十二年）

9 月，战事发展，国立北平图书馆由昆明迁至重庆，中华图书馆协会事务所随迁至重庆沙坪坝国立北平图书馆内办公。

1944 年（民国三十三年）

1 月，鉴于战时交通情形特殊，邮递困难，国外各处对于我国新旧图书购置极为不易，中华图书馆协会在重庆筹设图书服务部，为国外各处购置中国文献提供便利。

2 月，中华图书馆协会参加在重庆举行的中国教育学术团体第三届联合年会。

3 月 15 日，中华图书馆协会以英文写成《中国图书馆之被毁及战后复兴》一文，在美国 *Library Journal* 中发表。

5 月 5 日，中华图书馆协会在重庆国立中央图书馆杂志阅览室举行第六次年会。

11 月 29 日，中华图书馆协会理事会会议召开。

1945 年（民国三十四年）

4 月，国立西北图书馆、西北师范学院、甘肃科学教育馆、省立兰州图书馆五个机构发起成立兰州市立图书馆协会。

12 月 2 日，北平图书馆协会召集会员在国立北平图书馆内开光复后第一次大会。

1947 年（民国三十六年）

3 月 30 日，由杜定友发起成立广东省图书馆协会。

4 月，国立罗斯福图书馆筹备处以及国立重庆大学图书馆等 30 余处团体为加强图书馆界本身的联系，谋求全市图书馆事业发展，发起组织重庆图书馆协会。

4 月，中华图书馆协会事务所随国立北平图书馆迁往南京。

5 月 20—22 日，中华图书馆协会委托中国驻挪威大使馆秘书雷孝敏代表出席在挪威首都奥斯陆举行的国际图书馆协会联合十三次委员会。

5 月 24 日，留京理监事在国立中央图书馆内举行联席会议。

1949 年（民国三十八年）

中华人民共和国成立之前，中华图书馆协会解散。

二、人物

人物选取与编写标准

思路：

参与协会管理与服务并对图书馆学做出突出贡献的人。

选取标准：

1. 协会内部：
(1)孕育筹备阶段主要倡导者。
(2)初步成立阶段至繁荣发展阶段：
1)中华图书馆协会历届管理人员：董事部、执行部、执行及监察委员会成员。
2)重大事件的主要推动者。
3)协会内做出重要研究或科研成果的人员。
(3)中华图书馆协会的衰落阶段，需研究是否存在领导人的决策偏差或疏于管理等原因导致了发展方向偏离。
2. 图书馆学与协会建设相关人员：
对协会构建或促进协会发展方向具有思想指导作用的促进者，如鲍士伟、杜威等。

中华图书馆协会相关人物

1925—1949 年，历时 20 余年，中华图书馆协会的发展史，同时也是诸位前辈振臂高呼的奋斗史，他们是董事，是执行委员，或是荣誉董事……正是他们每一个默默付出的身影，折射出中华图书馆协会不同阶段的发展情形(人物按照姓氏笔画排序，排名不分先后)。

丁文江(1887—1936)

丁文江，字在君，笔名宗淹，江苏泰兴人。地质学家、社会活动家。《独立评论》的创办人之一。中华图书馆协会第一届财务委员会成员，第一批、第二批、第三批董事部董事，在中华图书馆协会萌芽、成立与初步建设阶段做出了突出贡献。在中德文化协会成立之际，被推选为中方董事会董事管理其会务。

丁文江曾与翁文灏主持地质调查所图书馆。他也是中国地质事业的奠基人之一。除地质学以外，丁文江在地理学、人种学、优生学、历史学、考古学、少数民族语言学等领域也有独特贡献，是一位典型的百科全书式的人物。

万国鼎(1897—1963)

万国鼎,字孟周,江苏武进人。农史学家,中国农史学科主要创始人之一,中国农业遗产研究室首届主任。曾任中华图书馆协会第一批监事委员会监事、第三批执行委员会委员,1929年改组后任检字委员会书记、1932年重新改组后任索引委员会主席、1935年届监察委员会委员。中华图书馆协会第一次年会筹备委员会成员,索引检字组书记,并在检字法讲演会发表演讲《各家检字法述评》。

万国鼎曾任职于金陵大学图书馆,主持农学研究之专藏,为其发展做出了巨大贡献。早在20世纪20年代,为了检索资料方便,他就先后编写了《新桥字典》《中西对照历史纪年图表》《中国历史纪年表》等工具书,其中《中国历史纪年表》一书,直到现在还在广泛应用,并受到学术界的好评。

万国鼎曾与顾斗南一同负责南京图书馆协会的研究与宣传工作。万国鼎独创了"汉字母笔排列法",此外他编纂的《万氏著者号码表》曾被西南联大图书馆运用到实际工作中。

王正廷(1882—1961)

王正廷,字儒堂,浙江奉化人。外交家。中华图书馆协会第一批、第二批董事部董事。热心教育文化,以私人资格参与发起中华图书馆协会。1896年,王正廷入读天津北洋西学堂,1900年至上海,1901年回天津北洋大学学习法律。1905年赴日本,并在日本创办中华留日基督教青年会,担任总干事,并加入中国同盟会。1907年赴美国,1910年获耶鲁大学博士学位后归国。王正廷先后担任南京临时参议院副议长、北京参议院副议长、南京国民政府外交部长等职务。王正廷关心家乡公益事业,先后倡议建筑鄞奉公路,捐资开办务本小学,资助鄞奉公益医院、奉化孤儿院、育婴堂、中正图书馆等。著有《王正廷博士演讲集》。

韦棣华(Mary Eizabeth Wood)(1861—1931)

韦棣华(Mary Elizabelh Wood)女士1861年8月22日出生于美国纽约州,曾任Richmond图书馆馆员。1899年来到中国,在文华学院(由教会创办)担任英语教师,同时兼管图书馆工作。从此开始投身中国图书馆事业,在中国图书馆学教育史上占有举足轻重的地位。

1907年5月在美国北卡罗莱纳州召开的第29届ALA年会上,韦棣华宣读了《中国城市的图书馆工作》报告,向国际社会介绍了中国图书馆工作的情况,并从此开始为中国图书馆事业争取资金的国际活动。

1910年,韦棣华在武昌成立武昌华中大学文华公书林,创中国近代开放办馆思想之先河。并在1914年成立中国第一个流动图书馆,开放借阅,深受广大群众欢迎。随着图书馆活动的发展,韦棣华寻得美国教会的帮助,于1914年、1917年分别派出沈祖荣和胡庆生两名学生,到美国接受图书馆学专业教育。此外,韦棣华与美国上百名国会议员交流,筹款募捐,说服各界人士支持将庚子赔款的一部分退还中国,作为教育事业之用。1924年5月1日,美国国会联合决议获通过,将庚子赔款中的600多万美元退还中国,由中国文化教育基金会负责将其用于教育事业,以永久性推动中国文化事业的发展。1925年,中华图书馆协会成立,韦棣华在协会成立仪式上成为第一批董事部名誉董事并发表题为《中美国际友谊之联络》的演说,深望中美两国图书馆协会互相提携。1926年,韦棣华作为中华图书馆协会派出的代表出席了美国图书馆协会50周年大会，并代表中国倡导成立国际图书馆及目录学联合会（国际图书馆协会联合会前身），使我国成为发起及创始国之一。

韦棣华致力于发展中国图书馆学教育，于1920年3月在文华大学创立图书科，推动了中国图书馆学的发展。1929年，图书科独立为私立武昌文华图书馆学专科学校，成为中国最早的图书馆学专科学校。1951年，文华图书馆学专科学校由私立改为公立，1953年并入武汉大学。文华图专培养了众多图书馆专业人员，在全国各地的图书馆中发挥了重大作用，为奠定中国现代图书馆学正规教育体系做出了历史性的贡献。

毛坤（1890—1960）

毛坤，字良坤，号体六，又号铁炉，四川宜宾人。中华图书馆协会第一批监事，第一至第八批委员，先后担任监察委员会委员、分类委员会委员、索引委员会委员、论文委员会委员、图书馆教育委员会委员等。第三次年会期间任论文委员会委员及图书馆教育组书记。曾在第四次年会上提出以国产材料代制抗战期间所缺乏之图书馆用品案，在交际组负责办理招待会员及对外交际事宜。

毛坤见证了协会的发展，同时与协会专科教育有着不解之缘。1922年，毛坤考入北京大学文科预科，1924年入北大哲学系。三年级时转入文华图书馆学专科学习，毕业后留校作助教。后得校长沈祖荣允许，带薪复学于北大哲学系。1931年秋毕业，仍回文华图专，历任助教、讲师、副教授、教务长兼教授。抗日战争中该校迁至重庆，毛坤随之来到重庆，并在文华图专主持开设了我国最早的档案管理专科。1944年，休假回乡，与同窗在白花镇筹办了宜东初级中学并担任教职。次年假满，返文华图专执教。1947年，文华图专迁回武昌，毛坤因病未能随往，受聘于四川大学，任教授兼图书馆馆长，至1960年病逝。

毛坤在文华图专及四川大学主讲中国目录学、中文图书编目，也曾讲授文史哲概论。他对我国图书馆和档案管理教育事业的发展付出了大量的心血，培养了众多人才。

毛坤对档案管理研究颇深，有不少精辟的见解。他在《档案处理中之重要问题》一文中所提出的“管理档案处的行政组织的设想”，即建立国家、省、县三级管理机构的设想，中华人民共和国成立后已在全国实施。1957年国家档案馆公布的《中国国家档案馆规程草案》即由他受命起草。

田洪都（生卒年不详）

田洪都，字京镐。中华图书馆协会第一次年会推选出的执行委员会委员之一，1929年任监察委员会委员。毕业于武昌文华图专，后赴哈佛大学研究图书馆学。曾任《图书馆学季刊》编辑部成员，1933年任第二次年会筹备委员会委员，并在年会期间担任图书馆经费组副主席。1935年任北平图书馆协会主席。1936年青岛年会任行政组书记。

冯汉骥（1899—1977）

冯汉骥，字伯良，湖北宜昌人。人类学家、历史学家、民族学家。曾任中华图书馆协会执行委员会委员。1919年入武昌文华大学，1923年毕业后任厦门大学图书馆襄理、主任。1931年赴美留学，入哈佛大学研究院人类学系，后转入费城宾夕法尼亚大学人类学系，1936年获人类学哲学博士。著有《前蜀王建墓发掘报告》。

刘国钧(1899—1980)

刘国钧,字衡如,江苏南京人。图书馆学家。1920 年毕业于南京金陵大学哲学系,随后赴美国威斯康辛大学攻读哲学及图书馆学,获哲学博士学位。回国后担任金陵大学图书馆主任、国立北平图书馆编纂部主任。中华图书馆协会成立即担任出版委员会主任,1926 年 5 月 24 日,受执行部委托代表协会出席美国图书馆协会 1925 年年会。1926 年 7 月当选为执行部副部长,1928 年担任新组织的分类委员会主任。自 1929 年始一直任《图书馆学季刊》编辑部主任,并任协会编纂部主任兼阅览部主任。1933 年任分类委员会主席,并继续担任《图书馆学季刊》编辑部主任。

在学术研究方面,主要著有《中国图书分类法》《图书馆学要旨》《图书馆目录》《中国书史简编》《刘国钧图书馆学论文选集》《四库分类法之研究》及《中国现在图书部类之问题》等。此外,还有与袁同礼合编《永乐大典现存卷数续目》。

杜定友(1898—1967)

杜定友,出生于上海,原籍广东南海。图书馆学家。1918—1921 年留学菲律宾大学学习图书馆学专业。留学期间完成毕业论文《中国书籍与图书馆》,并受英文目录编制法启发,潜心研究汉字排检方法。1921 年受聘为广州市立师范学校校长,并奉命改组省立图书馆,将旧日四部法编目改为十进分类法编目,依照所学新图书馆管理法进行管理。早年积极参加图书馆集会,1922 年 7 月参加蔡元培发起在济南召开的中华教育改进社第一次年会,此次会议通过的八项方案中即包括杜定友提出的《呈请教育部推广学校图书馆的建设》,以及未获通过的提案《要在全国统一图书馆分类法》。中华图书馆协会成立后,任执行部副部长和出版委员会副主任。1929 年中华图书馆协会第一次年会上,杜定友鉴于"图书馆"三字繁琐,提出创"圕"(tuán)新字案。

杜定友在图书馆学研究方面成就颇多,主要体现在图书馆学理论、图书分类学、汉字排检法、地方文献研究、图书馆建筑和设备等几个方面,其中以图书馆学理论和图书分类学最为精达。一生共撰写著作《图书馆通论》《图书馆学概论》《汉字排字法》《中国形声字母商榷》《图书目录学》等 86 种,论文《图书馆管理方法新观点》等 512 篇。

李小缘(1897—1959)

李小缘,原名李国栋,江苏南京人。图书馆学家、目录学家。1920 年毕业于金陵大学,任金陵大学图书馆管理员,1921 年赴美国纽约州立图书馆学校学习,后入哥伦比亚大学师范学院学习,1925 年获得美国哥伦比亚大学教育社会学硕士学位。留学期间曾在美国国会图书馆做中文编目工作,为美国图书馆协会会员。1925 年回国,参加中华图书馆协会筹办工作。协会成立后,任副执行部长、编目委员会委员等职。1927 年金陵大学图书馆学系成立,李小缘任主任,该系成为当时东南知识重镇和图书馆人才培养基地,是我国最早的图书馆学系之一。1929 年负责筹办在金陵大学召开中华图书馆协会第一次年会。在 1928 年初召开的全国教育会议上,发表了《中国图书馆计划书》。1929 年中华图书馆协会第一次年会"索引检字组"会议上,提出了《本会应该细调查全国定期刊物案》《通知书业于新出版图书统一标页数法及附加索引案》《编制中文杂志索引案》《编制中华人名大字典案》等多项索引议案,支持我国索引事业。1928—1930 年任东北大学图书馆馆长。

论著有《图书馆学》《中国图书馆事业十年来之进步》《藏书楼与公共图书馆》《公共图书馆之组织》《民众图书馆学》《图书馆建筑》《云南书目》及未完稿《西人论华书目》等 70 多种。其中《云南书目》一书，出版于 1937 年抗战前夕，共收录资料 3000 多种，其中外文资料 700 多种。这本书目收录齐全，题材广泛，内容丰富，著录完备，体例新颖，条目分明，编排灵活，是我国近代十分难得的大型综合性地方文献书目，是 20 世纪 30 年代中国目录学的代表作之一。

李燕亭(1893 — 1964)

李长春，字燕亭，以字行，河北定兴县人。民革成员。曾担任开封图书馆协会书记，1925 年 6 月 2 日，李燕亭作为中州大学图书馆代表出席了中华图书馆协会成立仪式，第一次年会期间担任教育组副主席，并被推选为新一届监察委员；第二次年会时任教育组主席，报告了图书馆教育组议决案。

自 1924 年出任中州大学(河南大学前身)图书馆主任后，历任河南中山大学、省立河南大学、国立河南大学图书馆馆长，中华人民共和国成立后任新乡师范学院图书馆长，为河南省图书馆事业做出了巨大的贡献。自 1924 年 2 月开始，李燕亭积极宣传近代图书馆的理念，曾独著《图书馆学》一书，论述了建设近代图书馆的经营组织原理、图书馆的分类编目及典藏管理等问题，涉及面广，联系当时实际。他与杨昭悊合译的美国人弗得尔著《图书馆员之训练》，将当时先进的办馆理念带到国内。他还成立了校图书委员会，多方筹措购书资金，接受各界捐赠的图书等。抗战期间图书馆随学校四处搬迁，无论到了哪里，他都能将图书馆安置在一个妥当的地方，坚持开馆为读者服务。英国学者李约瑟在宝鸡造访河南大学时说：不可思议的是，虽然经过战火的洗礼，而河南大学图书馆的图书却能保存那么好。

杨立诚(1888—1959)

杨立诚，字以明，后更名为王益民，江西丰城人。近代目录学家、图书馆学家。曾任中华图书馆协会监察委员会委员、执行委员会委员等职。1919 年毕业于北京大学哲学系，后留学法国、德国，主攻哲学和图书馆学。1924 年回国后，出任江西省立图书馆馆长，1927 年任浙江省立图书馆馆长。1929 年与金步瀛合撰《中国藏书家小史》，后定名为《中国藏书家考略》，收秦汉迄清末有藏书事迹者 741 人，并论及著述及藏书之概略。

杨昭悊(1891—1939)

杨昭悊，湖北谷城人。近代图书馆学家、藏书家。曾先后任中华图书馆协会监察委员会委员、分类委员会委员，江西省图书馆协会五位监察委员之一。1929 年 1 月 28 日至 2 月 1 日，中华图书馆协会在南京金陵大学召开第一届年会，杨昭悊与会，积极参与提案。比如，1929 年 1 月 30 日上午，他参与提出的议案获通过“由编目委员会编订标准编目条例于下届年会发表”。31 日上午，教育组通过了五个提案，其中有李小缘、陆恩诵、杨昭悊、胡庆生、杨希章提出的“各种各级学校应有步骤的图书馆使用法指导案”。此外，杨昭悊还向大会提交了论文《中国学校图书馆》，是此次会员提交的 24 篇论文之一，但他因故并未于 30 日下午在科学馆公开宣读此文。

杨昭悊译《图书馆学》(上、下册)，1921 年由商务印书馆出版，对图书馆学在中国的发展起到了重要作用。此书共分8篇,重原理和应用。刊行时,由蔡元培、戴志骞、林志钧(宰平)等人作序。1921年杨昭悊被派往美国留学,攻读图书馆学。1925年学成归国,就职于交通部。论文《人民对于公共图书馆之权利义务》发表于1923年3月北平的《晨报》副刊,后又在《民众日报》和《商业月报》上刊载。1923年与李燕亭合译《图书馆员之训练》,于1929年刊行。1927年与兄杨昭恕共同创办杨太夫人纪念图书馆,藏书五万余册,按图书馆学理论和技术加以分编指导,订有完备的办馆章程。

吴光清(1905—2000)

吴光清,江西九江人。中华图书馆协会会员,曾任监事会监事、建筑委员会书记。1927年毕业于金陵大学,在校担任三年教员后,1930年赴美国哥伦比亚大学留学,获学士学位后又于密歇根大学获得硕士学位。1932年归国后至1935年任金陵女子文理学院图书馆馆长。1933年任协会建筑委员会书记,1935—1938任国立北平图书馆编目部主任兼馆刊编委。中华图书馆协会十周年纪念论文集征集时曾撰写《十年来中国之分类与编目》一文,并在《图书馆学季刊》第九卷第二期发表。第三次年会期间任年会总委员会委员、分类编目组副主任。1938年获洛克菲勒奖金支持赴美国国会图书馆实习,于芝加哥大学获得博士学位,随巴特勒学习西洋图书印刷史。后在国会图书馆东方部工作,1966年升任东方部中韩组主任。主要学术领域:图书馆史、印刷出版史、目录学、书志。

何日章(1893—1979)

何日章,河南商城人。1925年中华图书馆协会成立时,他作为河南省立图书馆代表出席了成立仪式,并与杜定友同被推选为协会执行部的首届副部长。此后曾担任出版委员会书记、中华图书馆协会第二批监事会监事等职。第一次年会期间负责会员及论文征集讲演的相关管理支持工作,并演讲《河南之图书馆与古物及政治》。第二次年会期间,何日章任年会筹备委员,并负责报告民众教育组议决案。1933年1月,他受聘北上,回到母校北平师范大学,就任北平师范大学图书馆馆长。

此前,何日章为家乡河南图书馆事业的发展也做出了巨大贡献。1923年夏,他参加了由图书馆学专家洪有丰主持的南京东南大学暑期学校首届图书馆讲习科的学习。经过一个月的集中学习,他很快掌握了图书馆工作的要领。学习结束回到开封,他便在当地图书馆界积极活动,筹组开封图书馆协会。1924年5月,开封图书馆协会成立,被推为会长。同年,他被河南省政府委任为河南省立图书馆馆长兼河南民族博物院(今河南省博物院)院长。任职期间,有《近三年之河南教育》《图书馆学概论》等著述问世,还为《洛阳石棺考》《登封如意考》《新郑古器图录》《河南图书馆藏石目》等史学著述撰写过序跋。

余日章(1882—1936)

余日章,湖北蒲圻人,生于武昌。中华图书馆协会第一批、第二批、第三批董事部董事之一。他还是中国近代史上非常重要的基督教领袖,曾任中国基督教青年会全国协会干事,歌曲《学生军军歌》的作曲者,中国"红十字会"组织创始人之一,"平民教育之父"晏阳初的启蒙老师,蒋介石与宋美龄的证婚人。

沈祖荣(1883—1977)

沈祖荣,字绍期,湖北宜昌人。1914 年受韦棣华女士资助赴美国纽约公共图书馆学校学习。1916 年获得哥伦比亚大学学士学位,是中国获得图书馆学专业学位的第一人。1917 年回国后,沈祖荣继续在文华公书林工作,并发起了席卷全国的“新图书馆运动”。他与余日章一道,到全国各地宣传美国图书馆学的理论、方法和技术,抨击封建藏书楼的保守。

沈祖荣曾说:“倘若中国拥有富强的博物馆、艺术馆、图书馆、学校和大学的话,我就不会对中国军备的软弱无能感到懊悔,但是,我现在为一个没有这种令举国感到自豪的教育机构的国家感到羞愧。我将来不会去详研学校制度,也不会去建造博物馆和艺术馆,但是,我会为图书馆事业奋斗终生。”

1920 年,韦棣华女士商同文华大学校长孟良佐创办文华图书科,沈祖荣与韦棣华、胡庆生一道,参与图书馆学教育工作。他还与胡庆生合编了《仿杜威书目十类法》。《仿杜威书目十类法》在编制中国现代图书分类法方面具有划时代的贡献,它将中西类目结合起来,是中国第一个仿“杜威法”而为中文书编目且用标记符号代表类目的新型分类法。

1925 年,沈祖荣参加与发起中华图书馆协会,并担任编目委员会副主任职务。1929 年,他作为中国唯一代表参加在意大利召开的国际图书馆协会联合会第一次大会。同年起,任私立武昌文华图书馆学专科学校校长,为中国培养出一批图书馆专业人才。

张伯苓(1876—1951)

张伯苓,原名寿春,字伯苓,生于天津。中国著名教育家、西方戏剧以及奥运会在东方的早期倡导者。1948 年 6 月,曾出任南京国民政府考试院院长,1949 年 11 月底重庆解放前夕,张伯苓婉拒蒋介石赴台要求而留守大陆。

他把教育救国作为毕生信念,创办南开中学、南开大学、南开女中、南开小学和重庆南开中学,接办四川自贡蜀光中学,形成了著名的南开教育体系,为国家培养了大批英才。

陆秀(1896—1982)

陆秀,女,字佛侬,江苏无锡人。图书馆学家、武昌文华图专招收的第一个女生。1928 年任中华图书馆协会监察委员会委员,还曾任执行委员会委员、专门委员会干事等职。1929 年从文华图专毕业后,任浙江大学工学院、河北女子师范大学图书馆主任。1935 年获美国哥伦比亚大学教育硕士学位。后任剑桥大学保育教育研究员。1937 年回国后任陕西国立师范大学家政系教授。1940 年创建成都实验幼稚师范学校并任校长,还任全国妇联西南工作委员会福利部副部长、成都市妇联副主任。1959 年在成都用自己的积蓄创办“婴儿之家”。第二、三、五届全国政协委员。

陈中凡(1888—1982)

陈中凡,原名钟凡,字斠玄,号觉元,江苏盐城人。古典文学家、红学家。曾任中华图书馆协会出版委员会委员、执行委员会委员、监察委员会委员。

陈中凡治学根基深厚,从研究书目学、诸子群经到文学批评史,以及先秦、两汉、隋唐五代、宋元金文学史等,无不涉猎,后致力于中国戏剧史的研究,在文学、历史学、哲学乃至目录学、古文字学、教育学、艺术史诸方面均有建树。1924 年在国立东南大学任教期间，曾主编《国学丛刊》，提倡用科学的方法整理国故。喜藏书，所藏善本古籍被称为“收藏一绝”。

著有《中国文学批评史》《书目举要补正》《古书校读法》《诸子书目》《经学通论》《中国韵文通论》等。结集有《陈中凡文集》。

陈训慈（1901—1991）

陈训慈，字叔谅，浙江慈溪人。曾任中华图书馆协会执行委员会委员、监察委员会委员，《图书馆学季刊》编辑委员。中华图书馆协会第二次年会后组建图书馆经费委员会，陈训慈为委员之一。第三次年会时陈训慈曾发表演讲《天一阁之过去与现在》。1944 年为中华图书馆协会理事会理事成员之一。

1932 年任浙江省立图书馆馆长，10 年任职中，推行普及社会教育与服务学术研究相兼顾的办馆方针，实行通年全日开放制度，又先后创办《文澜学报》《浙江图书馆馆刊》《图书展望》《读书周报》等。1936 年主持举办“浙江文献展览会”，参观者达 8 万人次。七七事变后，联络浙江大学、浙江博物馆等，创办《抗敌导报》，呼吁抗日。抗日战争中，为保护浙图藏书，主持组织抢运馆藏《四库全书》及古籍善本，避至富阳、龙泉，又组织抢运宁波天一阁 9000 多册藏书到浙南。中华人民共和国成立后，历任第一至六届浙江省政协委员，民盟浙江省委顾问，浙江省文物管理委员会主任委员，浙江省博物馆图书资料室主任，浙江省历史学会理事、顾问，浙江省地方志学会顾问等职。工古文词，尤精历史，著有《五卅惨史》《世界大战史》《晚近浙江文献述概》等。热爱桑梓，尤关心家乡修志事业。90 寿辰时捐献《丁丑日记》手稿及 148 封各界名人信札给浙江图书馆。

范源濂（1875—1927）

范源濂，字静生，湖南湘阴人。教育家。早年就读于长沙时务学堂。戊戌变法失败后流亡日本，入东京高等师范学校学习。1905 年回国，在北京任学部主事，并创办殖边学堂。辛亥革命后，曾任教育部次长、北洋政府教育总长，中华书局总编辑部部长。1917 年与蔡元培等人组织中华职业教育社。1923 年赴英与英政府商洽将庚子赔款用于教育事业。回国后，历任北京师范大学校长、中华教育文化基金委员会董事长、南开大学董事、北京图书馆代理馆长。1927 年 12 月 23 日，范源濂病逝于天津。

欧阳祖经（1882—1972）

欧阳祖经，字仙贻，别号阳秋，江西南城人，世居南昌。文献学家。曾任中华图书馆协会执行委员会委员、监察委员会委员、第三次年会总委员会委员。第一次年会负责分组会议的相关筹备管理工作，并积极提案。

1927 年 9 月，任江西省图书馆馆长，为馆址（百花洲）的选定、馆舍的建设竭尽全力。新馆落成，又忙于搜集江西地方志及江西人物著作，并将清嘉庆年间南昌学府本《十三经注疏》、退庐图书馆所刻《豫章丛书》104 种版片，派专人保管。后因不满省教育厅长陈剑修，辞去馆长职务。1933 年，程时煃任省教育厅长，他受任为教育厅秘书。1935 年再任省图书馆馆长。在任期间，他取出馆藏《江西通志》《豫章丛书》版片予以印行。还访求史料，撰写《谭襄敏（谭纶）公年谱》《南明赣事系年录》《王船山黄书注》，以佛学结合现代心理、生理知识，探讨人生,解脱烦恼,著有《退思余稿》。七七事变后,他按《庚子秋词》之韵,谱写《晓月词》136 首,以表其志。1938 年,日军入侵江西,他携家人去桂林,并将家中藏书数万册悉数捐给浙江大学。

1940 年 8 月,应国立中正大学校长胡先骕之聘,任文法学院副教授。次年 3 月,文法学院创办《文史季刊》,将《晓月词》分四期在该刊发表。编者王易跋云:"仙贻先生,学富海山,心殷理乱,于民族抗战之年,为《庚子秋词》之和。运苏、辛(苏东坡、辛弃疾)之气骨,擅欧、晏(欧阳修、晏殊)之才华,使锦簇花团,中含剑气,阳春白雪,尽入正声。"9 月,任文法学院文史系教授。

中华人民共和国成立后,全国大学院系调整,欧阳祖经于 1951 年调往兰州大学历史系任教。1959 年,退休迁居北京。1972 年 7 月,病逝于北京。

赵元任(1892—1982)

赵元任,字宣仲,又字宜重,原籍江苏武进。清朝著名诗人赵翼后人。光绪十八年(1892)生于天津。语言学家、音乐家。曾任中华图书馆协会索引委员会委员、检字委员会委员。

赵元任先后任教于美国康奈尔大学、哈佛大学,中国清华大学,美国夏威夷大学、耶鲁大学、哈佛大学、密歇根大学,后长期(1947—1963 年)任教于加州大学伯克利分校直至退休。

赵元任是中国现代语言学先驱,被誉为"中国现代语言学之父",同时也是中国现代音乐学先驱,"中国科学社"的创始人之一。在语言学方面的代表作有:《现代吴语的研究》《中国话的文法》等。在音乐方面的代表作有:《教我如何不想她》《海韵》《厦门大学校歌》等。翻译的代表作有《阿丽思漫游奇境记》。

胡庆生(1895—1968)

胡庆生,曾任中华图书馆协会图书馆教育委员会副主任、索引委员会委员、图书馆教育委员会书记。第一次年会召开时胡庆生被推为英文报告员,撰拟年会纪事,在欧美图书馆学杂志发表,并讲演《图书馆馆员应有之责任及其工作》。

1915 年毕业于文华大学医科生物专业,毕业后留校教英语。由于其文学、外语出类拔萃,于 1917 年被韦棣华派往美国哥伦比亚大学深造,获图书馆学硕士学位。继而转攻教育学。此时由于助学金被取消,只得勤工俭学,后难以为继,于 1919 年回国,协助韦棣华女士筹建文华图专。他是我国早期留美图书馆学硕士,为开创我国图书馆事业做出了重要贡献。

早在 20 年代初,胡庆生就发表了图书馆学研究成果。1923 年,他所撰《教育与公共图书馆》一文刊载于《浙江公立图书馆年报》第 8 期。1924 年 9 月,胡庆生与沈祖荣合作,在《新教育》第 9 卷第 1、2 期合刊上发表了《中国图书馆几个问题》一文。据文中称,此文系遵戴志骞、陶知行嘱,为全国图书馆专门会议讨论而写就。文章共分五部分:一、中学是否需要图书馆;二、中学图书馆之经济如何维持;三、馆员选择问题;四、何人能选择图书馆之书籍,其选择法如何;五、用何法引导学生利用图书馆。1925 年 9 月,中华图书馆协会组建 5 个委员会,其中图书馆学教育委员会正副主任为洪有丰、胡庆生。1929 年 1 月 28 日至 2 月 1 日,中华图书馆协会在南京金陵大学召开第一次年会,选出包括胡庆生在内的 15 人为执行委员。会议提案 160 多种,内容涉及图书馆法令等。1929 年 6 月 15—30 日,国际图书馆协会联合会在罗马召开第一次国际图书馆与目录学会议。中华图书馆协会邀请包括胡庆生在内的专家,撰写出 4 篇论文,印成 *Libraries in China* 一书在会场分赠各国代表。胡庆生的论文是《中国之图书馆员教育》(*Training of Librarianship in China*)。

胡适(1891—1962)

胡适,原名嗣穈,后改名胡适,字适之,安徽绩溪人。著名学者、诗人。以倡导白话文,领导新文化运动著闻于世。曾任中华图书馆协会财政委员会委员、索引委员会书记、名誉会员等职。

胡适幼年在家乡私塾读书,思想上深受程朱理学影响。曾留学美国,师从著名教育家约翰·杜威,1917 年夏回国,受聘为北京大学教授。1918 年加入《新青年》编辑部,大力提倡白话文,宣传个性解放、思想自由,与陈独秀、李大钊、鲁迅等同为新文化运动的领袖人物。他陆续发表一些文章,从创作理论的角度阐述新旧文学的区别,提倡新文学创作,翻译法国都德、莫泊桑,挪威易卜生的部分作品,又率先从事白话文学的创作。他于 1917 年发表的白话诗是现代文学史上的第一批新诗。胡适信奉实用主义哲学。1938—1942 年出任国民政府驻美大使。1946—1948 年任北京大学校长。1949 年去美国。1962 年在台北病逝。

胡适一生的学术活动主要在史学、文学和哲学几个方面,主要著作有《中国哲学史大纲》(上)、《尝试集》、《白话文学史》(上)和《胡适文存》(四集)等。他在学术上影响最大的是提倡"大胆假设、小心求证"的治学方法。晚年潜心于《水经注》的考证,但未及写出定稿。

柳诒徵(1880—1956)

柳诒徵,字翼谋,又字希兆,号知非,晚年号劬堂,江苏镇江人。历史学家、图书馆学家、书法家。曾任中华图书馆协会执行委员会主席、监察委员会主席、《图书馆学季刊》编辑部编辑、善本调查委员会主席,第三次年会期间任年会总委员会委员、论文委员会委员长等职。中华图书馆协会十周纪念时曾撰写论文《中国之省立圕现状》,收录在协会论文集 *Libraries in China* 中发表。

1914 年 2 月,应聘为南京高等师范学校国文、历史教授,1925 年北上,先后执教于清华大学、北京女子大学和东北大学,1929 年重返南京,任教于中央大学(1949 年更名为南京大学)。曾任南京图书馆馆长、考试院委员、江苏省参议员。著有《中国文化史》《国学图书馆小史》等。

施肇基(1877—1958)

施肇基,字植之,生于苏州府吴江县(今江苏省苏州市吴江区震泽镇)。中华图书馆协会成立时第一批名誉董事。中国第一任驻美国大使。

施肇基是美国康奈尔大学第一位中国留学生,也是第一位在美国获得硕士学位的中国学生。回国后,曾在邮传部、哈尔滨关道、吉林省、外务部等处任职。

洪业(1893—1980)

洪业,号煨莲(畏伶,Willian),字鹿岑,福建侯官(今闽侯)人。历史学家、教育家。曾任中华图书馆协会执行委员会主席、监察委员会主席。

1915 年赴美留学，毕业于俄亥俄州卫斯里昂大学，后又入哥伦比亚大学，获文学硕士学位。归国后执教于燕京大学。在中国哲学、文学、史学、语言学等方面均有较深研究。1928 年任燕京大学历史系主任、图书馆馆长。任馆长期间，大力整顿和发展了图书馆工作，一个仅有 20 万册藏书的图书馆猛增到 60 万册，形成了适合全校文、理、法各专业的藏书体系。他在图书、文化方面贡献最大的是工具书的编纂。他认为整理中国文献，必须有一套科学的工具书，遂著有《引得说》。先后编纂出版了古籍中经、史、子、集各种索引达 64 种，81 册。如《春秋经传引得》《杜诗引得》等索引，至今仍为科学研究工作者和图书馆工作者所重视，查找文献极为方便。1946 年寓居美国，继续对中国史进行研究。他亦以藏书而知名，共达 3 万余册，其中有不少罕见的中外图书。逝世后，其藏书全部捐赠于中央民族学院图书馆。出版有《洪业论学集》。

洪有丰（1892—1963）

洪有丰，字范五，安徽绩溪人，图书馆学家。1929 年，被推举为中华图书馆协会董事、执行委员会常务委员。1930 年，任北平图书馆协会主席。1936 年中华图书馆协会第三次年会图书馆行政组主任。

1916 年毕业于金陵大学文学院。1919 年赴美攻读图书馆学，1921 年获纽约州立图书馆专科学校学士学位，学习期间兼在美国国会图书馆中文编目部工作。归国后任南京高等师范学校教授，兼图书馆主任。1923 年创办南京高等师范学校图书馆学暑期讲习班。此后，先后任国民党中央党务学校图书馆主任、安徽省教育厅科长，两次出任清华大学图书馆馆长，兼中华图书馆协会董事。1936—1952 年任中央大学及其后身南京大学图书馆馆长。全国高校院系调整后改任华东师范大学图书馆馆长。他在图书馆管理、图书分类等方面都有研究。所著《图书馆组织与管理》（1926）曾多次再版，此外还发表《克特及其展开分类法》等学术论文多篇。

袁同礼（1895—1965）

袁同礼，字守和，1895 年出生于北京。1916 年毕业于北京大学，同年加入清华园图书馆工作，1917 年任清华学校图书馆馆长。1918 年当选为北京图书馆协会会长。1920 年赴美国哥伦比亚大学和纽约州立图书馆专科学校攻读图书馆学。1924 年底回国任广东岭南大学图书馆馆长，1925 年任北京大学目录学教授兼图书馆长，北京图书馆协会会长。1925 年初被推举负责中华图书馆协会的筹办事宜。恰逢上海图书馆协会方面也在筹备全国性图书馆协会事宜，遂议决合组。在中华图书馆协会成立后曾先后担任董事、执行部部长等。1926—1929 任北京图书馆馆长，1929—1948 年任国立北平图书馆馆长，广泛开展图书馆业务，进行学术研究，编制各种目录和索引。著有《永乐大典考》《宋代私家藏书概略》《明代私家藏书概略》《清代私家藏书概略》《中国音乐举要》《西文汉书书目》等。袁同礼注重清代官书、满蒙文字书籍和金石拓片的收集保存，在中华图书馆协会第一次年会上共有两次此类提案。

袁希涛（1866—1930）

袁希涛，字观澜，又名鹤龄，江苏宝山（今属上海市）人。教育家。曾任中华图书馆协会第一批、第二批、第三批董事部董事,协会初创时期财务委员会委员。清光绪举人,肄业于上海龙门书院。清光绪二十三年(1897)任沪广方言馆教习,从此时开始接触新学并注重教育。袁在江苏组织"义务教育期成会",联合各省共同探讨、推广,并倡设乡村师范作为推行义务教育的基础。在他兼任江苏省学务处议绅时,创立了宝山绘丈学堂,并积极参与筹办复旦公学(现复旦大学),担任复旦公学第一任教务长。后又筹商将德人创办的同济医工学堂(现同济大学)收回自办,迁校至吴淞。于 1930 年 8 月 29 日病逝。著有《义务教育商榷》《新学制与各国学制比较》《欧美各国教育考察记》《游五台山记》等。

桂质柏(1900—1979)

桂质柏,湖北江夏人,图书馆学家。曾任中华图书馆协会执行委员会委员、《图书馆学季刊》编辑部编辑、第三次年会总委员会委员。还曾任湖北省图书馆学会理事,中国民主促进会武汉市候补委员,湖北省政协第二、三届委员会委员。

1918 年,桂质柏考入武汉文华大学。1920 年 3 月,文华图书馆学专科学校创办,他以大学二年级资格攻读该专业并在 1922 年毕业,同年进入北京协和医院图书馆工作。1923 年,到齐鲁大学从事教学和图书馆管理工作。

1926 年,桂质柏赴美留学。1928 年,他获得哥伦比亚大学图书馆学硕士学位。求学期间,他也是纽约《中国学生月报》的总编辑。在哥伦比亚大学,桂质柏负责整理了许多中国县志,以及如《二十四史》《四部丛刊》《十三经》《图书集成》等大量中文图书,为哥伦比亚大学中文图书进行分类与编目等工作。获硕士学位之后,经过在加拿大麦基尔大学的游学,进入美国芝加哥大学继续攻读图书馆学,并在 1931 年获得博士学位,成为中国第一个图书馆学博士。同年,他回归祖国。1931 年 6 月至 1932 年 7 月,桂质柏担任东北大学图书馆主任,并兼任外语系教授。期间他参加了由李四光率领的东三省 5 人代表团,该代表团先后在北平、上海、南京、武汉等地高校发表演讲,控诉日军的侵略罪行。1932 年桂质柏转任中央大学图书馆主任,于 1935 年 8 月卸任。其后,他又先后担任四川大学与武汉大学的教授兼图书馆主任。1956 年,桂质柏受命主持筹建中国科学院武汉分院图书馆。

钱亚新(1903—1990)

钱亚新,江苏宜兴人,图书馆学家、目录学家。1928 年毕业于武昌华中大学文华图书科。曾任中华图书馆协会执行委员会委员、索引委员会书记、检字委员会书记等职。

钱亚新曾先后任河北省立女子师范学院图书馆及湖南大学图书馆主任、苏州社会教育学院教授等职。中华人民共和国钱亚新曾成立后,历任南京图书馆阅览部、采编部主任,代理馆长,南京大学、安徽大学图书馆学系兼职教授,中国图书馆学会第一届学术委员会委员,第二届、第三届名誉理事,《江苏图书馆学报》主编。

徐家麟(1904—1975)

徐家麟,又名徐行。湖北沙市人。曾任中华图书馆协会监察委员会委员、图书馆教育委员会书记等职。1919 年升入武昌文华中学,1922 年升入武昌华中大学文华图书科。1926 年毕业后任北平中华教育改进社图书馆主任、清华大学图书馆中文编目员、燕京大学图书馆中文编目部主任。1929 年,私立武昌文华图书馆学专科学校建立,校长沈祖荣亲函邀徐家麟来校任教，先后任讲师、副教授、教务主任，讲授图书分类法、英文参考书等课程。1935 年 9 月赴美国哈佛大学、哥伦比亚大学留学。1937 年 8 月获硕士学位后在哈佛大学汉和图书馆任职。1939 年 9 月回国，先后在已迁至重庆的文华图书馆学专科学校和璧山的苏州社会教育学院图书馆博物馆学系任教授。1950 年任武昌华中大学（后并入华中师范学院）图书馆馆长。1955 年后一直在武汉大学图书馆学系任教授，曾兼任系主任。

徐鸿宝（1881—1971）

徐鸿宝，字森玉。浙江金华人。图书馆事业家、版本学家、藏书家。曾任中华图书馆协会分类委员会副主任、图书馆教育委员会书记、版片调查委员会主席、国立北平图书馆采访部主任、善本部部长等职。

早年从事自然科学研究。1949 年以前，历任北京大学图书馆馆长、西北科学考察团常务理事、中央博物馆理事和故宫博物院古物院馆长。1935 年参与发起成立中国博物馆协会。中华人民共和国成立后，曾任上海博物馆馆长、上海文史馆副馆长等职，为征集、保护流散文物和图书做出了贡献。

梁启超（1873—1929）

梁启超，字卓如，一字任甫，号任公，又号饮冰室主人、饮冰子、哀时客、中国之新民、自由斋主人。梁启超为学无所不窥，对图书馆学有独到见识。他认为应建设“中国的图书馆学”，以现代西方的图书馆学理论施之于中国传统目录学的改造，即目录学的科学化。积极倡导图书馆事业，民国十一年（1922），发起建立“松坡图书馆”，出任馆长。民国十四年（1925）中华图书馆协会成立，任董事部部长，并发表《中华图书馆协会成立会演说辞》，提出了他对中国图书馆事业发展方向的见解。后任京师图书馆馆长、北京图书馆馆长。其藏书颇丰，“海棠书屋”“饮冰室”有书 44470 余册，2830 余种，还有未刊稿本、私人信札、笔记等。梁廷灿等人编有《饮冰室藏书目初编》，著录古籍 13000 余种。民国十八年（1929）全部移交给北京图书馆。北京图书馆特辟“梁启超纪念室”作为纪念。

蒋一前（1905—1986）

蒋一前，曾担任中华图书馆协会索引委员会书记、检字委员会委员。协会第二次年会时曾撰写论文《汉字检字法沿革史略》一文并发表。

早年毕业于金陵大学，先后在金陵大学、东北大学、安徽大学和资源委员会图书馆工作。1947 年在金陵大学任编目部主任及图书馆学副教授。

傅增湘（1872—1949）

傅增湘，字沅叔，别署双鉴楼主人、藏园居士、藏园老人、清泉逸叟、长春室主人等，著名藏书家。曾任中华图书馆协会名誉会员、编目委员会主任、宋元善本书调查委员会委员、版片调查委员会委员等职。

工书，善文，精鉴赏，富收藏。以藏书为大宗，世所闻名，历任贵州学政、教育总长、故宫博物院图书馆馆长等。著有《藏园群书题记》《藏园群书经眼录》《双鉴楼善本书目》等。光绪二十四年（1898）戊戌科进士，翰林院庶吉士。1902 年人袁世凯幕府。

辛亥革命后，傅增湘受袁世凯委任，参加唐绍仪的议和代表团南下议和。1914年任袁世凯御用机构约法会议议员。1915年后任肃政厅肃政史。1917年12月，在北洋政府任教育总长。1919年五四运动，北洋政府欲追究北大校长蔡元培策动包庇学生，逼蔡离职。傅增湘极力抵制，不得不辞去教育总长职务。

辞职后，傅增湘担任故宫博物院图书馆馆长，以图书收藏研究为乐，开始大规模搜访中国古籍，致力于版本目录学研究。20世纪20年代末，曾赴日本搜集流失的中国古籍。一生所藏总计达20余万册。其中多有宋、元、明精刊及抄本。傅的收藏在当时独步天下，中外闻名，仅宋、金刊本就有150余种，后来编制的《北京图书馆善本书目》就著录傅氏藏善本280余种。1937年卢沟桥事变后，傅增湘留滞北京，从事古籍的收藏与整理。1938年他参加日本人控制的东亚文化协议会，先后任副会长、会长。他藏有一部南宋本《资治通鉴》，一部元刻本《资治通鉴音注》，别署“双鉴楼主人”；又由于其在北京西城西四石老娘胡同（今西四北五条）建有“藏园”作书库，自号“藏园老人”。

裘开明（1898—1977）

裘开明，美籍华人。图书馆学家。1898年3月11日生于中国浙江省镇海县，1977年11月13日卒于美国马萨诸塞州剑桥。曾任中华图书馆协会执行委员会委员，并曾代表协会参加美国图书馆协会第55届年会、国际图书馆协会联合会之国际图书馆委员会第六次会议等国际会议。

1920年入文华图书科文华图书科学习。1922年毕业后任厦门大学图书馆馆长。1924年赴美国进修图书馆学和经济学。1933年获哈佛大学博士学位。

他在图书分类编目及古籍版本等方面有深入研究，出版和发表有《中国图书编目法》(1931)、《汉和图书分类法》(1947，中英文对照本)、《哈佛燕京图书馆中文善本图书》(1976)、《四库未收明代类书考》(1969)等专著、书目和论文。其中《汉和图书分类法》设有中国经学、哲学宗教、历史科学、社会科学、语文、美术游艺、自然科学、农林工艺、总录书志等9大类，大类之下的一些二级类目按中国传统分类法展开，比较适合于类分中国和日本的古典文献，为美国的一些东方文献的收藏机构所采用。

鲍士伟（Arthur Elmore Bostwick）（1860—1942）

鲍士伟，耶鲁大学物理学博士。美国著名的图书馆学家。他不但推动了美国续退庚子赔款用于中国图书馆的建设，在一定程度上免除了中国图书馆发展的经费之忧，而且大力传播美国公共图书馆经验，推动中国公共图书馆发展，对中美图书馆交流和中国图书馆事业做出了积极贡献，也在一定程度上推进了中华图书馆协会的提早成立。成立后，协会即聘请他为名誉董事，并赠送给鲍博士一架瓦制牛车，该礼物至今还陈列在芝加哥美国图书馆协会大厅中，作为永久纪念。

蔡元培（1868—1940）

蔡元培，字鹤卿，又字仲申、民友、孑民，浙江绍兴山阴县（今浙江绍兴）人，原籍浙江诸暨。革命家、教育家、政治家。曾担任中华图书馆协会第一批、第二批、第三批董事部董事，中华图书馆协会名誉会员，曾任国立北平图书馆馆长、中德文化协会董事部董事。

蔡元培是中华民国首任教育总长,1916—1927年任北京大学校长,革新北京大学开“学术”与“自由”之风。1920—1930年,蔡元培同时兼任中法大学校长。他早年参加反清朝帝制的斗争,民国初年主持制定了中国近代高等教育的第一个法令——《大学令》。

北伐时期,国民政府奠都南京后,他主持教育行政委员会、筹设中华民国大学院及中央研究院,主导教育及学术体制改革。1928—1940年专任中央研究院院长,贯彻对学术研究的主张。蔡元培数度赴德国和法国留学、考察,研究哲学、文学、美学、心理学和文化史,为他致力于改革封建教育奠定思想理论基础。1940年3月5日,在香港病逝。

熊希龄(1870—1937)

熊希龄,字秉三,出生于湖南湘西凤凰县,祖籍江西丰城。曾担任中华图书馆协会第一批、第二批、第三批董事部董事。教育家、社会活动家、实业家和慈善家,也是一位爱国主义者,曾实业救国创造了国家级非物质文化遗产——醴陵釉下五彩瓷。

熊希龄天生聪慧,被喻为“湖南神童”,15岁中秀才,22岁中举人,25岁中进士,后点翰林。1913年当选民国第一任民选总理,由于他反对袁世凯复辟帝制,不久就被迫辞职。熊希龄晚年致力于慈善和教育事业,1920年创办著名的香山慈幼院。1937年12月25日,在香港逝世,享年68岁。遗著有《香山集》2卷,1985年湖南人民出版社出版了《熊希龄集》上册。

缪凤林(1899—1959)

缪凤林,字赞虞,浙江富阳县城人。曾担任中华图书馆协会编纂委员会书记、监察委员会委员、版片调查委员会书记等职。史学家、教育家,学衡派代表人物之一。

1919年夏考入南京高等师范学校史地部,勤奋好学,博涉中外史籍,与陈训慈均为柳诒徵弟子。在校所撰论文《哲学与史学》《三代海权考证》,发表于《史地学报》,深受学术界好评。1923年毕业后,去沈阳东北大学任教。北伐军兴起后南归。时值柳诒徵任江苏省立图书馆馆长,即入该馆印行部工作,所选印诸善本,世称盋山精舍佳椠。1928年起在国立中央大学文学院史学系任教授,中华人民共和国成立后任南京大学历史系教授。

颜惠庆(1877—1950)

颜惠庆,字骏人,政治家、外交家、作家。曾任中华图书馆协会第一批、第二批、第三批董事部董事,初创时期财务委员会委员。协会成立仪式举行时致开会辞。还曾任中德文化协会董事部董事。

早年毕业于上海同文馆,后去美国弗吉尼亚大学留学。回国后曾任圣约翰大学英文教授,商务印书馆编辑,清朝驻美使馆参赞。1909年任外交部部长。1910年兼清华大学总办。1912年4月被黎元洪委任为北洋政府外交次长。1913年1月出任驻德国公使,后调任丹麦、瑞典等国公使。1919年任中国出席巴黎和会代表团顾问。1920年8月,任北京政府外交总长。1922年辞去外交总长职务,改任内务总长等职。1926年春,曾任国务总理并摄行总统职务。1927年移居天津,任天津大陆银行董事长、自来水公司董事长等职。南京政府成立后,先后任驻英大使、驻苏大使,出席国际联盟大会的中国首席代表。抗日战争爆发后,在上海从事慈善和教育事业。1949年2月,为反对蒋介石继续内战,和章士钊、邵力子、江庸等以私人资格到北平、石家庄与中国共产党商谈和平。中华人民共和国成立后，历任华东军政委员会副主席、中央人民政府政治法律委员会委员等职。

戴志骞(1888—1963)

戴志骞，江苏珠溪镇人。1925年，中华图书馆协会成立时，由执行部组建图书馆教育委员会、分类委员会、编目委员会、索引委员会和出版委员会等专门委员会。戴志骞时任图书馆教育委员会书记，并担任协会执行部部长。1926年任中华图书馆协会董事部书记，1944年任协会监事。1932年执行委员会改组后任建筑委员会主席。1936年任第三次年会总委员会委员。

1904—1907就读于上海圣约翰大学预科，1907—1909期间在温州瑞安高级中学教书，随后进入上海圣约翰大学，任助理馆长。1909年秋—1912年在圣约翰大学本科学习，获文科学士学位。1909年8月—1914年担任圣约翰大学图书馆馆长一职。1914年8月后出任清华大学图书室主任，1917年8月—1918年夏，戴志骞在美纽约州立图书馆专科学校留学，1919年8月回国后清华大学图书室已改为图书馆，戴志骞任馆长。1924年秋，再次赴美留学，获爱荷华大学哲学博士学位。1922—1924年间连任三届中华教育改进社图书馆教育组主席，并于1924年3月担任北京图书馆协会主席。1925年6月担任中华图书馆协会执行部主席及建筑委员会主席。1931年，戴志骞转职任中国银行人事主任、总秘书。

三、年会报告

1. 中华图书馆协会第一届年会宣言

中華圖書館協會第一屆年會宣言

青天白日莊嚴燦爛之首都，政權統一甫及市月，中華圖書館協會於茲開第一次年會。新民新國，新年新會，不可無一言以昭告邦人。且中華圖書館協會，實成立於民國十四年四月，星霜嬗易，首尾四年，乃獲聚濟濟同人，晤對一堂。迴思昔之戰禍頻仍，國事蜩螗，水深火熱之中，所以阻吾民之進步，殆非一事。吾中華圖書館協會同人，雖時時有召集年會之思議，卒亦形格勢禁，而未由實現。幸而軍閥鏟除，國基大定，訓政時期，百廢具舉。同人始得褰裳接踵，無間南朔，雍容翕集；各持所學所業，以報告貢獻於本會諸君子，及各界之鉅公長德弟兄姑姊。撫今追往，念茲會之鄭重難得，則尤不能自已於言：

華夏文化之夙成而富有，所不待言。即以藏書歷史而論，亦非寥寥短章所能罄。今茲所亟欲揭檢者，則晚近吾國圖書館之一名詞，世恆視為學校之副業，而數量質職，均未能與他國比隆，故開會之始所宜揭櫫以詔有衆。近世圖書館功在致用，其鵠的在使國族無男女老稚以逮聾瞽瘖啞，讀書機會一切均等以故有學校圖書館，而初受教育及已受教育者，咸得享有繼續閱讀及研究之機會。有公立圖書館；而略受教育者咸得享有使用圖書以發展其知識增益其技能之機會；有特殊圖書館，而專門學者及盲啞廢疾，咸得享有應其需要各歷所求之機會。由是言之；學校者，有限制之教育也，圖書館者，無限制之教育也；學校者，被動之教育也，圖書館者，自動之教育也；以云普及，以云益普，則圖書館之地位　惡得抑置於一切學校之下。然而循省斯言，蘄達其的，又非一朝一夕，一手一足，所易幾也。求各界之協助，必先宣傳圖書館之功用，使人人了解斯事之重要，求本位之銳進，必先灌輸及創造圖書館專門知識，並培植專門人才，使人人信仰斯學之俊偉。求效率之彰灼，必先以極便利之方法，積極推廣，使人人證實斯文之利益。同人自維識譾力棉，誠不足以語此，第自力於推輪，以徐臻於大輅，荷黨國之栽成，受羣衆之鏃礪，抑亦未敢多讓。

復次，則吾國年禩綿邈，幅員遼廓，先民之積累不可億計，今人之責任遂愈艱鉅；吸集異域之新知，推尋吾族之國寶，學校任肩殆猶不若圖書館。矧以　總理遺訓，恆詔吾人首宜恢復民族精神。精神所寓，匪圖則書、闡揚黨義，尤同人所宜努力也。名都大邑，遐陬僻壤外人之所捆載，愚者之所毀棄，訪求搜集，注意典藏，存亡絕續之交，端在今日。又如編檢之法；新陳相嬗，鉤稽之途，探索逾宏，若何而使汗牛充棟之藏，一一悉以科學方式理董規恢，使適今日之用。閉門造車，未易合轍，集思廣益，更非羣策羣力不為功矣。會事草創，智慮未周，固知來此之億萬斯年，其相引而愈為長者，事且無藝。而於此第一次之集會，凡我同人所鬱積旁魄，欲一傾吐以求教於並世君子者，誠不敢飾其儉陋，而不自隱，都人士女不遐棄而惠臨，且督教焉，則同人所馨香頂禮，特紀於中華圖書館協會新紀元者也。

资料来源:《中华图书馆协会会报》,第 4 卷第 4 期,3 页

2. 中华图书馆协会组织大纲——第一届年会会务会议修正

中華圖書館協會組織大綱

第一屆年會會務會議修正

第一章 名稱

第一條 本會定名爲中華圖書館協會

第二章 宗旨

第二條 本會以研究圖書館學術發展圖書館事業並謀圖書館之協助爲宗旨

第三章 會員

第三條 本會會員分四種

(一)機關會員 以圖書館或教育文化機關爲單位各地圖書館協會爲當然機關會員

(二)個人會員 凡圖書館員或熱心於圖書館事業者

(三)永久會員 凡個人會員一次繳足會費二十五圓者

(四)名譽會員 凡於圖書館學術或事業上著有特別成績者

第四條 凡會員入會時須由本會會員一人之介紹經執行委員會通過得爲本會會員

第四章 組織

第五條 本會設執行委員會及監察委員會

(甲)執行委員會

第六條 本會設執行委員十五人由會員公選之

第七條 執行委員會設常務委員五人由執行委員互選之

第八條 執行委員任期三年每年改選三分之一惟第一任執行委員任期一年二年三年者各五人於第一次開執行委員會時籤定之

第九條 常務委員任期一年

第十條 每年改選之執行委員由執行委員會照定額二倍推舉候選執行委員由會員公選之但於候選委員以外選舉者聽之

第十一條 執行委員會之職權如左

(一)規定進行方針

(二)籌募經費

(三)編製預算及決算

(四)通過會員入會手續

(五)推舉常務委員及候選執行委員

(六)執行其他重要事項

第十二條 執行委員會細則由該會自訂之

(乙)監察委員會

第十三條 監察委員會設監察委員九人由會員公選之但監察委員不得兼任執行委員

第十四條 監察委員任期三年每年改選三分之一惟第一次監察委員任期一年二年三年者各三人於第一次開監察委員會時籤定之

第十五條 每年改選之監察委員由監察委員會照定額二倍推舉候選監察委員由會員公選之但於候選委員以外選舉者聽之

第十六條 監察委員會之職權如左

(一)監察執行委員會進行事項遇必要時得向全體會員彈劾之

(二)核定預算及決算

第十七條 監察委員會細則由該會自訂之

第五章　經費

第十八條　本會經費以下列各項充之

（一）機關會員年納會費五元

（二）個人會員年納會費二元

（三）永久會員一次納會費二十五元作爲本會基金

（四）捐助費

第六章　選舉

第十九條　本會執行委員及監察委員由機關會員及個人會員票選之

第七章　會議

第二十條　本會每年開年會一次其地點及會期由前一年會員決定之但遇必要時得開臨時會

第二十一條　本會開年會時各機關會員得派代表一人出席

第二十二條　執行委員會及監察委員會開會時間地點由各該會自定之

第八章　事務所

第二十三條　本會設事務所於北平

第九章　附則

第二十四條　本大綱如有不適之處經執行委員會或監察委員會過半數或會員二十人以上之提議經大會出席會員三分之二以上之通過得修改之

资料来源:《中华图书馆协会会报》,第4卷第4期,4—5页

中華圖書館協會第一次年會紀事

第一日　一月二十八日（星期一）

中華圖書館協會第一次年會始於十八年一月二十八日。是日上午，到會者註册，自九時起，延至下午一時半始畢。下午二時舉行開幕典禮，時梅雪爭春，新都郁麗，會員及來賓約二百餘人，莫不踴躍欣忭。國民政府特遣代表與會，內政部爲杜曜箕君；工商部爲楊鐸君；外交部爲黃仲蘇君；衛生部爲余夢莊君；敎育部爲朱經農陳劍脩二君；中央大學爲俞鳳岐，巢仲覺二君；江蘇省政府爲章警秋君。外賓則有德國圖書館協會代表萊斯米博士(Dr. G. Reismuller)。都下名宿畢集，濟濟一堂，允稱盛會。大會主席蔡孑民先生因要事赴滬，託楊杏佛先生爲代。由副主席戴志騫報告開會，何日章司禮如儀。戴君致開會詞如左：

今日本會第一次年會開幕，諸君遠道來此，冒雪與會，極堪欽佩。本會於十四年四月成立於上海，而事務所設於北平，此數年來，因國家多故，以致年會延未舉行。現在全國統一，訓政開始，不能再事延擱，此次年會在首都召集，蓋以此也。而將來在圖書館歷史上之價值，亦可於是徵之。圖書館在學術上，文化上，風俗上社會上，均有密切之關係，而尤以在訓政時期爲刻不容緩之圖。此次承蔡楊諸先生極力贊助，大會始克順利舉行；蔡先生並允爲大會主席，同人等至深感幸！但蔡先生於前二日因事赴滬，今日未能出席；本請楊杏佛先生臨時代表致開會辭，茲楊先生謙遜有加，志騫敢致數語，敬祝大會順利！

楊杏佛先生之講演略謂：

圖書館之重要，稍有知識者莫不知之。但知其重要，而我國圖書事業，現在仍未可言發達，可稱之圖書館甚少。各省多者十數所，少者僅數所。中華圖書館協會有鑒於我國圖書事業之幼稚，乃有今日年會之舉行。　總理有兩大學說，一爲民生史觀，藉以解决生活問題；一爲知難行易，與民生主義有同等重要，甚或比較更爲重要。蓋必有眞知始能本以推行主義。在今日中國之建設，常感人才困難。吳稚暉先生有言，謂中國有兩弊，即人人要事，事事要人。人人要事指失業者之太多，事事要人乃指有許多職務，不能得有相當知識之人以担任之。今政府辦建設事業，往往向國外延聘專才，可見知識缺乏實爲建設之障碍。不從知識入手，即建設百年，亦屬徒然。圖書館事業即在求知，既知之矣，行自不成問題。望本會同志特別注意此點，以所有眞知，供給各部分人員，以期與總理知難行易之學說相合。

中國圖書館不發達之第一原因，即政府與社會均忽視而不加注意，政府及社會預算，能以百分之五爲購書費者，已不多覯。欲提倡圖書館事業，須行政機關特別規定，幾分之幾爲購置圖書之用，學校中尤宜規定以爲補救。中國圖書館不發達之第二原因，即普通人對於圖書館觀念太薄，不若對酒館，茶館，飯館之濃厚。一入圖書館，興趣索然。聞南京之科學圖書館，閱書者日一不過數人，甚至於一月不及數人。如是，圖書館實無設立之價值。補救之法，實賴於宣傳及教育。第三原因，即圖書館專家太少，不能應各地之需要。往往建設新館，無人能編列一應備書書目；若各縣舉辦事業，更難請到專家。

南京之圖書館，現有中大，金大，通俗，國學等館，人多以莊嚴之學術機關視之，若可望而不可及者。此與飯肆滿儲佳餚奇饈而閉其門何異？雖飢腸轆轆，亦不過望梅止渴而已。現時中國人之腦飢，比腹饑尤甚，圖飽此饑，非設法宣傳圖書館之重要不可。宣傳之法，則以利用時令及需要爲最切要。余非圖書館專家，略就所知，建議如此；不無謬誤，尙望指教。敬祝年會前途光明！

嗣教育部陳劍脩（蔣夢麟部長代表），江蘇省政府章警秋（鈕惕生主席代表），中央大學俞慶棠（張君謀校長代表），中華教育改進社陶知行，及金陵大學校長陳景唐諸先生，相繼演說，各指示圖書館事業改進上當認定之趣向，獎勉有加。最後由執行部長袁同禮君致答辭，申感謝之意。主席更報告會序之進行，遂宣告散會。於六花飄漫中，會衆莫不欣欣色喜焉。

是晚六時，南京圖書館協會假金陵大學東樓，設宴歡迎全體會員。劉國鈞君代表南京協會致辭，歷述南京在圖書上之歷史，考據審詳，並望對於該會有所指教。柳詒徵君繼續發言，以圖書館員之責任，妙譬書僮，祝本會將來之發展。杜定友君代表會衆答謝。賓主盡歡而散。七時半，在科學館開檢字法講演會，聽衆百二十餘人，主席者杜定友君。講演如左：

張　鳳……………面線點檢字法

瞿重福……………瞿氏號碼檢字法

毛　坤……………錢亞新之「拼音著者號碼檢字法」

蔣家驤……………蔣氏漢字序次法

萬國鼎……………各家檢字法述評

第二日　一月二十九日（星期二）

是日上午，起始舉行分組會議，會場在金陵大學之北大樓。分組會議關係圖書館實際改進上至爲重要，故皆列于上午。起八時四十分迄十二時，分爲二時間，中間休息十五分鐘。本日第一時間爲行政，建築，索引檢字三組，惟會員多赴行政組出席，故建築組未正式開議。索引檢字組由沈祖榮君主席，萬國鼎君爲書記，討論完善檢字法之標準，未有結果而散。行政組主席公推袁同禮君，副主席爲柳詒徵君，書記爲施廷鏞君，第二時間仍繼續討論，同時則編纂與分類編目二組亦舉行議會。前者由李小緣君主席，繆鳳林君爲副主席，劉紀澤君爲書記；後者由杜定友君主席，劉國鈞君爲副主席，蔣復璁君爲書記。

行政組議決通過下列議案

一、由本會呈請教育部從速籌辦中央圖書館案　顧天樞，蔣一前，陳鐘凡，民立中學圖書館原案

二、呈請國民政府防止古籍流出國境並明令全國各海關禁止出口案　中央大學區圖書館聯合會北平圖書館協會李小緣原案

三、本會調查登記國內外公私所藏善本書籍編製目錄以便籌備影印案　國立中央大學國學圖書館，河北省立第一圖書館，劉純原案

四、調查及登記全國公私板片編製目錄案　劉純，袁同禮原案

五、請協會通告全國各大圖書館搜集有清一代官書及滿蒙回藏文字書籍案　葉恭綽　袁同禮原案

六、請各大圖書館搜集金石拓片遇必要時得設立金石部以資保存案　袁同禮原案

七、呈請政府組織中央檔案局案　蔣一前原案

八、由本會呈請國民政府通令全國各機關凡新舊印刷公佈之出版品（統計公報書籍案牘圖表文件）按照現入本會之圖書館一律頒送一份俾衆公閱案　柳詒徵原案

九、請國民政府整理前北平政府各機關舊存出版品分贈各圖書館案　北平圖書館協會原案

十、請國民政府分贈政府各機關公報及一切政府出版品與各圖書館並指定中央圖書館編造政府出版品目錄案　北平圖書館協會原案

十一、圖書館內刊行掌故叢書及先哲遺著案　中央大學區立蘇州圖書館原案

十二、各省市縣圖書館應盡力收藏鄉賢著作案，楊錫類，上海少年宣講團通俗兒童圖書館原案

十三、圖書館內添設歷史博物部案　中央大學區立蘇州圖書館原案

十四、呈請國民政府通令全國立法機關應設立法參攷圖書部案　李小緣原案

十五、呈請全國教育部集中全國及國際交換圖書事業案　李小緣原案

十六、請國立中央研究院咨交通部對於國外寄贈國內學術團體之出版品由該院代爲轉寄者一律免納郵費並請該院撥各國先例代國內學術團體寄運出版品於國外案　北平圖書館協會原案

十七、各圖書館交換複本雜誌案　曹祖彬原案

十八、各圖書館互借書籍法案　曹祖彬原案

十九、請建議國民政府減輕圖書館寄書郵費案　于震寰原案

二十、呈請教育部實行去年全國教育會議關於圖書館方面之各種議決案案　上海民立中學圖書館，上海中學涂賢原案

二一、出版物須分洋裝平裝兩種裝訂發行案　于震寰原案

二二、通知書業於新出圖書統一標頁數法及附加索引案　李小緣，萬國鼎原案

二三、函出版界以後發行翻譯書請以原文附載原本作者書名版次年代發行所等項案　黃星輝原案

二四、請中華圖書館協會勸各報館寬留夾縫以便裝釘案　北平圖書館協會，田洪都原案

二五、請中華圖書館協會規定雜誌形式大小勸出版機關一律採用以便儲藏並使頁數銜接以便編製索引案　北平圖書館協會，田洪都原案

二六、呈請教育部令各教育機關關於教育書報及其他刊物一律

廉價出售以廣閱覽案　上海中學原案

二七、呈請教育部令各書坊凡有圖書館正式函件及圖章一律優待出售案　徐賢原案

二八、採用「圕」新字案　杜定友原案

二九、呈請教育部通令各出版處以後出版圖書要加印國語羅馬字書名及國語羅馬字著者姓氏案　黎維嶽原案

三十、請教育部頒布設立圖書館標準法令案　孫心磐，李小緣原案

三一、請勵行出版法案　北平圖書館協會原案

三二、由本館呈請教育部通令各省大學及教育廳聘請圖書館專家指導各該省圖書館一切進行事宜案　杭州圖書館協會，胡慶生，楊希章，洪有豐，黃星輝原案

三三、請各圖書館編輯週年通告案　于震寰原案

三四、請教育部對於假籍圖書館及文化事業名義實行文化侵略之外人予以注意以防盜買文物案　張致祥，沈啓永原案

三五、圖書館協會得請全國圖書館對於僱用職員須有圖書館學識及宏富經驗至於職員之位置務須有確實保障並須予與優良待遇案　暨南大學圖書館，蔣世超，李小緣，周連寬，章雲保，上海民立中學原案

三六、圖書館應多用女職員案　鄭婉錦原案

三七、呈請教育部通令各省市縣廣設民衆圖書館案　徐賢　高峻，楊錫類，沈孝祥，李侍原案

三八、呈請政府將廟宇改設通俗圖書館案　上海工商儲蓄會圖書館，陳長偉原案

三九、呈請教育部通令全國各教育行政機關勵行設立公共圖書館案　蔣希曾原案

四十、建議國民政府通令全國各機關添設圖書室案　王淑臯原案

四一、請各公共圖書館充分購置平民常識圖書並以相當宣傳簡便方法俾資普及閱覽案　儉德儲蓄會圖書館原案

四二、設立鄉村圖書館以爲鄉村社會之中心案　楊立誠原案

編纂組織決通過下列各案

一、每年編纂圖書館年鑑案　南京圖書館協會原案

二、本會應編刊新舊圖書館學叢書案　李小緣，陳準，孔敏中原案

三、訂定中國圖書館學術語案　李繼先，金敏甫，李小緣，萬國鼎原案

四、編纂中國圖書志案　陶述先原案

五、編製累積式中國出版圖書目錄案　鄭婉錦，柳詒徵，李小緣原案

分類編目組由蔣復璁君，杜定友君，宣讀中「國圖書分類之商榷」及「校讎新義」論文兩篇。通過由分類委員會編製分類法一案（金敏甫，歐陽祖經，中大區立蘇州圖書館，田洪都，李小緣，杜定友，曹祖彬，譚禪生，蔣希曾，黃恩孚，徐植材，蔣一前，范希曾原案）。當並議決供該委員會採擇之規定分類原則四項：

一、中西分類一致

二、以創造爲原則

三、分類標記須易寫易記易識易明

四、須合中國圖書情形

會務會議，會場在科學館，杜定友君爲主席，于下午二時舉行第一次會議。主席報告開會後，首由董事沈祖榮簡單報告董事部年來之經過及本會以後之希望。繼由執行部長袁同禮君報告會

務之進行與現況，當時有印成之報告分發各會員。出版委員會主席劉國鈞君報告出版編輯之經過事項，並將來改進上之希望。編目委員會主席李小緣報告編目委員會應有之工作四點：曰編製普通民衆圖書館編目法，曰編製中文舊籍編目條例，曰編製編目所用參考書，曰由協會印行卡片。最後由年會籌備委員會主席戴志騫報告年會籌備之經過，大致與會報第四卷第三卷所載相同。職員報告既畢，遂由主席提出討論案，惟因時間之促迫，祇討論總事務所及添設分事務所二案，原提案人爲上海圖書館協會及曹祖彬，周延年，沈孝祥，顧天樞，袁同禮，孫心磐諸君。經會員互表意見，反復討論，結果由主席提出「事務所仍任北平，不再添設分事務所」付表決，一致通過。宣告停止討論後，繼續由金陵大學圖書館備具精美茶點，並各贈叢刊兩種以爲紀念。蓋時已及四時預定之歡迎會矣。校長代表劉國鈞君及館長李小緣君，先後致歡迎辭畢，導衆至該館參觀。該館藏書得法，編目嚴整，流通便捷，莫不以爲圖書館中之楷模也。

晚七時公開講演，由戴志騫君主席，逐一致辭介紹。先由萊斯來博士演說「德國圖書館發展史」，袁同禮君操傳譯之勞。略謂：德國圖書館最初起于宗教。當時因印刷機尚未發明，書籍多賴傳寫，故以僧侶鈔本居多，所藏並精緻美觀，具有美術意味。其時可謂爲廟宇圖書館時代。殆印刷機發明，于是圖書館事業之重心自廟宇而移入大學。藏書最多者，如伯林等處，有藏書十五萬册以上之圖書館。最近德國因歐戰賠款一千萬萬元，經濟窘迫，擴充圖書館無復餘資。因此，德國科學家，教育家及潛心研究學術之士，所受影響甚鉅。但德國政府現在設立之國際交換局，已設法交換世界各國書籍，用資博覽。去年曾開圖書展覽會，陳列中亦有中國一部，凡參觀者，莫不贊揚出品之精與文化發達之早。德國學術家之著述及珍書，亦多名貴而有價值者，甚願兩國圖書界同志，常相聯絡，以收學術上琢磨之益云云。繼由胡慶生君講演「圖書館館員應有之責任及其工作」，反復設譬，亦莊亦諧，會衆飫聆之下，莫不破顏而笑。次沈祖榮君講演「文華圖書科概況」並代表韋棣華女士慶祝本會。又次何日章君講演「河南之圖書館與古物及政治」，辭態動人，聽衆精神爲之一振。最後上海通信圖書館代表宋青萍君講演「上海通信圖書館概況」，具見該館同人熱心服務之精神。散會時，壁上時計已鳴十句矣。

第三日　一月三十日（星期三）

是日上午分組會議，行政組仍佔二時間；同時第一時間，教育及分類編目二組，第二時間，編纂及索引檢字二組，舉行會議。行政組議決通過下列各案

四三、請各圖書館設立流通借書部以求普及案　上海通信圖書館執行委員會　胡慶生　楊希章　陳福洪　陳獨醒　黃警頑原案

四四、呈請教育部規定每年圖書館運動週日期通令各大學區各省教育廳同時舉行以推廣圖書事業案　李小緣　李光烈原案

四五、請教育部規定學校圖書館行政獨立案　暨南大學圖書館涂賢原案

四六、呈請教育部通令全國各學校於每年經常費中規定百分之二十爲購書費並通令各大學區各省教育廳各特別市廳於每年經常費中規定百分之二十爲辦理圖書館事業費案　上海圖書館協會　暨南大學圖書館　顧天樞原案

四七、第立大學圖書館購書分配案　國立中央大學圖書館

四八、請中華圖書館協會倡設一完美之中等學校圖書館於首都

以為全國中等學校之模範案　朱家治　沈麗原案

四九、請規定中學校圖書館組織及事業以促進教育効能案　羅青來原案

五十、請教育部通令各大學區各省教育廳訓令各小學校設立兒童圖書館過必要時得聯合數校共同組織案　廣州市立小學兒童圖書館原案

五一、請全國社團及行政機關設立專門圖書館案　沈孝祥原案

五二、各圖書館應廣置佛書以宣揚東方文化案　釋法舫原案

五三、最近訓政期內每縣至少應設立通俗圖書館一所案　鄧克愚原案

五四、凡學校圖書館或私立藏書樓未公開者應請協會通知一律公開案　徐庭逵原案

教育組由胡慶生君主席，李燕亭君為副主席，毛坤君為書記，陶述先君臨時代司紀錄。討論人才之培養，整理為專門與普通兩種。專門如創立圖書館專門學校，在大學添設圖書館系，並資遣留學員生出洋研究及考察等項，普通如設立圖書館員速成班，講習所，暑期學校及在中等學校添加圖書館學課程，添設職業科等項。分類編目組首由毛坤代徐家麟宣讀「中文編目論略之論略」論文，次杜定友演說「中國無目錄學」；繼則討論議案，議決由編目委員會編訂標準編目條例于下屆年會發表一案。（文華圖書科，李小緣，楊昭悊，黃星輝，秦毓鈞原案）

索引檢字組繼續首次會議討論完善檢字法之標準，通過如下：

a. 簡易　簡單，自然，普及。

b. 準確　一貫，有定序，無例外。

c. 便捷　便當，直接，迅速。

並通過設立漢字排檢法研究委員會一案。（李小緣，孔敏中，杜定友原案）胡慶生君臨時動議「本會決定對于各種檢字法，圖以研究試驗及鼓勵發明之態度為原則，暫不規定採用某一種方法」；徐旭君臨時提議「請各檢字法發明者或出版機關將新檢字法印刷品寄交各圖書館研究試用將經驗報告委員會」。均經出席會員一致通過。該組共收到論文六件：

一、排檢中國字標準之要則　張鳳

二、漢字排檢問題　萬國鼎

三、從索引法去談談排字法和檢字法　錢亞新

四、單體檢字法　何公敢

五、漢字序次法　蔣一前

六、雀巢字典　王鑑

與陳文君關于檢字之討論來函兩通，均限于時間未能宣讀，僅由各圖書館代表，報告試用各種新檢字法之經驗。編纂組繼續議決通過下列各案

六、編纂古書索引案　金陵大學圖書館原案

七、編製各種圖書館選書書目案　集美學校圖書館，李小緣，金敏甫，朱家治原案

八、請本會編製全國地志目錄案　柳詒徵原案

九、本會應調查全國學術機關以供全國圖書館參考案　李小緣原案

十、本會應詳細調查全國定期刊物案　李小緣原案

十一、編製中文雜誌索引案　金陵大學圖書館，李小緣，白錫瑞原案

十二、編製中華人名大字典案　李小緣原案

十三、請由本會編譯海外現存中國古逸典籍錄及域外研究中國學術論列中國問題著作目案　中央大學圖書館原案

十四、本會應籌辦短期圖書館刊物以資通訊案　李小緣原案

索引檢字及編纂二組會議，至此已畢。

下午二時在科學館宣讀論文，袁同禮君主席。此次各會員提出之論文都二十四篇，總目如左：

一、中華圖書館協會之使命及其將來　李小緣

二、圖書館在教育上之位置　劉樹杞

三、圖書館之使命及其實施　蔣鏡寰

四、圖書館的民衆要求　陳時

五、辦民衆圖書館者該怎樣鼓勵人民樂於來館閱覽　朱金青

六、中國圖書館界兩大問題及其解決——檢字與分類　蔣一前

七、中文編目論略之論略　徐家麟

八、關於圖書分類法之圖解與中籍分類法及表之編製的研究發凡　徐家麟

九、中國圖書分類問題之商榷　蔣復璁

十、校讎新義　杜定友

十一、編目中的標題問題　黃星輝

十二、國際目錄事業之組織　袁同禮

十三、英美法新版總目之概況　顧子剛

十四、對於圖書館建築應注意之數點　田洪都

十五、中國學校圖書館　楊昭悊

十六、排檢中國字標準之要則　張鳳

十七、漢字排檢問題　萬國鼎

十八、單體檢字法　何公敢

十九、漢字序次法　蔣一前

二十、滙集字典　王滙

廿一、從索引法去談談排字法和檢字法　錢亞新

廿二、刀筆考　王重民

廿三、國學論文索引　北平北海圖書館

廿四、中國圖書大辭典史部雜史類晚明之屬初稿　謝國楨

因時間關係，或在分組會議宣讀，或本人未到，僅宣讀一，二，三，十二，十八各篇。繼由各地代表，報告各處圖書館情形，散會時已五時矣。

年會經長時間之研討問題，會衆或有神疲意索之感，于是晚七時半在科學館，有交際會之舉行，以娛同人，助雅趣也。開會之始，有陳獨醒君報告「經營浙江私立流通圖書館之經過及現狀」，熱誠可感。繼由黎錦熙君爲介紹國語羅馬字之演說；黎君嫻音韵之學，善效各省方言，聞者莫不粲然。次爲陳祖怡君演說「訓政時期之圖書館工作」，亦娓娓動聽。斯時茶點糖果，雜然前陳；大夏大學王慶勳君奏阿牟尼迦二闋，繁音雜叶，聆者神往。最後李小緣君以幻燈講演美國國會圖書館內部情形，杜定友君以幻燈講演世界圖書館情形之比較。興闌而散。

第四日　一月三十一日（星期四）

是日上午分組會議，第一時間爲行政教育二組，第二時間爲分類編目及建築二組。行政組議決通過下列各案：

一、呈請教育部對於捐助圖書館書籍或經費者及私人創辦之圖書館應予褒獎案　陝西教育廳，陳獨醒原案

二、請政府明令各省政府扶助私人創辦之圖書館案　陳獨醒臨時動議

三、各省官書局應由各省省立圖書館接管並在各該館內附設印行所案　江西省立圖書館歐陽祖經原案

四、書店名號不得用「圖書館」案　南開大學圖書館原案

五、軍營內設立軍人圖書館案　南開大學圖書館原案

六、各圖書館須注重蒐集關于實業軍事及革命史實之書籍　中央陸軍軍官學校圖書館原案

七、影印四庫全書應每省指定一圖書館陳列以廣流傳而維國粹案　徐韞知，雲南圖書館，徐庭遠、黃警頑，王淑皇，陸秀，沈仲俊，謝源原案

八、圖書館購置書籍宜加選擇以正人心案　陳洪福原案

九、請協會通告全國各圖書館注重自然科學書籍案　袁同禮原案

教育組出席會員，根據上次會議所整理之結果，分別提出下列各案：

一、訓練圖書館專門人材案　李小緣，厦門圖書館，田洪都，黃星輝，陳策雲，北平圖書館協會，上海圖書館協會，施維藩原案

二、請中華圖書館協會在暑期內聘請專門人才在各地輪流開辦圖書館講習所案　沈孝祥原案

三、中學或師範學校課程中加圖書館學識每週一二小時案　高峻，陳重寅原案

四、各種各級學校應有有步驟的圖書館使用法指導案　李小緣，陸思誦，楊昭悊，胡慶生，楊希章原案

五、由中華圖書館協會擬定圖書館學課程請教育部核定施行案　文華圖書科原案

均經通過。分類編目組首由劉國鈞君講演「分類目錄與標題之比較」；次議決通過組織標題編纂委員會並將協同編纂事交編目委員會負責一案（杜定友，李小緣，徐家璧，朱家治，南開大學圖書館原案），復次由沈祖榮黃星輝二君宣讀「中文編目中一個重要問題」，「中文標題問題」論文兩篇。建築組主席爲戴志騫君，歐陽祖經君爲副主席，施廷鏞君爲書記。議決通過下列各案：

一、請協會組織建築委員會研究計畫圖書館建築案　集美學校圖書館，孔敏中原案

二、本會應指導特約圖書公司製造圖書館應用物品案　陸秀，耿清民，洪有豐，山西公立圖書館原案

三本會應請專門家研究中文書籍排架法並定平排直排之標準容量及架之深淺案　李小緣原案

四、請國民政府財政部對于各圖書館呈請圖書館用品免稅應予免稅執照案　北平圖書館協會原案

分組會議至此全體告終。

正午十二時，中央大學在學大體育館開歡迎會。首由中央大學秘書長劉海萍先生，代表張君謀校長致歡迎詞；杜定友君代表會員致辭答謝。年會主席蔡孑民先生復演說圖書館事業在學術界之重要及其功用；時有會員多人請萊思密博士報告德國國際出版品交換局情形，並于交換辦法略有討論。嗣遂同赴讌席，主賓交歡，至二時餘始攝影而散。

宴罷就近參觀中央大學圖書館，該館書庫皮架完全爲鋼鐵所製，在國內實屬罕見，其餘設備亦盡美善。會員出館後，分乘汽車廿輛，參觀中國科學社圖書館，通俗圖書館及國學圖書館。國學圖書館據山臨水，風景宜人；特置美點，舉歡迎會。該館所藏善本最富，並按序展覽，會衆觀光，莫不歎止焉。

晚六時，因明晚有蔣教育部長安樂酒店之招宴，于是會員公宴假座金陵中學提前舉行。席間江蘇省政府代表章警秋君報告江蘇省政府亦擬設宴歡迎同人，惟年會時間短促，聆教無由，極致悵意；希望明年年會，同志光臨鎮江。繼由全國拒毒運動會代表報告[illegible]進行運動事業．並分送拒與毒月刊請教。

晚八時在金陵大學科學館舉行會務會議，由杜定友君主席，通過組織大綱二十四條（原文另載不贅錄），並決議翌日上午開選舉會。十時半始畢會。

第五日　二月一日（星期五）

是晨九時會務會議，舉行職員選舉。始由劉國鈞君主席，首推舉汪兆榮，石斯馨，向培豪三君發票，潘聖一，黃星輝，俞家齊三君收票；侯鴻鑑，孫心磐，毛坤三君檢票；俞敏甫，胡慶生，楊立誠三君開票。次選舉執行委員，用記名投票法，每票舉十五人。結果下列十五人當選爲執行委員：

戴志騫　袁同禮　李小緣
劉國鈞　杜定友　沈祖榮
柯日章　胡慶生　洪有豐
王雲五　馮陳祖怡　朱家治
萬國鼎　陶知行　孫心磐

並臨時動議議決聘請蔡元培，戴傳賢，蔣夢麟，楊銓，胡適，葉楚傖六先生爲名譽會員。繼由杜定友君主席，選舉監察委員，當選委員如左：

柳詒徵　田洪都　陸秀
侯鴻鑑　毛坤　李燕亭
歐陽祖經　楊立誠　馮漢驥

午後一時許，出發遊覽。首至金陵女子大學，年會各女會員即假寓是間。該校校舍，凡巨樓三，外觀爲宮殿式，內部設備亦絕華美；四周田園，景緻優麗；蓋首都中建築，此可首屈一指者也。原定遊覽之地甚多，茲以時間限制，僅至清涼山，北極閣（中央研究院氣象研究所及觀象臺在此）等處略瞻金陵之勝概。

四時半赴中國國民黨中央執行委員會之歡迎會。室內懸燈結綵，綴以金色文字，曰，「歡迎中華圖書館協會會員」，並有樂工，奏曲娛衆，莊嚴殊勝；茶點亦精潔。樂者歌罷，首由戴季陶先生代表中央執委會致竭誠歡迎之意。繼謂圖書館爲保存文化機關，同時須傳播文化於各方面。歐美圖書館，已至能活用圖書時期，人人能利用圖書；中國則方由藏書時期以向用書時期進行欲使人能活用圖書，並謀發展，既須賴專門人才之培養，尤須注意圖書館量的加多與質的良好。在訓政開始，努力物質和心理的建設，無論實行三民主義，或本人事業上之進行均甚待利用圖書館傳播知識，普遍一般民衆云云。次由胡展堂先生發言，謂中國圖書館已有甚久之歷史，惟以前之目的在藏書，無今日之改良進步。查歐美各國圖書館事業，異常發達而爲社會所重視，故人人能利用圖書館；富有學識者，本學無止境之精神，仍繼續不斷其深切之研究。若考察國家之文野興替，觀察其圖書館與工廠之多寡可以推測得之。中國向稱經濟困窮，然物質上之困窮易於救濟，而知識缺乏之困窮，斯爲大患。圖書館爲求知識之良所，諸君努力圖書館事業，即可救濟中國一般民衆知識上之困窮，于中國之前途，諸位負有重大之責任。敬祝諸位健康。繼由戴志騫君代表協會致詞答謝。略謂中國圖書館事業近頃極見發展，學校圖書館皆到用書時期，將來再將藏書樓之習慣打破，同時推廣民衆圖書館，即可入於人人能利用圖書之活用圖書時期。至培養人才一節，本屆會議各組，已有決議。不但期望圖書館量多質好，而對於圖書館員本身進修，亦會議及編纂圖書各案。此次年會開會，本請戴胡兩先生演講，因時間不巧，方謂美中不足。今日閉會，備承招待，並瞻聽言論豐采，同人異常榮幸。繼復由會員馮陳祖怡君致感謝詞，並述願望兩項。第一願用黨的力量，命令所屬下級黨部，視規模之大小，附設黨義圖書館或閱覽所，陳列關於黨的圖書，公開閱覽。並利用種種方法，使民衆樂來閱讀。第二題請黨方提倡中央圖書館，爲圖書館界解決分類編目的問題，確定中國圖書館學科的標準，使國內學者咸蒙便利云云。散會後，遂同赴教部之歡讌。

教育部之宴會設于安樂酒店。安樂酒店以華貴名于都下，全體會員至時，已近七句鐘；凡設西餐百數十客，承部長次長，參事，司長，科長，分別招待，殷勤可感。席間先由蔣夢麟部長致歡迎詞，謂圖書館之使命，一則保存文化，一則傳播文化，以前藏書時代僅嘉惠少數好學之士，現在方法改良進步，傳播知識於民衆，功効宏遠，諸位此次集會研究，許多好方法，領導一切。對於中國將來文化之進步，有甚大之帮助，謹敬一杯酒，祝協會前途光明。繼由主席蔡孑民先生代表會員致答，謂協會開幕。因事未能出席，今代表協會略致數言。一則蔣部長公宴吾人於安樂園，顧名思義，快樂可知。二則蔣部長在浙大已創設浙省圖書館，將來必能帮助各地圖書館之發展。三則協會年會經費問題，因蔣部長之力，始得行政院資助。四則年會舉行於首都，接近教部，得承指教及與種種方便。凡此數端，皆應向蔣部長極力感謝者。且此次德博士萊思密來會，承示許多經驗及將來國際出版品交換辦法，亦爲難得之機會。吳稚暉繼演說云，前次開幕未能參加，今來歡逵，甚爲欣慰。圖書館歷史雖久，惟曩者藏書爲貴族式，學校亦視圖書館爲附屬品，現代則已見重視矣。中國大弊在青年無學校讀書時，異常煩悶，社會上人常指責私立大學不好。前在北京，公立大學只有八校，投考學生六千，每校錄取二百，僅容一千六百，餘者四千四百人，痛罵制度不良，恨無處讀書，僅以報紙小說消遣，除學校外不知向何處讀書。我想不但研究文學哲學，要蒐書本，卽練習科學工藝，亦要蒐書本。圖書館乃樣色齊備之大好學校，增加知識的地方，圖書館服務諸君須用許多方法，引導人類光明途徑，尤爲對不知除學校外尚有處可以讀書之青年，與智識淺薄之一般民衆。以前曾開全國教育會議，現在全國圖書館會議係破荒天運動，希望明年開會更有足以使人精快神愉者。繼由李石曾就空間時間兩層立論，述圖書之運用：(一)讀書，(二)著書，(三)作書(印刷等)，(四)藏書。以四者有相連之關係，雖世界人之脫不了圖書之關係，然一人兼有四種者實屬罕見。吳稚暉先生二十年前在巴黎辦印字局，編印書報及畫報，先生既讀書，而著書，而作書(因科學表繁複須自排)，並收藏各書供人閱覽，可謂四者俱兼矣。西方社會學家卜魯東(譯音)亦兼此四種資格，此實與圖書館有趣味之小史焉。繼由教育次長馬夷初述對於圖書館協會在首都開會之感想，並二十年前在浙江讀書時代，與同學辦小規模之圖書室，提倡圖書館公開，以謀羣衆利益之經過。旋由袁同禮君致詞告別，蓋已逾十時矣。

此最後之會宴，得中央要人及名碩演說，不再舉行閉會儀式，于是中華圖書館協會第一次年會，遂于此盛讌席上，歡悅滿足聲中，宣告閉幕焉。

资料来源:《中华图书馆协会会报》,第4卷第4期,5—14页

4. 中华图书馆协会第二次年会宣言

中華圖書館協會第二次年會宣言

十八年一月，中華圖書館協會集第一次年會於首都越四載有半復會於舊京。當此期間，我國家經歷無量之天災與人禍，神洲大陸幾有淪胥之嘆。今日吾華民族對於國家前途，己身存亡，其所負荷，實千百倍重於前賢，艱於他國！吾儕職掌近代知識之寶庫，典守先民之遺藏者，丁茲時會，尤應以知識之明燈。出有衆於幽闇。茲於敝會第二次年會之始，謹揭櫫二義以告。邦人君子，幸垂督焉！

圖書館事業之重要，已無待贅言。唯今日外患不足畏，天災不足憂，困窮不足慮，所可慨者，自戕其生，以即於危殆耳。譬如植樹，方其萌芽抽條，欣欣向榮，而灌溉不時，風飆橫來，園丁心力，瞬付東流。圖書館事業亦然。數載以還，圖書館在數量上固已漸勝於前，而經費不定，故障叢生：或則奄奄一息，彌由進展，或難勝暴力，卒爾夭折。故以爲國人不欲民智之日開，國家生存之久長則已。如其不然，則於此儲藏先民精神遺存及近代知識之寶庫，而爲啟導國民基本教育之先鋒者，如何保障其經費之安定與獨立，不受外力之牽掣，以使之日益發皇，固應自以深思而熟籌之也。此一義也。

我國以農立國，國家之根本在於農村。然而近數年來，農村頹於破產，三萬萬以上之國民，幾乎爲國家所遺忘。舉國之聰明才力，群萃於城市；郊遂之外，便同異域。此誠可爲痛心怵目者也。今後救國方策，自以開闢此一片荒土，拯拔大多數國民之蒙昧與困苦爲先務。關於困苦之解除，負責者另有其人，可不煩贅。至於蒙昧之啟發，則民衆圖書館之責也。此種事業之倡導，吾儕圖書館界同仁，固應當仁不讓，振袂奮起，以爲今後努力之依歸焉。此二義也。

關於圖書館經費之安定與獨立，有望於政府當局及社會人士之維持與贊助；而民衆圖書館事業之側重，則今後吾儕同仁所應引以自勉。經費既定既安，圖書館事業始足以言發皇張大，始足以從事於大多數國民民智之啟迪，而爲國家奠磐石之安。此二者一外而一內，似不同而實相成也。

我國家之危急，至於今日而極矣。拯救之道，經緯萬端，而吾儕所舉，則其基礎中之基礎，先鋒中之先鋒；閎識之士，或不以爲河漢也乎？謹此宣言。

资料来源：《中华图书馆协会会报》，第9卷第1期，1页

圖書館界

協會

第二次年會之籌備

第二次年會既經決定日期通告各會員外，籌備委員暨事務所籌備異常忙碌，各組職員業經由籌委會聘定，招待一項全爲清華大學方面擔任，協會事務所及燕大圖書館方面分任文書庶務會計各組及註册組事務，餘如師大圖中法大學圖亦均派員協助，故得以期按籌備就緒。茲將籌委會會議紀錄分誌于下：

【第一次籌委會議紀錄】

〔日期〕民國二十二年八月四日下午四時〔地點〕國立北平圖書館〔到會者〕施廷鏞　王文山(唐貫方代)馮陳祖怡　田洪都　陳尺樓　袁同禮(主席)　李文蔚　何日章(馮陳祖怡代)

〔報告〕主席報告略謂此次在南方晤及京滬執委多數主張第二次年會既一再延期，似不宜再緩，並決定年會地點在清華大學較爲合宜。適清華梅校長亦在南京，商定八月廿八日至三十一日假該校開會。遂一方面在北平發致各會員通知，一方面在南京向教育部接洽轉咨鐵道部照章減價乘車，惟此項辦法輾轉進行，不無迂緩，擬由協會致函各地方協會集中各地方會員同時起程，直接向各路局接洽，兼程並進，較爲迅速。至于此次會議所討論之範圍，以圖書館經費及民衆教育爲中心，其他專門問題亦附討論。最要者各處圖書館與民衆教育館決不應與地方政治發生關係，應努力造成爲一種學術機關，至于各圖書館經費過少，不易發展，此次特付討論，以便喚起教育當局之注意焉云云。

〔議決事項〕(一)議決：招待組計分食宿游覽交通三項，推北平及清華圖書館担任。

(二)議決：註册組分收費，證章及印刷品，發售券等項，推協會及燕大圖書館分別担任。

(三)議決：文書庶務會計三組統由協會担任之。

(四)議決：廿六，廿七，廿八三日派人赴東西兩車站迎候會員，大陸長途汽車亦按時到站，以便來平會員逕赴清華。

(五)議決：會員遊覽地點以玉泉山，頤和園，故宮博物院，古物陳列所歷史博物館，團城以上各處分別接洽免費後再補公函。

(六)製定年會會員如左：

	上午	下午	晚
二十七日	註册　(清華大學)	註册	清華圖書館茶會
二十八日	大會	二—四分組會　四三〇—六燕大圖參觀並茶會	講演會
二十九日	八—一〇分組會一〇、一〇—一二會務會	二—四分組會　四—六遊覽名勝(圓明園大鐘寺)	講演會
三十日	八—一〇分組會一〇、一〇—一二宣讀論文	二—六遊覽名勝(頤和園玉泉山)清華大學公宴	
三十一日	八—一〇參觀北平圖書展覽會　一〇—一二參觀故宮博物院及文淵閣	十二時北平圖書館協會公宴　二—四參觀三大殿古物陳列所歷史博物館　五—六(外交大樓)北平各機關歡迎茶會	
九月一日	孔廟　國子監　雍和宮　天壇		

（七）推定分組討論負責人員如次：【圖書館行政組】袁同禮（主席）洪有豐（副主席）馮陳祖怡　姚金紳（書記）【圖書館經費組】王文山（主席）田洪都（副主席）施廷鏞　邢云林（書記）【圖書館教育組】沈祖榮（主席）查　修（副主席）徐家麟　鄧衍林（書記）【分類編目組】劉國鈞（主席）蔣復璁（副主席）劉純甫　曹祖彬（書記）【索引檢字組】杜定友（主席）洪煨蓮（副主席）孫心磐　錢亞新（書記）【民衆教育組】俞廷榮（主席）趙鴻謙（副主席）何日章　徐　旭（書記）

（八）議決聘請大會講演員及公開學術講演員：

(1)　大會講演

蔣夢麟　梅貽琦　李石曾　黃　郛　袁　良

(2)　公開學術講演

王文山　查　修　劉國鈞　蔣復聰　陳　垣

（九）推定　大會主席團人員

王文山　沈祖榮　袁同禮

（十）議決向下列各機關進行募欵

行政院駐平政務整理委員會　北平市政府

河北省政府　北平圖書館

國立清華大學　燕京大學

國立北京大學　中法大學

北平大學　師範大學

地質調查所　故宮博物院

【第二次籌備委員會議紀錄】（日期）民國二十二年八月二十二日（星期二）下午四時（地點）國立北平圖書館（到會者）田洪都　陳尺樓　何日章　馮陳祖怡　袁同禮　施鏞廷　王文山　李繼先　李文裿（報告）主席袁同禮報告年會預算及籌備捐欵之經過已捐欵之機關及認捐數目列左行政院駐平政務整理委員會壹百元北平市政府壹百元中華教育文化基金董事會壹百元國立北京大學伍拾元國立北平大學伍拾元國立北平師範大學伍拾元實業部地質調查所叁拾元

（議決事項）一議決向下列各機關捐欵（公推袁守和負責）

古物陳列所　北平研究院　歷史博物院

生物調查所　社會調查所　北平協和醫學院

營造學社　中國大辭典編纂處

中國文化經濟協會　西北科學考查團理事會

二　議決會員不在會內食宿者改納年會會費二元五角

三　議決三十一日由北平圖書館協會在傳心殿歡宴全體會員

四　議決年會各組職員凡爲本會會員者改納年會會費二元五角非本會會員者食宿等項由本會供給（計十六人）

五　議決三十一日早餐提前于六點半預備七點會員全休體乘汽車至國立北平圖書館參觀所有行李交招待組代運至前門外施家胡同北京旅館下午分發

六　議決會期後會員之住宿由協會代爲接洽妥善旅館酌爲廉價

七　議決三十一日下午五點會員參觀後全體出東華門至外交大樓赴北平各機關歡迎茶會

八　議決在開會期內逐日編印日刊分贈各會員

九　議決三十一日下午五時北平各機關歡迎茶會函請市長致詞

十　議決九月一日會員參觀由招待組派員定時在各該地照料

十一　議決二十五日下午四時在北平圖書館開招待組會議

十二　議決通知北平會員二十八日準早八時在青年會開車一次專送各會員赴會

十三　議决新聞記者贈送北平至清華車票二張

资料来源:《中华图书馆协会会报》,第9卷第1期,12—15页

中華圖協會第二次年會紀事

于震寰

中華民國二十二年八月二十八日上午九時，中華圖協會第二次年會，舉行開幕典禮于清華大學禮堂。維時新涼滌暑，爽氣朝來，各省市會員及來賓二百餘人，為連翩蒞止，莫不欣然色喜，而預祝此盛大年會之變成也。鐘鳴開會，首由清華大學軍樂隊奏樂，大會主席團推定袁同禮君主席，李文裿君司儀，行禮如儀，主席致開會辭後，駐平政務整理委員會趙符徽君，（黃委員長代表）北平市黨務整理委員會龐鏡塘君，北平市市長袁良君，清華大學校長梅貽琦君，北京大學樊際昌君，（蔣夢麟校長代表）中法大學李麟玉君，（李煜瀛先生代表）相繼致詞，讜言偉論，聽衆均為動容。最後由本會執行委員劉國鈞君代表全體會員致答詞，謂我國文化素為歐西各國之先驅，同人為上項使命之所寄，固應一致努力者，寓申謝之意于勉勵之言。遂于莊嚴靜肅中而宣告禮成，會畢攝影，已午正矣。以電報申賀者，有中央大學圖及何其鞏先生。

午飯後微雨，下午二時在清華大學生物學館開圖行政組會議，由袁同禮先生主席。先由各省市立圖及一大學圖一中學圖之代表報告各該館行政概況纔始討論議案此組提案最多，至五時尙未能討論完畢。乃宣告未及討論各案，至下次會議時再行討論。五時半參觀清華大學全校。自會員宿舍之第五院出發，而化學館，而觀象台，而體育館，而醫院。過小橋而南則有生物學館，工字廳，科學館，大禮堂，一院，二院，工學院，水力室，電燈廠諸處。循大路折回溪北，則爲會衆注意力所集中之圖。全館爲L形，分中東西三部，東部爲舊建者，中西兩部乃最近所擴充，共占地面三四三三英方尺，各樓總面積則爲八五四〇四英方尺。有門三，其廊道內地面與牆壁均用大理石鋪砌，閱覽室地版或用楸木或用花石，書庫地版則或用花石或用玻磚，書架在庫者爲鋼鐵製，在各室者爲楡木製，其長幾五英哩，約合十英里，藏書二十餘萬册。館內除圖事務室外，有各院系辦公室及研究室，誠可推爲我國大學圖中之規模最宏者矣。晚七時杜定友先生在生物學館講演，題爲「民衆檢字心理之研究」，至八時，清華大學圖同人舉行茶會歡迎出席會員，在禮堂前草地上擺列桌椅，四周布繞無數紅綠燈光，誠屬奇觀，所備茶點汽水果品等味美而豐；更在禮堂內演放電影娛客，午夜始散。

翌日

晨起，會員在宿舍阻於雨，不得出。十時始稍霽，始往第三院開會務會。主席戴志騫先生尙未到，由袁同禮先生代之。主要議案爲募集本會基金，並議定下屆年會在武昌杭州廣州三市擇地舉行。下午二時半，仍在第三院開分組會議。先爲分類編目組，劉國鈞先生主席，首由馮陳祖怡先生講演「介紹一個排架編目法」，繼討論議案，議決左列四案：

審定杜威十進分類法關於中國歷史地理語言文學金石字畫等項之分類細目案

請全國各圖於卡片目錄外應酌量情形增編書本目錄以便編製聯合目錄案

由本會建議與出版業聯合會編製出版物聯合目錄案

請協會根據上次會議從速規定分類編目標題及排字法標準案

後爲索引檢字組，由杜定友先生主席。此組未有提案，杜先生因昨晚演說尙有餘意未盡，藉此時間繼續講述，約半小時始畢。至四時會員同乘汽車往燕京大學參觀，並赴該校圖歡迎茶會。燕京大學亦係就名園舊址建造，建築悉爲宫殿式，風景宜人。會員遊覽各處，領導者指說甚詳，莫不推稱該校爲私立大學中之冠冕焉。歡迎茶會間，由田洪都先生代表大學圖致歡迎詞，並述該館之沿革；由杜定友先生代表會員致答辭。興闌而返。晚飯後七時，兪慶棠先生在第三院講演「從歐遊感想到圖之大衆化」，聲音嘹亮，層次井然，聽衆莫不神往。當場有數人筆記，不久當可發表也。晚八時半，圖經費組及圖教育組同時舉行會議。經費組由王文山先生主席，議決左列各案：

擬定各級圖經費標準請教育部列入圖規程案

向中英庚款董事會請速撥款建設中央圖並請中美庚款董事會補助各省圖經費案

呈請教部規定補助私立圕臨時及經常費案

請中央撥棉麥借款美金一百萬擴充全國圕事業案

教育組主席爲李燕亭先生，議決案如下：

建議行政院及教育部指撥的款於北平設立圕學專科學校案

再請教育部令國立大學添設圕學專科案

請各省市圕人材經費設備充足者附設圕學講習所以培育人材案

函請各省教育廳每年考選學生二名分送國內圕學學校肄業其學膳宿費由教育費中指撥案

函請圕學校應注重語言案

第三日

上午八時即舉行分組會議。先爲民衆教育組，由對於民教最有研究之俞慶棠先生主席。議決下列各案：

請本會通函全國各圕注重民衆教育事業案

爲推廣民衆教育擬請本會組織民衆教育委員會案

呈請教育部通令各省市縣在鄉村區域從速廣設民衆圕案

建議中央通令各省於各宗祠內附設民衆圕案

縣市圕與民衆教育館應並行設立分工合作案

編製通俗圕書目錄案

後爲圕行政組第二次會議，仍由袁同禮先生主席。前後議決各案，彙誌如左：

呈請教育部于圕規程中規定省立圕應負輔導該省各圕之責任案

請協會呈請教育部通令各省市縣教育行政機關應聘請圕專家指導各中小學圕一切進行事宜案

國內各館館員得互相交換以資觀摩案

通函各縣市應設立兒童圕並規定各圕附設兒童閱覽室案

請本會建議各省市縣公共圕附設流動圖書部案

監獄附設小圕案

酌請公開學校圕俾學校圕與社會合成一氣補助成人的教育案

由本會通知全國公私立圕儘量蒐羅方志輿圖以保文獻案

建議當局傳鈔及影印孤本秘籍以廣流傳案

建議教育部此次選印四庫全書應以發揚文化爲原則在書店贈本內提出若干部分贈各省市立重要圕暨國立各大學圕案

圕應擴大宣傳方法藉謀事業之發展案

至十時，陶蘭泉先生講演「清代殿板書之研究」。陶先生精神矍鑠，莊諧雜出，聽衆精神爲之一振。隨即宣讀論文。此次年會論文組計收到論文共六篇：

一、杜定友：經濟恐慌中美國圕之新趨勢

二、徐　旭：民衆閱讀指導問題

三、錢亞新：類分圖書之要訣

四、蔣一前：漢字檢字法沿革史略

五、于震寰：善本圖書編目法

六、張秀民　選印古書私議

因時間不裕，僅首列三人各宣讀其大作而已。午飯後，登乘汽車往遊頤和園及玉泉山。頤和園攬山湖之勝，山曰萬壽山，湖曰昆明湖，就記者遊跡所至，以諧趣園諸景最爲幽雅，使人留連不忍去。惜園地甚廣，未及遍覽。玉泉山爲北平附近河流發源之所，天下第一泉在焉。是晚六時國立清華大學公宴會員。踏跟歸來，主人已久候矣。佳筵既開，張子高先生代表清華大學梅校長致辭。會員推杜定友先生代表致謝，賓主盡歡。至八時舉行閉會式，會場仍在清華大學禮堂，王文山先生主席，李文裿先生司儀。行禮如儀。主席致詞，略謂此次大會精神甚佳，北平天氣炎熱，各省市會員能不遠千里而來，按步就班完成使命，實爲愉快之事。閉會後希望大家本合作精神充分聯絡，使此次議決各案能逐漸實現。至于議決交協會之件，必能本素日努力之本能切實施行，以期不負所託云云。嗣由田洪都先生報告圖經費組議決案，何日章先生報告民衆教育組議決案，姚金紳先生報告圖行政組議決案，李燕亭先生報告圖教育組議決案，劉國鈞先生報告分類編目組議決案，杜定友先生報告索引檢字組會議情形。報告畢，會員臨時動議提案三件，一由原提議人自動改爲建議事項，一爲不合原則，未予接受，不贅述，一則爲馮陳祖怡君提議，此次年會諸承清華大學及各機關之優遇，本會應隆重致謝案，議決交執行委員會辦理。末由劉國鈞君朗讀閉幕宣言，遂于歡欣鼓舞之中宣告散會矣。

第四日

年會會議既已圓滿，八月三十一日上午七時，全體會員入城，先至國立北平圖書館參觀宋元刊本展覽會及現代德國印刷展覽會。復周遊該館各閱覽室各書庫及四庫全書模型室等處。十時赴故宮博物院參觀，途經團城，拜瞻玉佛。抵故宮入神武門，先至絳雪軒茶會，由俞同奎氏致歡迎詞，會員推劉國鈞博士致答詞。旋參觀中路東路各陳列室，至乾清宮少憩，復折往文淵閣，出午門經天安門而赴北平圖協會之歡迎宴會。由平協執委田洪都代表致歡迎詞。宴罷仍循途入午門，繼續參觀三殿（太和殿中和殿保和殿）及古物陳列所（武英殿）會員徘徊各處，瞻覽盡興。五時出東華門，赴外交部迎賓館北平二十二機關之歡迎茶會，列名該會之機關：爲北平市政府，中華教育文化基金董事會，國立北京大學，國立北平大學，國立北平師範大學，國立清華大學，古物陳列所，故宮博物院，國立北平研究院歷史博物館，地質調查所，國立北平圖。靜生生物調查所，社會調查所，燕京大學，中法大學，北平協和醫學院，中國營造學社，中國大辭典編纂處，西北科學考查團理事會，中國文化經濟協會，北平圖協會，六時開會，首由北平市長袁良先生致歡迎詞，次由北大校長蔣夢麟君致詞略謂：「此次中華圖協會在北平舉行年會，開幕時因事冗未能前往參加，殊爲抱歉，今日就此機會與諸君略談數語。余與中華圖協會亦有相當歷史，猶憶成立會與第一屆年會均曾參加，曾幾何時，今年又值在北平開會，竊以爲圖之于文化有莫大之關係，其所負使命有三（一）文化之保存，（二）文化之分類(三)文化之散佈諸公既有此重大使命，今日借此機會，祝諸公一致努力云。』最後會員推侯鴻鑑君代表答謝，旋攝影散會，時下午七時，歸途已萬家燈火矣。

尾聲

九月一日，會員分組遊覽孔廟，國子監，雍和宮，天壇等處。年會辦事處皆預為接洽妥當，免費參觀，且派人在各該處指導。九月二日正午，河北省教育廳，天津市教育局及天津各團，復聯合在天津法租界永安飯店宴請年會會員，藉資聯歡云。

资料来源:《中华图书馆协会会报》,第 9 卷第 2 期,22—26 页

圖書館界

一、協會

第三次年會之籌備

日　期　二十五年六月十五日下午四時

地　點　國立北平圖書館

出席者　田洪都　嚴文郁　何日章

袁同禮（主席）　吳光清（列席）　袁仲燦（紀錄）

報告

主席報告略謂，此次因籌備舉行第三屆年會，曾赴青島與市政當局及山東大學接洽一切，會址已決定在山東大學，日期則定七月二十日至二十四日，與中國博物館協會年會同時舉行，並承市長沈鴻烈氏允爲招待一切及派艦遊覽嶗山名勝，過濟時晤教育廳長何思源氏，談及年會應開辦一民衆圖書館講習會，俾該省同人可就近聽講，藉資深造。關于以上各事，應請在座諸君互爲討論云云。

議決事項

（一）出席會員註册案：　議决凡出席年會會員須先註册，註册時除繳足常年會費外，每人應納年會會費五元，機關會員同。俟註册手續完畢，由本會方能向鐵道部領取乘車證明書，持此項證明書者單程七五折，來回五折，據鐵道部廿五年五月修正條例可乘各路鐵車。（詳見鐵道部優待學術團體年會會員乘車辦法）至招商局輪船優待辦法在函商中。

（二）年會職員案：　議决此次年會除事務組暫緩設置外，先設總委員會，論文，招待三委員會，並公推青島市長沈鴻烈爲年會名譽會長，山東教育廳長何思源，青島市教育局長雷法章爲名譽副會長。兹將各委員會委員列名于左：

年會總委員會委員

王文山　王雲五　王獻唐　田洪都　皮宗石　皮高品

沈祖榮　沈縉紳　杜定友　吳天植　吳光清　李文裿

李長春　李小緣　何日章　洪有豐　施廷鏞　柯　璜

胡鳴盛　查　修　俞爽迷　姚大霖　姚金紳　柳詒徵

秦光玉　桂質柏　袁同禮　馬宗榮　陳訓慈　董明道

談錫恩　劉國鈞　蔣復璁　歐陽祖經　譚卓垣　嚴志鈞

嚴文郁

論文委員會委員

柳詒徵（委員長）　嚴文郁　陳訓慈　李小緣　毛　坤

招待委員會委員

雷法章（委員長）　張　煦　楊吉孚　胡鳴盛　王獻先

各組職員

圖書館行政組

洪有豐（主任） 袁同禮（副主任） 蔣復璁 田洪都（書記）

圖書館教育組

沈祖榮（主任） 李小緣（副主任） 李長春 毛 坤（書記）

分類編目組

劉國鈞（主任） 吳光淸（副主任） 皮高品 施廷鏞（書記）

索引檢字組

杜定友（主任） 何日章（副主任） 査 修 錢亞新（書記）

民衆教育組

王文山（主任） 趙鴻謙（副主任） 李文綺 姚金紳（書記）

（三）年會經費及聯合會所建築費案： 議決向山東靑島當地各機關進行募捐，並函請國內各庚欵機關略予補助年會閉幕后，所有盈餘欵項移充聯合會所建築費不敷之數，另行籌措。

（四）圖書館用品展覽會案： 議決擬在靑島市立博物館舉行，關于圖書館用品展覽會，業由國立北平圖書館着手籌辦。

（五）遊覽： 議決年會閉幕后除由靑島市當局招待遊覽嶗山參觀該市各項建設外，其願赴濟南鄒平泰山曲阜等地遊覽者可在年會時報名分組遊覽。

（六）民衆圖書館暑期講習會案： 議決年會閉幕后設一民衆圖書館講習會，授課三星期，除推定陳訓慈君至各處視察民教狀況，即以調査所得作爲參攷外，關于其他課程之內容另請沈祖榮，劉國鈞，嚴文郁，吳光淸，莫余敏卿五人組織一委員會，擬具具體計劃。講習會由七月二十七日起開課，八月十五日止結束。凡非會員而願出席年會聽課者，可臨時加入本會爲會員與本會會員同等待遇，除繳納年會會費外會後之伙食概歸自備另繳雜費及講義費叁元。

资料来源：《中华图书馆协会会报》，第 11 卷第 6 期，25—26 页

寫在第三屆年會之後

李文裿

中華圖協會舉行第三屆年會於青島，始自七月二十日至二十四日，並與中國博物館協會聯合舉行，假海山之勝景，抒修禊之襟懷，誠盛舉也。爰就追憶所及，寫當時之情況，以供未能與會諸君一覽焉。

年會辦事處假山東大學校舍，會員食宿其中，倍極舒適，先一日各地會員紛紛蒞止，相繼註册。時執監委員舉行臨時聯席會議，大會主席團推定葉恭綽，袁同禮，馬衡，沈兼士，沈祖榮，柳詒徵六君。提案審查委員會委員推定：一、行政組，柳詒徵，田洪都，姚金紳，嚴文郁。二、分類編目索引組，何日章，皮高品，錢亞新，陳訓慈。三、民衆教育組，沈祖榮，毛坤，李文裿。各組委員即分開審查會，午夜始報罷，籌備之事項，於焉告終。

大會

會場，設山東大學大禮堂。二十日九時舉行開幕典禮，到會員及來賓百五十餘人。時溽暑雖般，爽氣朝來，鐘鳴開會。主席葉恭綽君，司儀李文裿君，行禮如儀，主席致開會詞後，青島市長沈鴻烈君，山東大學校長林濟青君，青島教育局長雷法章君及來賓膠濟路委員長葛光廷君相繼致詞。各抒偉論，皆祝大會成功，全場歡舞。最後由馬衡君代表聯合年會致答詞，對於青市招待之盛意極表感謝，攝影散會已午正矣。

大會開幕時，各方賀電，紛至踏來，計有：中央圖，中央博物院，成都國立圖及教育部陳禮江先生。

午後二時聯合講演會在科學館大講堂，主席葉恭綽君，沈市長講演，「青島市政各項建設」。豐功偉績，殊足令人欽佩，聽衆無不神往。講演既畢，分開討論會，主席田洪都君，議決各案分誌如次：

關于一般者：

一、請本會建議教育部，就法規中明定各省市至少應設一所省立圖，不得隨意改組，並分函各省市政府與以保障助其發展案。

二、擬請本會組織委員會從速審定圖學名詞術語公布備用案。

三、擬請本會函請教育當局及各大學，于所屬各重要圖撥款建築地下室或其他適當方法以防意外事變案。

四、本會宜設立兒童圖事業諮詢委員會案。

五、擬請本會規定各類圖應用表格標準樣式，以供各館參攷案。（移會務會議）

關于人事者：

一、請教育部保障圖服務人員，並令飭訂頒待遇標準案。

二、各圖主要職員，應援用專門技術人員案。

三、請確定圖經費與職員人數之比例案。

關于經費者：

一、由本會呈請中央通令各省市縣，確定並保障各館經費案。

二、本會應設法請求各庚款委員會，撥款補助各省市縣公私立圖事業案。

三、由本會呈請教育部撥款補助各省市縣優良公私立圕案。

關于購書者：

一、擬請教育部對于圕向書店購書享受九折之規定，予以變更減低，並函請各書業公會維持優待圕購書辦法案。

二、圕向各書局函購書誌往往發生脫缺情事，請通函各書局及郵政當局注意寄遞案。

三、請函交通部郵務司轉知各地郵局關于無法投遞之刊物，于一定時日後移贈當地圕案。

四、由本會函請各出版界對于刊物圖書應刊印書名頁（或版權頁）目次及索引案。

五、為增進各圕購書效率及便利閱覽起見，擬請協會編製全國圕聯合目錄，并通知各館推廣館際互借案。

六、請本會代向各報館交涉，每次另印質料優良之報紙若干份，並于每月杪彙寄各圕案。

七、請本會于最近期間籌辦消費合作社，經營訂購圖書承辦圕用品等業務，以謀便利而資撙節案。

晚六時半，青島市長沈鴻烈君宴全體會員於迎賓館，館舍建築華麗，在青市為第一，初為德國駐軍軍官所經營建造，傳以建築過奢，乃遭物議，因而去官，登樓遠矚，全市在望，咸留連不忍去。

翌日

晨八時講演會在科學館大講堂，主席嚴文郁君。（一）沈祖榮君講：「公立圕在行政及事業上應有之聯絡。」（二）陳訓慈君講：「天一閣之過去與現在。」（三）侯鴻鑑君講：「漫遊青甘甯之感想。」（四）皮高品君講：「關於分類之幾點意見。」九時半聯合講演會，仍在科學館大講堂，主席葉恭綽君，先一日乘中航機到會之李石曾君即席講演「中西文化與國際圖書之關係」，演辭甚長，主張亦多標新領異。十一時至十二時宣讀論文，所有論文將發刊於圕學季刊，此間不再贅叙。會後兩協會在科學館前分別攝影。下午二至四時討論會，主席沈祖榮君，議決案分誌於次：

關于圕教育者：

一、呈請教育部明令中等以上學校增設圕學課程案。

二、請各省教育當局辦理圕學暑期講習會，并請以訓練圕服務人員案。

三、為圕員謀進修機會請釐訂方案案。

四、武昌文華圕學專科學校增設圕學函授部案。

五、呈請教育部在每屆英庚款及清華留美公費生名額內，列入圕學一科俾資深造案。

關于民衆教育者：

一、請各圕推進非常時期教育及國難教育事業，以期喚起民衆共同禦侮案。

二、縣市圖舉辦推廣事業以期發展城市與鄉村民衆教育案。

三、呈請教育部令各省市縣及公立小學及未經設兒童圖者應從速設立或附設兒童圖案。

四、由協會函請各省市教育當局令各民衆圖于其經費內抽出百分之五，專在附近茶園中辦理借書處，以資推廣民衆教育案。

五、請中央劃定專欵補助各省特製汽車圖，利用公路提高內地民智水準案。

六、呈請教育部通令全國各教育機關民衆教育館及圖增設流通圖及巡廻書車案。

關于推廣事業者：

一、呈請教育部組織圖設計委員會或添設專員案。

二、呈請教育部令各縣內設立縣圖及鄉村圖案。

三、函司法行政部設立監獄圖，並以之爲中心實施監犯教育案。

四、函請中國全國各地公私立圖增設興圖部案。

五、函請各公私立圖及藏書家盡量公開所藏圖書，以廣閱覽藉便研究案。

六、請協會規定全國讀書運動週日期以資宣傳而鼓勵讀書風氣案。

七、請各圖應設閱讀指導員以增進讀者效率案。

八、由本會擬定普通圖最低標準書目案。

九、函請各圖所藏複本圖書互相交換流通案。

十、呈請教育部嚴禁古書出國盜賣私借等事並設法遷移至適中安全地點案。（此案已提過）

其他提案：

一、由各省省立圖調查各該省區內關于有清一代之著述彙爲目錄案。

二、請教育部令國立編譯館設一委員會，審定外國人名地名之標準譯名以資統一案。

三、請協會會同中國博物館協會呈請中央設法于庚欵中撥欵一百萬元，以建設中央檔案庫案。

四、請協會組織編輯委員會負責編印「中國圖書版本辭典」以資利用案。

關于劃一分類法：

一、各省立圖劃一圖書分類法案。

二、本會應從速編定圖書分類法俾全國圖的圖書分類有一定標準案。

三、請協會規定政府機關出版品分類標準以便各圖有所遵循案。

四、各圖應統一圖書分類法案。

五、請擬定兒童圖書分類法以備全國兒童圖採用案。

六、請制定圖書分類統一辦法案。

關于編印各種書目：

一、呈請教育部籌撥經費刊印全國圖書聯合目錄案。

二、發刊全國出版物編目彙刊案。

三、應編全國圖書善本聯合書目案。

四、請教部明令各大書店每年編製出版聯合目錄案。

五、請本會設法編印出版月刊及中國圖書年鑑案。

六、請協會負責印行全國圖書藏書簿式聯合目錄案。

七、請由協會編輯關于編目時所用最基本之參攷書籍案。

關于目錄排檢及索引：

一、規定統一索引檢字法案。

二、提議函請各地圖採用音韻編目索引法，以濟聞名未見或忘記字形寫法者之窮案。

下午四至六時兩會合組討論會，主席沈兼士君，討論中國檔案整理問題，就故宮文獻館印發之程序，各抒己見，頗多發揮。晚六時山東大學校長林濟青君宴全體會員於第三校舍，時雨後新涼，倍極歡洽，飯後續開討論會，午夜始畢，議決案見前。

……三日…… 晨九時，討論會在科學館大講堂，主席沈祖榮君，此次討論係教育部交議之八案，原案業經由協會分寄各圖及地方協會，分別擬覆，就擬覆之各方意見報告全體會員，當場詳加討論，議決另組一專門委員會整理後，再行具覆教育部，各會員討論此案時異常認真，雖揮汗如雨，亘三小時全體無倦容，午正始散會。教育部交議各案之原文分誌於次：

（一）縣立圖至少限度應備圖書之標準

（二）縣立民衆教育館閱覽部應備圖書標準

（三）縣立圖工作標準

（四）縣立圖全縣巡迴圖書辦法

（五）各縣木刻古板保存辦法

（六）縣立圖閱覽部分類編目標準

（七）省立圖輔導及推進全省圖教育工作辦法

下午四時續開會務會於科學館大講堂，主席袁同禮君：（甲）報告事項：（一）本會會員無論出外留學或在圖書館學校肄業本會均盡力協助。（二）協會主張在中國圖事業幼稚時期，維持免費生辦法（三）為使國內外人士明瞭圖事業之重要，出版中英文刊物。（四）本會經常費情形。（五）出席國際圖會議情形。（六）美國圖專家將來華視察指導經與教育部商洽已由本會覆函歡迎。（乙）討論事項：執委會提出兩案及會員提議案及臨時提議案，分誌如次：

（A）執委會提出二案：

一、南京會所建築費案

二、會員會費應如何催繳案

（B）會員提議案：

一、請本會每年編印全國圖各項統計案。

二、請本會通函委託各省市立圖逐年編製各省市圖概况並由本會彙編全國圖概况案。

三、本會宜設立兒童圖事業咨詢委員會案。

四、擬請本會規定各類圖應用表格標準樣式以供各館參攷案。

五、各省市應設立圖協會聯絡各省市公私立圖會員藉資研究以補本會不能每年開會之不足案。

六、本會通信改選職員時應于被選人姓名下附以略履及其著作俾會員便于選舉案。

七、本會會址應移京及年會應在京舉行案。

八、爲求年會議案實現起見應選舉一執行年會議案委員會以專其事案。

九、明年年會地點擬定在武漢大學圖或廬山圖案。

(C)臨時提議案:

改執行委員會爲理事會監察委員會爲監事會案。

下午四時舉行閉幕式仍由葉恭綽君主席，致閉會詞後，由嚴文郁君報告圖協會分組討論會經過，馬衡君報告博物館協會討論會經過，袁同禮馬衡兩君再分別報告兩會會務會情形。沈祖榮君報告教育部提交議案討論之經過。臨時動議議决：(一)兩會下屆年會仍聯合舉行，地點擬在西安武漢南京北平由兩會商洽决定。(二)以大會名義函謝青島市政府，山東省政府，山東大學及膠濟路局招待之盛意，至是聯合年會遂告圓滿閉幕。

尾聲

二十三日全體會員參觀市區建設，晨八時於細雨微風中乘市府招待處所備汽車出發，所至各處計：一、市政府二、接收紀念亭，三、市禮堂，四、前海棧橋(迴瀾閣)，五、西鎮辦事處(小本借貸處)，六、平民住所，七、船塢，八、第三碼頭，九、觀象台，十、工商學會。下午一時半天氣轉晴，飯後繼續參觀：一、海濱公園，二、水族館，三、匯泉海水浴場，四、第一公園，五、體育場，六、市立中學(小學教師暑期學校)，七、湛然寺，八、太平角公園，九、匯泉礮壘。抵礮壘時，天光已暗，秉燭入壘穴中，陰森恐怖無異於戰時也。六時全體會員公宴青市各長官於迎賓館，賓主盡歡而散。

二十四日，參觀鄉區建設，並遊嶗山。晨八時出發，途經：一、海泊河苗圃，二、滄口小學，三、李村辦事處，四、李村醫院，五、李村農場，該場招待會員各飲鮮牛乳，然後向嶗山進發。十一時至大勞觀，經乾路頭，十二時半抵北九水，市府招待處備野餐及淋水，小憩進食，興趣盎然。飯罷自由登山，或乘轎或步履，沿途歡洽絡繹不絶，三時抵魚鱗瀑，臨潭小座，均有樂不思蜀之感。四時紛紛歸程，仍至北九水乘車，經滄沙路回市。

又大會期間由年會辦事處假青島時報副刊欄編印聯合年會專刊，凡四日，始自二十日迄二十三日，除論文演詞外，會中消息，議事日程，無不刊載，加印單頁，每晨分發會員，咸感便利焉。

资料来源:《中华图书馆协会会报》,第12卷第1期,1—5页

9. 中华图书馆协会第四次年会相关记录

本會第四次年會討論會紀錄

時間：二十七年十一月三十日上午八時

地點：重慶川東師範大禮堂

出席人：金家鳳 周斯美 汪長炳 裴綁紋 毛 坤 任 簡 金敏甫 魯樂莪 黃執中 俞鐵珊 常遵生 李鼎芳 李 廉 胡東瞻 蔣觀銀 張吉輝 于震寰 鍾靜夫 汪應文 沈學植 沈祖榮 陳汲 洪範五 楊芸甫 田茶卿 張蓬屏 舒紀維 岳良木 劉國鈞 張正鵠 陳東原 鍾發駿 孫雁征 姚裕光 王銘悌 陳範疇 馮紹蘇 程 遠 胡文同 李承謨 毛裕良 梁慕秦 繆蘭心 彭道眞 彭道襄 張行儀 駱繼駒 蔣復璁

主席：洪範五　紀錄：汪應文

開會如儀

報告事項

主席報告略謂此次聯合年會第三審査組交本協會單獨討論之提案共有六件茲特召開此會希各到會會員詳細討論如有臨時議案亦可提出云云。

討論事項：

（1）第五五九案　在西南及西北各主要縣市成立「中小學巡迴文庫」以提高一般教育水準案　胡紹聲　馬萬里提

理由：我國縣市小學向因困於經費對於圖書設備方面甚少注重影響教育前途甚鉅當茲抗戰建國期間後方教育最關重要爲補救目前缺點而又節省教育經費計可就西南及西北各主要縣市區域成立「中小學巡迴文庫」

辦法：（1）中華圖書館協會函請各省教育廳轉令各縣教育局辦理之（2）經費卽由教育局呈請教育廳撥付之

決議：（一）本案與第五六〇案合併討論

（二）主文改爲「在西南及西北主要縣市成立中小學巡迴文庫」及民衆圖書站」以提高一般教育水準案

（三）辦法修正爲（1）由中華圖書館協會函請各省教育廳轉令各縣指定該縣負責圖書館辦理或（2）由縣教育當局自身主持或（3）責成縣內各中小學組織委員會共同辦理關於經費由地方籌措或由主辦機關共同湊資辦理（如中小學組織委員會辦理時）並由省教育廳以經濟或書報補助之

（2）第五六〇案　在西南及西北各主要市成立圖書館站，教育農民灌輸民族意識，發揚抗敵情緒案　胡紹聲　馬萬里提

理由：我國此次抗戰西南與西北所負之責任至重且大然以地方民智未開，因之尚不能達到全國總動員之目的亟宜就農村方面成立「農村圖書站，」以便提高民智鞏固後方

辦法：（1）由縣市圖書館或民衆教育館組織巡迴文庫推行各村鎮本會目可徵集同志往各處協助工作（2）此項農村圖書站之工作人員及經費卽由各縣市圖書館或民衆教育館擔任之

（3）第五六一案　（參閱中教學聯年會有關圖事業議決案嚴文郁原案）

決議：否本案已經大會通過不再討論

（4）第五六二案　請協會負責編訂標準抗戰書目案　嚴文郁提

理由：欲充實抗戰力量必先使全國民衆明瞭抗戰之意義與實況現在出版地點不甚集中加以交通不便偏僻區域卽不知有何刊物發行問世應由本會編輯一完備之抗戰書目以廣流傳

決議：（一）主文修正爲「請協會負責編訂抗戰文獻目錄案」

（二）原提案未列辦法茲補充爲1、請協會自行負責或與其他有關機關合辦按期編製2、目錄內容包括中西文書籍雜誌報章照片等項務須蒐羅完備如不能整個編製得分別部門辦理

（5）第五六三案　以國產材料代製抗戰期中所缺乏之圖書館用品案　毛坤提

理由：（一）價廉可以省費（二）來源較便不易缺乏

辦法：（一）請協會指定人員擬定何種缺乏之用品應以何種國產材料代製幷詳述代製之方式及辦法（二）經協會審核認爲可行時通函介紹各圖書館請採用試行

決議：（一）主文修正爲「以國產材料製造圖書館用品案」

（二）辦法修正爲「由協會指定人員專門研究何種缺乏之用品應以何種國產材料代製並詳述代製方式及辦法同時由協會函請各圖書館將已採用之國產代替品連同價值來源改造方式通知協會經審核認爲可用時卽由協會接洽廠所製造介紹給各圖書館採用介紹時應多列舉品種以備選擇（2）由協會函請上海商務印刷所中國圖書館服務社等公司盡量以國產製造用品並請其於西南設分公司以便購運」

（6）第五六四案　抗戰時期中圖書館藏書方法應行改革案　汪長炳提

理由：現時圖書受損人人知之欲謀安全須（一）使其藏於安全地方不易遭受摧毀（二）同時又須便於應用（三）遇危險時用極簡單之手續卽可遷避

辦法：（一）盡可能力量建造地洞以藏罕用圖書（二）書箱可以裝成書架（三）書箱之大小重量以便於移運及一人之力可以移運一箱者爲度（四）書箱應具便於攜運之裝置（五）書箱面上粘貼該箱內書之目錄及書箱號數

決議：辦法修正爲「1、由協會通知各圖書館盡可能力量建造地洞以藏圖書2、藏書應採分散制以免集中一處被燬3、書箱可以裝成書架其大小

重量以一人之力可以移運一箱者爲度書箱應具便於携運之裝置書箱面上粘貼該箱內書之目錄及書箱號數此項辦法請協會先行試驗認爲可行時卽介紹給各圖書館採用」

（7）大會祕書處臨時交議之五六九案（此案包括五案）二、請中央黨部令飭各省市縣黨部追認地方圖協會案

理由：圖協會爲領導圖之團體當此國難嚴重非喚醒民衆共救國難不爲功

辦法：中華圖協會民國二十一年據安徽圖協會請求分函各省市縣圖成立各省市縣地方圖協會已成立者由大會呈請中央黨部令飭各省市縣黨部追認發給許可證書未成立者函請繼續成立並請由黨部扶助以利進行

議決：辦法修正爲「由各地協會分別具文請由協會協助交涉」

（本案中第一，四，五，三案因不屬本會討論範圍第三案係關係少數圖利益均經討論會決議應勿庸議本報爲節省篇幅計特將其省去不錄）

散會

本會第四次年會 會員聯誼會紀事

二十七年十一月三十日下午七時本會第四次年會在重慶青年會西餐堂舉行聯誼會一以聯絡會員間之情誼，一以聆聞來賓中對于圖書館事業之意見也。

開會後，首由主席沈祖榮先生介紹南開校長張伯苓先生。張先生盛稱圖書館在教育事業上地位之重要，惜乎早年雖會參與圖書館協會，但因未諳門徑，未能共同努力工作；繼述及對于此次十二教育學術團體聯合舉行年會協作精神之感想；具此精神，絕無亡國滅種現象。精誠團結，一致圖强，可信抗戰必勝，建國必成。聽者一致鼓掌。

旋由毛坤先生爲在座會員一一唱名，詳爲介紹，主席又介紹青年會總幹事黄次咸先生。黄先生對于本會此次年會，多方贊助，例如會員食宿之籌辦等，而語多謙遜。黄先生在青年會辦有農村敎育服務車，于流通圖書之外兼及醫藥衛生，農事指導，電影幻燈，展覽及講演等，巡迴各縣，頗足供吾人之效法。

國立中央圖書館籌備主任蔣復璁先生適自廣西返渝，亦趕來參加，因主席之請，講述中華圖書館協會成立前後之故實，頗饒佳趣。沈先生亦詳細說明文華圖書館學專科學校之沿革及現狀。

來賓教育部社會司陳禮江司長因公忙，來較遲。卽席報告二事：一社會教育人員之任用及待遇法規，屢經擬訂，部中均未通過，最近重新編訂提出，或須再經立法院審定，大致可有施行希望。二，教育部對于社會教育曾組織巡迴戲劇，歌詠等團，以爲實驗及示範，最近擬引用此種方式組織一巡迴圖書館，由館長一人率領館員數人隨同圖書巡行各地。惟人才殊不易得，以前數種巡迴教育團體亦有此難題，將來尚須請圖書館協會推薦。三，各種圖書館標準書目之編訂，例如民衆教育館圖書部應備何書，縣立圖書館應備何書，中學圖書館應備何書，此事至爲切要。一般小圖書館往往不知購書或無力購書，既知購書或有力購書矣，又不知購何書爲宜，于是購藏之書乃不合實用。亦有圖書館備置一輯萬有文庫遂爲了事，非有此標準書目以爲指導不可。請圖書館協會多在此工作努力，需要之編輯費用部中可以撥助。沈先生言圖書館依其重要性而存在，一大學圖書館毎設十數人以至數十人，一中學圖書館有時甚至只用一人尚須兼司他務，又安能望其效果。至于人才問題，一方面固須訓練專門技術人員，一方面開辦講習會訓練現任人員亦不可緩。蔣先生言外國對于圖書館人員待遇甚優，除物質的供給外，尚有名譽上的榮耀，如授予敎授博士等頭銜是也。關於編輯標準書目之事，圖書館協會可以接受，但非短時間可望成功，請由文華圖書館學專校偏勞，編成後再交圖書館協會審訂，呈送教育部公布。後又有多人建議國立中央圖書館與文華專校合辦此編輯之事。

孫心磐先生對于圖書館協會開會之感想，涂光雋對于圖書館事業獨立系統之意見，皆有論述。散會已將九時矣。

會後蟾秋圖書館特在青年會民衆影院放映影片「雷雨」以餉同人。會員等乃于珍重惜別聲中，往領銀幕趣味焉。

本會第四次年會 籌備及經過報告

緣起

中國教育學術團體聯合辦事處成立于廿六年春，抗戰軍興，隨政府西遷來渝。本會于廿七年九月始行加入，

以謀聯絡。中央既頒布抗戰建國綱領，復於戰時各種教育實施方案有所釐訂，教育界人士對此不能無所建白，乃謀集會於戰時之首都，各抒所懷，彙為鴻策，獻諸邦國，期在實行。本會第四次年會正以會員遷散，交通不便，難於召集，為辦事便利與集中意志起見，遂決定與各教育學術團體舉行聯合年會。十月間推請洪範五蔣復璁沈祖榮三理事代表負責籌備，與中國教育學術團體聯合辦事處代表郭有守，中國教育學會代表程其保，姜伯韓，謝循初；中華兒童教育社代表馬客談，李清悚，陳劍恆；中華職業教育社代表江恆源，孫起孟，陳瑛民；中國教育電影協會代表魏學仁，羅剛，王平陵；中國社會教育社代表陳禮江鍾靈秀；中國衛生教育社代表葉溯中，汪元臣，孟浦；中華健康教育研究會代表徐蘇恩，張崇德；中國心理衛生協會代表吳南軒；中國測驗學會代表蕭孝嶸，艾偉，王書林；中國民生教育學會代表姜琦，鍾花修；中國體育學會代表程登科，袁宗澤，吳邦偉；共同組織聯合年會籌備委員會，舉辦一切事宜。

聯合備籌之重要事項

聯合年會籌備委員會自十月九日至十一月廿日間共開會七次，重要決議事項如左：

一、聯合年會討論之中心定為「抗戰建國中之各種教育實施問題。」

二、聯合年會定於十一月二十七日起在川東師範學校禮堂舉行。

三、籌備委員會分設下列各組：

總務組　郭有守　陳禮江　李清悚

提案組　魏學仁　蔣復璁　鍾靈秀　馬客談　吳南軒　汪元臣　許恪士　江恆源　徐蘇恩

招待組　鍾靈秀　馬客談　張崇德

宣傳組　羅剛　王平陵　陸殿揚

會序組　程其保　洪範五　姜伯韓　謝循初　許恪士

四、由聯合辦事處登報通告各會會員出席大會。

五、創刊「建國教育」季刊，首期於年會開幕日出版，包括各會論文及報告各一篇。印刷費由中央黨部補助，每期三百元。

六、於年會時在中央日報，掃蕩報，新蜀報，國民公報，各出特刊，由各會分別撰述論文。

七、不收年會會費；大會期間午餐由大會招待，住宿及晚餐由會員自備。

八、大會經費除由教育部補助六百元，軍事委員會委員長重慶行營補助三百元，四川省政府補助二千元外，每會應各認繳五十元至一百元

本會在渝會員之協助

本會此次年會，倉促舉辦，雖由理事三人負責籌備，事實上賴當地會員之協助者至巨。十月二十日由蔣復璁洪範五兩理事在柴家巷遠東酒樓宴請會員，討論籌備事宜及用協會名義發表論文「建國時期中之圖書館」意見，到金閩，沈學植，孫心磐，汪長炳，王文山，岳良木，汪應文，舒紀維，涂祝顏諸君。其後理事蔣復璁因其令叔百里先生之喪赴桂，又由沈祖榮洪範五兩理事召集座談會兩次：十一月十日上午十時在文華專校沈校長公館，十一月廿二日下午三時在青年會西餐堂。會員金家鳳，金敏甫，汪長炳，汪應文，鍾發駿，毛坤，孫心磐，張吉輝，岳良木，于震寰，均曾出席。十一月廿五日劉國鈞理事由蓉飛渝，次日下午六時又在都城飯店舉行理事監事聯席會議一次。所有關於事務及招待重要事項，列舉如後：

一、電請理事長袁同禮先生通告全體會員踴躍參加年會，並來渝主持；在重慶成都貴陽三處報紙用協會名義刊登召集年會廣告。

二、推定代表一人參加組織聯合年會主席團一節，推請袁理事長擔任。旋得袁理事長覆電，因公不能來渝，改推洪範五先生。洪先生又以居住鄉間，往返不便，請沈祖榮先生擔任。

三、分組辦事以利進行。推請職員如左：

甲、交際組（辦理招待會員及對外交際事宜）

金家鳳　楊學淵　鍾發駿　毛坤

乙、議案論文組（辦理議案論文之徵集審查編擬事宜）

孫心磐　岳良木　汪長炳

丙、事務組（辦理文書會計等事宜）

沈祖榮　洪範五　彭用儀　汪應文　于震寰

四、推請金家鳳君為年會總招待。

五、在青年會蟾秋圖書館設中華圖書館協會會員招待處，備辦宿舍，並自會前一日起至會後一日止供給早晚兩餐。（午飯由大會供給）

六、在車船碼頭上張貼通告標明本會年會會員報到及招待地點

七、本會會員登記事宜推于震寰君負責辦理。

八、關於會員參觀事項由事務組分別介紹

九、聯合年會籌備委員會規定，每會應用團體名義提出議案至少五件，由議案論文組擬提出。

十、用協會名義發表之論文，題為「抗戰建國時期中之圖書館」由于震寰君起草寄昆明袁理事長審閱，略有修潤，但寄回較遲，建國教育季刊中此部分已印成，故不及更改。會務報告因時促不及寄到，亦請于震寰君趕寫一篇補入。

十一、報上年會專刊應用論文，請金敏甫沈祖榮毛坤三先生各撰一篇。沈文題為「圖書館教育的戰時需要與實際」；金文題為「抗戰建國期間的政府機關圖書館」；毛文題為「建國教育中之圖書館事業」。

十二、本協會參加聯合年會分擔聯合辦事處用費五十元

十三、本協會參加聯合年會除有關全體之會議外，仍要單獨舉行（一）專門問題討論會，由洪範五理事主席，（二）會務會，由王文山理事主席，（三）聯誼會，由蔣復璁理事主席。

十四、大會邀集有關機關主持人及教育界名流舉行座談會，請劉國鈞理事為代表本會發言人。

十五、此次年會承各機關學校，各圖書館，熱心捐助用費，降情厚誼，永足紉感。

本會第四次年會臨時費收支清冊

一、收項

一收中央黨部捐款國幣一百元正

一收國立中央圖書館捐款國幣一百元正

一收國立北平圖書館捐款國幣一百正

一收交通部圖書館捐款國幣五十元正

一收四川省立重慶大學圖書館捐款國幣五十元正

一收國立中央大學圖書館捐款國幣五十元正

一收私立武昌文華圖書館學專科學校捐款國幣三十元正

一收金陵大學圖書館捐款國幣二十元正

一收會員會費國幣一百零七元正

以上共收國幣六百零七元正

二、支項

一付聯合年會經費國幣五十元正

一付廣告費國幣二十一元七角八分正

一付文具印刷徽章費國幣九元二角八分正

一付洗大會相片費國幣五元正

一付臨時座談茶點及理監事談話會餐費國幣十二元六角二分正

一付會員伙食及聚餐費國幣九十五元八角三分正

一交通費國幣一元八角五分正

一付郵電費國幣十二元九角八分正

一付報紙費（寄昆明）國幣四角四分正

以上共支國幣二百零九元七角八分正收支兩抵計結存國幣三百九十七元二角二分正

中華圖書館協會第四次年會
籌備委員會事務組負責人　沈祖榮
審查人　金家鳳

本會第四次年會出席會員錄

甲　個人會員（以註冊先後為序）

姓名　性別　籍貫　服務機關　通信處

于震寰 男 山東蓬萊 國立中央圖書館 重慶上清寺聚興村丙三號
毛裕良 男 浙江奉化 國民政府文官處 重慶上清寺聚興村十六號
金敏甫 男 江蘇青浦 交通部圖書館 重慶上清寺該部
馮紹蘇 女 江蘇江甯 中央黨部服務團 重慶正陽街六號附二號
彭道襄 女 安徽合肥 中央黨部社會部社團 重慶較場口二十梯一號附二號
彭道眞 女 安徽合肥 重慶較場口二十梯一號附二號
毛坤 男 四川宜賓 文華圖學專校 重慶中四路求精中學內該校
孫雅征 女 江蘇青浦 文華圖學專校 重慶該校
汪應文 男 湖北漢口 文華圖學專校 重慶該校
裴湘紋 女 安徽壽縣 文華圖學專校 重慶該校
周斯美 女 湖北黃岡 文華圖學專校 重慶該校
駱繼駒 男 江蘇 文華圖學專校 重慶該校
鍾孝先 男 山東諸城 國立中央圖書館 重慶中二路紀明坊自編四號
任简 女 江蘇泰縣 文華圖學專校 重慶中四路求精中學內該校
崔慎之 男 湖北 文華圖學專校 重慶該校
黃執中 男 湖北 文華圖學專校 重慶該校
蔣觀瀛 男 河北 文華圖學專校 重慶該校
李廉 男 湖北 文華圖學專校 重慶該校
常遺生 男 江蘇泰興 文華圖學專校 重慶該校
汪長炳 男 湖北漢川 文華圖學專校 重慶該校
沈祖榮 男 四川 文華圖學專校 重慶該校
魯樂義 女 湖北武昌 文華圖學專校 重慶該校
周傑 女 湖南長沙 文華圖學專校 重慶該校

岳良木 男 湖北漢川 國立中央圖書館 重慶石灰市第三模範市場五十五號
盧震京 男 南京 中華大學 重慶南岸龍門浩禹王廟該大學
陳東原 男 安徽 教育部 重慶教育部
曲繼皋 男 山東蓬萊 山東大學校產保管處 重慶國立中央圖書館韓孝緒轉
陳汲 女 江蘇無錫 國立中央圖書館 重慶該館
任宗炎 男 江蘇泰縣 鹽務總局 重慶中山路該局
方綺芸 女 江蘇上海 文華圖學專校 重慶該校
金家鳳 男 江蘇 中央黨部圖書館 重慶美專校內該館
彭永傑 男 四川巴縣 重慶大學圖書館 重慶沙坪壩該館
梁慕秦 女 廣東 國立戲劇學校圖 重慶上清寺該館
鍾靜夫 男 湖南桃源 國立中央圖 重慶該館
李鼎芳 男 浙江長興 國立中央圖 重慶該館
王銘悌 女 南京 中央黨部圖 重慶美專校內該館
韓孝孺 男 北平 國立中央圖書館 重慶該館
劉國鈞 男 江蘇江甯 金陵大學 成都華西大學內該校
陳福洪 男 四川華陽 四川中山圖及圖協會 成都將軍街開元宮該館
王慕尊 男 江蘇鹽城 中央政治學校圖 重慶南溫泉該館
沈學植 男 安徽 中央政治學校圖 重慶南溫泉該館
楊芸甫 男 四川巴縣 巴縣私立圖書館 重慶臨江門橫街該館
孫心磐 男 江蘇青浦 經濟部圖書館 重慶該館
張正鵠 男 湖南長沙 重慶市立通俗圖書館 重慶公園路該館
張吉輝 男 湖北 民生實業公司 重慶該公司
張行儀 女 河北天津 重慶大學圖書館 重慶沙坪壩該館
張建譯 男 四川巴縣 重慶大學圖書館 重慶沙坪壩該館
張蓬原 男 四川成都 民生實業公司圖 重慶該館
胡文同 女 湖北武昌 重慶南紀門韓府大巷六號

舒紀維　男　安徽　國立編譯館　重慶中山路該館
鍾發駿　男　四川成都　蟾秋圖書館　重慶大樑子青年會該館
胡東瞻　男　四川酆都　酆都公立圖書館　四川酆都該館
洪有豐　男　安徽　國立中央大學圖　重慶沙坪壩該館
繆蘭心　女　河北天津　南開學校忠恕圖　重慶沙坪壩該館
俞寶書　男　江蘇　立法院圖　重慶該館
高蔭祖　男　江蘇　中央宣傳部指導員　重慶南岸黃家巷三十三號
涂光雋　男　四川富順　國立中山大學圖　重慶第一模範市場三十五號四樓
王文山　男　湖北漢川　交通部　重慶上清寺該部
程遠　女　廣東　七七圖書館　重慶大陽溝該館
李承誤　男　廣東　七七圖書館　重慶大陽溝該館
蔣復璁　男　浙江海寧　國立中央圖書館　重慶上清寺聚興村丙三號

乙　機關會員

名稱	地址	代表人
國立中央圖書館	重慶上清寺聚興村丙三號	蔣復璁
四川中山圖書館	成都將軍街開元宮	陳福洪
重慶市立通俗圖書館	重慶公園路	張正鵠
巴縣私立圖書館	重慶臨江門橫街	楊芸甫
蟾秋圖書館	重慶大樑子青年會	姚裕光
七七圖書館	重慶大陽溝	程遠
國立中央大學圖書館	重慶沙坪壩	洪有豐
國立中山大學圖書館	廣州	涂光雋
重慶大學圖書館	重慶沙坪壩	彭永傑
金陵大學圖書館	成都華西壩	劉國鈞
南開學校忠恕圖書館	重慶沙坪壩	繆蘭心
中央政治學校圖書館	四川巴縣南溫泉	沈學植
國立戲劇學校圖書館	重慶上清寺	梁慕秦
川東師範學校典變圖	重慶中二路	田榮卿
中央黨部圖書館	重慶美專校內	金家鳳
立法院圖書館	重慶觀音岩	俞寶書
交通部圖書館	重慶上清寺	金敏甫
經濟部圖書館	重慶新街口	孫心磐
民生實業公司圖書館	重慶第一模範市場	張蓬扉
文華圖書館學專科學校	重慶中四路求精校內	沈祖榮
四川圖書館協會	成都四川中山圖書館內	陳福洪

此次年會出席人凡六十三名；男四十七名，女十六名；照籍貫統計如下：

江蘇　十五人　山東　三人
湖南　三人　湖北　十一人
河北　三人　南京　二人
四川　十二人　廣東　三人
北平　一人　安徽　七人
浙江　三人

因時地之關係，大多居於四川，其中個人會員凡六十一名，代表機關會員二十一名，總計出席會員八十二名。

资料来源：《中华图书馆协会会报》，第13卷第4期，11—17页

年會報告

本會第五次年會述略

本會於民國三十一年一月，接到全國教育學術團體聯合辦事處通知，於二月一日至三日在重慶召開第二次聯合年會，以時間忽促除分別通知全體會員參加外，另函請本會理事蔣慰堂先生全權主持。

聯合年會終經延期自二月八日起舉行兩日，本會由蔣理事用協會重慶辦事處名義，派員籌備，另於二月七日召集在渝理監事聯席會議商討出席事宜（紀律另見）

聯合年會於八日晨九時在重慶國立中央圖開幕，到黨政機關首長及各團體會員共二百餘人，代表團體十三單位，本會方面計到機關會員國立中央圖等六單位，個人會員蔣一前等三十四人，蔣理事慰堂，並由聯合辦事處推舉參加主席團林主席，暨蔣委員長均特頒訓詞，王部長雪艇，陳部長立夫，發表演說，午間攝影散會，同赴陳教育部長午宴。

八日下午，聯合年會會序，對各團體個別開會時間，未會分配，本會會員臨時舉行談話會，由沈理事紹期擔任主席，經衆決定當場募捐補助會費等事，嗣接開提案審查會本會兩案均得成立，（紀錄均另見）是晚中央宣傳部歡宴與會同人，潘副部長當場宣布適承英國大使館慨諾接洽妥當，贈與國立中央圖英文圖書一千册，各專科以上學校各五十册，以爲大會紀念與會者：甚感興奮。

九日上午宣讀論文，午赴陪都六大學公宴，下午討論議案並舉行閉幕式，晚間會員聯誼會本會備便餐招待，與會會員聽蔣理事講述協會歷史最饒興趣，沈理事講述圖書館事業之重要，聽者動容，九時許盡歡而散，（紀律另見）

本會第五次年會參加中國教育學術團體第二屆聯合年會會序

二月八日（星期日）

開會式　上午九時

主席團　陳果夫　張伯苓　張道藩　黃炎培　陳劍修　蔣復璁　實益

行禮

開會詞　黃炎培

演說　王部長雪艇　陳部長立夫

攝影

聯合辦事處事務會議　上午十一時

中華圖書館協會會員談話會　下午一時半

分組審查議案　下午三時　中華圖書館協會會員參加第四組

二月九日（星期一）

紀念週　上午九時

行禮

宣讀論文　上午十時

討論提案　下午二時

閉幕式　下午五時

行禮

中華圖書館協會會員聯誼會　下午七時

本會第五次年會參加中國教育學術團體第二屆聯合年會會序

二月八日（星期日）

開會式　上午九時

主席團　陳果夫　張伯苓　張道藩　黃炎培　陳劍修　蔣復璁　章益

行禮

開會詞　黃炎培

演說　王部長雪艇　陳部長立夫

攝影

聯合辦事處事務會議　上午十一時

中華圖書館協會會員談話會　下午一時半

分組審查議案　下午三時　中華圖書館協會會員參加第四組

二月九日（星期一）

紀念週　上午九時

行禮

宣讀論文　上午十時

討論提案　下午二時

閉幕式　下午五時

行禮

中華圖書館協會會員聯誼會　下午七時

本會第五次年會出席會員錄

甲　機關會員

名稱	地址	代表人
國立中央圖	重慶兩浮支路	蔣復璁
國立編譯館圖	江津白沙	舒紀維
國立北平圖	昆明	何國貴
文華圖學專科學校	重慶	沈祖榮
巴縣私立圖	重慶	楊芸甫
國防最高委員會圖	重慶	王銘悌

乙　個人會員

姓名	別字	性別	籍貫	服務機關	通訊處
蔣一前		男	南京市	知識服務社	重慶上清寺街五十一號
金敏甫		男	江蘇青浦	交通部圖	重慶交通部
盧震京		男	南京市	資源委員會圖書館	重慶牛角沱資源委員會
楊維騏		男	南京市	資源委員會圖書館	同右
武雁奇		男	南京市	同右	同右
舒紀維		男	安徽懷甯	國立編譯館圖	江津白沙國立編譯館
顧澤滏		男	廣東連平	國立北平圖重慶辦事處	重慶沙坪壩南開學校內
梁慕秦		女	廣東	四川省立教育學院圖	重慶磁器口該校
胡文同		女	湖北武昌	國立中央圖	重慶兩浮支路該館
李鼎芳		男	浙江長興	同右	江津白沙該館
張遵儉		男	河北南皮	同右	同右
彭道眞		女	安徽合肥	同右	同右
韓孝儒	（笑如）	男	北平市	同右	重慶兩浮支路該館
羅家鶴		女	浙江	中央廣播事業管理處	重慶中央廣播事業管理處
何國貴	（馭權）	男	安徽宣城	國立北平圖	
岳良木	（蔭嘉）	男	湖北漢川	國立中央圖	白沙該館
陳訓慈	（叔諒）	男	浙江慈谿	軍事委員會侍從室	重慶美專街一號
汪長炳	（文煥）	男	湖北漢川	國立社會教育學院	璧山該校
毛坤	（體六）	男	四川宜賓	文華學專科學校	江北相國寺廖家花園
徐家麟	（徐行）	男	湖北江陵	同右	同右
沈祖榮	（紹期）	男	湖北武昌	同右	同右
蔣復璁	（慰堂）	男	浙江海甯	國立中央圖	重慶該館

姓名	性別	籍貫	服務機關	通訊處
毛宗蔭（祖庥）	男	山東掖縣	同右	同右
姜文錦（蘇民）	男	江蘇銅山	中央調查統計局	重慶郵箱第九十一號
劉銈遠	男	湖北	文華圖書專科學校	江北相國寺廖家花園
陸華深	男	廣東中山	國立中央圖	重慶該館
皮高品	男	湖北	文華圖書專科學校	江北相國寺廖家花園
楊芸甫	男	四川	巴縣私立圖	重慶彈子石該館
汪應文	男	湖北漢陽	文華圖專校	江北相國寺該校
王銘悌	女	南京市	國防最高委員會圖	重慶美專街十七號
高韻琇	女	福建長樂	金城銀行	重慶兩路口金城銀行
高韻璋	女	福建長樂		同右
徐覺（蜀知）	男	浙江金華	國立中央圖	重慶該館

此次年會出席機關會員六單位個人會員三十四名男二十七名女一名

照籍貫統計如左

湖北 八人 南京市 五人 浙江 五人 安徽 三人

廣東 三人 四川 二人 福建 二人 江蘇 二人

北平市 一人 河北 一人 山東 一人

本會在渝理監事聯席會議紀錄

時間 民國三十一年二月七日下午三時

地點 重慶國立中央圖書館

出席 毛坤 沈祖榮 汪長炳 岳良木 洪範五（陳代） 陳訓慈 蔣復璁

主席 蔣復璁

討論事項

一、協會原定出席代表五人，就中洪範五陳東原，劉國鈞，三人不能出席，應如何遞補案。

蔣復璁發言，由出席本次聯席會議理監事全體代表本會出席。毛坤發言凡本會會員，皆得自由參加年會，無須推派代表，議決：不另推派代表出席，由本會會員自由參加，本次會議出席理監事應全參加。

二、為謀增進會員交誼，可否舉行聯誼會案。

議決：九日下午六時舉行會員聯誼會，由本會備便餐招待，與會會員。

三、為與各方接洽聯絡便利起見，應否在渝設置本會辦事處案。

陳訓慈發言為開展協會工作起見，宜在陪都設立辦事處，並以設在國立中央圖書館內為宜，蔣復璁發言，以前曾由理事會之決議通知在渝設立通訊處，惟迄未辦理，現為便利起見或仍照此次決議設立一辦事處，惟中央圖書館，雖有一部份在渝，但大部辦公，均在白沙，文華圖書專校，人才鼎盛，諒能兼顧，自以設於該校為宜，沈祖榮發言，辦事處以設於國立中央圖稍為便，不過辦事處工作範圍，及與昆明本會在事務上之劃分，應與該方面詳商規定，議決提請年會會員大會決定。

四、本會經費支絀，會報印刷費困難，應如何籌集案，

議決：一、由協會備函呈請中央黨部秘書處及中央宣傳部特與補助，公函携帶渝，由沈陳蔣三理事面致吳秘書長，及王部長。

二、年會開會時由與會會員，隨意樂捐補助，本會經費藉資提倡，另由協會通函，向全體會員勸募。

散會

本會第五次年會會員談話會紀錄

日期　民國三十一年二月八日下午三時

地點　重慶國立中央圖書館

出席　蔣一前　姜文錦　毛坤　張遵儉　汪長炳　胡文同　顏澤滋

梁慕秦　楊芸甫　舒紀維　沈祖榮　何國貴　陳訓慈　岳良木

皮高品　陸華深　劉錫遠　蔣復璁　彭道眞

主席　沈祖榮

紀錄　顏澤滋　張遵儉

主席報告：

協會事務，原在袁理事長守和主持之下，進行十分順利，在國內學術團體中，頗著聲譽，在國際圖界亦有地位，今者香港陷敵，袁先生迄無電到，同人等繫懷，斯間對彼實多懸系，近得報告國立北平圖書館北平館址書籍已於前日被敵侵據，更增感慨，本次年會由協會委托蔣理事慰堂主持，籌備雖甚倉促而各會員多能如期到會，實深慶幸，

蔣理事復璁報告：

協會為討論出席聯合年會事務，於昨日（七日）曾召開理監事聯席會議，就出席年會代表募捐辦法，及設立辦事處等事，曾加討論，年會決由會員自由出席，不另推派代表，為辦事便捷起見，亦覺有遵照以前理事會之決議，在渝設立辦事處之需要，至募捐辦法，除請出席會員任意樂捐外，另由協會函呈中央黨部秘書處，及中央宣傳部補助。

陳理事訓慈報告：

浙江省立圖在杭州陷敵之前，早經安全撤退，現文瀾閣四庫全書已遷至後方某地安藏，館務照常進行，本人對中華圖協會，素抱熱烈之期望，認為今後協會工作，應努力促使政府當局及社會人士對圖事業之重要，作更深切之了解，如在報章謀闢圖學專刊發表文字等等，又會報內容亦宜充實，籲協會建議會報編輯部參考。

何國貴先生報告：

國立北平圖昆渝兩辦事處工作，如常進行，對於抗戰史料書籍蒐集，成績尚佳。

主席臨時動議，在座會員酌捐款津補助協會經費每人至少五元，全體通過

散會

本會第五次年會會員聯誼會紀錄

時間　民國三十一年二月九日下午六時

地點　重慶兩浮支路國立中央圖書館

出席人　楊芸甫　蔣一前　舒紀維　張遵儉　何國貴　陸華深

汪應文　毛坤　汪長炳　徐家麟　岳良木　姜文錦

高韻璋　高韻琇　蔣復璁　沈祖榮　陳訓慈　王銘悌

胡文同　彭道真　李鼎芳　徐　家　梁思莊　胡稱[illegible]

毛宗蔭　韓孝儒

蔣慰堂先生演說

中華圖書館協會發起籌備於十七年前，彼時戴志騫馮陳祖怡二先生正主持北平圖書館協會，主張創立，而戴先生因事出國，袁守和先生由美來學，籌議發起，本人其時亦在北平起草會章，各方奔走追隨袁先生，及當時熱心會務諸先生之後，參加本會之設立，於十四年六月二日舉行成立式於北平，協會於十八年舉行第一次年會，於南京，二十二年舉行第二次年會於北平，二十五年舉行第三次年會於青島，二十七年舉行第四次年會於重慶，撫今追昔，當年發起諸人，尤以袁守和先生之經營擘劃，令人懷思不已。本會會章及組織，均各有其歷史之沿革，及傳統之機構，本次年會，忽促舉行，敝意以為除對於一般會務商討外，仍使如常進行，絲毫不必有所變更，敝館方面，亦以擬籌開會之期太遲，招待定多欠週之處，敬祈諸君原諒。

沈紹期先生演說

本人對於圖書運動，素具信心，認此為最崇高而有益人羣之事業，我國新圖書事業發展三四十年，降及今日，雖云非常時期而政府獎勵倡導有加無已，深願我圖書界同志，振奮精神，各守崗位，努力職守云。

姜文錦先生臨時動議

組織陪都圖書館員聯誼會案決議：通過，推沈祖榮陳訓慈蔣復璁籌備，由沈君負責召集。

○會　費○

○機關會員○

文華圖書專科學校

巴縣私立

（以上各繳二十八年，二十九年，卅，卅一，四年度會費共二十元）

國立中央圖書館

文華圖書專科學校

（以上各繳永久會員會費一百元）

○個人會員○

蔡家瑗　童養年　屈萬里　舒紀維　胡文同　陳訓慈

（以上各繳三十一年度會費二元）

陶維勛　彭道真　喻存粹　蔣一前　韓孝儒　皮高品

（以上各繳二十九，三十，三十一年度會費共六元）

任　儲　陳友香　張遵儉　萬國英　姜文錦　楊芸甫　汪長炳　申　坤

劉鏡遐　何國貴

（以上各繳二十八，二十九，三十，三十一年度會費共八元）

蔣復璁　岳良木　陸華深　彭道真

（以上各繳永久會員會費五十元）

○捐　款○

國立中央圖書館

（以上捐四百元）

文華圖書館專科學校

（以上捐一百元）

沈祖榮　蔣一前

（以上各捐十元）

陳訓慈

（以上捐八元）

劉[illegible]遠

（以上捐[illegible]元）

汪長炳　毛坤　顏澤霈　梁慕秦　皮高品　姜文錦　胡文間　舒紀維

何國貴

（以上各捐五元）

入會會員

屈萬里　國立中央圖書館

徐亮　國立中央圖書館

樊[illegible]　國立中央圖書館

黨養年　國立中央圖書館

綦[illegible]　國立中央圖書館

本會第五次年會臨行收支清冊

（一）收項

一、收國立中央圖書館捐款四百元

一、收文華圖學專校捐款一百元

一、收會員捐款八十元

一、收會員會費五百十八元六

共收國幣一千一百四十八元

（二）支項

一、付茶餐費國幣三百零九元六角

一、付津貼國立中央圖[illegible]火茶水費國幣五十二元正

一、付文具費國幣十二元四角

一、付郵費國幣八角四分

一、付交通費國幣七元正

一、付印戳費國幣七元二角

一、付水果捲煙費國幣二十八元四角

共付國幣四百一十七元四角四分

結餘國幣七百三十元零五角六分

资料来源:《中华图书馆协会会报》,第16卷第5、6期合刊,14—19页

11. 中华图书馆协会第六次年会会议记录

專載

中華圖書館協會第六次年會第一次會議紀錄

時間：民國三十三年五月五日下午一時起至六時止

地點：重慶國立中央圖書館雜誌閱覽室

出席者：袁同禮 蔣復聰 沈祖榮 洪有豐 陳訓慈 岳良木 陸華深
嚴文郁 徐家麟 汪長炳 皮高品 傅振倫 張申府 王育伊
何國貴 繆汝倬 徐家璧 賈芳 羅香林 李之璋 童世綱
孫述萬 顏澤霮 趙繼生 黃作平 黃彝仲 黃元福 張遵儉
劉子欽 胡文同 吳元清 熊毓文 藍乾章 任宗炎 高顯琇
余泰勳 楊采蘋 楊雲宜 孫玉閣 仵再生 楊曉青 潘祥徵
余海興 杜廷齡 蔣縈雍 蔣一前 周宗渭 鄧光祿 金國
姚存從 林冰如 田綏祥 張吉鄰 楊維慶 黃德祿 鐵時雄
裘文錦 汪應文 富蘭英 張梅俊 汪爾修 沈寶環 夏澤蘭
聶桂英 胡紹璧 （共六十五人）

列席者：楊生洪 趙文超 焦宗德 李萼梅 周遜祺 張光美 吳方裕
胡紹德 沈寶琴 李雲鵬 毛萍作 賈鑒香 陳士珩 易含章
田長楨 彭宗亮 陳書鳳 廖洛綱 湯成武 熊季七 苗惠生
陳本林 尹華中 （以上二十三人係文華圖書專科學校學生）

主　席：袁同禮（本會理事長）

紀　錄：李之璋（本會幹事）

開會如儀

主席致開會辭　首對中央圖書館蔣館長暨該館諸同仁籌備招待之盛意表示感謝。次述上次年會以後，數年來本會會員工作之努力，與戰後復興工作之重要。希望今後圖書館界同志之工作，能與國策相配合。克盡文化工作者之責任，次論此次年會之旨趣有二：（一）集思廣益（二）聯絡感情。以精誠團結克服當前之困難。末謂刻下交通梗阻。本屆參加年會之會員不及全體會員十二分之一，未能到會之會員，關懷本會至爲殷切，在其通訊中已屢有表示，希望年會之成就，得以滿足未能出席各會員之希望。

年會籌備主任蔣復聰君報告：　略謂在抗戰第八年度中，本會會員在極艱難困苦中，尚能在此聚會甚感愉快，次報告本晚六時由中央北平兩圖書館國際學術文化資料供應委員會社會教育學院文華圖書館學專校暨本協會六個團體聯合招待本屆年會會員晚餐，至住宿問題，協會及中央圖書館各備有住房，可供住宿，戰時招待諸多簡慢，尚希原諒。

華西協合大學圖書館主任鄧光祿代表成都各圖書館致辭：　略謂本席代表成都華西協合大學圖書館，私立各大學圖書館，暨成都市各圖書館參加年會至爲榮幸，次述成都私立五大學圖書館近況，謂抗戰後五大學圖書館在工作上是聯合性質，在行政上是分別的，成都圖書館協會現在請求備案中，尚未開成立大會，希望能促進蓉市圖書事業之發展。

一，討論提案

主　席：此次年會收到各方提案，經分別整理歸納共得十案，除第一，二，三號三案已由本會理事會提送聯合年會討論外，本會個別討論者計第四號至第十號七案，現在依次討論。

（一）第四號　中山大學圖書館，廈門大學圖書館，廣西南寧圖書館等提

案　由：充實原有訓練圖書館人員機構積極培養人材以應戰後復興之需要案

辦　法：呈請教育部：（一）積極提倡圖書館學教育在師範學院添設圖書課程（二）對於原有圖書館學校暨圖書館學系增加補助費充實其設備（三）在公費留學額內增設圖書館學名額

沈祖榮：關於訓練圖書館人員問題本人曾提出培養戰後圖書館需用人材一案送由中央圖書館轉交本會年會，旋以誤送聯合年會至今未及印出，惟原擬已由聯合年會編列作第三組第廿六號提案，茲將原案宣讀一遍請各位討論。

案　由：培養戰後圖書館需用人材案　　沈祖榮提

辦　法：（一）吸取大量人材（二）利用專門人材（三）訓練現職人材（四）造就領導人材（五）保持已有人材。

決　議：以上二點原則通過，文字由理事會指定專人審查修正之。

（二）第五號　浙江，福建，甘肅等省立圖書館提

案　由：增加各省圖書館購書經費案

辦　法：呈請教育部轉咨各省政府在下年儘量增加省立圖書館購書經費，並轉令各縣政府增撥縣立圖書館購書經費藉可充實藏書發揚文化。

費德藻：請將本案文字各省圖書館省字下加添市縣兩字俾將市縣圖書館包括在內。

決　議：案由增加各省圖書館購書經費案省下加市縣兩字。

（三）第六號　交通圖書館，中政校圖書館，燕大圖書館，江西省立圖書館等提案

案　由：提高社會教育人員待遇增進效能案

辦　法：呈請教育部修正社會教育人員待遇規程參照下列標準提高待遇增進效能

甲省立圖書館長之待遇應同於省立大學校長或省立專科學校校長各組主任應同於大學教授副教授或講師，組主任以下人員應同於助教

乙縣立圖書館長之待遇應同於縣立中學校長

丙大學圖書館主任之待遇應同於院長或系主任，組主任應同於副教授或講師，以上人員應同於助教

岳良木：本席提議將案由修正為『提高圖書館工作人員待遇以增進效能案』

蔣復璁：修改社會教育人員待遇規程，不僅與教育部社會教育司有關與其他各司亦有關，因此本案案由不如改為『呈請教育部修改圖書館工作人員待遇規程，提高待遇，以增進其效能案』

決　議：本案照蔣復璁君修正意見通過。

（四）第七號　浙江省立圖書館提

案　由：省立圖書館採編組應分為採購編目兩組案。

辦　法：呈請教育部於將來修正圖書館規程時將省立圖書館採編組分為採購編目兩組

陳訓慈：本案為浙江省立圖書館提出，本席過去擔任浙江省立圖書館此職務，深知採購編目兩種工作性質之不同，及需要各別的才幹覺此案有提出的必要。

姜文錦：本人提議將辦法中將來二字取消。

決　議：照姜文錦君修正意見通過。

（五）第八號　陳訓慈提

案　由：政府視察教育人員應多注意圖書館事業以促進其發展案

辦　法：呈請教育部（一）轉令各省市教育行政當局對教育視察人員於視察各地教育時多注意圖書館事業（二）制定視導各級圖書館教育綱要通令各級教育行政當局遵照督導

陸華深：本人提議於辦法中加『呈請教育部增設圖書館督學』一項

決　議：照陸華深君修正意見通過。

（六）第九號　杜定友提

案　由：確定圖書館節案

辦　法：一定每年十一月十一日為圖書館節日（理由見本會會報一七，二）

二由會擬定宣傳大綱分發各省縣圖書館依期舉行

三請教育部津貼宣傳費用

岳良木：汪應文，蔣一前，劉士欽，傅振倫等建議保留此案

決　議：保留。

（七）第十號　蔡光聆鮑徵清等提

案　由：成立地方圖書館協會以資聯繫案

辦　法：由本會分函各地圖書館凡已成立地方圖書館協會而陷於停頓者，促其恢復未成立者請其早日成立，以資聯繫

洪有豐：本協會之產生，基礎於幾個地方圖書館團體，過去北平有袁守和先生主持的北平圖書館協會，上海有杜定友先生主持的上海圖書館協會，南京有本人主持的南京圖書館協會，後來幾處地方團體大家合攏起來，才成立這中華圖書館協會。大概今天到會諸君有許多位知道這段歷史的，所以案由內成立兩字，不如改為促進。

蔣復璁：本會是由北平，上海，南京幾個地方圖書館協會合併而成為全國性的一個團體，自成立之後，對於全國圖書館事業之聯系及協助，裨

經擴大，抗戰以後，各地圖書館被敵破壞。此後復興工作有賴大家團結合作，亟應促進各地圖書館協會之成立

陳訓慈：本席提議將案由改為「促進各地方圖書館協會之設立或恢復，以加強聯系推進事業案」

決　議：照陳訓慈君修正意見通過

二，會務報告

主席報告：近年來本會工作已先後在協會會報上及本日（五月五日）重慶中央日報本會年會專刊上發表現在可報告的，是專刊上所未提到的各項（一）會員　已登記者機關會員一百五十單位個人會員約五百五十人，（二）經費有三種來源：甲，補助費，乙，會費，丙，捐款，每年會計報告均在會報發表（三）調查工作　現有一，淪陷區文獻損失，二，各省市縣圖書館及三，民衆教育館之調查材料，已搜集不少，正在整理中，四，辦理英文通信，我國圖書館近況，譯成英文，擇要對國外發表，五，美國圖書館協會將派專家來華調查中國圖書館狀況，準備作戰後兩國圖書館界合作之參攷，教育部陳部長已來函表示歡迎，將來希望各會員盡量協助於考察時予以種種便利，至今後改進會務，擬建議多設專門委員會，以期對於各種專門事業有所貢獻，並將本會事業改由各委員會積極推動，末謂本席近來身體欠佳，對於理事長一席未能兼顧本日已向理事會辭職今後願以會員資格，協助會務。

三，會務討論

主　席：年會之前一日有二十四位會員提議修改本會組織大綱現在請原提案人有所說明。（提案錄左：）

（提案一）

主　文：擬修改本會組織大綱第四章「組織」，第六章「選舉」，及第八章「事務所」應改各條案。

理　由：（一）為使本會會員對於會務能積極參加。

（二）為使本會理監事會組織加强，以利會務之推進。

（三）為使本會組織大綱適應非常時期之需要。

辦　法：擬修改本會組織大綱第四，六，八各章條文如左：

第四章　組織

第五條　如原文。

第六條　本會設理事十五人由出席年會會員公選之。

第七條　理事任期三年。

第八條　理事會設常務理事五人，由理事票選之，常務理事中推出理事長，書記，會計各一人。

第九條　常務理事任期一年。

第十條　理事及常務理事連選得連任一次。

第十一條　理事會之職權如左：

（一），（二），（三），（四），（六）如原文。

（五）刪去原文最後五字（及候選理事）

第十二條　如原文。

第十三條　監事會設監事九人，由出席年會會員公選之，但監事不得兼任理事。

第十四條　監事任期三年。

第十五條　監事連選得連任一次。

第十六條　如原文。

第十七條　如原文。

第六章　選舉

第十九條　本會理事及監事由出席年會之機關會員及個人會員票選之。

第八章　事務所

第廿三條　本會設事務所在國都所在地。

（提案二）

主　文：擬改選本會理監事案。

理　由：（一）本會理監事任期照章最多三年，但自抗戰以來，迄未改選。

（二）前任理事中，有在淪陷區不能執行職權者。

辦　法：由本年會出席會員選舉之。

提案人　王獻唐　皮高品　任宗炎　汪長炳　吳元清　岳良木　胡文同

高觀璐　徐家麟　徐家璧　陸華深　張遵儉　黃元福　黃作平
黃彝仲　童世綱　趙繼生　熊毓文　葉　瑾　劉子欽　顏澤霈
藍乾章　嚴文郁　孫述萬　（以姓氏筆畫多少為序）

徐家麟：本席雖不是這提案的起草者，但是提案人之一，曾屢參加意見，茲願申述，協會組織大綱似是二十六年修正的，抗戰以來有許多不適宜之處且會費一條，似乎與二十六年的舊章不符，舊章是每人每年繳納國幣二元，這大綱上卻規定二十元是否係在大會上通過及修改

蔣復璁：增加會費是經常務理事通過的，因為法幣跌價，本會收支不能相抵，不能不用增加會費來挹注，原是一時權衡之措置，倘若大會不能追認，希望繳費會員，把所加之數，改為捐款。

洪有豐：組織大綱是本會的根本大法，修改應當特別慎重，不可草率將事，戰時交通困難，今天到會人數僅佔全體會員十二分之一，我們似乎不應該以少數人漠視大多數人的權利。

汪長炳，嚴文郁，岳良木，陸華深主張立刻修改組織大綱。

主席付表決：贊成由年會出席會員修改會章者佔多數。

主　席：現已六時半，請用飯後再行討論。

飯後多數退席，留會者人數過少，因之流會。

中華圖書館協會第六次年會第二次會議記錄

時　間：三十三年五月六日上午十至十二時

地　點：重慶中央圖書館三樓

出席者：袁同禮　蔣復璁　陳訓慈　岳良木　陸華深　嚴文郁　徐家麟
汪長炳　皮高品　童世綱　孫述萬　顏澤霈　趙繼生　黃作平
黃彝仲　黃元福　張遵儉　劉子欽　胡文同　吳元清　熊毓文
藍乾章　任泰炎　#葉瑾　高觀璐　金泰勳　楊釆顯　#查介眉
#顧頡天　楊棠宜　孫玉闌　仵再生　楊曉青　潘祥徽　佘海興
杜延齡　蔣鎰莘　羅香林　李之璋　鄧光祿　林冰如　姜文錦
汪應文　鄧衍俊　汪闔修　#徐鴻　沈寶環

（共四十七人作#者前一日會議未曾出席）

五日出席本日缺席者：沈祖榮　洪有豐　傅振倫　張申府　王育伊　何國貴
繆汝傑　徐家驥　賈　芳　蔣一前　周棠潤　金　闓　姚存益
田綏祥　張吉輝　楊繼度　黃禮祿　嚴時雄　富蘭英　夏澤閩
葉桂英　胡紹聲　（共二十二人）

五日列席本日缺席者：湯生洪　趙文超　焦宗德　李景梅　周述祺　張先美
吳方裕　胡紹德　沈寶琴　李雲鵬　毛善作　賈肇晉　陳士珩
易含章　田長慎　彭宗光　陳寶鳳　廖洛綱　湯慶武　熊季七
苗惠生　陳本林　尹華中

（以上二十三人係文華圖書館專科學校學生）

主　席：袁同禮（本會理事長）記錄：李之璋（本會幹事）

一，修改本會組織大綱案

徐家麟：請主席照我們二十四人提案討論。

陳訓慈：本會組織大綱確應修改，惟此次年會出席人數過少，不能代表各地會員，例如過去各大學圖書館及各省立圖書館對會務最熱心，出席最踴躍，現因交通困難，或以職務羈身，不能出席，但他們的意見，我們應當尊重，故修改會章宜特別慎審，應組織一委員會，先擬草案，再徵求各地會員同意，以昭慎重。

汪應文：協會原訂組織大綱，已歷多年，今日需要訂正之處甚多，但並不與二十四人所提之第三，四，六，八章，應請全部逐條修改，唯以時間限制，應請仿照一般立法程序，由大會推定若干人組織委員會修改之，再提大會通過，以昭鄭重。

童世綱：關於修改會章，現祇收到我們二十四人提案，應照二十四人提案討論，其他會員如有提議，應請下次年會提出。

姜文錦：昨日通過修改會章，但未限定祇修改二十四人所提之條文，其他各條，自應全部討論。

皮高品：擬請從第一章逐條討論（多數附議）

紀錄宣讀組織大綱第一條至第五條條文（見附錄）無異議均照原條文通過。

記錄宣讀第六條條文，又宣讀汪銘悌等二十四人修改條文。

汪長炳：請主席照我們二十四人提案第六條條文「本會設理事十五人由出席

年會會員公選之」予後提出通過。

陳訓慈：本會理監事確應改選，惟改選方式，應加慎重，本會過去改選，均係採用通訊選舉法，以求普遍，是爲本會傳統精神，蓋在平時出席年會會員，亦屬少數，現値抗戰期間，交通困難，各地會員更難普遍出席，如由出席少數會員改選理監事，而將不出席年會會員之選舉權予以剝奪，殊不妥當，似應照原辦法用通訊方式，由各地會員普遍選舉。

羅香林等：附議陳訓慈君之提議。

汪應文：提議將第六條改爲「本會設理事十五人，由出席年會會員照定額二倍票選候選人，再由會員通訊公選之，但於候選人以外選舉者，聽之。」

姜文錦：附議汪應文君之提議。

嚴文郁：現在對第六條之修改，有兩個意見：一爲我們二十四人提案，一爲汪應文君之提議，請付表决。

主席宣付表决：時在場人數爲三十九人，汪應文修正案以二十二票之多數通過。

紀錄宣讀第七條條文，又宣讀王銘悌等廿四人提案第八條條文

姜文錦：廿四人提案第八條書記會計兩職，應由不兼常務理事之理事担任

汪應文：附議姜文錦君之提議

徐家麟：應維持二十四人提案原文

嚴文郁：請付表决

主席宣付表决：廿四人提案修改條文以多數通過

紀錄宣讀第八條條文又宣讀廿四人提案第七條條文

汪應文：原條文分期改選法，甚富彈性，請維持原條文

徐家麟：應照廿四人提案條文修改

嚴文郁：請付表决

主席宣付表决：廿四人提案修改之條文，以多數通過

嚴文郁：現已至十二時，同人須赴中央黨部招待宴會，第七條以上各款，既已通過，擬請停止討論，先行選舉理監事候選人

主席付表决：多數附議通過

二、選舉理監事候選人案

A. 參加選舉人名單（自選票上記名爲憑）

陳訓慈　岳良木　陸華深　嚴文郁　徐家麟　汪長炳
皮高品　童世綱　孫述萬　顏澤霈　趙繼生　黃作平
黃彝仲　黃元福　胡文同　吳元清　熊毓文　藍乾章
任宗炎　葉　瑾　高祖琇　全泰勳　楊采蘋　查介眉
鍾靜夫　楊素宜　孫玉蘭　竹冉生　楊曉青　余海興
林冰如　沈寶環　姜文錦　汪應文　羅香林　李之璋
杜延齡　蔣肇華　鄧光祿　國立北平圖書館

（附註　共收四十二票，內有兩票未記名作廢，大多數機關代表未代其服務機關投票）

B. 選舉結果：

由李之璋　顏澤霈　皮高品　徐家麟四人開票，結果如下：

一、當選理事候選人卅人名單

姓　名	票數	姓　名	票數	姓　名	票數	姓　名	票數
沈祖榮	39	蔣復璁	38	汪長炳	37	洪有豐	36
陳訓慈	34	徐家麟	34	嚴文郁	34	陸華深	34
岳良木	34	杜定友	34	毛　坤	33	劉國鈞	32
童世綱	32	李小緣	31	皮高品	29	王雲五	19
孫述萬	16	袁同禮	14	裘開明	14	桂質柏	14
汪應文	13	黃元福	13	錢亞新	11	陳東原	11
王文山	11	殷志蕃	11	姜文錦	11	顏澤霈	10
劉子欽	10	沈學楨	19				

二、當選監事候選人十八人名單：

姓　名	票數	姓　名	票數	姓　名	票數	姓　名	票數

袁同禮	21	徐家璧	19	嚴澤羅	19	陳東原	17
沈學植	15	黃元福	15	汪應文	14	熊毓文	12
藍乾章	11	劉子欽	11	裘開明	11	柳詒徵	10
胡文同	10	姜文錦	9	王文山	9	戴志[illegible]	8
王雲五	8	何日章	8				

本會第六次年會第一，二，三號提案

本會第六次年會第一，二，三號提案，關係比較重大，經理事會[illegible]提交中國教育學術團體第三屆聯合年會大會討論，俾引起更廣大之注意，而利推行，茲將三案要旨及大會討論結果錄左：

第一號

案由：關於抗戰期間全國圖書文物損失責成敵人賠償，本會應如何準備案。

辦法：一．由本會聯絡中國教育學會等團體呈請中央黨政機關飭行政院抗戰損失調查委員會中增聘圖書教育有關人士參加或特設圖書文物一組主持調查圖書文物損失與設計要求賠償事宜。

二．由本會協助教育部從事上項之調查如各大圖書館損失圖書文物之重要書名品名目錄以及日寇與德意二國所刼奪我國圖書文物目錄與說明等，皆得委託各地會員分別編擬，由本會彙編，提供政府參考。

三．關係戰後要求敵人賠償我圖書文物之損失，擬建議下列之標準：

1．凡日本，德，意三國向我國非法刼奪之圖書文物，原物尚在者，應令全部歸還。

2．圖書文物之被敵僞損毀者，應責令日本依照現值賠償。

3．凡珍本圖書被敵損燬其價值非錢幣所能補償者，應責令日本以該國所有之珍貴圖書或文物爲補償。

大會議決：辦法第三條第三項刪，餘照原案通過。

第二號

案由：充實中小學圖書館設備案。

辦法：一．呈請教育部訓令各省教育廳通令各省市中小學校盡量充實圖書之設備。

二．呈請教育部規定（一）中小學圖書費在全部經費中應佔之成數，通飭各省遵辦。（二）各私立中小學之成立，須具備相當之圖書設備，方准備案。

三．制定視導中小學圖書教育綱要呈送教育部採擇並請責成視導人員切實注意辦理。又各校圖書之設備及辦理成績並應列爲學校考績要項。

大會決議：照原案通過。

第三號

案由：大學圖書館應直隸校長以利實施案。

辦法：一．呈請教育部修正二十八年五月十六日頒發之大學行政組織補充要點，將大學圖書館改爲直隸於校長。

二．圖書館在大學組織上之地位應同於教務訓導總務各處或各學院。

三．圖書館主任或館長之地位應同於各處長或院長，最低須同於系主任，並得出席校務會議。

大會通過：送教育部參考。

资料来源:《中华图书馆协会会报》,第18卷第4期,6—11页

四、周年报告

1. 中华图书馆协会第一周年报告

中華圖書館協會第一週年報告

董事部

核定預算　十四年五月二十四日，執行部幹事會議，按照所擬進行事項，議決本年度預算案，其總額爲三千元。於五月二十七日提出董事部會議核定，當經董事部照原案通過，以後本會一切進行，即以通過之預算爲依據。

推舉名譽會員及名譽董事　董事部爲獎進圖書館學術起見，於十四年五月二十七日及六月二日兩次會議，推舉對於圖書館事業有特殊貢獻者三十三人爲名譽會員。又推定教育總長及施肇基鮑士偉韋棣華四人爲名譽董事。

審定會員資格　十四年五月十二日本會印製會員調查表，分請各基本會員介紹各圖書館及同志入會，陸續寄回者，計有機關會員一百二十九名，個人會員二百〇二名，共計三百三十一名。均經董事會審定，認爲本會會員。

設立財政委員會　十四年六月二日，董事部推舉顏惠慶熊希齡丁文江胡適袁希濤五人，組織財政委員會，以籌劃本會基金。惜因時局影響，未能積極進行。

請求政府補助　十四年七月六日全體董事聯名呈請政府給予補助，於八月七日接得回文，准由財政部籌撥五千元以資補助。

進行庚款　十四年六月二日董事部會議，討論中華教育改進社圖書館教育委員會擬以美國退還庚子賠款三分之一建設圖書館之提議（見會報第三期）及鮑士偉博士之意見書，大體贊同，惟附以說明三項。

一・提出美國退還庚款本利三分之一，發展圖書館事業。

二・假定中華教育文化基金董事會決定只准用利，本協會爲確定圖書館事業基礎起見，認爲有立即創辦第一圖書館及圖書館學校之必要。擬請將前三年之本，准予撥給，每年約美金十萬元，共美金三十萬元。

三・假定中華教育文化基金董事會決定許用本，則照原計劃進行，但其中詳細辦法，得由中華圖書館協會董事部隨時斟酌之。

執行部

組織總事務所　本會成立之始，即由北京松坡圖書館撥借會所三間，十四年六月請于震寰君爲總事務所書記，常川到會辦公，十月間又增聘嚴文郁君爲常務幹事，進行一切。惟會務日繁，地址漸苦狹隘，乃於十二月十五日由執行部與清室善後委員會訂立合同，租用府右街十八號清室官產一所，計瓦房十九間，惟限於經費，暫時未能遷入。（合同原文見會報第四期）

呈請內務教育兩部立案　十四年五月十八日執行部呈請京師警察廳轉呈內務部備案，警廳已於六月四日批示准如所請，咨陳備案。九月二十六日復援學術團體立案之例，呈請教育部立案，十月十七日蒙批准備案。

舉行成立儀式　六月二日下午三時本會在北京歐美同學會舉行成立式，各省區圖書館代表來京參與者百餘人，都下名宿，翩然蒞止，濟濟一堂，頗極一時之盛。主席顏惠慶先生致開會辭，繼由教育次長呂健秋先生與鮑士偉博士先後演說，均以圖書館事業之發皇光大，爲本會前途之望。旋由本會董事部部長梁任公先生演說（見會報第一期）韋棣華先生演說題爲「中美國際交誼之聯絡」，深望中美兩國圖書館協會互相提携，演說畢，遂攝影以爲紀念。

進行庚款　執行部依據董事部六月二日之議決案(見上文)即於該日將原件提出於中華敎育文化基金董事會，十二月十四日復致函該會催請列入十五年二月全體董事會會議議事日程，十五年三月一日接到該會復函，謂業經提出討論，未得通過。

刊行會報　執行部因求會員間之聯絡，於十四年六月三十日創刊會報，以為傳達消息之用，並兼為全國圖書館事業之通訊機關。凡國內之圖書館及各報館通訊社，均按期贈閱，以促進圖書館事業之推廣。七月二十五日在京師警察廳領得出版執照，九月五日復在北京郵務管理局掛號認為新聞紙類。現已出版者為第一卷第一期至第六期

介紹新書　本會會報自第一期起即闢「新書介紹」一欄，選擇國內外出版新書，記述其內容，以介紹於各圖書館及讀者，效力頗著。

圖書館事業之調查　欲求圖書館事業之發展，于其現狀不可不有明瞭之概念，對於此種事業之調查，可分兩種，

一．調查重要都市圖書館　本會成立之時值美國圖書館協會代表鮑士偉博士來華考察中國重要都市，鮑氏週歷所過，就其所見，著為報告，交本會及中華教育改進社。又本會對於各都市之圖書館亟盼其早日組織地方協會以圖協助互益。

二．調查全國圖書館　現在全國共有圖書館若干所，其所在處所，非但從事於圖書館者欲知之，即一般人亦莫不欲知之，本會調查之結果，已發表於會報第三期，茲仍擬繼續調查，以期完備。

附設圖書館　本會附設之圖書館曾通函各地搜集各種圖書，承惠寄捐贈者頗多有價值之品，均次第整理陳列架上。此外尚有應購置之圖書及新聞雜誌，均以經費有限，未能購備，此則有待於熱心之同志，予以實力之援助也。

國際事業　本會對於國際間友誼之聯絡，與圖書館事業之參加，計有下列數事：

一．與美國圖書館協會之關係　美國圖書館協會，為全世界圖書館運動之最著成效者，去年本會成立，曾派代表來華考察，以謀有所協助。五月二十四日執行部幹事會議特議決委託劉國鈞先生代表本會出席於該會之一九二五年年會，並由臨時費項下購備紀念物相贈，以結友誼上之好感。所贈為古代(元魏時)之瓦質牛車一個，委託王永禮先生由上海送 President Jackson 船上，託鮑士偉博士返美時帶交，月前已接到美國圖書館協會謝函，謂該件已經送到。

二．與各國交換出版物　本會出版物，在刊行會報之初，即寄贈歐美日本各處，請其交換，已陸續接到覆函應允。十四年八月十八日又由華俄通信社介紹蘇俄之交換機關『蘇俄文化溝通社。』迨教育部出版品國際交換局成立，本會亦按期寄送會報多份，以便轉寄　計現與本會實行交換者，有英美法德比利時西班牙捷克蘇俄日本各國。

三．參加國際名著目錄之編製　日納瓦國際聯盟會智育合作委員會所設之國際大學詢問處，於去年四月六日議決按年編製世界各國名著目錄。八月二十日執行部以本會既為全國圖書館之總機關，亟應參加，分担我國部分，並擬定程序五條，向國內徵集新出版之名著目錄，十一月四日該會來函，深表歡迎感謝之意。

四．出品美國費城世界博覽會　今夏美國舉行百五十週年紀念

，在費來德祿斐亞城開世界博覽會，其政府及社會均望吾國參與，並望於教育方面特為注重，中華教育改進社，特於三月十五日函請本會向國內徵集關於圖書館設備建築等影片及模型，執行部當即分函國內較著名之圖書館，請其從速準備該項出品。除因經費困難，未能籌辦，或由駐滬賽品管理處直接寄出者外，計共收到影片二十餘起並加以說明書，皆於五月間送往中華教育改進社運美展覽。

各委員會之成績　執行部須先入手進行之事項，即依據組織大綱組織各項委員會（委員名單見會報第二期）分途進行。

一·圖書館教育委員會　該委員會原擬主辦圖書館學校，惟因種種關係難於舉行，故執行部公決先在南京試辦暑期學校適東南大學中華職業教育社江蘇省教育會亦有暑期學校之設，相邀合組，遂於十四年七月十五日至八月十五日在東南大學授課，已開班者，其科目如下（一）分類法（二）兒童圖書館（三）學校圖書館（四）圖書館集要，共有學生六十九人，該委員會另有其經過之報告（見會報第四期）

二·出版委員會　該委員會自十五年三月起出版圖書館學季刊，已出二期其發行事務歸南京城內南京書店主持，編輯事務歸該委員會主持，版權仍為本會所有，會員訂閱，可得半價之利益，該委員會對於篇幅較長之著作，並擬刊行小冊陸續出版。

三·分類委員會　該委員會委員杜定友先生有圖書館分類法之著作，黃文弼先生亦著有對於中國圖書部類之研究之論文。

四·編目委員會　該委員會本有編製聯合目錄之議，惟以用費不貲，未能舉辦。

五·索引委員會　該委員會主任林玉堂先生有新韻索引委員王雲五先生發明四角號碼檢字法，萬國鼎先生有修正漢字母筆排列法等著作或論文除王書已印單行本外，其餘論文均在本會季刊發表。

中華圖書館協會第二週年報告

十五年五月至十六年六月

本會第二年事業，因受戰局之影響，未能積極擴充，凡關心全國圖書館之發展者，當無不引爲憾事。如四月間之奉國戰事，八月間之湘鄂戰事，十月間之蘇浙戰事，非特於交通上發生阻礙，即社會上亦呈不安狀態，無論爲學校圖書館，爲省立圖書館，爲公立圖書館，莫不以經費拮据，進行停頓；卽本會徵求會費，亦多無以應者。處此狀況之下，一切進行原不能如吾人之所期，謹將重要事項，分述如左：

一　職員之改選　上屆董事十五人中，內有顏惠慶，袁希濤，梁啓超，范源廉，袁同禮五董事及執行部部長戴志騫，副部長杜定友，何日章，均已任滿。十五年五月間經會員公選顏惠慶，梁啓超，袁希濤，張伯苓，戴志騫五君爲董事，復由董事中推舉梁啓超爲部長，戴志騫爲書記；袁同禮爲執行部部長，杜定友，劉國鈞爲副部長。

二　會員之增加　本年度之末，會員總數爲三百四十九，計機關會員一百三十二，個人會員二百一十七。

三　名譽會員之去世

(一)葉煥彬先生　德輝　先生精于校勘目錄之學，對於本會計畫多所贊助，年來居長沙蘇家巷，藏書甚富。十六年四月八日晚六時，忽被農工界在家緝捕，送押長沙縣署，十一日轉送特別法庭，提訊一次，于下午四時迎送往瀏陽門外識字嶺，竟被鎗決。聞者無不惋悼。其遺著郋園讀書志及書林餘話，將於明年付印云。

(二)王靜安先生　國維　先生往年治古文字學，多所發明。年來專攻元史，卓然名家；而其治學方法之謹嚴，尤爲後學之先導。本年六月三日，忽自投北京萬壽山之昆明湖，爲學術界一大損失。

四　總事務所之遷移　本會總事務所前承松坡圖書館之善意，借用該館房屋，已逾二年。惟本會事務日繁，漸覺不敷，而府右街十八號之官房，復經軍隊佔用，難以設法。爰商北京圖書館，撥借房舍，暫爲事務所之用，得其贊助，遂于十六年三月一日遷入該館。該館新建築落成後，並允撥給房屋數間，專作本會之用云。

五　調查事業

(一)圖書館之調查　本會之全國圖書館調查表，曾發表于第一卷第三期會報，嗣後仍繼續調查以期完備，今年陸續增補者又數十餘館。

(二)書店之調查　本會以全國書店之調查，于圖書館事業殊多便利，復經各地會員之協助，共調查者有北京，太原，杭州，濟南，上海，蘇州，長沙，福州，厦門，雲南，南京，寧波，桂林，昆明諸城；而尤以劉純君之南京書肆調查表，爲最詳備。均在本會會報內先後發表。

(三)家刻版片之調查　已調查者爲劉純君之南京家刻版片調查初錄。

(四)永樂大典卷數之調查　永樂大典爲明初最大類書，其殘卷散于各國者頗多，調查所得，凡二百餘本，分載本會會報第一卷第四期及第三卷第四期。

(五)定期刊物之調查　計調查者有四百三十餘種，分載會報第二卷第五期及第六期。

(六)善本書之調查　本會會員施廷鏞君，曾將昭仁殿現存之書，編爲書目。又瑞安孫氏玉海樓藏書，頗多善本，由會員陳準君編爲書目。均登載季刊第三期。

六 出版事業

(一)會報 本年出版者爲第二卷第一期至第六期，各期印千份，分送會員，不另取資。

(二)圖書館學季刊 已出至第一卷第四期，因受時局影響，致第二卷第一期延期出版。

(三)叢書 自本會成立以來，即有刊行叢書之計劃，以限於經費，未能實行。本年先將王重民君之「老子考」印行，爲本會叢書第一種。此外尚有袁同禮編之「明清私家藏書史料」亦待付刊。

七 分類及編目

舊籍分類向以四庫爲準繩，年來新出版物日多，決分四庫所能概括。新分類法之創作，實今日亟要之圖。本會會員黃文弼君有「對於改革中國圖書部類之意見」，劉國鈞君有「四庫分類法之研究」及「中國現在圖書分類法之問題」，吳敬軒君有「對於中文書籍分類之感想」，均先後載於季刊。此時尚在討論時期，理想中之分類法，尚有待於將來也。

編目與分類截然兩途，而關於圖書館效能之重要，較分類尤切。本年本會重組編目委員會，以李小緣君爲主任，章箴君爲副主任，並約沈祖榮，查修，蔣復璁，劉汝信，施廷鏞，王文山六君爲委員。惟條例紛繁決非短時期所能告成，故尚無具體報告；然擬先編製普通圖書編目條例，次舊籍條例，次參考書書目，均在進行中。關於目錄之編纂，本年有蔣復璁君之「論語集目」，「孟子集目」，「四書集目」，施廷鏞君之「天祿琳琅查存書目」，李儼君之「明代算學書志」，陳準君之「瑞安孫氏玉海樓藏書」，葉玉虎之「旅順關東廳博物館所存敦煌出土之佛教經典」，王重民君之「史記的版本」，均其較著者也。

八 圖書館學助學金學生之考試

十五年六月中華教育文化基金董事會，在武昌華中大學文華圖書科，設圖書館學助學金額，並擴充其課程，以本會爲中國圖書館事業之重要機關，特函請會同辦理招考事宜。本會遂推戴志騫，劉國鈞兩先生與該科合組考試委員會，主持一切。在北京，上海，南京，武昌，廣州五地，同時舉行考試。共錄取學生九名，計京兆一人，鄭銘勳；江蘇二人，錢亞新，王慕尊；安徽一人，沈晉陞；湖北二人，李哲昶，汪緝熙；湖南二人，于熙俊，李巽言；四川一人，毛坤；於十月前往武昌入學。

九 新書之介紹

本會介紹新刊，先祇於會報內特闢一欄；本年彼發售特價及預約諸書，如學術雜誌，中華民國省區全誌，永樂大典影印本諸書，均別印通啟，專函介紹，以濟會報之不及。著者讀者，咸稱便焉。

十 與國內學術團體之聯絡

十六年三月瑞典人斯文赫丁來京，組織中亞遠征隊(Sven Hedin Central Asia Expedition)，赴我國西北各省搜集古物及特種學術材料。京中各學術團體當以此種事業，雖爲促進科學之舉，但應以中國方面爲主體，爰招集聯席會議，並邀本會加入。嗣後共同組織中國學術團體協會，西北科學考察團，與赫丁訂立合作辦法，該聯席會遂爲永久之機關。

十一 國際圖書館事業之聯絡

(一)美國圖書館協會大會之參與 美國圖書館協會，十五年十月在阿特蘭提克城舉行五十週年大會，並招集世界圖書館員會議。本會除馳電致賀外，並派本會在美會員裘開明，桂質栢及韋棣華女士三人爲出席代表。

(二)國際圖書館協助之進行 美國大會席上，頗多國際圖書館協助之討論，曾由美國圖書館協會建議組織一「國際圖書館委員會」。嗣後國際聯盟會智育合作協進社所招集之圖書專家會議，又有成立「圖書館事務處」之擬議。二者，皆將於本年九月，英國圖書館協會之愛丁堡大會，爲最後之討論，先後將議案函送本會，徵詢意見。本會特各函覆表示贊同。詳本會會報第二卷四期及第三卷第一期。

（三）**費城博覽會奬憑之給贈** 去夏美國舉行百五十週年紀念，在費爾特費亞城開世界博覽會，本會曾向國內徵集關於圖書館設備建築等影片，並加以說明書，寄美展覽，深得該會當局及一般民衆之贊許。近由該會審查委員會審查結果，以本會於我國民衆教育之促進貢獻頗多，將給予奬憑一紙，已託紐約華美協進社轉寄本會。

（十二）一年內新設立之圖書館 此一年內，新圖書館之成立與舊圖書館之改組，直接間接均影響於本會將來之事業。最著者如十五年五月東方圖書館之開幕，八月，東方文化事業總委員會關於設立圖書館之議決，青浦，宜興兩縣立圖書館之成立；十一月，紹興徐氏藏書樓之開放。此外如故宮圖書分館之籌備，奉天文溯閣之開放，新會馮氏景堂圖書館之設立，暨南大學，中國公學，南開大學，圖書館之新建築，無錫蠶業圖書館之成立，均有可紀者。至中華教育改進社教育圖書館及厦門大學國學院計劃之中國圖書志，均以欵絀停止進行，亦圖書界一憾事也。

十三 一年內關于圖書館學之著作 本年內關於圖書館學之著作如章鈺之「讀書敏求記校正」，胡宗楙之「金華經籍志」，羅氏刻之「汪氏振綺堂書目」，黃立猷之「金石書目」，李權之「鐘祥藝文考」，大東書局出版之「四庫全書總目及索引」，北京大學之「中國政府出版品目錄」，南開大學之中西文書目清華學校之中文書目，西文書目，北京圖書館「參考書目錄」，「聯合物理學書目」及「聯合博物學書目」，金陵大學之「地理書目」，無錫縣圖書館之書目，藻玉堂翻印之「古文舊書考」，洪有豐之「圖書館組織與管理」，杜定友之「圖書目錄學」，王雲五之「四角號碼檢字法」，陳天鴻之「中外一貫實用圖書分類法」，均先後出版，爲圖書學之新資料。

此一年內，政治紛擾，交通梗阻，建設事業因之停頓；本會在困難情況之下，力圖發展，成績至微，當爲會員所共諒也

附錄一 會計報告

中華圖書館協會總收支對照表

十四年四月至十六年五月

收入之部

項目	分項	總額
一.政府補助費		五○○○·○○○
二.機關及個人捐助費		四五○○·○○○
二—一清華學校	二○○○·○○○	
二—二松坡圖書館	一○○○·○○○	
二—三顏俊人先生	五○○·○○○	
二—四梁任公先生	五○○·○○○	
二—五范靜生先生	五○○·○○○	
三.會費收入		八四一·四七○
三—一機關會費	六○○·○○○	
三—二個人會費	二四一·四七○	
四.售書報費		五六·四○○
五.銀行存款利息		五·八四○
總結		六三五三·七一○

支出之部

項目	分項金額	合計
六·辦公費		一一三六·〇五七
六—一薪津	五五七·〇〇〇	
六—二工食	八一·〇〇〇	
六—三文具紙張	二六四·八二三	
六—四郵電	一五五·八〇四	
六—五茶水煤火	六三·四〇〇	
六—六整治打掃	一五·〇五二	
七·購置費		七五·五五五
七—一器具陳設	七五·五五五	
八·出版費		八九〇·七三〇
八—一會報	二三〇·八四〇	
八—二季刊	五七九·八九〇	
八—三老子考預付	八〇·〇〇〇	
九·雜費		五七五·三二一
九—一裝訂書報	六·八〇〇	
九—二圖書館教育委員會暑期學校補助費	三〇〇·〇〇〇	
九—三繳還上海圖書館協會墊款	五一·二六〇	
九—四各學術團體捐助費	一三·〇〇〇	
九—五編目委員會用費	二〇·二〇〇	
九—六招生廣告費	一〇八·四〇〇	
九—七雜項	七五·六九一	
支出共計		二六七七·六五三
結存		三六七六·〇五七
存北京中孚銀行定期存款	三〇〇〇·〇〇〇	
董事部	六七六·〇五七	
總結		六三五三·七一〇

附錄二 贈書人芳名

上海通信圖書館 上海
大連圖書館 大連
中央地質調查所圖書館 北京
太倉縣圖書館 江蘇
安徽省立圖書館 安慶
北京圖書館 北京
民立中學圖書館 上海
民衆圖書館 上海
江西省立圖書館 南昌
江蘇省立第二書圖館 蘇州
固始公立通俗圖書館 河南
直隸省立第三中學圖書館 河間
東方圖書館 上海
東北大學圖書館 奉天
河北大學圖書館 保定
河南圖書館 開封
松坡圖書館 北京
南開大學圖書館 天津
浙江公立圖書館 杭州
泰伯市圖書館 無錫
無錫縣圖書館 江蘇
馮氏景堂圖書館 新會
集美學校圖書館 廈門
察哈爾區立圖書館 張家口
蒼梧縣立中學圖書館 廣西

资料来源:《中华图书馆协会会报》,第3卷第2期,3—6页

3. 中华图书馆协会第三周年报告

中華圖書館協會第三週年報告

十六年七月至十七年六月

本會自十四年四月成立以來，已歷三載。第一第二兩週年報告，皆載會報(第二卷第一期及第三卷第一期)。是編所述，起自十六年七月，迄於十七年六月，爲第三週年報告。此一年中，政府在軍政時期內，方以兵力掃除障礙，對於文化設施無暇兼顧。而北方各省爲軍閥所據，建設事業摧殘尤甚，以致全國圖書館事業直接間接均受重大之影響，無由進展。此關心圖書館之發展者所同感也。惟一年中，一般社會對於圖書館之觀念，較前已有相當之認識；既感覺圖書館之利益，乃有圖書館之需求。舉凡學校圖書館，公立圖書館，民衆圖書館，其數量均較往年爲增，而中央各部，各省政府，各市政府之附屬機關，亦均有圖書館之設置。是徵圖書館事業已引起全國人士之注意，此本會引爲快事者也。

本會之旨趣在發展全國圖書館事業。欲謀發展，端賴群力，本年曾兩次擬召集年會，均以交通梗阻，未能如願。茲謹將重要事項分述如左：

一　職員改選　上屆董事部十五人中，內中五董事，王正廷，熊希齡，蔡元培，洪有豐，沈祖榮及執行部正副部長均已任滿。十六年五月間，經會員公選蔡元培，熊希齡，洪有豐，周詒春，沈祖榮五君爲繼任董事，袁同禮君連任執行部正部長，李小緣劉國鈞二君爲副部長。

二　會員狀況　本年度之末，會員總數爲三百一十九名，計機關會員一百二十九名，個人會員一百九十名。國外會員有靜嘉堂文庫，長澤規矩也，諸橋轍次，巴頓四名。個人會員赴美留學專研圖書館學者，有王文山，查修二君。轉職於他圖書館者，有杜定友君，顧頡剛君，(廣州中山大學)陳鍾凡君(南京金陵大學)，吳傳綺君，(上海群治大學)皮高品君 (濟南齊魯大學)朱家治君，(南京中央黨務學校)李笠君，(廈門大學)章新民君，(北京清華學校)，孫述萬君，(湖北省立圖書館)楊昭悊君。(上海暨南大學)此外外國會員馬爾智，克乃文，包惠爾三君，均前後回國。而十六年十二月范靜生先生及許達聰先生之逝世，均爲圖書館事業上之重大損失，同人深爲悼惜者也。

三　調查事業

(一)圖書館之調查　本會對於國內圖書館之分佈，常在調查之中，本年內因時局變遷，國內各圖書館之名稱屢有變更者，本會就所聞知即於會報揭載。一俟時局稍定，當重製一完備之全國圖書館調查表，以供同仁之參檢。

(二)書店之調查　各地書店之調查，於圖書館採訪書籍上至多便利，上年度中，對於重要城市均有調查，分揭會報。本年度對於北平書店復就近重行調查，爲北京書店一覽補表，載於第三卷第二期會報。

(三)定期出版物之調查　對於國內定期刊物，本年仍繼續調查，先後在會報第三卷第一第二兩期中發表。

(四)永樂大典卷數之調查　本會前對於永樂大典現存卷數曾有調查，頗爲國人所注意。十六年六月，藉袁同禮君東渡之便，復委託其調查日本所藏各卷，爲一總目，登載於會報第三卷第一期。

(五)地方版本之調查　凡文化薈萃之地，刻書之風較盛，而傳播亦最廣。如杭，如蜀，如閩，其坊刻家刻，字體紙質，源流所衍，往往足資考證。葉長青君有版本學之作，特以閩本考一章，載於圖書館學季刊第二卷第一期，爲其對於閩本之研究。後修福建通志亦並採入云。

四　出版事業

（一）會報　本年度出版之會報凡六期，自第三卷第一期起至第三卷第六期止。每期印千份，出版後即分寄各會員，及各圖書館，不另取資。

（二）圖書館學季刊　本年度編輯之季刊，因受時局影響，祇出第二卷第一期及第二期兩册，發行事務日繁，擬自第三期起，收歸本會自行處理。

五　專門教育事業

本會前受中華教育文化基金董事會之委託，與武昌華中大學合辦圖書館學免費生額招考事宜，十五年所取各生已均於本年畢業，分送各圖書館服務。下屆招考事宜，亦已進行；並定七月間仍在北平，南京，上海，武昌，廣州五地招考云。

六　分類及編目

分類及編目爲我國圖書館事業亟待解決之問題，本年本會之分類委員會及編目委員會各委員，積極研究，已有進展。關於分類，劉國鈞君有「中國現在圖書分類法之問題」在季刊第二卷第一期發表；關於編目，沈祖榮君有「圖書館編目之管測」一文，劉國鈞君有「圖書目錄略說」，均可資參考。編目委員會仍由李小緣君主任，並添聘趙萬里，范希曾，毛坤三君加入爲委員，已擬定草案多條，惟茲事體大，決非短時所能完成者也。

七　索引法之研究

本年度對於漢字索引之研究可謂極盛。王雲五君之四角號碼檢字法國人已多應用，現復虛心研究，又有更簡易之法。其餘如瞿重福君之瞿氏號碼檢字法，張鳳君之形數檢字法，何公敢氏之單體檢字法，陳立夫，張靜江二君之漢字排列法，皆各具苦心，先後公諸於世。

八　國內之聯合事業

中國學術團體協會與赫定博士訂定合作辦法後，即組織西北科學考查團，偕同出發，而在北平設立理事會，爲行政上之總機關。最近該團已抵新疆迪化，所得成績爲前次所未有。並有大宗採集品，甚爲豐富，陸續寄至北平者，已有二十餘箱。

九　國際聯絡事業

（一）英國圖書館協會大會之參加　去年英國圖書館協會於九月杪在愛丁堡舉行成立五十週年紀念大會，同時並招集世界圖書館員會議。本會以道遠未得派員與會，適韋棣華女士自美赴會，遂請其代表本會，參加一切討論，極博羣衆之歡迎。

（二）國際圖書館及目錄委員會之成立　美國圖書館協會提議組織之「國際圖書館委員會」，國際聯合會智育合作協進社擬設之「圖書館事務處」，既均聲明在愛丁堡大會時爲最後之討論。去年九月，英國圖書館協會於開會之始，即特組織一委員會，討論此事。結果，遂有「國際圖書館及目錄委員會」之成立。當議決組織條例七條，由韋棣華女士代表本會簽字。嗣經本會董事會以此事關係國際之聯合至鉅，推定戴志騫，袁同禮，沈祖榮三先生爲本會代表，參與其事，並函告該會查照。該會於一月三十一日在羅馬舉行常務委員會時曾代本會報告一切云。

十　本年度圖書館界概況

本年度圖書館事業足資記載者，爲大學院於十六年十二月二十日公佈圖書館條例十五條。

（原文見季刊第二卷三二二頁）此項條例較諸前教育部頒布之圖書館規程及通俗圖書館規程，已有建設的意味，且易實行。十七年五月，大學院召集全國教育會議，劉國鈞君請大學院規定全國圖書館發展步驟大綱提案，與安徽教育廳及王雲五君請籌設國立中央圖書館案，均能喚起全國教育界之注意。此外李小緣君之中國圖書館計劃書，計簡意賅，尤資參考。

關於圖書館之特殊建築，已有數處竭力經營，最著者如北京圖書館，廈門大學圖書館，南開大學木齋圖書館，暨南大學洪年圖書館，江西省立圖書館等，均先後從事專門之建築。而盧木齋先生捐鉅欵於南開大學，輔助該校之進展，誠圖書館界之創舉也。

本年除浙江圖書館年報改為館報，不定期刊行外，北京圖書館刊有年度報告及月刊。國立中山大學圖書館刊有圖書館週刊，上海民立中學圖書館印有消息，民衆日報刊有圖書特號副刊，其餘足供圖書學上之參考者，有下列各書：

藏書絕句　楊守敬　中國書店排印本

郋園讀書志　葉德輝　上海大中書店排印本

書林餘話　葉德輝　上海大中書店排印本

清華學校圖書館目錄中文西文各一册　清華學校排印本

清史稿藝文志單行本　清史館排印本

叢書書目彙編　沈乾一　十七年　上海醫學書局排印本

書目長編　邵瑞彭閔樹善等輯　北京資研社排印本

上海第一交通大學圖書館目錄　上海第一交通大學排印本

四庫提要敘箋注　周雲青輯注　上海醫學書局排印本

醫學百問　再版增訂本

可愛的小圖書館　上海商務本

現代圖書館序說　馬宗榮　上海商務本

現代圖書館事務論　馬宗榮　上海商務本

購求中國圖書計劃書　顧頡剛　中山大學圖書館叢書本

革命文庫分類法　杜定友　中山大學圖書館叢書本

中國政府出版品目錄　北京圖書館　排印本

地質調查所圖書館叢書目錄　北京地質調查所　排印本

地質調查所圖書館地圖目錄　北京地質調查所　排印本

至會員及非會員關於圖書學之著作散見於各雜誌者（圖書館學專門雜誌除外），列目如後：

家庭圖書室問題　儲偉　婦女十三卷七號

兒童與家庭圖書室　尚木　同上

圖書館與女子職業　杜定友　婦女十四卷四號

小學校兒童圖書館亟宜設立之理由及其管理之方法　張秉彝　京師教育月刊一卷四號

現代圖書館之種類　李小緣　金陵週刊第四期

類書解題初藁　萬國鼎　同上

The Reserved Book Situation in College Liberaries in China. 李小緣　金陵光第十六卷第一期

國會圖書館記　李光忠　中大季刊第二期

雍和宮所藏經典要目　傅芸子　文字同盟第一及二號

王靜安先生遺著目錄　趙萬里　國學論叢第一卷第三號

楊惺吾著述考　王重民　文字同盟第十號及十一號

日本現存戲曲小說類目錄　長澤規矩也　文字同盟第七號

文津閣四庫全書册數頁數表　陳垣　文字同盟十五號

科學的圖書館建築法　東方二十四卷九號

兒童參考書研究　杜定友　教育雜誌二十卷六號

論兒童圖書館與兒童文學書　葉公樸　同上

舉辦巡迴圖書館的具體辦法　葉謙諒　中華教育界十六年九月

鄞縣南六區附設巡迴圖書館　中華教育界十六年九月

設置小圖書館之研究問題　出版界七十八號

巴黎圖書館中之中國小說戲曲　小說月報十八卷十一號

農村學校流動圖書社之組織法

瞿氏號碼檢字法　瞿重福　青年進步一〇五號

單體檢字法　何公敢　東方雜誌第二十卷第四號

楷書筆畫分類圖說　陳立夫　東方雜誌第二十五卷第五號

本年度之末，國軍先後克復平津，軍事不久可告結束。此後全國底定，訓政開始，政府自當努力于建設，而圖書館既爲文化事業之根本設施，尤爲社會民衆教育之利器，端賴政府及社會之提携，自不待言。同人等益當奮勉，以貢其一得之愚，用副黨國右文之般，而發皇我固有之文化。此則本會全體會員所同企望者也。

會計報告

中華圖書館協會收支報告表

十六年六月至十七年六月

收入之部

項目		小計	合計
一、上年度轉入			三,六七六·〇八〇
二、會費	機關會員	一二三·〇〇〇	
	個人會員	八四·〇〇〇	二〇七·〇〇〇
三、書報費	老子考	六六·八八〇	
	季刊	六·二〇〇	七三·〇八〇
四、銀行存款利息			三三五·六二〇
			四,二九一·七六〇

支出之部

項目		小計	合計
一、薪津			三一〇·〇〇〇
二、文具			四一·六三〇
三、郵電			四八·五三〇
四、出版費	老子考	二九三·〇〇〇	
	季刊	五〇七·四四〇	
	會報	一四九·四六〇	九四九·九〇〇
五、西北科學考查團捐助費			三九·〇〇〇
六、雜費			八·五〇〇
	支出合計		一,一〇七·五四〇
	結存		三,一八四·二二〇
			四,二九一·七六〇

资料来源:《中华图书馆协会会报》,第4卷第2期,3—6页

4. 中华图书馆协会第五次会务报告

中華圖書館協會第五次會務報告

本會自在南京舉行第一次年會後，瞬已半載，監督委員會爲促進會務起見，於七月二十日在杭州開第一次常會，執行委員會，並會先期提出半年度報告。茲特彙誌此項報告及會議紀錄，爲第五次會務報告。（第一，二，三三次報告前見會報，第四次報告見第一次年會報告中）

（一）執行委員會第一次報告十八年二月至七月

敬啓者：敝委員會由本協會第一次年會，於二月一日推舉成立。卽於是日上午十二時，舉行第一次會議，全體委員簽定日期如左：

戴志騫　朱家治　王雲五　何日章　馮陳祖怡　一年

袁同禮　李小緣　胡慶生　沈祖榮　杜定友　二年

劉國鈞　洪有豐　陶知行　萬國鼎　孫心磐　三年

當推定袁同禮，洪有豐，劉國鈞，杜定友，馮陳祖怡五君爲常務委員；公舉袁同禮君爲執行委員會主席。茲值

貴委員會集會，用特將本年二月至七月會務報告如左：

一　年會之結束

1.致謝　此次年會，承金陵大學校長及金陵大學圖書館，金陵女子大學，中央大學圖書館，國學圖書館，外交部圖書館，各處職員竭力襄助，又中央黨部，教育部及其他國民政府各部，江蘇省政府，中央大學，各機關補助經費，及致年會得有圓滿結果，特於閉會後，一一專函鳴謝，用申銘感

2.報告　年會畢後，當卽編撰年會紀事一篇，登載於本協會會報第四卷第四期，爲簡要之報告。至正式之詳細報告，因各分組會議紀錄，及提案有未及携平者，因向各方搜尋，往返通函較費時日，又提案原文，均須一一錄副，故本月始行付印，大概月底卽可出版。

3.英文報告　本協會年會經過，極待向國外宣傳。用特推胡慶生先生爲英文報告員，撰擬年會紀事，在歐美著名之圖書館學雜誌發表，以廣宣揚。

二　名譽會員之增聘

本年年會於二月一日會務會議議決，聘請蔡元培，戴傳賢，蔣孟麟，楊銓，胡適，葉楚傖生六先，爲名譽會員。因卽根據該案，備函正式致聘。

三　次屆年會地點之討議

本委員會第一次會議，討論次屆年會地點，議決在杭州，開封，廣州，武昌，北平擇一地舉行，杭州現已表示歡迎。

四　年會議決案之推行

推年行會議決案，在本會會務至爲重要，亦會務中之較爲繁複者，茲將推行各案，列表如左：

議決案主文	推行辦法
由本會呈請教育部從速籌辦中央圖書館案	陳請教育部施行
呈請國民政府防止古籍流出國境並明令全國各海關禁止出口案	陳請國民政府施行
本會調查登記國內外公私所藏善本書籍編製目錄以便籌備影印案	組織善本調查委員會辦理
調查及登記全國公私版片編製目錄案	組織版片委員會辦理
請協會通告全國各大圖書館搜集有清一代官書及滿蒙回藏文字書籍案	函請各圖書館酌量施行
請各大圖書館搜集金石拓片遇必要時得設立金石部以資保存案	函請各圖書館酌量施行
呈請政府組織中央檔案局案	陳請國民政府鑒核施行

由本會呈請國民政府通令全國各機關凡新舊印刷公布之出版品（統計公報書籍案牘圖表文件）按照現入本會之圖書館一律頒送一份俾衆公閱案	陳請國民政府鑒核施行
圖書館內刊行掌故叢書及先哲遺著案	函請各圖書館酌量施行
各省市縣圖書館應盡力收藏鄉賢著作案	函請各圖書館採酌辦理
圖書館內添設歷史博物部案	函請各圖書館採酌辦理
呈請國民政府通令全國立法機關應設立法參考圖書部案	陳請國民政府鑒核施行
呈請教育部集中全國及國際交換圖書事業案	函請中央研究院酌量辦理
請國立中央研究院咨交通部對於國外寄贈國內學術團體之出版品由該院代爲轉寄者一律免納郵費並請該院援各國先例代國內學術團體寄運出版品於國外案	函請中央研究酌量辦理
各圖書館交換複本雜誌案	函請各圖書館採酌辦理
請建議國民政府減輕圖書館寄書郵費案	陳請國民政府鑒核施行
呈請教育部實行去年全國教育會議關於圖書館方面之各種議決案案	陳請教育部採擇施行
請中華圖書館協會勸各報館寬留夾縫以便裝訂案	分別向各報館函述理由請其改良
呈請教育部令各教育機關關於教育書報及其他刊物一律價廉出以售廣閱覽案	陳請教育部採擇施行
呈請教育部令各書坊凡有圖書館正式函件及圖章一律優待出售案	陳請教育部採擇施行
採用『圕』新字案	函請各圖書館採用
呈請教育部通令各出版處以後出版圖書要加印國語羅馬字書名及國語羅馬字著者姓氏案	陳請教育部採擇施行
請教育部頒布設立圖書館標準法令	陳請教育部採擇施行
請勵行出版法案	陳請教育部採擇施行
由本會呈請教育部通令各省大學及教育廳聘請圖書館專家指導各該省圖書館一切進行事宜案	陳請教育部採擇施行
請各圖書館編輯週年報告案	函請各圖書館採酌辦理
請教育部對於假藉圖書館及文化事業名義實行文化侵略之外人予以注意以防盜買文物案	陳請教育部採擇施行
圖書館協會得全國圖書館對於僱用職員應須有圖書館學識及宏富經驗至於職員之位置務須有確實保障並須予以優良待遇案	函請各圖書館採酌辦理
圖書館應多用女職員案	函請各圖書館採酌辦理
呈請教育部通令各省市縣廣設民衆圖書館案	陳請教育部採擇施行
呈請政府請將廟宇改設通俗圖書館案	陳請教育部採擇施行
呈請教育部通令全國各教育行政機關勵行設立公共圖書館案	陳請教育部採擇施行
建議國民政府通令全國各機關添設圖書館案	陳請國民政府鑒核施行
設立鄉村圖書館以爲社會之中心案	陳請教育部採擇施行
請各公共圖書館充分購置平民常識圖書館並以相當宣傳簡便方法俾資普及閱覽案	函請各圖書館採酌辦理
請各圖書館設立流通借書部以求普及案	函請各圖書館採酌辦理

議案	辦法
呈請教育部規定每年圖書館運動週日期通令各大學區各省教育廳同時舉行以推廣圖書事業案	陳請教育部採擇施行
請教育部規定學校圖書館行政獨立案	陳請教育部採擇施行
呈請教育部通令全國各學校於每年經常費中規定百分之二十為購書費並通令各大學區各省教育廳各特別市應於每年經常費中規定百分之二十為辦理圖書館事業案	陳請教育部採擇施行
國立大學圖書館購書分配案	請原提人與各大學圖書館商洽
請中華圖書館協會倡設一完美之中等學校圖書館於首都以為全國中等學校之模範案	委託南京中學辦理
請規定中學校圖書館組織及事業以促進教育效能案	送南京中學參攷
請教育部通令各大學區各省廳訓令各小學校設立兒童圖書館遇必要時得聯合數校共同組織案	陳請教育部採擇施行
請全國社團及行政機關設立專門圖書館案	陳請國民政府鑒核施行
各圖書館應廣置佛書以宣揚東方文化案	函請各圖書館採酌辦理
呈請教育部對於捐助圖書館書籍或經費者及私人創辦之圖書館應予褒獎案	陳請教育部採擇施行
各省官書局應由各省省立圖書館接管並在各該館內附設印刷所案	陳請教育部採擇施行
書店名號不得用（圖書館）案	函請內政部查照辦理
軍營內設立軍人圖書館案	函請軍政部查照辦理
各圖書館須注重蒐集關於實業軍事及革命事實之書籍案	函請各圖書館採酌辦理
圖書館購置書籍宜加選擇以正人心案	函請各圖書館採酌辦理
請協會通告全國各圖書館注重自然科學書籍案	函請各圖書館採酌辦理
本會應籌辦短期圖書館刊物以資通訊案	請李小緣君為編輯主任負責辦理
訓練圖書館專門人才案	陳請教育部採擇施行
中學或師範學校課程中加圖書館學識每週一二小時案	陳請教育部採擇旋行
各種各級學校應有有步驟的圖書館使用法指導案	陳請教育部採擇施行
請協會組織建築委員會研究計畫圖書館建築案	組織建築委員會辦理
本會應指導特約圖書公司製造圖書館應用物品案	先函詢各出售圖書館用品者出品情形擬在會報中介紹
本協會應請專門家研究中文書籍排架法並定平排直排之標準容量及架之深淺案	由建築委員會辦理
由分類委員會編製分類法案	交分類委員會辦理
由編目委員會編訂標準編目條例於下屆年會發表案	交編目委員會辦理
設立漢字排檢法研究委員會案	組織檢字委員會辦理
組織標題編纂委員會案	標題委員會之組織正在與李小緣君商酌人選中

五 各委員會之組織

本委員會，為執行年會議決案，及共同研究學術起見，特組織各項專門委員會。現已成立者，有分類，編目，索引，檢字，編纂，建築，善本調查，版片調查，各委員會；及季刊，會報兩編輯部。其名單已在會報第四卷第五期發表，茲不贅錄。

六 本年度預算之訂定

本委員會依據本會組織大綱，擬定十八年度之預算，曾經貴委員會通過在案，該預算表如左；

民國十八年度預算表

收入之部		支出之部	
會費		薪金	300
機關會員(160)	800	文具	
個人會員(300)	600	紙張	80
銀行存款利息	250	印刷	80
中央黨部補助費	1200	雜品	20
售書報費	100	郵電	
總計	$3050	電報	30
		郵費	70
		出版費	
		季刊	1000
		會報	200
		月刊	1200
		各委員會	80
		雜支	30
		總計	$3050

七 國際圖書館大會之參加

本年國際圖書館協會，召集第一次國際圖書館會議，同時開國際圖書展覽會，於六月十五日至三十日在羅馬舉行。本會原為發起人之一，自當努力參加。自接到通知後，即於三月八日組織參加國際圖書館會議籌備委員會，敦聘委員十六人，協助進行。論文徵得者，有戴志騫，沈祖榮，胡慶生，顧子剛四君各一篇，在北平印成"Libraries in China"論文集一種，携往大會。本會會員留美者，有裘開明及桂質柏二君各撰一論文，逕寄大會主席，故前後有論文六篇。對於展覽會出品，除規定細則廣為徵集外，更向各處特約專門出品，本會亦担任出品數種；一面復接洽在羅馬展覽事項。惟出席代表人選，關繫甚重，經同人詳加考慮，公推武昌文華圖書科主任沈祖榮君為正式代表，並呈請教育部加委為部派代表，以便代表國民政府。嗣又添請由美赴歐之本會前董事張伯苓君，就近參加。所有經過情形，曾在會報第四卷第五期，詳細報告，並請鑒閱。

八 圖書展覽會

本會因徵集國際圖書展覽會出品之便，特於四月二十八日在北平北海公園內舉行展覽預備會，藉資審查，亦以收觀摩之益。是日參觀者頗為踴躍，縹緗煥彩，美不勝收，其詳目亦見於會報第四卷第五期。

九 參加國際圖書館會議經費之籌措

此次參加國際會議，如論文印刷，展覽品之徵集，運送代表之旅費等等，所需不貲。本會原無充裕之財力，不過大會所望於我中華者甚大，且各國莫不踴躍派員，遠道參加，本會為國家爭國際上之地位起見，有不得不派人赴會之苦衷。本黨政府或可予以補助，不意教部僅允津貼三百元，中央研究院及中華教育文化基金董事會皆曾向請款，未允補助，不得已，乃暫向經費較裕之機關會員函請捐助，現已承中央大學，東北大學，北海圖書館各捐百元，清華大學捐助五十元。仍與實支之數相差甚遠，又呈請教部繼續提出行政院行政會議，准予津貼二千元，業經奉令照准，（此款一時尚未能領到）此同人至為欣幸者也。

十 歐洲圖書館概況之考查

本委員會因沈祖榮君赴歐之便，特請沈君就近考查英法德意等國之圖書館事業概況，用資借鏡。沈君歸國後，當有詳細之報告，以餉同志也。

十一　調查事業

1.善本之調查　善本調查委員會，為調查之便，現已製擬調查表一種，不過須各委員同意後，始能決定，故現在尙未付印。

2.版片之調查　版片調查委員會之版片調查表，現已製定付印，印成後卽可分送各處，作為調查之用。

3.圖書館之調查　本會現對於國內圖書館仍在調查，編有圖書館調查補表，列載名稱地址，將在會報發表，以後編纂委員會，編纂圖書館年鑑，或可供參攷。又北平圖書館協會之會刊，載有北平圖書館指南，亦極有參攷之價値也。

十二　出版事業

1.國學論文索引　本會前委託北平北海圖書館編輯『國學論文索引』業於年前脫藁，並於年會時提交編輯組審查。現又加以整理付印，頃已出版，為本會叢書第二種。

2.國際圖書館大會文集　本會提出國際圖書館會議之英文論文四篇，在北平彙印成册，名曰 Libraries in China，於五月底出版，為本會叢書第三種。

3.圖書館學季刊　圖書館學刊季，仍聘劉國鈞君為編輯部主任，並添聘編輯三人，中間因故未能如期出版，現劉君已將稿件編齊，不日卽可付印。第三卷第一二兩期，將為合刊之專號，所載以年會時之論文為主云。

4.會報　會報由會報編輯部編印，繼續出版者為第四卷第四五六三期。

5.短期刊物　本年年會曾有出版短期刊物之決議，本會當於閉會後敦聘李小緣君為編輯主任，組織編輯及發行兩部，出版月刊一種。嗣以材料及其他種種關係，因之停頓，現擬擴充會報，將於第五卷第一期起實行之。

同人等承同志謬愛，推委執行本會會務，惟以散處各地，進行較為遲緩。尙希

貴委員會，時錫周行，匡其不逮，不勝企仰之至。此致

中華圖書館協會監察委員會。

中華圖書館協會執行委員會謹啓　十八年七月十六日

附錄　會計報告

中華圖書館協會收支對照表

十七年七月一日至十八年六月三十日

I　收入項下

一，上年度轉入			五，一八四•二三元
二，常年會費			七〇二•〇〇
機關會員		四四〇•〇〇元	
個人會員		二六二•〇〇	
三，售書報費			四三•五三
四，銀行存款利息			二三一•一八
五，第一次年會收入			
各機關津貼			
中央黨部	二，〇〇〇•〇〇元		
國民政府行政院	一，〇〇〇•〇〇		
內政部	五〇•〇〇		
外交部	二〇〇•〇〇		
鐵道部	二〇〇•〇〇		
工商部	五〇•〇〇		
衛生部	三〇•〇〇		
江蘇省政府	二〇〇•〇〇		

中央大學　一〇〇・〇〇
北平大學　一〇〇・〇〇
清華大學　五〇・〇〇
燕京大學　五〇・〇〇　四・〇三〇・〇〇
年會會費　三四四・〇〇
公宴費　一二八・〇〇　四・五〇二・〇〇
收入總計　八・六五二・九一元

II 支出項下

一，辦公費
薪給　一八八・〇〇元
文具　一一六・二三
郵電　六六・〇〇
雜費　四・四〇　三七四・六三元

二，出版費
季刊用費　九〇〇・〇〇
會報書籍　三一三・二五　一・二一三・二五

三，第一次年會用費
僱員酬金　一四五・〇〇
文具紙張　四五・〇九
印刷　七八・六九
郵電　五三・一三
徽章費　九〇・〇〇
膳宿費　三六〇・四四
公宴費　一二八・〇〇
參觀遊覽費　二六五・〇〇
書記于震寰赴會旅費　一〇〇・〇〇
匯兌損失　六・一〇
雜費（平津兩處廣告費在內）　四八四・五五　一・七五五・一〇

四，參加國際圖書館會議用費
會費　六・二五
沈代表旅費　二・〇一八・九六
展覽書籍費　四八・二六
展覽預備會用費　三一・八五
郵電　八八・〇〇
廣告及雜費　三四・二五　二・二一八・五九
支出總數　五・五六一・五七元

III 結餘

銀行存欵　二・八九六・六五
現金　一六五・九九
年會會計處存　二六・七〇　三・〇九一・三四
總結　八・六五二・九一元

（二）監察委員會第一次常會紀錄

中華圖書館協會監察委員會，於十八年七月二十日下午三時，在杭州市浙江省立圖書館，舉行第一次常會。出席委員如左：

柳詒徵　楊立誠　侯鴻鑑
歐陽祖經　陸　秀　毛　坤

主席柳詒徵；臨時紀錄余和笙。

（一）開會如儀
（二）主席報告
本年二月本委員會在南京安樂酒店開第一次臨時會議時，議決案件如下：

1. 推舉柳詒徵爲監察委員會主席。

2. 票決監察委員分年任期。任期一年者，爲侯鴻鑑陸秀田洪都三人；任期二年者，爲柳詒徵楊立誠毛坤三人；任期三年者，爲歐陽祖經馮漢驥李長春三人

3. 推舉柳詒徵侯鴻鑑毛坤三人起草本委員會章程草案，此項草案業經分別通函各監委，同意通過。

4. 本委員會半年來工作經過之詳細情形。

(三)討論事項

1. 推舉本會書記案：(議決)公推楊立誠爲本委員會書記，

2. 對於執行委員會報告本委員會當選之主席暨書記案，(議決)由主席正式報告執委會。

(四)對於執行委員會報告之審查

由楊立誠臨時報告，今晨得執行委員會主席袁同禮先生來函，約於明後日來杭，列席本委員會，報告執行委員會經過及工作情形，並附送該會十七年度決算書及會務報告一册，請本委員會審查。當經柳主席臨時動議：

1. 對於年會議決案之推行一項，計六十三案，內有呈請國民政府及教育部施行各案，是否批覆及施行至若何程度，函請執委會於本委員會第二次會議前詳細報告。(議決)通過。

2. 函各圖書館施行各案，是否得有函覆及施行實況若何，函請執委會照上項答覆。(議決)通過。

3. 年會議決各案尚有未及推行者，應如何分期推行，請爲函覆。(議決)通過。

4. 關於各委員會之組織一項內，善本調查，版片調查，及分類編目各項委員會如何刻期進行，函請執委會分別答覆。(議決)通過。

(五)本委員會預算之決定

本委員會十八年度預算，規定如左：

1. 辦公費	一七·三〇元
甲．紙筆墨費	七·一〇元
乙．郵費	六·〇〇元
丙．印刷	四·二〇元
2. 集會費(每年三次每次約五元)	一五·〇〇元
甲．茶點	一五·〇〇元
3. 雜費	五·〇〇元
4. 預備費	二·七〇元
以上合計	三〇·〇〇元

(六)討論第二次常會日期及地點；並報告杭州圖書館協會，於翌日下午五時，在西子湖上爲監委同人設宴洗塵，表示歡迎。散會。

资料来源：《中华图书馆协会会报》，第5卷第1、2期合刊，27—33页

5. 中华图书馆协会第五次年度报告

中華圖書館協會第五年度報告

十八年七月至十九年六月

一 新委員會之產生

據本協會組織大綱第十條之規定，「每年改選之執行委員由執行委員會照定額二倍推舉候選執行委員由會員公選之。」上屆執行委員中戴志騫王雲五朱家治何日章馮陳祖怡五君，均於本年一月任滿，當由全體執行委員推定戴志騫王雲五何日章蔣復璁朱家治黃星輝周詒春馮陳祖怡陳長偉蔣鏡寰十君為候選委員。同時監察委員會亦推定鐘亞新陳鐘凡楊昭悊金敏甫繆鳳林王重民六君為候選監察委員。經全體會員公選，結果：戴志騫，王雲五，何日章，朱家治，周詒春五君當選為繼任執行委員；鐘亞新，楊昭悊，陳鐘凡三君當選為繼任監察委員。今將執行及監察兩委員會全體委員姓名，具列如左：

一、執行委員會

袁同禮　李小緣　胡慶生　沈祖榮　杜定友　二十年任滿

劉國鈞　洪有豐　陶知行　萬國鼎　孫心磐　二十一年任滿

戴志騫　王雲五　何日章　朱家治　周詒春　二十二年任滿

二、監察委員會

柳詒徵　楊立誠　毛坤　二十年任滿

歐陽祖經　馮漢驥　李長春　二十一年任滿

鐘亞新　楊昭悊　陳鐘凡　二十二年任滿

二 會員人數

本會現有會員四百八十一名，分計如下：

1. 名譽會員　三十五名
2. 機關會員　一百七十三名
3. 個人會員　二百七十三名

三 議案推行之結果

南京年會為本會首次會議，議案推行較為繁難，本會除分別組織各項專門委員會並由執行委員會襄助進行外，推行議案情形及其結果，可分下列各端述之。

I 關于各圖書館協會及各圖書館者　本委員會于年會舉行後，特將關于圖書館行政方面議案整理分之為採訪與流通，專門人材與保障及待遇，編輯周年報告實用「圖」新字四大項，附同「第一次年會報告」函請全國各館採擇施行。雖各方辦理之情形，具體報告本會者尚屬無多，然由調查所及，收效似亦匪細，請縷言之。

甲、採訪與流通

A. 國故之保存　除清華大學圖書館購入楊氏全部書藏，中央研究院圖書館購入鄧氏書藏，北平輔仁大學圖書館購入馬氏書藏，廣西大學圖書館購入康氏書藏，及海源閣一部分善本書移歸山東省立圖書館保存而外，其他最著而最可稱者如左：

a.清代官書　如清華大學之擬購王氏外交始末記，北平故宮博物院之影印夷務始末記及編印史料叢刊國立北平圖書館清開國史料目錄之編纂。

b.滿蒙回藏諸文字　如國立北平圖書館西夏文譯經及華夷譯語之購入藏文丹珠經索引與滿蒙姓氏部落及方輿全覽索引之完成。

c.金石拓片　如江西省立圖書館漢石經摹字勒石之重獲，國立北平圖書館漢石經殘石之購入與金石部之設立。又海內石經收藏家如徐森玉馬叔平諸君現亦着手聯合椎拓藏石，籍資傳布。

d.鄉賢著作　如浙江江西兩省立圖書館及涵江圖書館，對于地方文獻之調查與鄉賢著作之蒐藏。而教育部最新之「圖書館規程」亦有公立圖書館應負收集保存本地已刊未刊各種有價值著作品之規定。

B.新知之擴充　新知之擴充要在各專門圖書館之創立。如滬上之人文圖書館，浙江之經濟圖書館，中國科學社之科學圖書館，國立中央研究院各研究所之圖書館，錢稻孫君創設之泉壽東文書藏等是也。此外如中央執行委員會宣傳部之蒐集革命史料，國立北平圖書館之購置自然科學書籍，皆本會年會中曾經議決特須注重者也。

C.流通　圖書館藏置書籍，其目的全在流通，近來除湖北，浙江，江蘇，福建，河北等省增設巡廻文庫外，各地圖書館多漸有准予借書出館者。而館際借貸制（Inter-Library Loan）亦應需要而起。如北平及太原圖書館協會各館皆有此項規定，即其徵也。北平各館更行之已久，且有期刊叢書聯合目錄及西文圖書總聯合目錄，陸續編製出版。

乙、專門人材與其保障　專門人材之任用及保障二點，因同人工作之努力，與政府之重視，各地均已漸次實行。近更有數處，特別制定任免規章，以爲確實之保障。祇因所在地財政狀況之不同，待遇方面仍未能儘量提高也。

丙、編製週年報告　我國圖書館有完善之週年報告者，實首推北平北海圖書館。近則各地已多仿行。如江西省立圖書館等，均有報告之編製。亦有創編月刊，季刊，年刊或不定期刊者，一方以之研究學術，一方以之報告館務，如北大圖書部，安徽省立圖書館，浙江省立圖書館，江蘇國學圖書館，蘇州圖書館，北平第一普通圖書館等是也。其編製各該館概況或一覽者，更所在多有，茲不備舉。

丁、「圕」新字　此新字于圖書館界同人事務上極爲經濟便利，故應用頗廣。現在杜定友君更有對于讀音及應用之第二步討論，見圖書館學季刊第三卷第四期中。

2　關于政府者　年會中各項議案，應由政府推行者。本委員會重加整理，分別呈請國民政府及教育部審核施行。陳請國民政府採擇施行者，要點有五：

a.廣設專門圖書館，

b.頒發全國各行政機關之出版品于各圖書館，

防止古籍流出國境(此事政府極注意)

d.組織中央檔案局，

e.減輕圖書館寄書郵費。

以上尚未奉到正式批復。陳請教育部採擇施行者有十二點，已由蔣部長于五月二十四日一一批覆如左：

一、關于頒布圖書館設立標準法令者：查圖書館規程業于本月十日公布在案。至設立標準本部正在進行調查全國圖書館狀況，並擬徵集圖書館專家意見後，再行編訂。

二、關于增加圖書館經費者：查社會教育經費應暫定為全教育經費百分之十至二十，曾經前大學院呈奉國府核准，並通令遵辦在案。惟社會教育範圍甚廣，圖書館係社會教育之一，自難以社會教育全部經費專辦此一種事業。故經費比例擬暫緩劃定，以留伸縮餘地。至各級學校購書費一節，應予飭令特別注意，酌量規定。

三、關於勵行設立圖書館者：查第二次全國教育會議議決籌設中央圖書館于八年內成立，本部正在計劃進行；在中央圖書館未成立以前，於本年內成立中央教育館時，先在該館內設圖書部，搜集有關教育之中外圖書陳列備用。至各種專門、普通、民衆、兒童等圖書館，並擬令各省教育廳各特別市教育局自本年起積極增設。

四、關於圖書館事業進行應聘專家指導者：准予轉飭各省教育廳各特別市教育局酌量辦理。

五、關於注重圖書館專門人材者：

(一)圖書館專門學校應暫緩設立；至津貼已開辦之圖書館學校應照私立學校條例辦理。

(二)准予通令各大學於文學院或教育學院內酌量添設圖書館學課程，或圖書館學系。

(三)准予通令各省教育廳，各特別市教育局及清華大學于每年考送留學生時酌定圖書館學名額。

(四)本部頒布中小學課程暫行標準，正在試驗，俟將來修正時，圖書館課程可酌量增加。

(五)各級學校應有有系統的圖書制用法之指導，暫時無庸由部規定。

六、關於實行第一次全國教育會議議決案者：已由前大學院擇要通令遵行。

七、關於勵行出版法者：訂定著作權及出版法，係內政部主管範圍。前大學院所公布之新出圖書呈繳條例，現經本部修正，關於各書局呈繳圖書規定為各書局須將新出圖書四份呈送出版者所在地之省教育廳或特別市教育局，內一份留存省市教育行政機關，其餘三份轉送本部，再發交本部圖書館，中央教育館，中央圖書館，若令多織顯與該條例不符，未便照辦。再國語羅馬字雖經公布，但僅爲推行國語第二法式，可資學者參考研究之用，現推行尚未普遍，未便强迫立即實行。

八、關於教育書報減價者： 准予由部通令各教育機關遵照辦理。

九、關於褒獎熱心圖書館事業者： 准照捐資興學條例辦理。

十、關於規定學校圖書館行政獨立者： 因事實上困難頗多，應無庸議。

十一、關於由省立圖書館接管各省官書局者： 查各省官書局情形不同，如果各省區中之官書局有合併之必要與可能者，應呈請該省主管機關查明核辦。

十二、關於規定舉行圖書館運動週者： 可于各省區或特别市舉行識字運動或民衆教育講演時附帶提倡，無庸單獨舉辦。

此外書局名號不得用「圖書館」字樣一案，經函請國民政府內政部辦理，該部已於年前咨行各省及各特别市政府轉飭主管機關照辦矣。

四　次屆年會之籌議

本會第二次年會，前曾擬議本年四月在浙江省立圖書館新建築落成時在杭州舉行。當地圖書館協會及該館均極表示歡迎。嗣接監察委員楊立誠君來函，復稱「……查敝處建築新館，原訂上年年底竣工，嗣以工程浩繁，要求延期三月。但察看近時工程狀況，能否如期落成，正未可必。且落成以後，內部布置尚需時日，二次年會應否展遲？……」等語。似本會年會因此不得不延期舉行，旋經徵求全體執行委員意見，酌定展期一年，至民國二十年舉行矣。

五　調查事業

1　善本調查委員會

善本調查委員會主席柳異謀先生，熱心從事，結果頗有可觀。該委員會印製調查表後，所有下列各處均經調查完竣：

江蘇省立國學圖書館，　東省文化委員會圖書館，

國立北平圖書館，　江蘇省立蘇州圖書館，

浙江省立圖書館。

其餘國內重要書藏，仍在賡續調查中。

2　版片調查委員會

版片調查委員會經努力進行，惟因困難稍多，成效較鮮。現在完竣者祇有河南、江蘇、江西各處，其他各地尚在賡續進行中。

3　圖書館之調查

本會所編之全國圖書館調查表，各處來函詢索者甚多，爲用亦繁。本會亦時時注意圖書館界之變易，隨時增加，以期實用。現在又得各省教育廳襄助調查，由于震寰君編成新表，比之十七年十月所調查者增加七百餘館，實不可謂非南京年會宣傳之力及政府倡導之功。除在會報第五卷第五期中發表外，並加印單行本發售，以供各地之需用。

4　各地方圖書館協會之調查

近頃各地圖書館協會多感覺舊規章之不適用，加以修改，或逕變更組織，以圖改進。亦有數處於年內創立地方圖書館協會。本會為便明瞭此項狀況起見，特行函致各地方協會調查其會章及會員，並索取其會議記錄，以供參考。現得復者有蘇州，廣州，北平，南京各處。

5 書店之調查

東北文化日見發展，書店開設日多，本年對於瀋陽，哈爾濱兩東北文化中心之書店名稱住址，皆有調查，載於會報。

六 分類及編目

分類委員會因各委員散處國內外，聚晤為難，迄未能進行。近頃該委員會主席劉衡如博士抵北平，始決定先行蒐羅現行之分類法，以為編纂之根據。現正為第一步之調查，廣徵一切翔製之中籍分類法，並徵求各圖書館對於現行各種分類法之意見，以為參證。又會員徐旭君曾編有「民衆圖書分類法」，極為簡便，不過仍待實驗。該分類諸發表於會報第五卷第四期中。至編目委員會，則因主席李小緣先生有遼寧之行，近復轉職金陵大學研究所，故未得有何進行。然劉衡如君最近脫稿之「中文書籍編目條例草案」發表於圖書館學季刊第三卷第四期中，實為創舉，亦可謂開我國圖書館編目作業上之一新紀元也。

七 索引及檢字

索引委員會成立之後，定有三項計劃：

1 編輯中國索引條例　此事為索引上之根本要務，猶規矩繩墨之於工人，憲法之於國家也。

2「九通索引」「四書字彙及索引」之編製　此乃索引之實際工作，該委員會編製索引，擬以此為第一步之工作。

3 促進索引事業　為發展文化起見，擬廣為宣傳，以促進索引之事業，而增加索引之效用。

現正在徵集關於索引條例之論著中。至檢字委員會主席沈祖榮君，因事務繁忙，無暇進行，曾一度表示辭意，現已復允擔任，日內當可著手進行矣。

八 編纂及出版

1 會報　此一年中，會報由該編輯部繼續出版者為第五卷第一期至第五期，第六期正在印刷中。本卷重要揭載有會員提出南京年會之短篇論文，沈代表出席國際圖書館大會及歐洲圖書館概況，調查報告，全國圖書館調查表等。

2 圖書館學季刊　圖書館學季刊編輯部，於十八年十月間移至北平，仍由劉衡如博士主持。八閱月來，積極工作，第三卷現已出齊。除第一二期合刊專載南京年會重要論文外，次二期中所收重要文字亦殊多。並自本卷起，增設時論撮要一門，將國內外關於圖書館學及目錄學之著作，撮要摘錄，俾供衆覽。

3 第一次年會報告　是編以所有南京年會議案及會議紀錄為主，首列年會宣言，會序，及開幕大會記事，殿之以籌備經過及出席人員一覽表，乃留心圖書館之發展及改進者，所不可不備。於十八年七月出版。

4 全國圖書館調查表　此乃自會報中提印之單行本。每册僅取價一角。

5 國學論文索引續編及文學論文索引　國學論文索引出版，前經報告。是書頗足應社會之需求，茲本會復委託國立北平圖書館爲國學論文索引續編，以補充之。又另編文學論文索引一種，均待刊行。

6 編纂委員會　該委員會擔任事務至鉅，尤以年會議案中指定之事爲多。該委員會主席洪有豐君因館務鞅掌，未暇籌劃，而各事進行，又頗需財力與人材，故尚未着手編組也。

7 標準黨義書目之編製　本會南京年會，會有闡揚黨義之宣言。現在各圖書館關於黨義書籍需要甚極，而國內出版黨化書籍亦至繁雜，購買之頃，每感困難。本會特擬編製一黨義書籍標準目錄，以資指示各館所當備之書與不可不備之書。編成後並擬送請中央執行委員會宣傳部予以審核，昭慎重。年前請定杜定友先生主持一切，會向各方廣爲調查，現在編輯中。

8 會員之自動的編纂　此半年中會員之自動的編纂，共有二種：一爲中國圖書館名人錄，一爲圖書館標語集。前者由上海宋景祁君主編，本會主張以改名「中國圖書館館員錄」爲明瞭，曾以書面建議。後者由南京顧斗南君主編，尚未見其刊本。

九　專門教育

中國文化基金董事會委託本會辦理之圖書館學免費生額，前年所招各生今夏已經畢業，各方多表示歡迎爭先聘請。本年文華圖書科已在教部立案，改名爲私立文華圖書館學專科學校，現正續招新生，繼續教授。此次爲推廣教育人材起見，除正科十名外，另設講習班，招中等學校畢業者十五人。

十　國內學術團體之聯合事業

本會與國內各機關合組之中國學術團體協會，會於十八年十月間與法人阿爾特協議合作，組織一九學術考察團，旋因今年不能出發，現已改稱爲二十學術考察團。將來對於學術上之貢獻，當匪淺尠。至西北科學考學團之成績卓越，已爲國人所知，該團當別有報告，不再細述。

十一　國際事業

本會此次參加在羅馬舉行之國際圖書館大會，結果頗佳，一方由代表之得人，一方由籌備委員會之得力。本會並就沈代表歐遊之便，託其調查歐洲圖書館界及出版界概況。沈君已於九日間畢事言旋，除以所得書報寄交本會外，另有詳細之報告，具載於會報第五卷第五期中，茲不贅及。又大會議閉幕後成立之國際圖書館協會聯合會已經組織完善，其第三屆全體代表會議，已定在瑞京舉行。本會因無便人，擬不派代表出席。

十二　宣傳與通訊

本會成立以來，即發行會報以爲全國圖書館界之通訊機關，自南京年會舉行之後，該會報極得各館及各館員之重視，各地圖書館協會及圖書館亦多以近況賜知，消息廣繁，更爲極可樂觀之事。對於國外，自十九年一月起，又委託顧子剛先生每月向各著名圖書館學雜誌通訊一次，以資宣傳。

十三　韋女士紀念之贊助

韋棣華女士來華服務業三十年，致力我國圖書館事業，熱心倡導，廣植人材，久爲中西人士所欽仰。武昌方面因聯合海內名宿，發起于五月十六日舉行紀念大會，以揚高風，而彰偉功，並擬募捐五萬元爲其手創之文華圖書科講學基金；募捐六萬元建築博物館一座。既可永垂紀念，又藉能促進我國圖書館事業之發展，法良意美。本會因接受文華公書林之請求，協助其事，委託各大圖書館經募捐款。中華教育文化基金委員會首先認捐壹萬元，以爲首倡，繼之者多寡不等，頗不乏人。本會亦捐洋二百元，並贈韋女士頌辭一軸云。

同人等力短願長，加之各委員散處各地，館務繁冗，進行會務，時虞曠殆。尚希國人予以指導，俾得改進，幸甚！

附　會計報告

中華圖書館協會收支對照總表

十八年九月至十九年六月

一　收入之部

1 上年度轉入			三〇九一·二四
2 常年會員			
	機關會員	二三三三·〇〇	
	個人會員	一〇八·〇〇	三四三一·〇〇
3 出版品收入			
	書籍	一五六·三二	
	期刊	四九〇·三〇	二〇三·四〇
4 銀行存款利息			一八三·五二
5 會報廣告收入			八·四〇
6 中央黨部常年補助費（十八年三月至十九年二月）			一二〇〇·〇〇
7 參加國際圖書館大會捐款			
	行政院	二〇〇〇·〇〇	
	教育部	三〇〇〇·〇〇	
	中央大學	一〇〇·〇〇	
	東北大學	一〇〇·〇〇	
	清華大學	五〇·〇〇	
	北海圖書館	一〇〇·〇〇	二〇五〇〇·〇〇
	收入總計		七六八一·六七元

二 支出之部

項目	細數	合計
1 辦公費		
薪水	一五〇·〇〇	
文具	八三·六三	
郵電	一三八·四八	三七二·一一
2 購買費		
書籍	六·〇〇	六·〇〇
3 出版費		
年會報告	二六〇·八〇	
國學論文索引	二一八·九〇	
國際大會論文集	一〇〇·〇〇	
季刊及會報	一〇八三·〇六	一八〇四·七六
4 雜費		
韋女士紀念捐款	二〇〇·〇〇	
雜項	二五·〇〇	二二五·〇〇
5 監察委員會費用		三〇·二〇
6 招生費用		一四一·〇〇
支出總計		二三七九·〇八
結餘		
銀行存款	四六〇六·一八	
現金	四六九·七一	
金陵大學會計處存	二六·七〇	五一〇二·五九
總數		七六八一·六七

资料来源:《中华图书馆协会会报》,第 6 卷第 1 期,3—10 页

中華圖書館協會第六年度報告

十九年六月至二十年六月

一 會員狀況

本會現有會員五百二十九名分計如下：

1 名譽會員三十三名

2 機關會員一百八十六名（包括各地方圖協會）——比上年增加十三名

3 個人會員三百十名——比上年增加三十七名

比較上年度凡增加五十名。個人會員中致力於圖書館學及目錄學者爲數甚多，滋爲可喜。尤以赴國外研究圖學之會員人數之多，最足爲本年度之特色。如嚴文郁吳光清二君至紐約哥倫比亞大學，田洪都君至哈佛大學，蔣復璁君至柏林普魯士大學，將來歸國其所供獻者當益宏大。國立北平圖書館新建築落成，于廿年六月廿五日舉行開幕典禮，足爲國內圖書館界之一偉大建築，將來繼續發展而成斯業之一有實力的領導，彌堪欣慶。又本年各地方圖書館協會，如濟南圖書館協會改組，山東圖書館協會及安徽圖書館協會、瑞安圖書館協會，無錫圖書館協會，浙江第二學區圖書館協會等之成立，實爲良好之現象，各會照例爲本協會之當然會員。至于盡力中國圖書館事業最著之韋棣華女士，于本年五月間逝世，斯則爲圖書館界之一大損失也。

二 新委員會之產生

據本協會組織大綱第十條之規定，「每年改選之執行委員由執行委員會照定額二倍推舉候選執行委員由會員公選之」，上屆執行委員中三分之一袁同禮李小緣，胡慶生，沈祖榮，杜定友五君，均于本年一月任滿，當由全體執行委員推定李小緣袁同禮沈祖榮徐信符杜定友，徐鴻寶，胡慶生，俞敏甫，陳劍脩十人爲候選委員。同時監察委員三分之一柳詒徵，楊立誠，毛坤三君亦行任滿，由監察委員會推定楊立誠，柳詒徵，毛坤，陸秀，繆鳳林，侯鴻鑑六人爲候選委員，經全體會員之公選，結果任滿之執行委員五人監察委員三人全體連任。今將本屆執行及監察兩委員會全體委員姓名具列如左：

一 執行委員會

袁同禮 杜定友 李小緣 沈祖榮 胡慶生 （二十三年任滿）

戴志騫 王雲五 何日章 朱家治 周詒春 （二十二年任滿）

劉國鈞 洪有豐 陶知行 萬國鼎 孫心磐 （二十一年任滿）

二監察委員會

柳詒徵　楊立誠　毛　坤　（二十三年任滿）

錢亞新　楊昭悊　陳鐘凡　（二十二年任滿）

歐陽祖經　馮漢驥　李長春　（二十一年任滿）

三　議案推行之結果

本會第一屆年會議案繁多，推行而期見其結果，自需時日，本會組織專門委員會以及特向各方建議之事，已均于以前報告中述及，惟上呈國民政府建議亟宜興辦事項五端，至本年度之始（十九年七月）始行得其結果。先是國府接受呈文後，即由主席諭交文官處函轉行政院審核辦理，行政院復交教育部審核。教育部意見如左：

一廣設專門圖書館案　查專門圖書館之設置，本部正在規劃進行，原案主張令中央各院部各就主管範圍設立專門圖書館，并酌量開放，既可供在職人員之參考，又可公諸民衆，用意至善。現在中央及各地方黨政機關間有此項設備，惟以預算關係，未能普通，或因地方狹小，未便開放，故效能尚未大著。擬請由中央暨國民政府分別令行各級黨政機關先行酌量添設專門圖書館，其已設者，亦應力擴充，將所需經費列入該機關正式預算，並于可能範圍內，酌量開放，予民衆以閱覽參考之便利。

二頒發全國各行政機關之出版品于各圖書館案　查原案意在宣揚政府法令及政情，自具要圖，惟全國公私立圖書館數量不少，必責各機關將所有刊物悉行分贈，勢非增加各機關大批印刷費不可，此又須視經費狀況為衡，未能以命令強制執行者。現擬改訂補救辦法，擬請由國民政府令行各機關，凡所發行之印刷物，對于各圖書館特訂廉價優待辦法，在各機關既不致感受困難，在各圖書館亦可以廉價添置刊物，似屬兩利，且易推行。

三防止古籍流出國境案　查國內所存古籍珍本，年來散佚頗多，究其原因，多係外人轉運出口，自宜設法防止。本部對于保存古籍珍本，向極注意，遇有此項事實發生，屢經咨請各當地軍政機關暨財政交通鐵道各部，飭屬嚴查在案。若由政府明令上列關係各部，轉飭各關口暨各交通機關嚴厲稽查，不准運輸出口，效能自更宏大。原案擬請准予照辦。

四組織中央檔案局案　查原案主張成立設計委員會，以科學方法整理，並典藏各項檔案，自係要圖。此項委員會擬請先由本部組織，俟研究得有結果，即行呈請通令施行。至特設中央檔案局，將各項檔案集中一處一節，查各機關散處各地，檔案集中于辦公上，恐多不便。原案擬請復議。

五減輕圖書館寄書郵費案　查圖書館流通書籍，專賴郵寄，現在各圖書館經費均甚困難，自非設法將寄費減輕不可，按新聞郵電減費，辦法業奉發交交通部執行，在案圖書館流通書報似可援照辦理，擬請院長核發交通部核辦。

除第四項應從緩議，第五項事屬交通部主管，另由院令行該部核議外，其前三項當經行政院轉呈國民政府鑒核施行在案，旋奉指令第一〇七八號內開：「呈件均悉。所議各節，尚屬可行，候送中央黨部查照辦理，并由該院分行遵照可也。此令」。行政院當分別函咨令行，已有第二二六七號訓令教部查照辦理。至減輕圖書館郵費一案由院令交交通部核議後，該部復呈略謂：

『茲據該總局（郵政總局）復呈，稱查國內書籍類郵費，現行資例尚係民國九年一月起更訂，實行以來，已歷十稔，現在社會生活程度日高，百物騰貴，各地郵局所付運費較前增高數倍，而內地及邊遠尤覺高昂，遠非十年前所可同日而語，郵局轉運書籍報紙等，賠折甚鉅。奉令前因，當經詳細核議，對於所請減輕郵費一節，認爲窒礙難行，等情前來。職部復查該總局所稱各節，確屬實在情形。』

該項呈文已由教育部鈔示本會知照。

四　次屆年會之籌議

本會于十八年一月在南京舉行第一次年會後，第二次年會因種種關係，迄今未能召集。廿年入歲以來，會員通訊中頗多主張于本年八九月間在北平召集者。執行委員會因對此事進行事項以及籌款問題，加以討論。杜定友君謂時局不靖，可臨時再作計議；孫心磐君謂第二屆年會時期，贊成在九月初或八月中旬；朱家治君謂恐八九月間一切籌備手續過于急促，亦有謂與其糜費巨金舉行年會，不如獎勵著作，移資出版叢書，以灌輸相當知識于一般圖書館員，或供給其業務上之參考工具者。然無論年會應否舉行，時局不靖，交通屢生阻滯，無論籌款匪易，即令勉強召集，亦難望其遐邇蒞臨，而得完美之結果。故此問題現復無形擱淺，但如時局平定，則擬二十一年春間舉行也。

五　調查事業

1　期刊之調查

新興學術之創立，與夫一般學者之心得及討論，多藉期刊爲發表之地，官廳政令，亦藉期刊公布，故期刊實爲合于時代之重要參考物。本會會員多願于此方面協助調查之工作，如李文裿君前既有中國期刊調查表屢續載于會報，本年又編成中國政府出版期刊調查表一篇，載于第六卷第一期，比之國立中央研究院出版品國際交換局所編之中國政府機關刊物目錄所著錄者較多；又現代圖書館應備之日文期刊目錄一篇，載于第六卷第五期；陸鈐君則有江蘇各縣社會教育期刊表，載于第六卷第四期。李小緣君亦製有詳細之表格，從事調查各種期刊云。

2 圖書館之調查

本會十九年四月所編之全國圖書館調查表，頗為社會所需要，現已發售將罄，此一年中復隨時調查，當另成一新表登入會報。又教育部社會教育司本年編有名稱地址表一冊，以謄寫版印布，與本會所調查者互有出入，然未有本會所著錄之多。

六 分類及編目

分類委員會自上年開始蒐羅現行之分類法，並徵求各館對于各種分類法之意見，現仍在進行中。會員金敏甫君近將Berwick Sayers之圖書分類條例譯成中文，載于圖書館學季刊第五卷第一期。然原分類法至為簡略，未足滿吾人之希望。又上海新書推荐社之出版月刊第八期為一分類法專號，載有STT分類法，大致與前上海通信圖書館之分類法相似。意者STT其為 Shanghae Tongshinn Twushu-goan之縮寫歟？會員裘開明君回國後以所著「中國圖書編目法」交商務印書館印行，業于二十年二月出版，從此各館編目業務上又可多一參攷矣。

七 索引及檢字

1 索引

索引委員會自成立以來，即擬計劃三項，載諸本會會報。惟會員散處四方，各任他務，僅以餘力從事，亦頗有足紀者。茲分述于后：

(一)編輯中國索引條例方面已成下列三種

(A)索引和索引法　錢亞新著　商務印書館出版

內容：索引方面有定義、範圍、功用及種類。索引法方面有術語、工具、預備、起草、整理、排版、校對、及重排。

(B)卅五年來中國科學書目草案　杜定友著　油印本

內容：(一)校務會議編印卅五年來科學書目案；(二)進行計劃大綱；(三)編印細則；(四)分類表；(五)卡片格式；(六)年表。

(C)雜誌和索引　錢亞新著　刊載于武昌文華圖書科季刊一卷二號

內容計分八段，其中一段為「怎樣去索引雜誌」。

(二)索引實際工作方面有已輯成者有進行中者，茲分列如左：

(A)已輯成者

中東鐵路事件索引　交通大學圖編　油印本　已出二冊

中國電報號碼　杜定友編　印刷中

圖書集成索引　武昌文華圖書科編　印刷中

(B)進行中者

九通索引　杜定友編　編輯中

四書字彙及索引　錢亞新編　編輯中

(三)出版界及閱讀方面　近今出版之圖書，惟未能完全附有索引，但已有者亦復不少。如陳彬龢所編三民主義註釋與索引一書，最足稱述，此外人文雜誌中之最近雜誌要目索引。中華教育界中之教育新書提要索引，北平燕京大學引得編纂處，近已出版引得三種，爲說苑引得；讀史年表附引得；白虎通引得。該處正在編纂者尙有(一)考古質疑引得；(二)崔東壁遺書引得；(三)書林清話及餘話引得(四)儀禮引得附鄭注引書引得附賈疏引書引得；(五)明儒學案引得(六)四庫全書總目及未收書目引得；(七)大藏經及續藏經中書名及譯著人名引得；(八)十九種藝文志綜合引得等亦可謂索引事業之新發展焉。

2　檢字

本年度中檢字研究界前後創制新法甚多，舉之如下：

a 杜定友——漢字形位排檢法

b 陸費伯鴻——四筆計數檢字法

c 葉心安——四周計頭檢字法看頭檢字簡法

d 田惟之——折筆檢字法

e 鄭影荇——六類排字法

f 洪煨蓮——中國字庋擷

g 蔡野渡，陳稼軒，黃美陶——點直橫斜檢字法

h 鄭午昌——全數頭形檢字法

i 譚　儀——漢字六筆檢字法

以上諸法雖或各有短長，然其應用上均未能如四角號碼法推行之廣也。

八　編纂及出版

1　會報

此一年中會報由該編輯部繼續印行者，爲第六卷第一期至第六期，該卷內容，論文方面注重于雜誌之管理，學校圖書館問題及國際圖書館事業，並載有數篇簡要之目錄，圖書館界及新書介紹兩門之細目；詳刊卷端，亦予讀者以一種檢索上之便利。是以一般會員多喜讀之，且常以消息或短文寄囑發表焉。

2　季刊

圖書館學季刊本年度第四卷已出齊，第五卷第一二期正在編印中，第四卷所刊重要論文甚多，如梁任公之圖書大辭典簿錄之部（官錄及史志）；傅振倫之中國史籍分類之沿革及其得失，岳良木之圖書

登錄條例均爲不易得之巨著，每期調查欄分載各圖書館概況，尤爲圖書館界互通聲息之總匯，自第五卷起另延李君文綺襄助編輯之役。至于材料之徵集印刷之改進均在積極籌劃中。

3 日本訪書志補

宜都楊守敬日本訪書志，多著錄中土久佚之書，傳遍士林。會員王重民曾服務北平故宮圖書館，得盡閱觀海堂遺書，因迻錄手跋，並參益他書，輯訪書志所得多四十餘篇。本會以諸題記多屬鉅製，攷證精審，足補前志之缺，因刊爲中華圖書館協會叢書第三種，用廣其傳。

4 國學論文索引續編

本會前印行之國學論文索引，爲研究國學者之實用工具，今茲續編，體例一如前編，通所收雜誌凡七十七種，論文與前編略等，除少數係民國初年出版者外，餘均最近出版之新刊物，有關于國學者尤至鉅焉。今編爲本會叢書第四種，業已出版。

5 黨義標準書目

本會前託杜定友君編製黨義書籍標準目錄，以供各圖書館採訪上之參攷。該目編竣後即送中央執行委員會重爲審查，以昭慎重。嗣接覆函謂『必備之黨義書目錄，中央訓練部正在擬訂中。關于貴會所編書目，請勿發表，故印行之舉因而中輟。

九　專門教育

本會與文華圖書館學專科學校合辦之圖書館學免費生額，爲推廣教育人材起見，除正科十名外，於十九年秋季另設講習班，招中等學校畢業者十五人。考試結果，專科生只取五人；講習班取十四人，入學者十二人。該班因係一年畢業，故現已均由校中介紹至各圖書館服務。廿年秋季本擬續招專科及講習班各一班，乃因校中種種關係，講習班暫行停辦，改招專科生十五名。

十　宣傳與通訊

本會會務組織及進行成績，外間每每不甚瞭然。本年除揭登概覽表及出版書目于會報及圖書館學季刊外，並與國內外雜誌交換揭登廣告，年來會員入會繳費者之增加，與出版品推行之漸廣，不可不推功于此。會報中消息方面材料亦甚充足，仍不時託顧子剛先生向國外各著名機關及雜誌通訊，以資宣傳。

最後應報告者，厥爲會所之遷移。本會會所自十六年三月遷入北平北海圖書館後，一切事務俱感便利。本年國立北平圖書館新築落成，仍特闢一室以爲本會處理事務之所。本會因得于六月廿五日隨該館同時遷入北平文津街一號新宇。本會所應致謝者也！此後會務百端，均待與舉，尚祈在會諸公鼎力贊襄，俾會務日漸發展，此本會同人之所希冀者也。

中華圖書館協會收支對照總表

中華民國十九年七月至二十年六月

	一 收入之部			
1	上年度轉入			5102.59
2	常年會費			
	a	機關會費	380.00	
	b	個人會費	240.00	620.00
3	出版品收入			120.02
4	銀行存欵利息			287.57
5	季刊廣告收入			14.40
6	收回出版委員會印刷費			107.45
	收入總計			6252.03
	二 支出之部			
1	辦公費			
	a	薪給	136.70	
	b	文具	44.70	
	c	郵電	84.21	265.61
2	購買費			
	a	圖書	32.72	32.72
3	出版費			
	a	叢書	167.60	
	b	季刊	558.62	
	c	會報	181.30	907.52
4	監察委員會用費			30.00
5	文華圖書學校招生用費			98.85
6	雜費			
	a	世界圖書館協會會費	40.00	
	b	國際展覽品運費	141.29	
	c	雜項	28.10	209.39
		結餘		
		銀行存欵	4466.25	
		現金	241.69	4707.94
		總數		6252.03

资料来源:《中华图书馆协会会报》,第7卷第1期,1—7页

7. 中华图书馆协会第七年度报告

中華圖書館協會第七年度報告

二十年七月至二十一年六月

一 會員狀況

本會現有會員六百六十七名，分計如下：

一 名譽會員三十二名——（比上年減一名）

二 機關會員二百三十三名（包括爲地方圖協會）——（比上年增加八十七名）

三 個人會員四百〇二名 ——（比上年增加九十二名）

會員總數比較上年度增加一百七十八名，開近數年來增加會員之新紀錄。本年度赴國外研究圖學之會員凡三人，譚卓垣汪長炳二君在哥倫比亞大學，馮漢驥君在哈佛大學，裘開明君則再度赴美，嚴文郁君轉道之德，將來歸國，其所供獻者當益宏大。梁思莊女士，桂質柏博士，先後返國，在圖界任要職，王文山君返國後，主持清華大學圖書館，成績斐然，殊堪慶幸！惟本會名譽會員杜威博士于上年十二月十日逝世，斯則爲圖書館界同人所共誌悲悼者也！

本會會員錄曾一度刊于本會會報第一卷第五期，今年新入會者既多，遂重爲編製，刊佈于本會會報第七卷第六期中。

二 新委員會之產生

據本協會組織大綱第十條之規定，每年改選之執行委員，由執行委員會照定額二倍推舉候選執行委員，由會員公選之。上屆執行委員中三分之一：劉國鈞，洪有豐，陶知行，萬國鼎，孫心磐五君，均于本年一月任滿，當由全體執行委員推定洪有豐，劉國鈞，王文山，馮陳祖怡，孫心磐，陶知行，萬國鼎，桂質柏，田洪都，王獻唐十人爲候選委員；同時監察委員三分之一，歐陽祖經，馮漢驥，李長春三君，亦行任滿，而監察委員會委員中適有離職者，遂由執行委員會代爲推定李長春，歐陽祖經，馮漢驥，徐家麟，蔣希曾，陳訓慈六人爲候選委員，經全體會員之公選，其結果分誌如左：

一 執行委員

劉國鈞 洪有豐 田洪都 王文山 馮陳祖怡 （廿四年任滿）

袁同禮 杜定友 李小緣 沈祖榮 胡慶生 （廿三年任滿）

戴志騫 王雲五 何日章 朱家治 周詒春 （廿二年任滿）

二 監察委員會

徐家麟 歐陽祖經 陳訓慈 （廿四年任滿）

柳詒徵 楊立誠 毛坤 （廿三年任滿）

錢亞新 楊昭悊 陳鐘凡 （廿二年任滿）

三 次屆年會之籌議

本會于十八年一月在首都舉行第一次年會後，第二次年會因種種關係，迄未能召集。上年會員通訊，曾有主張八月在北平召集者，今年則又有主張在九月間舉行者，嗣以時間倉促，籌備不及，遂又延期。然仍黽勉從事于籌備，期于明年一二月間能促其實現也。

四 調查事業

一 全國圖書館調查

本會對于全國各圖書館如有所聞，必爲之紀錄，業經刊佈三次，上年教育部社會教育司亦有全國圖書館調查，油印刊發，惟仍有未實未盡之處。本會就積年所得，重爲編次，名爲第四次訂正全國圖書館調查表，刊于本會會報第七卷第三期，另印單行本若干册，以便購取參考之用焉。

二 各省圖書館調查

A 河北省圖書館調查　河北省教育廳擬改進全省圖書館，委託國立北平圖書館派員視察指導。本會會員李文裿君適應斯役，周遊三閱月，所至四五十處，已將視察報告陸續披露于本會會報；仍將總報告刊佈于六卷二期季刊中。

B 四川省圖書館調查　四川遠在西南，交通不便，然近項對于圖書館事業，頗爲一般人士所注意。本會特因會員毛坤君暑期返里之便，由執行委員會備函，請其就近代爲調查，隨宜加以指導焉。

C 期刊調查

我國書店目錄向無期刊總目之印行，而學術之演進，多藉期刊爲發表之地。本會會員對于調查期刊，頗具熱誠，如李文裿君之圖最低限度應備之期刊目錄，及陳麗泉君之二十年度新刊中國期刊調查表，均分載于本會會報第七卷第三期及第四期。

五 分類與編目

分類委員會自蒐求現行之分類法以來，頗著成效。會員傅振倫君有中國史籍分類之沿革及其得失一文，刊于圖書館學季刊第四卷第四期，足爲乙部書分類之考証。至於編目，自劉衡如博士之編目條例草案發表後，頗得一般人之信賴。會員金敏甫君更將畢孝潑氏 (Will-ism Warner Bishop) 之現代圖書館編目法 Practical handbook of modern library cataloging) 全書遂譯，將按期刊入圖書館學季刊第五六兩卷中。從事于編目工作者，又將增一參考之臂助矣。

六 索引

年來索引事業極見發達，已成未成之作，不下數十種，足徵會員從事于是項工作之努力。本會亦輯成國學論文索引三編，及文學論文學引續編，均待印行。他如李小緣君之史姓韻編索引，林斯德君之全唐詩文作家引得合編等三種，錢亞新君之四書字彙索引，房兆穎君之清代傳記總記索引，杜定友君之九通索引，均其著者也。至于武昌文華圖書科，國立北平圖書館，燕京大學引得編纂處所作，成績尤多，其名稱均著錄于會報中，不再贅述。

七 編纂及出版

一 會報

此一年中會報由該編輯部印行者爲七卷第一期至第六期，內容除注重討論圖書館實際管理諸法外，尚有期刊目錄之介紹與調查，並第四次訂正之全國圖書館調查表及最近之會員錄均分刊于第三期及第六期。

二 季刊

圖書館學季刊本年度第五卷已出齊，重要論文甚多，如黎錦熙之元雜劇總集曲目表，李文裿之板本名稱釋略，金敏甫譯 Bishop 氏之現代圖書館編目法，均有關實用之作。他如國立北平圖書館概況及繆止水齋書目則爲有系統之巨製，亦分別刊入；至關于國外圖書館之論文則有嚴文郁之美國圖書館概況及謝禮士博士之德國圖書館歷史上的進展，皆足以介紹于國人而供研究與參考者也。

三 文學論文索引

此書分上中下三篇，爲張新虞等所輯，引用雜誌一百六十二種，論文凡四千篇，爲研究文學之工具。本會因與國學論文索引有同一旨趣，遂編爲本會叢書第五種，已于本年一月出版。

八 專門教育

本會與文華圖書館學專科學校合辦之圖書館學免費生額，于廿年季復續招十五名，計錄取及格者凡九名，業由該校呈報教育部准予立案，中華教育文化基金董事會爲擴充該校圖書科課程起見，特議決增加補助費三千六百元，設講座一席，該校于十二月初延自美返國桂質柏博士教授兼教務主任云。

九 與政府往來事項

一 電爭書籍印刷品郵資加價

本年五月初間交通部訂定郵票加價辦法，影響圖書館事務甚鉅，本會執行委員會特就圖書館界之立場，痛陳其不可，于五月三日致電行政院汪院長力爭，結果書籍印刷品郵費仍照原來辦法，未有變更。原電刊于會報第七卷第六期。

二 編製本會概況以備教育部採入年鑑

本年五月初間教育部有編纂第一次中國教育年鑑之議，印發概況要目，令行各教育機關及學術團體分別造報，以資採擇彙編。本會當即按照要目編製概況一册，業經遵限具覆。此項概況底稿再加潤飾，擬即付印成册，以便分佈于各圖書館焉。

十 國際事業

主持國際圖書館協會聯合會會務之國際委員會，本年六月九日至十日在瑞士京城伯爾尼國立圖書館內舉行第五次會議，連函本會代表出席，本會因路途修遠，特編製一年來中國圖書館界概況之簡略報告，並附敘上海各大圖書館此次滬戰之損失，惟未能專人前往云。

收支對照表

（廿年度）

I 收入項下		
1 上年度轉入		4707，94元
2 常年會費		
a 機關會費	260，00元	
b 個人會費	249，00元	509，00元
3 出版品收入		573，81元
4 銀行存款利息		247，47元
5 季刊廣告收入		66，50元
總計		6104，72元
II 支出項下		
1 辦公費		
a 薪給	305，33元	
b 文具	79，48元	
c 郵電	104，48元	489，29元
2 購置費		
a 圖書	0，70元	0，70元
3 出版費		
a 叢書	874，20元	
b 季刊	485，00元	
c 會報	385，89元	
d 雜件	15，00元	1760，19元
4 國際圖書館協會聯合會會費		42，50元
5 文華圖書館學校招生用費		134，57元
III 結存		2427，25元
1 中孚銀行		
定期存款	2000，00元	
往來存款	815，13元	2815，13元
2 現金		862，34元
總計		6104，72元

资料来源:《中华图书馆协会会报》,第8卷第1、2期合刊,1—4页

中華圖書館協會第八年度報告

二十一年七月至二十二年六月

一 會員狀況

本會現有會員七百四十名分計如下：

一 名譽會員三十名——(比上年減二名)

二 機關會員二百五十八名(各地方圖協會)——比上年增加二十五名

三 個人會員四百五十二名——(比上年增加五十名)

會員總數比較上年度增加七十三名，本年度會員吳光清查修兩君自美歸國，吳君主持金陵女子文理學院圖書館，查君則任教于文華專校。蔣復璁君自德返國任中央圖書館籌備主任，皆成績斐然，殊堪慶幸也。

二 執行委員會議決及推行各案

本年執行委員計開三次，所議決及推行各案，擇要誌下；其每次議決案全文已分別公佈于第八卷會報中茲不贅及：

一 改組各委員會案

二 督促各委員會實際工作案

三 增加圖書館館員學識案

四 交換複本案

五 各圖書館工作報告案

六 籌劃本會基金案

七 徵求紀念捐欵案

八 徵求贊助會員案

九 機關永久會員會費明確規定案

三 專門委員之組織

本會各專門委員會負責人員或職務變更，或出國深造，執委會爲促進各部工作起見，遂于第一次會議決議改組推定人選如下：

分類委員會

劉國鈞 (主席) 曹祖彬 (書記)

編目委員會

裘開明 (主席) 馮漢驥 (書記)

索引委員會

萬國鼎 (主席) 蔣一前 (書記)

檢字委員會

杜定友 (主席) 錢亞新 (書記)

圖書館教育委員會

沈祖榮 (主席) 徐家麟 (書記)

建築委員會

戴志騫（主席）　吳光清（書記）

編纂委員會

袁同禮（主席）　向達（書記）

板片調查委員會

柳詒徵（主席）　繆鳳林（書記）

圖書館學季刊編輯部

劉國鈞（主席）王文山　桂質柏
柳詒徵　馮陳祖怡　查修
李小緣　田洪都　李文裿
洪有豐　王獻唐

四　次屆年會之籌議

本會年會于十八年一月在首都舉行第一次年會後，二次年會因種種關係迄未能召集，年前會員通訊，有主張今年春假期間在北平舉行者，執行委員會特召集會議二次，業經推定籌備委員，擬四月三日至六日爲開會日期，嗣因時局關係，又復延期至本年八月間舉行。

五　調查事業

1　全國圖書館調查

本會歷次編印之全國圖書館調查表，素爲學術界所重視，上年所印行者爲第四次訂正本，同時教育部社會教育司亦印成全國圖書館調查表一册，係合民衆教育館共同著錄，故爲數較多。然其中省市縣立圖書館得本會原表匡正之處亦正不少也。現在本會一年以來繼續調查，續有增加，擬重爲編訂，著錄各館之經費藏書數量分類編目之方號，閱覽之狀况等而成一有系統之調查表，將于第九卷會報中特闢專號發表。仍當另印單行本以便購取參考之用焉。

2　各省圖書館調查

上年度河北四川兩省均由本會派員調查其圖書館之設施，除河北省方面報告陸續發表于第七卷會報及六卷二期季刊外，其調查四川省圖書館報告，因寄到較遲，故發表于本年出版之第八卷第三期會報中。本年度復爲改建圖書館教育方針，並促圖書館事業發展起見，特委託武昌文華圖書館學專科學校校長沈祖榮，自鄂經贛皖江浙魯豫冀等省，沿途調查各圖書館館員之訓練，沈君自四月初自漢北上，爲期一月，方始竣事，報告書即將披露。

3　期刊調查

我國期刊出版日繁，書店目錄，尚缺完善總目，故期刊之訂購爲各圖書館最感困難之事，自民國十六年本會即有期刊調查目錄，逐期刊于會報中，足資各圖書館參酌之需。二十年度以後，兩年中新刊益臻隆盛，仍由李文裿君續輯成目，容日發表于第九卷會報中。

4　書店調查

調查各地書店一項，本會向極勠力，惟我國幅員遼闊，勢難由本會專人一一調查，故必須仰賴各地圖書館之贊助，方克有濟。本年度復委託各會員調查覆函均甚明確，尤以廣西統計局圖書館助力爲多，已分別發表于八卷一三兩期會報中，惟會報篇幅有限，將來按年擬出一專册也。

5　善本調查

善本調查委員會初爲柳詒徵君主持，積年成績，甚爲可觀。本年度專門委員會改組，善本調查歸併于板片調查委員會，仍由柳君主持，計將下列各名藏宋元刊本一一調查完畢：

一嘉業藏書樓　二松江韓氏藏書　三南海康氏藏書

六　分類與編目

分類委員會自蒐求現行之分類法以來，頗著成效，江蘇省立國學圖書館編目分類綱要公佈後。本會曾刊于第八卷五期會報，類目精詳，若網在綱，頗足以供各圖書館從事分類者之參証焉。至于編目，會員金敏甫所譯畢孝發氏(w.w. Bishop)之現代圖書館編目法(Practical handbook of Modern library Cataloging)業已印完，即將發刊單行本。至于編目方面之參考書如：汪誾之明清蟫林輯傳，葉啟勳之四庫全書目錄板本考，邢雲霖之簿式目錄中著錄詳略之研究等文，均會員中近年來努力所得之碩果也。

又編目委員改組後，編目委員會主席裘開明君製定全國圖書館編目調查表，先從事于調查各館編目狀況，以爲改進編目方法之劃一及編目條例之準備，該項表格已分寄各館，尚有少數未能塡覆，故統計尚不能露佈也。

七　編纂及出版

1　會報

此一年中會報由該編輯部印行者爲第八卷第一期至第六期，內容尚稱豐富，計有大部參考書之索引二：(一)碑傳集補索引，(二)册府元龜索引，重要集目二：(A)國聯調查團書目(B)知見印譜錄目，其他圖書館管理法之討論，新刊書籍之紹介，以及各地方協會及會員消息等，靡不翔實，堪以引起讀者之興趣焉。

2　季刊

圖書館學季刊本年度自六卷一期至七卷二期出齊，近年因印刷遲誤之期數，俱以補全。重要論文殊多，如桂質柏之大學圖書館之標準，李小緣之英國國立圖書館藏書源流考，周延年之慈雲樓藏書志考，均爲有系統之著述也。他如華亭董氏玄賞齋書目，方志藝文志彙目，殷契書目錄，宛委別藏現存書目，等皆足以介紹于國人而供研究與參考者也。

3 文學論文索引續編

文學論文索引初編所收論文四千篇，上年業由本會出版。本年賡續前編完成續編，門類依舊，所著錄之材料，足與初編相埒。遂編爲本會叢書第六種，現已付印，不久即可出書。又國學論文索引自出書後業已絕版，現在再版印刷中。

4 官書局書目彙編

官書局創始于清末同治，極盛于光緒，及至鼎革，殘毀過半，現已多數歸併于各圖書館，仍能續行刊印書籍者，則僅浙江一局而已。本書著錄當時各局出版書籍名稱價格，間及于著者之年代及紙張形色，原爲朱士嘉所編，現由本會印行，編爲本會叢書第七種，八月底出版。

5 編纂全國學術機關指南

本會鑑于北平圖書館協會編輯之北平學術機關指南明確適用，遂有擴大範圍而爲全國學術機關指南之編纂，以便國內外人士之參閱。惟全國學術機關各省市所在多有，調查匪易，業經分寄調查表，預料完成之期，當在明年春季云。

6 古逸書錄叢輯出版

古逸書錄叢輯，計包含中興館閣書目輯考五卷，續目一卷，宋國史藝文志輯本二卷，爲貴陽趙士煒所輯，本會與國立北平圖書館共同出版者也。

八 專門教育

本會與文華圖書館學專科學校合辦之圖書館學免費生，本年度停止招考一次，俟上年度入校生畢業後，下年度再爲續招。今夏專科畢業者凡九名，俱已受試準予畢業矣。

九 國際事業

國際圖書館協會在羅馬舉行第一次大會時，本會曾派代表沈祖榮參加出席。本年十月十四日至十六日，在支加哥舉行國際圖書館會議，及美國圖書館協會第五十五屆年會，本會業經選派駐美會員哈佛大學漢和圖書館主任裘開明君爲代表，屆時便道前往參加矣。

中華圖書館協會

收支對照總表

二十一年七月一日至二十二年六月三十日

I 收入項下		
1 上年度轉入		3677•47
2 常年會費		
a 機關會費	690•00	
b 個人會費	424•00	1114•00
3 出版品收入		294•89
4 銀行存款利息		234•67
5 中央黨部補助費		2700•00
總　計		8021•03
II 支出項下		
1 辦公費		
a 薪給	625•00	
b 文具紙張印刷	84•18	
c 郵電	173•00	882•18
2 購置費		
a 圖書	•25	
b 傢具	27•00	27•25
3 出版費		
a 叢書	674•63	
b 季刊	1806•20	
c 會報	195•20	2676•03
4 雜費		
a 文華圖書館學校考查費及招生用費	203•30	
b 雜項	43•54	246•84
III 結存		
1 中孚銀行		
a 定期存款	2000•00	
b 往來存款	1465•05	3465•05
2 現金		723•68
總計		8021•03

资料来源:《中华图书馆协会会报》,第9卷第1期,2—6页

9. 中华图书馆协会第九年度报告

中華圖書館協會第九年度報告

二十二年七月至二十三年六月

一 會員狀況

本協會現有會員七百八十六名分計如下:

一名譽會員 二七名

二機關會員 二七七名—(比上年增加十九名)

三個人會員 四八二名—(比上年增加三十名)

會員總數比較上年度增加四十六名。會員中往國外圕服務者有葛受元及房兆穎二君出國深造者有陸秀女士留學歸國者有嚴文郁,譚卓垣二君。曾往日本考察教育文化及圕事業者有趙吉士,陳配德,錢稻孫,楊維新四君考察歐美圕並負連絡之責者則為前執行委員會主席袁同禮先生。又名譽會員德國密爾考(Fritz Milkau)教授于本年一月二十九日逝世世界圕界均同惋惜。

二 新執監委員會

據本協會組織大綱規定每年改選執監委員,先分別由執監委員會自照定額二倍推舉候選委員再由會員公選之上屆執行委員中三分之一戴志騫王雲五何日章朱家治周詒春五君及監察委員中三分之一錢亞新楊昭悊陳鍾凡三君均已任滿。由兩委員會推舉戴志騫,嚴文郁,何日章,施廷鏞,朱家治,査修,桂質柏,吳光清,蔣復璁,陳長偉十人為候選執行委員;萬國鼎章新民洪業,董明道,李燕亭,姚金紳六人為候選監察委員。旋于二月十五日經全體會員正式選定。本屆執行委員會委員為:

戴志騫 蔣復璁 桂質柏 何日章 嚴文郁 (新任,廿六年任滿)

劉國鈞 洪有豐 王文山 田洪都 馮陳祖怡 (舊任,廿五年任滿)

袁同禮 杜定友 李小緣 沈祖榮 胡慶生 (舊任,廿四年任滿)

監察委員會委員為:

洪業 萬國鼎 李燕亭 (新任,廿六年任滿)

徐家麟 歐陽祖經 陳訓慈 (舊任,廿五年任滿)

柳詒徵 楊立誠 毛坤 (舊任,廿四年任滿)

執行委員會又推定劉國鈞,袁同禮,李小緣,洪範五,嚴文郁五人為常務委員,而劉國鈞為主席。監察委員會推定洪業為主席,毛坤為書記。

三 年會之召集與議案之推行

本會第二次年會于二十二年八月廿八日至三十一日假北平國立清華大學舉行,討論之範圍以圕經費及民衆教育為中心。事務方面分文書,庶務,會計,招待,註冊,議案,論文等七組。集會有大會,圕行政組會議,圕經費組會議,圕教育組會議,分類編目組會議,索引檢字組會議,民衆教育組會議,會務會議及講演會,茶會,宴會等。此外例有參觀遊覽等項,其詳具見于「第二次年會報告」。至於事前籌備,會期招待,多賴北平各圕同人于徂暑間勞神協助,並賜盛宴;各項開支,蒙中國國民黨中央執行委員會補助五百元，行政院駐平政務整理委員會，河北省政府，北平市政府及中華教育文化基金董事會各補助一百元，國立北平圕，北京大學，師範大學，燕京大學，中法大學，協和醫學院，北平故宮博物院，國立北平研究院，中國大辭典編纂處，靜生生物調查所，北平社會調查所，實業部地質調查所，歷史博物館，古物陳列所，西北科學考查團，中華文化經濟協會各量力補助，並聯合設茶會招待出席會員，彌足感紉，業經一一專函鳴謝。此次議決案不如第一次年會之多，先後分別推行，表列如左。

請本會通函全國圕注重民衆教育事業案　通函全國圕辦理。

爲推廣民衆教育擬請本會組織民衆教育委員會案　因中國社會教育社，已經成立，執行委員會議定暫緩組織，以免工作重複。

呈請教育部通令各省市縣在鄉村區域從速廣設民衆圕案　呈請教育部採納施行。

建議中央通令各省于各宗祠內附設民衆圕案　呈請教育部採納施行。

縣市圕與民衆教育館應並行設立分工合作案　呈請教育部採納施行。

編製通俗圖書目錄案　原議交民衆教育委員會辦理。

擬定各級圕經費標準請教育部列入圕規程案　呈請教育部採納施行。本會並設圕經費委員會研究具體方案。

向中英庚款董事會請速撥款建設中央圕並請中美庚款董事會補助各省圕經費案　分別函請管理中英庚款董事會及中華教育文化基金董事會查照辦理。管理中英庚款董事會審議後已決定撥款一百五十萬元爲國立中央圕建築費，中華教育文化基金董事會尙未見覆。

呈請教育部規定補助私立圕臨時及經常費案　，呈請教育部採納施行。

請中央撥棉麥借款美金一百萬擴充全國圕事業案　分電南京中央政治會議及行政院並推陳東原柳詒徵洪範五三君爲代表向行政院及教育部面洽。行政院當移交全國經濟委員會核辦。據委員會覆已存備參考。

呈請教育部于圕規程中規定省立圕應負輔導該省各圕之責任案　呈請教育部採納施行。

請協會呈請教育部通令各省市縣教育行政機關聘請圕專家指導各中小學圕一切進行事宜案　呈請教育部採納施行。

國內各館館員得互相交換以資觀摩案　通函全國圕酌量施行。

通函各縣市應設立兒童圕並規定各圕附設兒童閱覽室案　通函各省教育廳局轉令所屬照辦，並通函全國各圕查照。據各廳局來函大半已各擬定方案飭屬遵行。

請本會建議各省市縣公共圕附設流動圖書部案　已通函全國

圕採酌辦理。

監獄附設小圕案　已函請司法行政部飭令各監獄遵照辦理。據該部函復：各省新監獄及反省院已設置圖書室，其尚未設置者，亦在籌劃進行中。

酌量公開學校圕俾學校圕與社會合成一氣補助成人的教育案　已通函全國學校圕查照辦理，已有數圕因情形適宜，對外公開，

由本會通知全國公私立圕儘量蒐羅方志輿圖以保文獻案　通函全國圕酌量施行。

建議當局傳鈔及影印孤本秘籍以廣流傳案　呈請教育部採納施行。

建議教育部此次選印四庫全書應以發揚文化爲原則，在書店贈本內提出若干部分贈各省市立重要圕暨國立各大學圕案　呈請教育部裁酌辦理。

圕應擴大宣傳方法藉謀事業之發展案　通函全國圕酌量舉辦。

請協會建議行政院及教育部指撥的欵于北平設立圕學專科學校案　呈請教育部採納施行。

再請教育部令國立大學添設圕學專科案　呈教育部採納施行。

請本會函請各省市圕人材經費設備充足者附設圕講習所以培育人材案　已函請各省市立圕酌量舉辦。

函請各省教育廳每年考選學生二名分送國內圕學學校肄業其學膳宿費由教育費中指撥案　已函知各教育廳自二十二年度起每年考選圕學官費學生二名希查照辦理見復准各省教育廳來函稱本年度預算已經編過須俟二十三年度起再行斟酌辦理

由本會函請圕學校應注重語言案　已函請武昌文華圕學校及南京金陵大學圕學班查照辦理

審定杜威十進分類法關于中國歷史地理語言文學金石字畫等項之分類細目案　組織審定杜威分類法關于中國細目委員會負責進行。聘桂質柏君爲該委員會主席，陳尺樓君爲書記，查修，曾憲三，裘開明，蔣復璁，劉國鈞五君爲委員，

請全國各圕于卡片目錄外應酌量情形增編書本目錄以便編製聯合目錄案　通函全國圕酌量辦理

由本會建議書業聯合會編製出版物聯合目錄案　書業之全國聯合組織尚未成立，故一時無從建議。最近本會會員黃楚蒼君以全力從事此項編輯完成後將由生活書店出版。

請協會根據上次會議從速規定分類編目標題及排字法標準案

請本協會分類編目檢字三委員會查照。

關于呈請教育部採納施行各案，教育部彙編爲改進及充實全國圕案，于二十三年一月十一日及十二日在京召集民衆教育委員會會議，交付討論。本會執行委員劉國鈞，洪有豐，蔣復璁三君，會聯合對該案表示意見，以供會議委員參考。結果該案全體成立。教育部于六月十三日

批覆本會原呈云『呈暨附件均悉。查該會第二次年會議决各案，尚多可採，應候本部分別性質陸續飭辦。仰即知照。』

四　編纂及出版

1.會報　此一年中本會會報由該編輯部編印，計第九卷第一期至第六期，內容仍照向例，自二十三年一月起復增期刊生卒調查及期刊要目彙錄兩欄。前者紀錄新創刊與停刊之雜誌；後者介紹與圖學有關若干種雜誌中之重要資料。

2.季刊　圖書館學季刊，仍由劉國鈞博士主持，並由李文裿君負編排校印之責。本年所出版者為第七卷第三期至第八卷第一期。第八卷第二期在排印中。第二次年會會員所提出之論文，均分載于第七卷第三四兩期中。張秀民君「選印古書私議」論文，別于「北晨學園討論影印四庫問題專號發表」，故不重載。

3.文學論文索引續編　文學論文索引續編由國立北平圖書館索引組劉修業女士輯錄印校。所收雜誌報章共一百九十三種，自民國十七年至二十二年五月止。分類照前編略有增改，舉之如下：

(一)上編：總論包括「文學通論」及「各國文學」兩種論文，前者以性質分子目，後者以國界而分子目

(二)中編：分論乃依作品之體製分為詩歌，戲曲，小說及中國特有之詞曲與賦等類；每類中更就國界或性質分別細目

(三)下編：文學評傳以國界分目，其排列依作家生年而後定先後。

(四)附錄：共有文學書籍之「序跋」，「書目」，「書籍與作家之介紹」，「文壇消息」及「藝術」。第六則，序跋之另列一項為便參考者檢閱。論藝術之文章，多兼及文學，故關于此等論文附錄以供閱者多所參考

又各國文學家備載其生歿年，中國文學家兼記其別號籍貫；新書評介則紀其原書作者及出版處。

4.第二次年會報告　年會之後，執行委員會例有報告之編製，排印後寄贈全國各圖藉以傳達會議之情形及議決之議案等等。此次年會因提案均經付印，無須轉錄，故于會後一月內卽行編印告竣。

5.國學論文索引重印　王重民君所編國學論文索引出版日久，需要者衆，早已絕版，因于本年重行付印，以應求者。

6.季刊論文單行本　年來圖書館學季刊發表會員重要著作甚多，其中數種篇幅較長，頗有單行之必要，勢宜抽印另行裝釘；又有時為酬投稿者雅意，另印單行本若干為贈，剩有餘本存會，備人求索。計有下列各種：

圖書館參考論　李鍾履　　方志藝文志彙目　李濂鏜

現代圖書館編目法　金敏甫譯　　編輯中國史籍書目提要　傅振倫

中國善本圖書編目法　于震寰　　方言考　崔　驥

玄賞齋書目　　英國國立藏書源流考　李小緣

鑒止水齋藏書目　　江蘇藏書家小史　吳春晗

五　專門教育

本會與武昌文華圖學專科學校合辦之圖學免費生額，本年度中

除招考專科正班學生外，同時復在晉，陝，甘，蜀，雲，貴，廣，鄂八處招考民衆班，其入學程度爲中學畢業，以培植民衆教育之人材。該民衆班免費生凡六人在學期間爲一學年，現已畢業。

六 圕經費之研究

本會于第二次年會之後，即組織圕經費委員會，聘柳詒徵君爲主席，陳東原君爲書記，王獻唐，柯璜，陳訓慈，楊立誠，蔣希曾五君爲委員，負責調查各種圕經費多寡，並研究標準方法，以期對于政府貢獻正確之意見。二十三年一月十一日至十二日教育部在京召集民衆教育委員會會議，該委員會專對會議中「改進及充實全國圕案」第一項之圕經費與設備提出詳細具體意見，由陳東原君擬具草案，原案見會報第九卷第四期第三至五頁，茲不贅述。

七 調查事業

本會前次編印之全國圕調查表，與教育部社會教育司出版之全國公私立圕一覽表頗有出入，部表于本會調查表所列者外，凡有名可稽者，皆予收入，故數量較多。本會以國內圕界年來又不無變化，特再重行調查，用便同人檢查。名稱地址函託各地教育廳局補正，以求翔實。現在新表已鈔成待印。又中文期刊生卒之調查，則賴國立北平圕中文期刊組供給資料，每兩月發表一次。

八 國際聯絡

國際事業中首應叙述者爲本會執行委員會主席袁同禮先生歐美之遊。此行曾奉教育部令考察西洋圕事業，進行國際文化聯絡事宜，使命至爲重大。袁先生于二十三年二月二十日離平，二十七日抵日本，勾留兩日，乘亞細亞皇后輪赴美，于六月中轉往歐洲，所至參觀各大圕及學術機關甚多，所獲定極豐富，返國期須在十二月初，屆時當有詳細報告惠示同人也。

國際圕協會聯合會之國際圕委員會，第六屆會議于民國二十二年十月十四日在美國支加哥，十一月十三日及十四日在法國阿威娘分兩次舉行。本會請裘開明先生代表出席于支加哥會議，裘先生提出中國圕情報及中國圕與出版之統計各一篇，文見會議紀錄。第七屆委員會曾于二十三年五月二十八至二十九兩日在西班牙馬德里開會，袁同禮先生本擬出席，時促未能趕到，臨時由日內瓦中國國際圕館長胡天石先生代表我國圕界與會。胡先生提出中國圕報告一篇，亦已載入紀錄。經此兩次會議之討論；第二次國際圕大會遂決定于明年五月在西班牙舉行焉。

九 基金之募集

本會因基本經費無着，成立業經九載，猶附設于北平圕中，未能應時進展，爲海內人士所深惜。第二次年會舉行會務會議時，咸以本會爲全國圕事業之樞紐，亟宜積極發展，因議決募集基金一案，俾經費無竭蹶之虞，而會務幸得日起有功。執行委員會即照議決案訂定募集基金辦法，同時徵求贊助會員及永久會員。「一次交會費百元者爲贊助會員，代募基金伍百元者或同時介紹永久會員十人者亦得為贊助會員；一次交會費伍拾元者為永久會員，代募基金二百五十元或同時介紹永久會員五人者亦得為永久會員；凡機關一次交會費百元者為永久會員。推定戴志騫君為基金保管委員會主席，洪有豐，劉國鈞，周詒春，王文山四君為基金保管委員會委員。另推請募集基金委員會委員七十人，誌名于左：

蔣夢麟　蔣復璁　錢亞新　趙鴻謙　康爵
周詒春　洪有豐　沈祖榮　陳子彝　姚大榮
袁同禮　吳光清　胡慶生　俞慶棠　謝大祉
徐鴻寶　柳詒徵　查修　陳訓慈　譚卓垣
嚴文郁　曹祖彬　徐家麟　沈學植　徐紹棨
何日章　李小緣　毛坤　陳準　梁思莊
田洪都　朱家治　皮高品　陳東原　陳樹人
馮陳祖怡　戴超　王獻唐　顧天樞　秦光玉
陳尺樓　杜定友　黃星輝　楊立誠　潘寰宇
施廷鏞　趙[illegible]　柯璜　歐陽祖經　張立德
李儼先　王雲五　聶光甫　楊昭悊　周學昌
劉國鈞　陳寶泉　蔣芳澤　沈緯紳　陸秀
桂質柏　蔣明道　李燕亭　程昌祺　汪長炳
王文山　姚金紳　馮家驥　余超　裘開明

現在保管委員會已收到現金二百八十七元存入中國銀行中華圖協會基金賬內。集腋成裘，覆簣為山，凡我會員，幸同努力焉。

十　會計報告

二十二年度
收支對照總表

支出之部

1	薪給		1,028.10
2	文具		69.62
3	郵電		244.03
4	購置圖書		2.80
5	出版費		
	季刊	1,232.64	
	會報	327.20	
	書籍	1,161.24	27,21.08
6	印刷雜件		119.87
7	裝訂費		18.90
8	雜費		51.42
9	國際圖協會會費(1933—34兩年會費)		81.28
	結存		
1	中孚銀行存款		2,161.57
2	現金		662.56
	總計		7,162.13

收入之部

1	上年度轉入		4,188.73
2	會員會費		
	機關會費	795.00	
	個人會費	543.00	1,338.00
3	出版品售款		378.02
4	銀行存款利息		183.34
5	監察委員會退還餘款		51.49
6	第二次年會餘款轉入		872.55
7	國立北平圖興圖展覽會售券補助費		150.00
	總計		7,162.13

资料来源：《中华图书馆协会会报》，第10卷第1期，1—6页

中華圖書館協會第十年度會務報告

二十三年七月至二十四年六月

一 會員狀況

本會現有會員八百二十五名，分計如下：

一、名譽會員 二七名

二、機關會員 二七六名（其中四名爲永久會員，二十四年度會費已繳訖者一一七名，當全數二分之一弱。）

三、個人會員 五二二名（其中十一名爲永久會員，二十四年度會費已繳訖者一四二名，當全數四分之一强。）

會員總數比較上年度增加四十六名。

執行委員會主席袁同禮先生自二十三年二月出國後，歷訪歐美各國，參觀各大圖及學術文化機關，已于上年十二月返國。除圖事業外，袁先生對于檔案管理法及博物館管理法，亦甚提倡。執行委員馮陳祖怡先生則于二十三年底因職務關係往日內瓦。二十三年秋季因交換館員出國者有岳良木（美）王重民（法）兩君。赴日本深造者有崔叔青女士一人，最近已卒業回國。赴日本調查圖書館況者，有許預甲君一人。赴美研究圖書館學者有李芳馥君，黃維廉君，黃星輝君，在美服務之葛受之君已于今春返華。

二 新執監委員會

據本會組織大綱之規定，每年改選執監委員先分別由執監委員會自照定額二倍推舉候選委員，再由會員公選之。上屆執行委員中三分之一：袁同禮，李小緣，杜定友，沈祖榮，胡慶生五君；及監察委員中三分之一，柳詒徵，楊立誠，毛坤三君均已任滿。由兩委員會推舉李小緣，沈祖榮，杜定友，胡慶生，陳東原，袁同禮，王雲五，查修，譚卓垣，吳光清十人，爲候選執行委員；裘開明，柳詒徵，毛坤，章新民，曾憲三，錢亞新六人爲候選監察委員，旋於二月十六日經全體會員正式選定。本屆執行委員會委員爲：

袁同禮 杜定友 沈祖榮 李小緣 王雲五（新任，二十七年任滿）

戴志騫 蔣復璁 桂質柏 何日章 嚴文郁（舊任，二十六年任滿）

劉國鈞 洪有豐 王文山 田洪都 馮陳祖怡（舊任，二十五年任滿）

監察委員會委員爲：

裘開明 柳詒徵 毛 坤（新任，二十七年任滿）

洪 業 萬國鼎 李燕亭（舊任，二十六年任滿）

徐家麟 歐陽祖經 陳訓慈（舊任，二十五年任滿）

執行委員又推定袁同禮，洪有豐，劉國鈞，沈祖榮，嚴文郁五人爲常務委員，而袁同禮爲主席。二月十七日及五月四日在平執行委員（袁同禮，洪有豐，田洪都，嚴文郁，何日章，）曾舉行會議兩次，討論會務進行事宜，其紀錄曾分請全體執行委員查照，並參加意見。

三　會所遷移及聯合會所之進行

本會事務所原在北平國立北平圖書館新建築內，近以會務日繁，時感不敷辦公之用，因復商之該館，改借中海增福堂房屋，應用于二十四年二月十四日遷入辦公。

本年春間中國工程師學會，中國科學社，中國天文學會，中國氣象學會，中國地理學會，中國動物學會，中國植物學會，中國物理學會，中國化學會，中華醫學會，中國鑛冶工程學會，中國水利工程學會，中國電機工程師學會，中國科學化運動協會，中國建築師學會，中國經濟學社，中國地政學會等，及本會共十八團體舉辦聯合會所。預計向南京市府領用基地造一三樓巨廈，底層設講演廳，會議廳，圖書館，會議室等；中層設各學會辦公室及研究室二三十間，上層為宿舍。曾于一月十九日函請管理中英庚款董事會撥款十五萬元為建築設備之費，該委員會于二月一日復函謂願加考慮。基地一節，已經南京市財政局請准撥用建設委員會東首毗連地八畝四分六絲，所有官價四成由市府撥助，地價及青苗拆遷等費共國幣二千七百三十二元七角七分，由合作團體分攤，以百五十元為單位，每團體擔負一單位至三單位，以後分享權利即以所繳單位為標準。本會認繳兩單位，已于六月間匯交南京聯合會所籌備委員會會計萬國鼎君矣。

四　年會之籌議

本會于十四年六月二日在北平舉行開幕典禮，至今恰已十週，爰有擴大舉行年會藉資慶祝之議。袁先生在國外時，又曾商請美國密其甘大學圖主任畢壽普（William Warner Bishop）耶魯大學圖主任凱歐（Ardrew Koogh）兩專家來華攷察指導，出席年會，以便共聚一堂收切磋之益。在平執行委員以教育部方面對兩專家來華，亦曾有函前往歡迎，建議此次年會即在南京召集。不意旋得畢壽普先生來函，謂自西班牙國際大會歸後，公務繁冗，須俟明春方能啓行來華。執行委員會因復為年會時間地點問題，徵詢全體委員意見。經各委員先後復函，所言地點不出青島南京武昌三處，而于時間多數主張俟畢凱兩專家來華時舉行，于是年會之召集，遂決定延至明春矣。

五　編纂及出版

一、會報　此一年中本會會報由事務所按期編印，計第十卷第一期至第六期，內容仍照向例，篇幅較有增加。蓋因事業日益發達，而報告資料亦因而豐富也。

二、圖書館學季刊　圖學季刊仍由劉國鈞博士主持，並由李文裿君負編排校印之責。本年度內所出版者為第八卷第一期至第三期，第八卷第四期及第九卷第一期，現正同時趕排。第九卷起該季刊編輯部因稿件缺乏關係，經執行委員會議決改組，仍推劉博士為編輯主任，聘請袁同禮，李小緣，蔣復璁，柳貽徵，陳訓慈，嚴文郁，吳光清，譚卓垣八人為編輯委員。編輯委員姓氏應印誌季刊封面之後，每委員在一年內限定應交長篇論文兩篇，現第九卷第一期專收關于建築文字。又該季刊所載李鍾履之「北平協和醫學院圖館概況實錄」印有單行本，敘述詳盡，附列種種表格，可作醫學圖管理法讀也。

三、全國圖書館及民衆教育館調查表　本會前編全國圖調查表，表列國內各圖名稱地址，至便檢尋。業經四次訂正，茲又重行編製，加入新興之民衆教育館多所，刊爲小冊。另據以印成地址箋一種，用爲寄發刊物及通函之用。除自留若干外，並以分售。

四、中華圖書館協會十週紀念論文集（英文）　本會成立業滿十載，凡我會員莫不歡慶，更有熱心會員特爲撰著鴻文，以爲紀念。此項論文分中英文兩部。中文部分將在圖書館學季刊第九卷第二期發表。英文部分因排印便利，故得先行出版，仍括以總題曰 Libraries in China，內容如下：

裘開明　中國之近代圖書館運動
吳光清　十年來中國之分類與編目
沈祖榮　中國之圖員教育
查　修　中國之圖立法
嚴文郁　中國之圖間合作
柳詒徵　中國之省立圖現狀
戴羅瑜麗　中國之醫藥圖
杜定友　中國公共圖與成人教育

五、全國圖書館一覽　自本會成立以來，國內新興之圖日多，政府對之亦已特爲注意，惟各館內容情況，向鮮完備專書以爲指南。本會因乘十週紀念之際，擬編一「全國圖書館一覽」，定于年會前出版，以爲繼續研究改進之根據。該一覽分爲中英文兩種，英文本專收藏書五千冊以上之圖；中文本則不問圖大小，一律收錄，以詳備爲原則。特約趙體曾君專司調查編印之事。趙君于二十四年三月十八日到會，至六月底停職，已成英文本草稿一部，所收約三百館，審定付印，尚有待焉。

六　專門教育

本會與武昌文華圖學專科學校合辦之圖學免費生，廿二年秋季入學各生，已于本年六月畢業，計汪應文、李永安、戴鎦齡、黃元福、熊毓文、李景新、張鴻書、彭明江等八人。除汪君留校襄理教務事宜外，餘均介紹於各大圖服務矣。二十三年取錄新生凡九名，計楊濬如、王銘悌、唐月萱、蔣元枚、胡文同（以上五名女性）胡延鈞、顧家杰、顏澤霮、李永增（以上四名男性），籍隸湘鄂冀魯粵者各一人，蘇皖各二人，尚須在校受業一年。本年招考新免費生定額十一名，將于二十四年七月二十五六兩日同時分在武昌、北平、南京、上海四地舉行試驗。

二十三年間袁同禮先生與紐約羅氏基金會商妥專爲我國圖書館界設立圖學獎學金，以期多得赴美深造機會。首次獲領獎金者爲李芳馥、黃維廉兩君。羅氏基金會（Rockefeller Foundation）補助人文科學之研究，以此爲創舉矣。

七　第二次國際大會參加

第二次國際圕大會于二十四年五月二十日至三十日，在西班牙首都馬德里舉行，先期正式函請本會派員出席。此次大會東西各國政府及學術團體莫不踴躍參加，我國雖值經濟緊縮之際，似亦未可後人，經執行委員會議，卽請現在美洲考察圕事業之汪長炳先生爲出席代表，並由教育部加委爲部派代表，並撥給旅費。汪先生於五月十一日由美啓程前往出席，執行委員裘陳祖怡先生適因公至日內瓦，亦就近參加。會員章新民先生曾提出「中國圕宣示館中藏品之方法」英文論文一篇在民衆圕組會議席上宣讀。汪先生現已返美，正在撰擬詳細報告，八九月間當可在本會刊物中發表也。

八　力爭憲法條文

二十三年十月十六日立法院修正完畢之憲法草案第九章第一五〇條規定私立學校成績優良者予以獎勵或補助，但於私立圖書館及社教機關並無是項規定，殊爲一大缺點。圖書館在教育上之使命與學校不相上下，而私立圖書館之辦理有成績者亦頗不鮮，今拒圖書館于補助範圍之外似不合理。浙江省立第一學區圖書館協會及個人會員陳獨醒咸有快郵代電請本會力爭。本會執行委員會以所有各種私立社會教育機關，對此項補助條文，當莫不引以爲憾，因與中國社會教育社聯銜向立法院電爭。旋接立法院秘書處二十三年十一月二十八日覆函，謂：奉院長發下來電一件，「爲請將私立社會教育機關，如圖書館民衆教育館等列入憲法草案條文，俾得同蒙法律之障庇」等情。已奉批「交法制委員會備攷。」

又國際圕常會爲國際圕協會聯合會之執行機關，藉大會之便，同時舉行第八次會議。李石曾先生四月底在平時，曾主張邀請該會在華舉行下次會議，旋又由滬正式電請教育部辦理。教育部電囑本會出名約請，該會對此約請，至表謝意。惟因明年常會將在波蘭舉行，又以旅費較鉅，或須延至一九三八年方能來華開會云。

九　財務報告

一、基金　本會基金募集及保管兩委員會自上年度成立後，由各委員相機進行，現收到壹千柒百柒拾陸元陸角，計

機關永久會員四名　肆百元

個人永久會員一一名　伍百伍拾元

普通捐款（一至二五七號）捌百貳拾陸元陸角

統由基金保管委員會存入上海中國銀行。樂捐諸公姓名，則隨時在會報登揭鳴謝。

二、勸徵永久會員　永久會員會費一次付足以後，不再續繳，不但會員與事務所減省無數手續，而本會基金亦賴以固定，可稱兩美。惟數目較鉅，一部分會員礙難一次付清，本年五月間特爲會員便利起見，訂定永久會員分期繳費辦法。個人會員會費五十元，機關會員會費一百元，得分兩次至十次于兩個月至十個月間任意配定，按月連續付

清，用廣徵勸。

三、催繳年度會費辦法　本會經費端賴會員會費維持。五月間，執行委員會討論增加會費收入之方，議决委託專人或機關擔任介紹會員及經收各地會員會費，先擇會員較多（十名以上）各地，分別委請熱心會務會員辦理：

南京　蔣復璁先生
　　　曹祖彬先生
蘇州　陳子彝先生
上海　黄警頑先生
無錫　無錫縣立圖
鎮江　陳貫吾先生
杭州　陳訓慈先生
瑞安　陳　準先生
安慶　安徽省立圖
厦門　余　超先生
廣州　梁思莊先生
武昌　毛　坤先生
天津　黄明道先生
開封　李燕亭先生
太原　蠡光甫先生

憑本會所印臨時收據收費。又在催繳會費通函背面印有會員繳費便覽，指示種種便利。

四、呈請補助費　教育部經費預算中原有學術文化機關補助費一項，擇各學術文化團體之具有成績者助其發展。本會年來經濟支絀，特于五月四日援例呈部，請在該項下按月撥助若干。惟聞部中因一時不便支付，故擬暫不批發。

五、本年度收支對照表

二十三年度
收支對照總表

支出之部

項目	細數	金額
1.薪給		1,168.00
2.文具		156.77
3.郵電		181.55
4.出版費		1,102.38
季刊印刷費	598.38	
會報印刷費	203.70	
書籍印刷費	300.30	
5.圖書裝訂費		7.10
6.調查全國圕印件用費		41.00
7.國際圕大會代表登記費		9.98
8.汪長炳出席國際圕大會補助費		600.00
9.雜費		11.78
支出合計		3,278.56
結　存		
1.中孚銀行存款		1,532.38
2.現金		209.86
總計		5,020.80

收入之部

項目	細數	金額
1.上年度轉入		2,824.13
2.會費收入		1,090.00
a.機關會費	650.00	
b.個人會費	440.00	
3.出版品收入		111.46
4.廣告費		170.40
5.銀行存款利息		124.81
6.中央黨部補助費		700.00
總計		5,020.80

资料来源：《中华图书馆协会会报》，第10卷第6期，3—7页

中華圖書館協會第十一年度報告 二十四年七月至二十五年六月

一 會員狀況

一 名譽會員 二六名

二 機關會員 二八八名

三 個人會員 五三六名

四 本年度新入會員 機關 五名 個人 二八名

本會會員赴國外留學者每年必有數人，或爲交換館員，或爲補助資送，茲將最近各會員消息彙誌于后：

在法國王重民君服務已屆貳年，現定繼續壹年。在美國哈佛大學中文圖書館服務之裘開明君本年期滿，該校以裘君成績優良，故已繼續合同三年。馮漢驥君下年度仍在哈佛大學繼續研究，並在該校圖書館實習。李芳馥君今夏在芝加哥大學圖書館學校畢業，下年度擬赴國會圖書館實習。黃維廉，趙廷範，汪長炳三君均定于六月間歸國，除汪君將赴武昌文華圖書館學專校担任講席外，黃趙兩君仍返原處服務。去年出國者有向達君赴英國牛津大學圖服務，徐旭君赴日本研究，李漢元君赴歐美考察警政，本年度嚴鍇齡君擬赴英國牛津大學攻讀，定于七月間放洋。

二 執行委員會議決及推行各案

(一)改組各委員會案： 議決在年會會務會議時提出討論。惟各委員會如有調查或意見，應隨時在會報或季刊上發表，藉通聲息。

(二)改組季刊編輯部案： 議決本會季刊仍在北平印行，編輯人以在北平會員中推選爲宜，否則仍舊應設法謀京平兩地之聯絡，並請嚴文郁先生爲圖書館學季刊編輯部副編輯。

(三)本屆年會日期及地點案：議決七月二十及二十三日（星期一至星期四）在青島山東大學舉行。

(四)年會籌備委員及論文委員會： 議決請主席推定，但籌委應加入青島市教育局局長山東大學圖書館主任及山東省立圖書館館長。

(五)本會經費應如何籌措案： 議決中央黨部津貼由王文山蔣復璁兩君負責催款，教育部方面由蔣復璁君負責接洽，本會基金捐募仍繼續進行，無須即行結束。

(六)聯合會所現徵求建築費每間八百元案： 議決提議本會担任兩間建築費計一千六百元，請主席酌定。

(七)王文山先生捐助書款案： 王文山先生願將其大作「市公共事業與市政」一五十本交本會代售，即以其售價充季刊編輯費用， 議決接收。

三　改組各委會

本會分類編目索引檢字圖書館教育圖書館建築編纂版片調查各委員會年來實際工作著有成績者固屬甚多但無成績報告者尙復不少，推其原因或無計劃或無經費均陷于停頓狀態，亟應改組以利進行，似應由全體執行委員會將各委員會重新改組，以主席書記同一地點爲原則，其各委員會委員由主席推薦請全體執委通過後，再由會函加聘，其辦法大要（一）各委員會應由主席先將一年內之具體計劃函告本會（二）每年六月編製工作報告（三）各委員會得預支二十元爲經費，如經費過大可陳明執行委員會酌量增加，上項提案業經本屆新執委首次常會議決請主席依照該項辦法辦理，惟各委員會如有調查或意見，應隨時在會報或季刊發表，藉通聲息，對于改組事俟本屆年會會務會議內提出討論。

四　改組圖學季刊編輯部

季刊編輯部自經去年改組後，仍請劉國鈞博士主編，並議決編輯部各委員每年內應撰論文兩篇，關于編排校印諸事由事務所負責，顧會內以經費困難不克增添助手，爰由國立北平圖書館派員無給協同助理，該刊初以稿件缺乏，致有愆期，旋因校者更替，諸事未能熟手，復因主編與校者兩地遙隔，接洽頗感不便，以致季刊出版期一再遲延，現爲整理刷新起見，加聘嚴文郁先生爲本刊編輯部副編輯，並議決文稿悉由主編者審閱纂排，俟稿件集有成數，再交事務所發印，如是則主編者及事務方面易于接洽，而京平兩地亦可取得密切聯絡，出版後即由會所逕寄各會員。

五　經費問題

本會經費端賴會員會費收入維持，顧年來會員繳費不甚踴躍，致有入不敷出之感。教育部原有補助學術文化機關津貼費一項，去年亦曾呈文教部申請按月撥助若干，旋歸无效，中央黨部每月津貼一百元，顧自二十四年九月迄今迄未具領，關于中央黨部津貼業經執委會公推王委員文山蔣委員復璁兩君負責催款，教育部方面由蔣復璁君負責接洽，又關于本會捐募基金前經各地會員担任募捐委員會後努力進行，成效頗著，惟自廿四年九月迄今未有續收，應請各募捐委員賡續徵募，以固本會基金而利會務進行。

國內各學術團體，前曾提議在首都建築聯合會所，經過詳情業在會報十卷五期及十一卷二期披露，聯合會所基地業已購妥，最近徵求建築費每間八百元，經本會執委會議決本會担任兩間建築費國幣壹千陸百元，俟第三屆年會閉幕后所有盈餘款項移充此用，其不敷之數另行籌措。

六　編纂及出版

1　紀念刊

本會所編之十周年紀念論文集英文本出版後曾寄贈國外各學術機關，頗得好評，現本會復託國內外大書店代售，藉廣宣傳，關于中文論文數篇已改在圖書館學季刊發表，其餘尙有未交卷者，經本會函促賡續執筆，以便再版時增補，俾成完璧。

2　季刊

九卷二期業于五月下旬寄發全體會員。九卷三四期合訂本亦已出版，廿四年度應出版之季刊均行出版，廿五年度之十卷一二兩期已正向各會員徵集文稿著手編輯矣。

3　會報

自十一卷一期至五期均已按期出版，內容尚稱豐富，茲將該卷內容擇要分誌如下：[概況]　山東鄉村建設研究院圖書館概況　挪威民衆圖書館概況　鄒平鄉村師範圖書館概況　北平市立第一普通圖書館概況　內政部警官高等學校圖書館概況　平大女子文理學院圖書館概況　[目錄]　各省市圖書館字撮影藏目　[專著]　圖書館界應該怎樣負責補救連環圖畫小說流毒　機關參攷資料之處理法　如何修理書籍　關于大學圖書館出納櫃和公用目錄的設計　中山圖書館觀書記　[譯著]　圖書館長的歌德　菲律賓兒童圖書館　圖書館的功用　科學書籍之選擇　[序文]　現代英國印刷展覽目錄序　圖書館學辭典序　[會員錄]　中華圖書館協會會員錄

其他各地圖書館及會員消息，靡不翔實，而對於新書介紹欄，專收關于圖書館之書籍，亦頗便利于讀者之參考也。

4　書目

本會近與北平圖書館協會，合作刊印北平市各圖書館所藏算學書籍聯合目錄，此書目爲鄧衍林君所編，內容所舉書名，雖限于北平一隅，然列舉有壹千餘種，篇後幷附有索引，頗資研究斯學者之參考，現已出版。

5　索引

文學論文索引三編，及國學論文索引四編，爲北平圖書館索引組所編，委託本會出版，內容均較前充實，現已出版發售。

七　專門教育

本會與武昌文華圖書館學專科學校合辦之圖書館學免費生，廿三年度秋季入學各生，已于本年六月畢業，計胡延鈞，顧家杰，李永增，顏澤霮，（以上四名男性）楊瀞如，唐月萱，胡文同，蔣元枚，王銘悌，（以上五名女性）等九人，均已介紹于各大圖書館服務矣。二十四年取錄新生凡十三名，照章入學者祇九人，計劉濟華，廖維祜，吳爾中，楊承祿，楊桂籍，黃作平，（以上六名男性）張行儀，黃慕齡，彭道襄，（以上三名女性）尚須在校受業一年。二十五年度招考新免費生定額十一名，將于本年八月三，四兩日，同時分在武昌，北平，南京，上海，成都，廣州六處舉行試驗。

八　國際事業

國際圖協會理事會定于今夏五月卅一日至六月二日，在波蘭華沙Warsaw舉行第九次年會，討論國際問題及目錄問題，本會曾將最近一年來中國圖書館之發展，編撰英文報告，連同一九三五年出版之英文本中國之圖書館一書寄送該會，藉資宣揚，關于參加年會，本會以此次非大會性質，故未派員前往出席，惟曾函托日內瓦中國國際圖書館館長胡天石博士，就近代表，而胡氏以事赴德，故轉托駐波蘭使館虞和德先生代表參加，本會所寄撰稿，亦已由虞君在大會中宣讀矣。

中華圖書館協會

收支對照表

二十四年七月至二十五年六月

支出之部

項目	細目	金額
1. 薪給		651.00
2. 文具		110.78
3. 郵電		249.09
4. 購置書報費		14.53
5. 出版費		1,834.00
a. 圖學季刊	591.65	
b. 會報	420.35	
c. 文學論文索引	500.00	
d. 英文論文集	322.00	
6. 書報裝釘費		7.50
7. 雜費		262.54
a. 出席美國圖協會代表用費	125.56	
b. 國際圖協會常年會費	50.80	
c. 雜項	86.18	
支出合計		3,129.44
結存		2,832.64
1. 現金	106.20	
2. 中孚銀行往來戶	76.44	
3. 中孚銀行定存戶	2,650.00	
總計		5,962.08

收入之部

項目	細目	金額
1. 上年度轉入		1,742.24
2. 會費收入		1,117.00
a. 機關會員	645.00	
b. 個人會員	472.00	
3. 出版品收入		140.90
4. 銀行存款利息		161.94
5. 中央黨部補助費 (二十二年五月至二十四年八月)		2,800.00
總計		5,962.08

资料来源:《中华图书馆协会会报》,第11卷第6期,21—24页

12. 中华图书馆协会民国二十九年度会务报告

會務

本會民國二十九年度會服報告

一，會員狀況——截至本年度本會計登記有會員四〇三名；內：

名譽會員 二二名，

機關會員一〇一名，

個人會員二八〇名。

本年度會員中在國外服務或研究者有王重名君，劉修業女士，吳光淸君（以上美國國會圖），裘開明君，曾憲文女士，曾憲三君，于震寰君（以上美國哈佛大學漢和圖），譚卓垣君（夏威夷大學），胡天石君，胡項思任女士，游保良君，劉崇仁君（以上日內瓦中國國際圖），陳榮恩女士（以上仰光）。

又，本會名譽會員蔡孑民先生及陶蘭泉先生均於本年春初謝世，實乃本會之重大損失，爲全會同人同深惋悼者也。

二，職員狀況——本會理監事及各委員會人員本年均無變動，會報編輯部則自暑後改請劉國鈞博士負責任主編；事務所書記張樹鵠君於五月辭職，改聘欒汝儒君繼任。

三，會所遷移——本會原在昆明柿花巷二十二號之會所，因租期屆滿房主收回，乃於本年九月間移至昆明文廟內尊經閣辦公；會報編輯部於暑後移設成都金陵大學文學院內。

四，年會延期——上年度原議於本年間在峨嵋舉行第五次大會（即中國教育學術團體第二屆聯合年會），嗣以各種原因延期舉行。

五，經費概況——本會各會員會費因近年交通梗阻多有欠繳，本年度收入尤少，而物價騰漲不已，遂致開支不敷甚鉅；幸本年度復蒙教育部續予按月補助國幣一百元，又國立北平圖仍予按月補助辦事人員薪金以及辦公用費，使會務不致趨於停頓；此皆本會特別感泐者也。

再，本會理事杜定友先生於本年秋間捐贈其大著『怎樣寫畢業論文』多部，由會發售，即以所得之款，捐爲本會購書之費，杜君熱心會務，使本會同人無級欽佩！

六，編纂及出版

（甲）本會會報本年度所出爲第十四卷第四五六各期及第十五卷第一二三各期。第十四卷各期係在上海印校，後以滇越路中斷，交通梗阻，致第六期積壓海防久未運到，故自第十五卷起改在成都出版，由劉國鈞博士主編。

（乙）本會出版之國學論文索引先後凡四編，頗得學術界贊許，第五編稿件已交上海開明書店代印，本年內復經商妥國立北平圖擬自下年度起代爲續編第六編專收抗戰以來之國學論文。

（丙）四明范氏天一閣爲國內私藏魁碩，歷史悠久，明刻至爲豐富閣書舊有阮元，薛福成二目晚清以還，頗有散佚；二十四年重修該閣以後，由馮貞羣先生另編新目內編十卷；本會以近歲私藏淪刼殆盡，而該閣獨能首先努力整飭，對於保存國故不無貢獻，特協助其出版，現款預定二百部，專供本會會員採購之用。該目已於本年九月出版。

七，推進輔導各地社教機關圖書教育辦法——部頒圖書館輔導各地社會教育機關圖書教育辦法大綱爲確立全國圖書制度之先聲，本會亟應協助政府努力推進促獲成效．爰於本年度內促請各地方圖實施推進，并商討研究推進中之各項實際問題。

八，調查全國圖戰時工作概況——本會前奉部令，命對於各地圖被敵炸燬與刦掠情形及各館工作概況注意調查，隨時報部備查；除被炸燬之圖隨時由本會派員查報外，曾於本年度開始時制定表式分函各館將工作概況按期擇要報會，以憑彙轉。

九，徵募國外圖書——本會向國外徵募圖書工作自二十七年開始以來，迄未中斷，現美國捐贈之書共收到二百數十箱，在滇越路交通未被阻斷以前，會分寄西南各省之圖充實各該館之內容，自交通梗阻以來，香港郵局即不再收寄往內地各地各省印刷郵件，故祗得暫存香港，一俟交通恢復，當再設法轉寄內地。本年六月美國圖協會在波士頓舉行年會，本會曾請監事，裘開明君代表本會出席，并贈銀碗一具，藉向該會爲我國捐募圖書之誼。

资料来源:《中华图书馆协会会报》,第 15 卷第 5 期,6—7 页

中華圖書館協會三十二年度工作報告

一、會員之狀況——截至本年底止本年登記會員共五七七名，內：

機關會員一四二名

個人普通會員三八七名

個人永久會員三〇名

名譽會員一八名

職員之狀況——本會理監事人選本年均連任，本會幹事年來由胡英君担任，本年八月胡君因事辭職，改由顧澤霈君繼任顧君復於十一月間辭職，現已聘定李之畯君繼任李君定三十三年一月到會就職。

三、會所之遷移——本會會址自三十年一月由昆明疏散移至北郊桃園村起鳳庵辦公，地址偏僻，諸多不便，三十二年九月爲辦公便利起見乃由昆明遷至重慶，暫在沙坪壩國立北平圖書館內辦公。

四、會報之編印——本會會報由曹亦生負責主編至十七卷一，二期止，自第十七卷三，四期起改在渝出版由本會事務所編輯本年共出四期（十七卷三，四期五，六期，十八卷一二期）後三期均由僑光印書局代爲排印，復承該書局經理趙[illegible]生先生之贊助，對於印刷費特別優待，並能按期出版，本會同人對其熱誠援助，至爲感謝。

經費之概況——本會經費在本年度開始時尙存一八七三、五八元，本年度承教育部社會部各補助二四〇〇元，又承北平及中央圖書館各補助二〇〇〇元，中央大學補助一〇〇〇元，文華圖書館學校補助五〇〇元，胡英先生捐助二〇〇〇元，羅家鶴先生捐助一二〇元，歐陽祖經先生經募一八九．五一元，會費收入一七二二元，又存款利息二五．四〇元，以上共收入一六二二〇．四九元，共支出一四六九四，四六元，結存一五二六。三元，（詳見會計報告）本會對於以上捐款者之贊助至表感謝。

六、年會之籌備——本年十二月八日本會理事會舉行會議，決議本會除參加三十二年十二月在渝舉行之全國教育學術團體第三屆聯合年會外，同時並舉行本會第六次年會，推定戴志騫，沈祖榮、王文山、蔣復璁、洪有豐、嚴文郁、汪長炳．岳良木、陳華深、袁同禮、陳訓慈、劉國鈞、李小緣、杜定友、桂質柏、爲年會籌備委員會委員，並以蔣復璁爲籌備主任，關於到會會員招待註册，收費事項，除由本會職員協助外並委託中央圖書館指定專員辦理之，年會討論中心問題爲（一）戰後圖書館復員計劃（二）戰後圖書館所需人才培養計劃，視出席人數之多寡分組討論，第一組由袁同禮陳訓慈召集之，第二組由沈祖榮汪長炳召集之，並規定本屆年會提案以關於上項兩問題範圍以內者爲限，應特予注重具體計劃避免不切實際之文字。

七、復興計劃之調查——當此次抗戰我國各地圖書館損失嚴重，刻下勝利在望，亟待復興，俾能與建國大業相配合，此項復興計劃尤須及早擬訂庶於復員開始之時卽能逐步付諸實施，本會有鑒及此，並爲集思廣益起見，曾製訂「全國圖書館復興計劃意見調查表」一種，分發全國各地圖書館請予填註寄會，俾蒐集整理而供參考擬具計劃付諸實行，原表刊於會報十八卷第二期茲不贅。

八、圖書服務部之籌設——本會鑒於國內國外在戰時購置圖書之困難，擬自三十三年起設立圖書服務部代爲採購並選擇其需要之圖書及期刊，凡國內採購之書刊在戰時未能郵寄者，本會並代爲儲藏一俟戰事結束再行付郵戰後中西交通恢復以後本會並擬代國內圖書館採購西文書籍，藉以減輕其採訪之手續而謀中西文化之交流。

九、國際圖書館界之聯系——本會除於復我國圖書館之復興附賴吾人之努力，但如有國際方面之協助或技術上之合作則成效尤速，近年以來對於國際方面之聯系則始終如一未嘗稍懈，自夏間以來，本會除供給英國關於我國圖書之損失資料外並承託該會搜購代我國徵集圖書，本會爲答謝其贊助並查則見，並爲該國各圖書館搜蒐關於我國抗戰時期之文獻材料俾促進兩國文化界之互助與合作云。

[illegible]年度收支對照表

收	支	出
上年度結存	會報第十七卷一二期印刷餘款	$ 745.46
教育部補助費	會報第十七卷三至六期印刷費	2,000.00
社會部補助費	會報第十八卷一期印刷費	2,381.00
國立北平圖書館補助	第十八卷二期印刷費（預付）	2,300.00
國立中央圖書館補助	幹事津貼	[illegible]
國立中央大學圖書館捐助	郵費	720.00
文華圖書館學專科學校捐助	理事會聚餐	1,929.00
胡英捐助	文具	2,089.00
羅家鶴捐助	雜費	86 00
歐陽祖經募集捐款		
會費		
利息	結存	1,526.03
合計	合計	$16,220.49

本會徵求全國圖書館復員計劃

本會前鑒於此次戰事發生以來我國圖書文物損失之重大曾經著手調查陸續在本會會報發表近以抗戰勝利在望復員計劃亟待準備本會爰有發起擬函全國各圖書館徵求計劃茲將此項調查表轉載於後並盼各圖書館詳細填寫寄還以便彙集整理以供本會討論

全國圖書館復興計劃調查表

甲、一般

1. 館名　　2. 負責人姓名
3. 館址　　4. 隸屬機關
5. 成立年月[illegible]

錦等九人。

中華圖書館協會理事會會議紀錄

時間：三十三年十一月二十九日下午七時

地點：中美文化協會

出席者：沈祖榮 蔣復璁 袁同禮 毛坤 嚴文郁 王文山 陳訓慈 徐家麟

決議事項：推袁理事同禮爲本會理事長，在袁理事長出國期間，本會會務由蔣理事復璁代行。

中華圖書館協會三十三年度工作報告

一、會員之狀況　截至本年底止，本會登記會員共七一〇名，內：

名譽會員一八名　機關會員一五七名

個人普通會員四六五名　個人永久會員七〇名

二、職員之狀況　本會理監事經本年五月本會第六次年會決議改選，採用通訊選舉方式，於十一月二十九日開票揭曉，新任理事爲沈祖榮、蔣復璁、劉國鈞、袁同禮、毛坤、杜定友、洪有豐、汪長炳、王雲五、嚴文郁、王文山、陳訓慈、徐家麟、桂質柏、李小緣等十五人，監事爲柳詒徵、何日章、沈學植、徐家璧、陳東原、裘開明、汪應文、戴志騫、姜文錦等九人，並經第一次理事會推舉袁同禮爲理事長，本會幹事自本年一月起由李之璋君担任。

三、會所之地址　本會會址本年仍在重慶沙坪壩國立北平圖書館內辦公。

四、會報之編印　本會會報本年共出三期，（十八卷三期、四期、五六期，）因印刷費猛漲不已，本會經費支絀，出版至感困難，本會會報前在北平請領之登記證業經遺失，本年經呈准內政部發給雜誌登記證警字第九二〇號，並經東川郵政管理局登記認爲第一類新聞紙類，發給第九九三號執照。

五、經費之概況　本會經費在本年度開始時尚存一、五二六·〇三元，本年度承教育部補助四、八〇〇元，宣傳部補助三、三〇〇元，又承國際學術文化資料供應委員會捐助三〇、〇〇〇元，國立西北圖書館捐助二、〇〇〇元，雲南大學圖書館捐助一、〇〇〇元，西南聯大及復旦大學圖書館各捐助五〇〇元，華西及金陵大學圖書館各捐助三〇〇元，武漢大學圖書館捐助二〇〇元，胡英先生捐助二、〇〇〇元，會費收入二二、五〇二元，利息等收入

渝市銀行捐助本會招待懷特博士經費

美國圖書館學專家懷特博士來華考察，事關促進中美兩國文化關係，使命重大，本會爲籌備招待，除呈准教育部社會部撥發專款外，復經洽請渝市中央等銀行惠予捐款協助，計中央銀行捐助四萬元，中國銀行、交通銀行、中國農民銀行、中央信託局、郵政儲金匯業局各助二萬元，金城銀行捐助四萬元，以上各行局慨解義囊，宏濟文化，高誼隆情，殊足佩感，本會於拜領申謝之餘，願再爲露佈，以表感謝云。

六一四、五二元，以上共收入六九、五四二·五五元，共支出四七、五九七·二二元，結存二一、九四五·二二元」（詳見會計報告）本會對於以上捐款者之贊助，至表感謝。

（附註：會報第十八卷五、六期印刷費尚未付出）。

六、年會之舉行　本年五月五日中國教育學術團體第三屆聯合年會在重慶國立中央圖書館舉行，本會除參加聯合年會外，同時舉行本會第六次年會，計出席機關代表及個人會員六十餘人，開會兩日，通過議案十件，並議決修改會章及改選理監事諸項，詳情見本會會報第四期本會第六次年會專號。

七、復興計劃之調查　本會爲籌劃戰後全國圖書館復興計劃起見，於上年製訂「全國圖書館復興計劃意見調查表」一種，分發全國各地圖書館填註寄會，是項調查表，先後收到共三十餘份，對於復興計劃，提供意見甚多，本會曾分別整理，並據以擬具提案多種，提交本會第六次年會討論通過，設法實施。

八、國際圖書館界之聯系　秘魯國立圖書館於一九四三年五月被火焚燬，本會聞知當即去函慰問，并表示願盡棉薄助其復興之意，嗣接該館覆函申謝，并附該館復興計劃，擬設中國圖書部，請捐贈書籍，本會當即代爲徵求，已先後收到各方捐贈書刊數十冊，送請外交部代爲轉交，又本會前爲答謝美國圖書館界對我國捐書盛意，曾寄贈紀念銀杯一具，美國圖書館協會於一九四二年舉行執行委員會時曾決議函謝，該函以交通梗阻，本年始行接到。本會今年舉行第六次年會時，美國圖書館協會曾來電稱賀，本會亦復電答謝。本會袁理事長同禮本年十一月杪因公赴美，本會曾作決議，請袁理事長代表本會向美國圖書館協會致意，袁氏抵美後曾由美國圖書館協會設宴招待並約國務院遠東司文化司諸人作陪，袁氏即席發表演說。

九、招待懷特博士事宜之籌備　美國圖書館協會爲促進中美兩國圖書館界之關係，並調查中國圖書館實際情形俾作援華準備起見，經建議由美國國務院聘請哥倫比亞大學圖書學院院長兼圖書館館長懷特博士來華考察，定於十二月初抵渝，本會奉教育部令主持招待事宜，當即組織招待懷特博士委員會。訂定懷氏考察日程，編製英文本本會工作概況及我國西南、西北主要圖書館概況俾贈懷氏參考，分函後方各地重要學術機關籌備招待，並分函各學術機關編製英文本工作概況轉供懷氏參考，請教育社會兩部撥發招待費用，並擬編製備忘錄一種提交懷氏，各項工作，均在積極進行之中。

资料来源：《中华图书馆协会会报》，第 18 卷第 5、6 期，12—13 页

五、重要文章

1. 中华图书馆协会成立演说辞

中華圖書館協會成立會演說辭

梁啟超

（一）

諸君！我們國內因爲圖書館事業日漸發達，大家感覺有聯絡合作之必要，於是商量組織全國的圖書館協會，籌備多時，幸見成立。又適値美國圖書館學專家鮑士偉博士來游，我們得於協會成立之日順帶着歡迎，尤爲本會榮幸。鄙人對于中國圖書館事業之前途及圖書館協會應負的責任，頗有一點感想，今日深喜得這機會和本會同人商榷，並請教於鮑博士。

鮑博士到中國以來，在各地方，在北京，曾有多次演說，極力提倡羣衆圖書館——或稱公共圖書館的事業及其管理方法等項，大旨在設法令全國大多數人能彀享受圖書館的利益，與及設法令國內多數圖書館對于貯書借書等項力求改良便利，這些都是美國「圖書館學」裏頭多年的重大問題，經許多討論，許多試驗，得有最良成績，鮑博士一一指示我們，我們不勝感謝。我們絕對的承認羣衆圖書館對于現代文化關係之重大，最顯着的成例就是美國，我們很信中國將來的圖書館事業也要和美國走同一的路徑纔能發揮圖書館的最大功用。但以中國現在情形論，是否應從擴充羣衆圖書館下手，我以爲很是一個問題。

圖書館有兩個要素，一是「讀者」，二是「讀物」。美國幾乎全國人都識字，而且都有點讀書興味，所以羣衆圖書館的讀者滿街皆是，因爲群衆既已有此需求，那些著作家自然會供給他們，所以羣衆圖書館的讀物很豐富，而且日新月異，能引起讀者興味。美國的羣衆圖書館所以成效卓著，皆由於此。現時的中國怎麼樣呢？頭一件，就讀者方面論，實以中學以上的在校學生爲中堅，而其感覺有圖書館之必要最痛切者，尤在各校之教授及研究某種專門學術之學者，這些人在社會上很是少數。至於其他一般人，上而官吏及商家，下而販夫走卒，以至婦女兒童等，他們絕不感有圖書館之必要，縱有極完美的圖書館，也沒有法兒請他們踏到館的門限。這種誠然是極可悲的現象，我們將來總要努力改變他，但在這種現象沒有改變以前，羣衆圖書館無論辦理得如何完善。我敢說總是白說罷了，第二件，就讀物方面論，試問館中儲備的是什麼書？外國文書嗎？請問羣衆中有幾個人會看？中國舊書嗎？浩如煙海，未經整理，叫一般人何從讀起？讀來那能有興味？然則只有靠近人著作和外國書的譯本了，試問有幾部書能適應羣衆要求，令羣衆看着有趣且有益？若講一般羣衆最歡迎的讀物，恐怕仍是施公案，天雨花，……一類的舊書，和禮拜六，……一類的定期出版物！這些讀物，難道我們還有提倡的必要嗎？所以現在若要辦美國式的羣衆圖書館，叫我推荐讀物，以我的固陋，只怕連十部也舉不出來！

事實既已如此，所以據我的愚見，以爲：美國式的羣衆圖書館，我們雖不妨懸爲將來目的，但在今日若專向這條路發展，我敢說：他的成績，只是和前清末年各地方所辦的「閱書報社」一樣，白費錢，白費力，於社會文化無絲毫影響。

然則中國今日圖書館事業該向那條路發展呢？我毫不遲疑的提出答案道：

一 就讀者方面，只是供給少數對于學術有研究興味的人的利用。縱使有人罵他是「貴族式」，但在過渡時代，不能不以此自甘。

二 就讀物方面，當然是收羅外國文的專門名著和中國古籍。明知很少人能讀，更少人喜讀，但我們希望因此能產生出多數人能讀喜讀的適宜讀物出來。

（二）

以上所說現在中國圖書館進行方針若還不錯，那麼，我們中國圖書館協會應負何種責任呢？我以爲有兩種：

第一 建設「中國的圖書館學」。

第二 養成管理圖書館人才。

學問無國界，圖書館學怎麼會有「中國的」呢？不錯：圖書館學的原則是世界共通的，中國誠不能有所立異；但中國書籍的歷史甚長，書籍的性質極複雜，和近世歐美書籍有許多不相同之點。我們應用現代圖書館學的原則去整理他，也要很費心裁，決不是一件容易的事。從事整理之人，須要對於中國的目錄學（廣義的）和現代的圖書館學都有充分智識，且能神明變化之，庶幾有功。這種學問，非經許多專門家繼續的研究不可，研究的結果，一定能在圖書館學裏頭成爲一獨立學科無疑，所以我們可以叫他做「中國的圖書館學」。

諸君都知道：我們圖書館協會的專門組，內中有「分類」「編目」兩組。若在外國圖書館，這些問題早已決定，只消把杜威的十進表格照填便了，何必更分組去研究？中國書却不是這樣簡單的容易辦了。試觀外國各大圖書館，所藏中國書都很不少，但欲使閱覽人對於所藏書充分應用能和讀外國書一樣利便，只怕還早得很哩！外國圖書館學者並非見不及此，也未嘗不想努力設法求應用效率之加增，然而經許多年，到底不能得滿意的結果。此無他，這種事業是要中國人做的，外國學者無論學問如何淵博，決不能代庖。

中國從前雖沒有「圖書館學」這個名辭，但這種學問却是淵源發達得很早；自劉向，劉歆，荀勖，王儉，阮孝緒，鄭樵，以至近代的章學誠，他們都各有通貫的研究，各有精到的見解。所留下的成績，如各史之藝文經籍志，如陳振孫 晁公武一流之提要學以至近代之四庫總目，如佛教之幾十種經錄，如明清以來各私家藏書目錄，如其他目錄學專家之題跋和札記，都能供給我們以很豐富的資料和很複雜的方法。我很相信：中國現代青年，對於外國圖書館學得有根底之後，回頭再把中國這種目錄學（或用章學誠所定名詞叫他做校讎學）加以深造的研究，重新改造，一定能建設出一種「中國的圖書館學」來。

圖書館學裏頭主要的條理，自然是在分類和編目。就分類論，呆分經史子集四部，窮屈不適用，早已為人所公認；若勉强比附杜威的分類，其窮屈只怕比四部更甚；所以我們不能不重新求出個分類標準來。但這事說來似易，越做下去越感困難：頭一件，分類要為「科學的」。（最少也要近於科學的）第二件，要能把古今書籍的性質無遺。依我看，這裏頭就包含許多衝突的問題，非經多數人的繼續研究實地試驗，不能決定。

就編目論，表面上看，像是分類問題決定之後，編目是迎刃而解，其他如書名人名的便檢目錄，只要採用外國通行方法，更沒有什麼問題。其實不然：分類雖定，到底那部書應歸那類，試隨舉十部書，大概總有四五部發生問題。非用極麻煩工夫將逐部內容審查清楚之後，不能歸類；而且越審定越覺其所跨之類甚多，任歸何類，皆有偏枯不適之處。章實齋對於這問題的救濟，提出兩個極重要而極繁難的原則：一曰「互見」二曰「裁篇別出」。這兩個原則，在章氏以前，惟山陰祈家淡生堂編目曾經用過，此後竟沒人再試。我以為中國若要編成一部科學的利便的圖書目錄，非從這方面下苦工不可。

我們圖書館協會所以特設這「分類」「編目」兩專門組，就是認定這兩種事業很重大而很困難，要合羣策羣力共肩此責任。

此外我還有一個重大提案，曰「編纂新式類書」。編類書事業，我們中國發達最早，當梁武帝時（五〇二至五四九）已經編成多種，其目見於隋書經籍志。此後如太平御覽，永樂大典，圖書集成，等，歷代皆有，大率是政府力量編成。這些書或存或佚，其存者，供後人研究的利便實不少。但編纂方法，用今日眼光看來，當然缺點甚多，有改造的必要。這件事，若以歷史的先例而論，自應由政府担任；但在今日的政治現狀之下，斷然談不到此，而且官局編書總有種種毛病，不能適合我們的理想。我以為應由社會上學術團體努力從事，而最適宜者莫如圖書館協會。因為圖書館最大任務，在使閱覽人對於任何問題着手研究，立刻可以在圖書館中得着資料，而且館中所設備可以當他的顧問。我們中國圖書館想達到這種目的嗎？以「浩如烟海」的古籍，真所謂「一部十七史從何說起」。所以除需要精良的分類和編目之外，還須有這樣一部大而適用的類書，方能令圖書館的應用效率增高。

以上幾件事，若切實作去，很够我們中國的圖書館學者出大汗絞腦髓了。成功之後，却不但為中國學術界開出新發展的途徑；無論何國的圖書館關於中國書的部分，都能享受我們所建設的成績，凡屬研究中國文化的人，都可以免除許多困難。所以這種工作，可以名為世界文化工作之一部。

我所說本協會頭一件責任。「建設中國的圖書館學」，意見大畧如此，其詳細條理，容更陸續提出求教於同人。

至於第二次「養成圖書館管理人才」，這種需要，顯而易見，無待多說明。圖書館學在現在已成一種專門科學，然而國內有深造研究的人依然很缺乏；管理人才都還沒有，而貿然東設一館，西設一館，這些錢不是白費嗎？所以我以爲當推廣圖書館事業之先，有培養人才之必要，培養之法，不能專靠一個光桿的圖書館學校，最好是有一個規模完整的圖書館，將學校附設其中，一面激以理論，一面從事實習。但還有該注意一點：我們培養圖書館人才，不單是有普通圖書館學智識便算滿足，當然對於所謂「中國的圖書館學」，要靠他做發源地。

（三）

由此說來，中國圖書館協會所以有成立的必要，也可以明白了。我們中國的圖書館學者，實在感覺自已對於本國文化，世界文化都負有很重大責任，然而這種責任，絕非一個人或一個圖書館可以担任得下，因此不能不實行聯絡，在合作互助的精神之下，各盡其能力以從事於所應做的工作。協會的具體事業，依我個人所希望，最重要者如下：

第一　把分類編目兩專門組切實組織，大家抖擻精神幹去。各圖書館或個人，先在一定期間內，各提出具體方案，交換討論，到意見漸趨一致的時候，由大會公決，即作爲本協會意見，凡參加本協會之圖書館，即遵照決議，製成極綿密極利便的目錄，務使這種目錄不惟可以適用於全國，並可以適用於外國圖書館內中國書之部分。

第二　擇一個適當都市，建設一個大規模的圖書館，全國圖書館學者都借他作研究中心。所以主張「一個」者因爲若要多設，一則財力不逮，二則人才不夠，與其貪多鶩廣，鬧得量多而質壞，不如聚精會神，將「一個」模範館先行辦好，不愁將來不會分枝發展。

第三　在這個模範圖書館內，附設一圖書館專門學校除教授現代圖書館學外，尤注重於「中國的圖書館學」之建設。

第四　這個模範圖書館當然是完全公開的。如鮑博士所提倡不收費，許借書出外種種辦法，都在裏頭斟酌試驗。

第五　另籌基金，編纂類書。

以上五項，都不是一個圖書館或一個私人所能辦到的，不能不望諸圖書館協會，協會所以成立的意義和價值，我以爲就在此。

我所積極希望的事項如此。還有消極反對的兩事：

第一　我反對多設「閱書報社式」的羣衆圖書館。羣衆圖書館，我在原則上並不反對，而且將來還希望向這條路進行，但在今日現狀之下，我以爲徒花冤錢，決無實益。

第二　若將來全國圖書館事業籌有確實基金之後，我反對現存的圖書館要求補助。頭一個理由，因爲基金總不是容易籌得的，便籌得也不會很多，集中起來還可以辦成一件有價值的事業，分開了效率便等於零。第二個理由，因爲補助易起爭論，結果會各館橫生意見，把協會的精神渙散了，目的喪失了。

今日所講，雖是我個人私見，我想在座諸君也多半同感。我信得過我們協會成立之後一定能替全世界的圖書館學界增一道新光明。我很高興得追隨諸君之後努力做一部分的工作。

十四年六月二日

资料来源：梁启超著，《中华图书馆协会会报》，第 1 卷第 1 期，11—15 页

2. 中华图书馆协会之过去现在与将来

論著

中華圖書館協會之過去現在與將來

袁同禮

一，過去會務之簡溯

（一）宗旨組織與略史　本會成立於民國十四年六月。以研究圖書館學術發展圖書館事業，並謀圖書館界之互助及聯繫為宗旨，設理事十五人，監事九人，綜理會務，下設各種專門委員會。十八年舉行第一次年會於南京，二十二年舉行第二次年會於北平，二十五年舉行第三次年會於青島，抗戰軍興，北平陷敵，本會辦事處亦遷于昆明。二十七年舉行第四次年會於重慶，三十一年二月，中國教育學會等在陪都舉行聯合年會，本會亦參加，即舉行第五次年會。至於參加國際間之集會，則有十五年之參加國際圖書館會議及美國圖書館協會五十週年紀念大會於芝加哥，十八年參加國際圖書館協會聯合會於羅馬，二十四年參加國際圖書館及目錄學大會於馬德里。

（二）圖書館行政之促進　欲健全全國圖書館之組織而推廣其業務，圖書館行政上之興革，至關重要。本會對於下列各項事業，如圖書館經費之確定，法令之頒佈。專門人才之培發及保障，圖書館專科學校課程之擬訂及增設，省立圖書館輔導工作之推進，縣立圖書館及民衆教育館工作之標準，防止古書及古寫本之出國，各地版片之調查，地方文獻之保存，以及各館圖書之互借與流通，複本書刊之交換，聯合目錄之編輯，工作報告之編纂，專門圖書館之設立等等，或呈請政府採擇施行，或通告全國各館辦理，歷年以來，頗著成效。

（三）圖書館技術之研討　本會為處理特殊問題起見，陸續設立各項專門委員會，計有圖書館教育委員會，建築委員會，分類，編目，索引檢字，善本調查，版片調查等委員會。關於圖書館教育方面，如在南京舉辦暑期學校，講授圖書館學，與文華圖書館專校合辦免費生額等，至於分類編目索引等委員會，對於編製分類法與條例，以使此類工作之標準化，頗多予各館技術上之助力。又為觀摩改進起見，始則於十四年夏邀請美國專家鮑士偉博士來華視察，繼在二十六年又邀請美國專家畢少博博士來華指導，以謀聯繫與改進，旋以抗日戰起而中止。

（四）調查及出版　本會調查工作，包括圖書館，民衆教育館，書店，新書，期刊，善本，版片等七項。其調查結果。皆在本會「會報」及「圖書館學季刊」發表。此項會報在戰前已出十二卷，近仍續刊中；季刊則已出十卷。（各印有總索引一冊）更有「國學論文索引」與「文學論文索引」各四編，「現代中國作家筆名錄」一種，供學者參考與工作人員之查檢。此外出版「老子考」等書，不勝枚舉。以英文編印「中國圖書館概況」二次，則專為參加國際圖書館會議時分送與會之各國代表者。

（五）戰時之工作　本會在戰時之主要工作，在乎（一）調查戰區及後方圖書館之實際狀況，以及淪陷區內各圖書館之被燬情形，以備戰後向敵人索取賠償之準備，（二）協助全國圖書館戰後復興及戰時之發展。關於調查工作，或託中外人士至淪陷區訪問，或用私人通訊方法，或由本會擬訂表格，徵集各項資料，分在「會報」中陸續公佈。關於協助全國圖書館復興之工作，其在國內者，為登記戰區圖書館館員，介紹相當工作，並呈請政府及庚款機關，指定專款在西北及西南各省興建圖書館，以為社會文化發展之中心。其在國外者，則分向歐美各國，徵集圖書，免費運華。在一九三一年底即太平洋戰事發生以前，已收到之書共二萬餘冊，及自歐戰起太平洋戰爭後，國際交通梗阻，無法恢通，但國際間之聯系與援助，始終未嘗間斷。徵滋之書，則暫存美國，俟戰事結束，設法運寄，再由本會商定分配於國內各大圖書館也。

二，現在會務之概況

（一）調查工作之繼續　本會調查工作，現分數種：（一）後方圖書館及民衆教育館之調查，（二）圖書館戰後復興計劃之調查，（三）中等學校圖書館之調查，（四）淪陷區內圖書館被燬之調查，（五）各省市書店之調查，（六）新出期刊之調查，而在此次年會之前，特製表格，分寄各省市立與大學圖書館，于現狀各項之外，着重于其復興之計劃與意見，所得結果，尤為具體而有價值。

（二）國際圖書館界之聯系　本會自本年三月起，編輯英文圖書通訊一種，以介紹我國戰時圖書館之工作及戰後圖書館之復興計劃，俾能使國際間了解我國之實際困難情形，而取得密切之聯繫與助力。此項英文通訊，分寄英美蘇三國，再由該國等分製複本，代為傳播。本會並以英文寫成「中國圖書館之被燬及戰後復興」一文，業在本年三月十五日「美國圖書館雜誌」中發表。又美國圖書館協會，擬於本年秋間，派一專家來華視察，商洽中美兩國圖書館合作辦法，藉以促進我國圖書館事業之繼長發展。

三，將來事業之展望

（一）戰後復興之準備　本會戰後之工作，可分提高及普及兩種：提高工作，在促進全國圖書館之專業化，標準化，增加各館之經費，充實各館之設備，普及之工作，則為督促各方廣設圖書館，例如在保育院幼稚園，各級小學內，均陸續設立兒童圖書館；在中等學校內，設立學校圖書館，在各業務機關內，設立專門圖書館或資料室，並使其聯成相當系統，配合相當需要，以增相互聯繫，而策分工合作之效。

（二）獲得政府及社會之贊助　本會之工作，非有中央及地方政府之贊助，無法推進。十餘年來，政府當局對於圖書館運動，雖已盡力維護，但關於經費，仍未能積極發展。社會方面，亦尚未能充分了解圖書館之重要，故私人捐貲興建圖書館者，較之歐美各國，瞠乎其後。今後應如何增進各方對於圖書館事業之認識而助其經費之增加，實為本會中心工作之一。

（三）國際間之聯繫　我國圖書館之發展，國際間之聯系與援助，實不可緩。而我國政府及社會兩方面，對於圖書館之贊助，亦須首盡其應盡之努力。故吾人在取得國際協助之先，必須取得國內之同情與援助，此仍為本會當前之中心工作也。

（四）人材之培養　吾人欲使全國圖書館平均發展，籌募大批經費，固屬重要，但必須先有健全之圖書館專門人材，方易辦理。目前國內此項專門人材，為數過少，本會現已與美國商定合作辦法，於戰後派遣我國人士赴美研究，並約美國人士來華協助技術上之改進；美國圖書館協會，並組織一遠東委員會，主持此事。吾人目前自應積極準備此項人材之供給，使其生活安定，並推廣其進修之機會，俾能安心任事，以圖書館為其終身之事業，如此方能使我國圖書館事業達成專業化、標準化，與技術化之目標，而完成其輔進教育文化與建國事業之使命。

资料来源：袁同礼著，《中华图书馆协会会报》，第 18 卷第 4 期，1—3 页

3. 鲍士伟博士致本会及中华教育改进社报告书

鮑士偉博士致本會及中華教育改進社報告書

朱家治譯

中華圖書館協會
中華教育改進社

鄙人代表美國圖書館協會來華考察圖書館狀況，凡經過上海杭州，蘇州，南京，長沙，漢口，武昌，開封，太原，北京等處，茲就所見作報告如次：

註——此報告係在北京時所作，故尚有天津，濟南，奉天未曾包括在內。

所參觀之圖書館有左列之種類：

（一）中等學校專門學校及大學校之圖書館。
（二）省立圖書館。
（三）城市圖書館。
（四）會社圖書館。
（五）商業圖書館。

他日當為較詳細之報告，惟綜上以觀，中國現時尚缺乏之如美國實行之公共圖書館則甚明，蓋其異點亦有如左述：

（一）公費來源之缺乏或不足。
（二）現代圖書之缺乏或稀少。
（三）不借出館外之限制。
（四）書架不開放。
（五）編目法之不適用。
（六）推廣事業及加增閱覽能力之薄弱。
（七）適用建築之缺乏。

易言之，中國圖書館事業，頗似美國五十年前狀况。通俗圖書館在美之所以成功及竭力推廣者，實因一般人認其有適應學校以外教育之需要，以廣義言，謂圖書館有正當修養之職務可也。中國亦感覺此種校外教育之需要，加增效能為亟不可緩者，可由以下諸端而推測之：

（一）由地方圖書館協會及省區圖書館協會之組織進而為中華圖書館協會之組織。
（二）大學畢業生離校之後，不能享受圖書館之利益，因而有不平之言。
（三）最近出版界蓬勃之現象，足以證明讀者之日多。
（四）當代名人及學者，對於圖書館運動之贊助及同情。
（五）已有數處圖書館，雖感經費困難，但亦積極採用新方法。

在中國圖書館中固有如上述七項之缺點，但其間亦有數處圖書館，具其一二單獨之特點者，如多數圖書館雖鮮有經費充足者，但皆賴公費之維持。有數處圖書館，亦盡力購置新書矣；但所藏仍遜於各大書肆。對於閱覽人有借書出館之規定矣，但究屬少數。或有開放書庫者，然不得借書出館。圖書館目錄有編纂極完備者，但各館編目之標準亟須早日規定。有極力擴充推廣事業者，如設立分館，一市內圖書館之互相合作，及流通圖書館制度之輸入等等。有用新式建築作圖書館者，亦有舊式房屋而甚適用者。但避火險之建築，實不多觀。中國各圖書館，殆多有被火災之虞，而古籍之損失將不可量。凡此種種，倘能舍短取長，輸入現代公共圖書館之制度，當不難奏效也。鄙意此種制度之組織及推廣，於中國社會教育前途之貢獻極大，可以斷言。至如何改進方法，則爲貴會社唯一之問題，當輔助中國人民解决者也。

鄙意用任何下列之方法，不能解决此種問題：

(一)大學校圖書館　大學校圖書館在中國成績最優，較諸其他圖書館實爲新進，然各自有其範圍，難責以分外之事業。

(二)科學，文學及其他會社圖書館　此種圖書館原爲適應會員之需要而設，在美尚有以其所藏改爲公共圖書館者，但究屬私人之結合，對於公共圖書館之發展，恐難協助也。

(三)商業圖書館　此係出版界之附屬品，僅能對於公共圖書館有價格上折扣之補助。

(四)不開放書庫及不借書出館之圖書館。

鄙意採用下列任何三種方法，中國可有美國式之公共圖書館，每種方法之採取，當視情形而定，非彼此不相關也。

(一)組織完全新設之圖書館，不附屬於任何機關。

(二)就現存之圖書館改進而擴充之。

(三)現存之圖書館，本體不變更，但多設立分館及閱書社，施行新方法。

現時最急需者，爲通力合作之團結，及各種方法之劃一。個人創造力，固有價值，而事務往往亦不能規以準繩，但圖書館員如不利用他人之經驗，雖終日勞力亦無所補，更難措置裕如。故圖書館協會之事業，第一步即爲决定何種事業，應先制定適宜之標準。第二步每種事業中，採其應用上最佳之方法，定爲標準。第三步則應謀普遍的採用。此第三步，係實行上最難之一步。蓋因改進之故，須有幾許之犧牲也。

今日中國圖書館界共認爲研究不可緩者，實爲圖書館建築及中國文字排列之方法二事，此二問題如不早日解决，於將來圖書館事業之發展，實多窒礙也。

關于撥用退還庚款之一部分，鄙意認爲如此款專用於教育文化事業，則圖書館事業之促進，實不可忽。可將其一部分之款，無論用本或用利，局部或全部的，施之於下列之用途：

(一)由中華圖書館協會視隨時之需要，直接支配其用途。

(二)建築有定數之圖書館，惟是項圖書館之設立須先履行所附之特殊條件。

(三)以類似的條件，選購現代書籍。

(四)開放書庫後如有書籍遺失，以此作購書費。

(五)設立一所或數所試驗圖書館。

中華教育改進社圖書館教育委員會所提出撥用美國退還庚款三分之一建設圖書館之提議，鄙人認爲至當。蓋將來得到之款，數目尚難確定；此種計劃，極有伸縮也。惟設立圖書館之時，須注意者，即使人人自由借用書籍，而地點宜在人煙稠密之區行之，不必專擇公園之美景也。關於書籍之應在館內閱覽，抑借出館外，似可不必討論。蓋參考圖書館與流通圖書館初無歧異。普通書籍，可於館中閱覽。而專門書籍，亦未嘗不可借出館外也。以美國最著之公共圖書館言之，亦僅一搜藏最上選之書藏而已。此種善本書或專門書，或在館內閱覽，或借出館外，乃行政之方針，館長應視情形而定者也。在圖書館成立之前，固不必斤斤於此；在美國間有因此而圖書館事務受其影響者。

重言之：以鄙人考察所及，美國圖書館組織法如施於中國可暢行無阻，而貴會社經營此種事業之成功，鄙人更抱無窮之希望。

美國圖書館協會代表鮑士偉。

鮑士偉博士報告書原文

To the Library Association of China
and the National Association for the Advancement of Education:

The undersigned, delegate of the American Library Association, has the honor to render the following report of his observations upon Chinese libraries during a tour of inspection through Shanghai, Hangchow, Soochow, Nanking Changsha, Hankow, Wuchang, Kaifeng, Tai-Yuan and Peking.

The following classes of libraries have been visited:

1. School, college and university libraries.
2. Provincial libraries.
3. City libraries.
4. Society libraries.
5. Libraries of Commercial houses.

A report in greater detail will be rendered at a later date. It appears that nowhere in China at present is there a free public library precisely like those now operating in the United States. The principal points of difference are:

1. Absence or inadequacy of public support.
2. Absence or infrequency of modern books.
3. Restriction to use in the library building.
4. Closed shelf operation.
5 Inadequate "cataloguing"
6. Absence of "extension work" and other efforts to increase the public use of books.
7. Absence of buildings adapted to the work.

In other words, libraries in China are functioning somewhat as libraries in the United States were doing 50 years or more ago. The great extension and success there of popular libraries is due in great part to a realization of the value and necessity of post-scholastic education, including in the broad sense, also the legitimate recreational functions of the library.

That the Chinese are beginning to feel the need of a more efficient agency than they now possess for this kind of education after school, may appear from the following considerations:

1. The formation of local and provincial library associations, culminating in the organization of the Library Association of China.

2. The complaints of graduates of colleges where they have enjoyed modern library facilities that these are not open to them after they have completed their courses.

3. The enormous activity of commercial publishing, indicating a corresponding increase of readers—a very re

ent development in its present form:

4. The expressed interest of public men in general and even of some scholars of the older regime, in the possibilities of this movement.

5. The efforts of some existing libraries to modify their practice in the direction of modernization, although nullified or hampered in many instances by lack of funds.

It is a fact that one or more of the modern features whose combined absence is noted above as distinctive of Chinese libraries are yet to be found separately in some of these libraries. Thus, there are many Chinese libraries that are supported publicly, though, I believe, none adequately. A few contain modern books, though there are no large collections of these except in the publishing houses themselves. Some allow home use of books, although to a limited extent. Some have free access, although usually without home use. Some are well and fully catalogued, though on some points standardization is greatly needed. Some are taking up various forms of extension, such as the establishment of branches, co-operation with other libraries in the same community and in one noteworthy case the operation of a system of travelling libraries. There are also some modern and adequate buildings and some old ones that make up by their charm of atmosphere what they lack in modernity. Very few of these are of fireresisting construction, and the danger of the destruction of valuable old books by fire is great in almost all Chinese libraries. All these efforts are meeting with success, and it needs but their combination and extension to furnish China with modern free public library facilities.

It is my conclusion that no more effective contribution to general education in China can be made than by effecting this combination and extension of facilities. How it shall be done constitutes the outstanding problem that your associations must help the Chinese people to solve.

It is at the outset my opinion that it can not be solved in any of the following ways:

1. Through the university libraries. These are doing noteworthy work and are probably more up to date than any other of the libraries of China, but they have their own sphere and should not be asked to go beyond it.

2. Through libraries maintained by scientific, literary or other societies for the use of their own members. While in isolated cases in America such bodies have transformed their collections into public libraries, they are essentially private clubs, and we cannot properly look to them for any general aid in public library development.

3. Through the libraries of commercial houses; although publishing houses can be of the greatest assistance in granting favorable rates to public libraries for the purchase of books.

4. Through any way that does not include Free Access and Home Use.

I can think of three ways in which China might obtain free public libraries on the American plan. They are by no means mutually exclusive, and each may be adopted when conditions are favorable.

1. Entirely new and separate institutions may be organized
2. An existing library may be modified and extended.
3. An existing library, while remaining unchanged, may establich branches and stations to do the more modern kind or work.

What is especially needed are team-work and standardization. It is not sufficient for each librarian to labor by himself without consulting others. It is true that individual initiative is highly valuable and that some things can not be standardized. Theb usiness of the neew library association will be; first, to decide on what things may profitably be standardized; secondly, to discuss anu adopt the best as standards in these particular fields, and thirdly, to secure the adoption of these. The third thing will be the hardest, involving as it does the necessity of giving up all sorts of pet schemes for the sake of the larger good.

Two things upon which general agreement would seem to be immediately necessary are library buildings and the system of arrangement by the order of the Chinese characters Further delay in either means infinite trouble and expense in the future.

With regard to the possibility of aid from the Boxer Indemnity Fund, it seems to me that if this fund is to be used for education in any broad sense, library development along the lines suggested above can not well be neglected. Part of it might be used in any or all of the following ways, whether the principal or only the interest is to be available:—

1. A grant might be made directly to the Library Association of China to be expended by it in the directions most vitally necessary, from time to time.

2. A certain number of library buildings might be constructed for such libraries as will agree to administer them under specified conditions.

3. Modern books might be bought on similar conditions.

4. Losses due to opening the shelves to the public may be made up.

5. One or more special experimental libraries might be founded and maintained.

I have carefully gone over the plan formulated by your committee for the establishment of separate libraries on the American plan, and believe that, on the whole, it constitutes the best tentative scheme for the employment of this money. It is flexible, which is necessary, as the exact amount of the grant remains to be determined; and it is practical.

The necessity of adapting these libraries to the freest

accessibility and fullest use should be constantly kept in mind. No merely beautiful site, such as that in a park, should be chosen, but rather one adjacent to a thickly populated residential section. Discussion regarding the kind of use that is to be made of the books—whether predominantly in the library or at home—should bdeprecated at this juncture. There is no fundamental difference between a "reference" and a "circulating" library. the most trival books may be used in a library building and the most serious ones taken home to read. The typical Americant Public Library, which I trust may be taken as a model in this instance, is merely a collection of the best books. These are kept in the library or allowed to circulate as circumstances dictate, and the matter is purely one of administrative detail, to be controlled by the librarian. Heshould not be hampered in this regard by specifications fixed in the establishment of the library. In one or two cases when this has been done in my own contryit hass eriously interfered with the library's usefulness.

Reiterating my belief, greatly strengthened by my recent inspection of Chinese libraries, that there is nothing to prevent the successful operation in China oof libraries on the American plan, and with the most cordial wishes for the success of your Associations in all undertakings, I beg to subscribe myself.

With great respect,

Signed: Arthur E. Bostwick

Delegate of the American Library Association

资料来源:朱家治译,《中华图书馆协会会报》,第1卷第2期,5—10页

中國圖及圖教育調查報告

沈祖榮

中華圖協會執行委員會主席袁同禮先生台鑒敬啓者：祖榮受本會執行委員會之命調查國內圖及圖教育狀況，無任榮幸！綜計此次調查有圖三十所，分佈於十餘城中，往返費時一月，曾在三處對圖界同志公開講演，使祖榮得有機會與中外諸教育名流晤談，如胡適博士、燕京大學代理校長高厚德博士 Dr. Howard Galt 北京協和醫學院顧臨先生 Mr. Roger S. Greene 齊魯大學代理校長戴維士博士 Dr. J. L. Davies 以及蔡元培先生、葉恭綽先生、黃炎培先生等，對於今日圖之改進及此後圖人才之訓練方法諸問題，一一商討，並曾與圖專家討論現今圖界新興之各種問題，以及訓練人才時應如何使其適應需要，此則尤引爲深幸者也。

祖榮於四月六號離漢，七日下午抵開封，開封街市寬闊，道路齊整，全省教育頗爲發達，蓋因教育經費獨立使然。此計畫創自馮玉祥氏主豫時，曾指定田賦若干爲教育經費，此後歷屆主持豫政者遵守未變，故全省學校數目甚多，中小學之外，且設有河南大學一所，該大學現正由省款籌撥十六萬元建立一新式圖，是館每年以三萬六千元爲購外國文書籍之用，甚屬可喜。館長李燕亭先生爲留美專研圖學者，辦事努力，新館之建築，即由其一手經營。李氏於圖工作之外，并在該大學擔任化學及圖學課程云。

參觀河南大學圖之後，即由李燕亭先生導至河南省立圖參觀，蓋李氏每星期日常去該館，爲之校對目錄，故至熟悉也。同時晤見河南教育廳長李甫達氏，彼兼爲河南大學教育學院院長。此外，曾往參觀開封民衆教育館，館址在鼓樓中，辦公室在樓下，閱書者甚爲踴躍云。

離開封，即赴定縣，定縣爲晏陽初博士年來試驗民衆教育及鄉村改造之地。祖榮曾與晏氏及其同事瞿菊農博士晤談，其時全國基督教會議，正在此地集會討論鄉村改造工作。余曾詢晏氏何以選定此地爲工作之地，晏氏謂：一、因此地民衆教育之進行，實較他處爲宜；二、因該地人士熱心合作，如捐地及讓予文昌宮等以爲實驗區等是；三、因同人等以此地位鐵路之旁，而又距北平不遠，往來較便也。

祖榮與晏氏談話中，晏氏曾謂凡欲創一大事業，必須有相當之領袖人材及一定之計畫，二者具備，金錢之來，自意中事耳。於此足見晏氏事業之成功非偶然也。祖榮亦詢及其對於圖之活動何如。彼云：圖活動雖非主要之事業，然爲其計畫中之一部份。彼擬設一圖，先供工作人員之參考，次則以之普及於民衆。

離定縣後，即赴北平。北平祖榮已四年未至矣。其時北平圖尚未落成。憶曾與美國公使馬慕儒，Ma. MacMurray 及周貽春博士，任鴻雋先生，及袁同禮館長，同去參觀時四周牆壁僅及四寸，今則煥然大廈，早已完成，不特堂皇偉麗，且眞足爲圖書珍物寶藏流通之用也矣。

是館由中華教育文化基金董事會撥款所建，與政府所屬之國立北平圖合併者也。所藏中國書籍內，有三萬餘册精鈔本，即所謂四庫全書是也。此外宋元善本以及其他精鈔精校之本，尤爲豐富，近五年來又致力於西文專門書籍及各種重要科學之整部雜誌之收藏。凡作高深研究之工作者，皆不能舍是館他求云。

每日來館繕校孤本者頗多，館中且置有影書機，Photostat 凡道遠不能親自赴館繕校之孤本，館中可代爲影出，取價至廉，每頁只收價費二角五分。由此，該館對於讀者之服務，更覺宏鉅云。

館中並儲有樣子雷所製圓明園宮殿，三海及東陵等房屋之模型陳列於館之下層中。

是館之建築與政府合作，以及籌撥款項，採購書籍，能有今日之成績者，以建築委員會主席周貽春博士，及代理館長袁同禮先生之力爲多云。

政治學會圖建築新落成，關於政治方面之書籍收藏甚富。是館多得中外名流如前美國駐華公使芮恩斯Dr. Paul Reinsch 顧臨先生，Mr. Roger S. Greene 威羅貝博士 Dr. W. W. Willoughby古德諾博士，Dr. Goodnow胡適博士，周貽春博士等之努力贊助，方克完成。其書籍大部份由芮恩斯，威羅貝，等之力，向美國各大學捐贈得之。量數之多，今館已漸不能容矣。

清華大學圖位於全校之中央，誠該校生活之重心也。原館不敷應用，新加建一部份，業已落成。有原館二倍之大，其接合配置，頗費苦心，參觀者初不覺其爲附加而成也。中有大閱覽室二，同時可容讀者六百餘人，職員辦公室亦較前寬大。其行政方面，至有統系，館中所有應行辦理之事，揭於館長室中，全館館員皆習知之。每日每人皆有報告，使館長知何事已辦，何事尙未辦云。

燕京大學圖之建築，頗不適圖之用，建築設計之人，似缺乏圖知識。辦公室，編目室，亦覺太小，若圖發展，勢非改建不爲功。是館購書經費頗受哈佛燕京研究社之補助，凡重要中文之大部典籍，與夫有關中國問題之西文書籍，皆由其助款購買。是館訂購工作最有統系。館長於館事之外，並監製白漿水膠水等以供應用，且可售與他館，各圖之向彼訂購者亦復不少。中國書籍函裝之法，亦爲其所發明。又該館辦事賞罰最爲分明，病假事假等均須補作，而作額外之工作者，則有額外之薪金云。

協和醫學院圖館長戴志騫夫人管理有方，分類編目，秩序井然。其分類系統，乃根據波士頓醫科大學圖之分類法。該館除藏極豐富之醫學書籍外，幷藏有無數整部之醫學雜誌，有數小覽閱室。此圖並非獨立建築者，不過附屬於一屋之角隅耳。

地質調查所圖已成立數年，乃捐資所建，是館爲一專門圖，有西文書約二萬册，中文書約五千册，多屬於地質地理，古生物，考古，鑛物等學之書，地誌地圖亦復不少，此外約有二百種專門之雜誌。其建立乃爲地質調查所工作人員之應用，發行有價値之刊物頗多，其刊物皆屬專門深邃者，皆與各國交換，主其事者爲翁文灝、丁文江二氏，皆國際間知名之地質學專家也。現其圖受中華教育文化基金董事會之補助，用以添購書籍云。

北京大學圖藏庋頗富，惜無適當之館舍，現暫設於松公府舊殿中。中文書約十二萬册，西文書約八萬册。其歷史頗悠久，清末設京師大學堂時，即已成立矣。其書珍品頗多，惜未能完全編目，每月有三千元用以購置外國文書籍之用。該館自設有裝訂部，用本地材料，價甚廉，平均每册價値三角左右也。

師範大學圖自館長何日章先生任事以來，頗多改進，據云前此館務之管理，不甚嚴格，書籍時有遺失，借者亦往往過期不還。何氏以身作則，每日按時到館，同事仿效，遺失過期之事，因以大減云。

輔仁大學圖館長謝理士博士，德國人，館不甚大，但極有條理，館室暫設於辦公樓中，分類採杜威十進法，西文書由謝氏自編，中國書則由中國館員編之。學生來館利用圖書者不多，曾介晤其校長美人Rev. Clongherty，彼於吾國圖員之訓練頗爲關心，并云凡圖間之合作，以及彼此有益之舉，如交換複本等事，均極端贊成者也。

余於報告北平圖情形時，最可喜者，北平圖間之合作，已大著成效也。北平圖曾編印北平各圖聯合目錄三册行世，亦曾行圖互借方法，各圖於一定期間中，可向其他圖借出若干書籍，以供其讀者之應用，法至良意至美也。

國立北平圖則於此尤有進者，不但與國內圖合作，且進而與國外之圖合作，爲國際合作起見，該館已送館員二人於美國哥倫比亞大學再求深造，同時並任整理該校中文書籍之責。又與德國普魯士邦立圖交換館員，本年度來我國服務者爲西門博士Dr. Walter Siman，去彼邦者爲館員嚴文郁君，此種互助之策，歐洲各國未實行者，中華已先彼實行矣。

離北平後，即赴天津，在津曾參觀圖三四處。

南開大學圖建築甚美，吾鄂沔陽盧氏捐建，盧氏號木齋，故該館名曰木齋圖，以紀念之，該校經濟系所搜集關於經濟學書籍與其相關之書籍，最爲豐富。

河北女子師範學院圖位置雖不甚佳，然布置整潔，凡空間可利用之處，均經利用。學生亦能充分利用書籍，管理亦佳。

北洋大學圖建築不善，光線黑暗，極不合圖之用，亦不能指導學生，使之發生興趣，若欲求有較佳之效果，當改造也。

離天津後，即赴濟南，省政府主席韓復渠氏主持省政，秩序安定，於教育亦盡力籌謀。山東非富庶之省，因韓氏熱心教育，增加經費，故於加添中小學之外，又設一大學。彼於圖亦甚重視也。

山東省立圖收藏豐富，館長王獻唐氏指示解釋，所見各物，以所藏寫本佛經爲最足寶貴。最近復收得海源閣孤本二十餘種。王氏並致力於金石古物之收集，館中附一博物院，以展覽之。祖榮往觀之前一月，該館收得滕縣發現之古銅古陶器十餘件，多周代之物。王氏現正計畫建一新館，已籌得捐欵五萬元，欲再籌五萬即可開工，而省府即可再撥五萬以完成之。該館位於大明湖畔公園中，風景幽勝。山東省圖事業頗爲發展，尤以民衆圖爲甚。各縣圖館長曾集會於濟南，討論該省各縣之改進事宜，祖榮抵濟時，甫畢會云。

齊魯大學圖亦受霍爾氏基金 Hall Fund 之補助，其補助金專用以購買書籍。中文書籍不歸圖管理，而歸中文部主任管理之。

山東大學（前名青島大學）圖由該大學教務長代理館長，故一切設施，皆由彼決定。所有館員工作，皆由教務長派定，而眞正受專門訓練之館務主任，反無權左右之，殊足詫異。館務主任有名無實，其結果徒使館事受害而已。

祖榮在青由教育局長之介，晤市長沈鴻烈氏。沈氏非一般官吏可比，乃一實行家，事無鉅細，以忠誠行之。彼云：彼第二步將建築一圖以供該市市民之用。彼曾費十二萬元建築華北運動會會場一所也。

離青島後，即搭船赴滬。在滬曾與聖約翰大學校長卜舫濟博士 Dr. Pott 談論關於圖員訓練問題，並參觀聖約翰大學羅氏圖。惜開館時間已過，未晤其館長黃維廉先生。是館辦理極佳，編目亦完善，書籍雜誌之訂購尤有系統，中文書卡片之書法亦極整齊云。

滬江大學圖現已移入新館，較祖榮十七年前往觀時發展多矣。館員亦感不敷分配，故另以學生助之。館長爲湯姆森女士 Miss Thomson 祖榮所素識，蓋年前基督教高等教育會時，其中圖組祖榮爲主席，伊爲書記也。女士於該館之整頓頗著條理。另闢一室，專儲加勒基國際和平會所贈予該校國際關係之書籍云。

大夏大學圖館舍亦新建，惜內外皆不適宜於圖之用。該大學並設有圖學課程。

交通大學圖，我國大學歷史較長之圖也。館長杜定友氏辦事頗感掣肘，教員等亦不甚了解其工作。如能給以全權，該館之進步當更大更多也。

國立中央研究院圖兼司國際交換出版物之整理，館長爲孔敏中。所交換之物，多爲各國政府出版物，頗多儲當整理匪易，亦須知悉各該種文字者，故辦事不無困難也。

光華大學圖成立不久，尚無獨立之館舍云。

科學社圖亦祇成立三年，係紀念該社創辦人胡明復先生者，故名明復圖。該館建築頗多缺點，室內空間未能充分利用。但其所收藏之科學書籍及科學雜誌，不少珍貴之品云。

中國銀行亦有一圖，原爲該行職員及其研究部所設。凡行外之人，有欲知關於銀行方面之事者，亦可來參考。報紙上關於銀行商業實業等問題者，皆剪下排列。研究部印製有一剪片分類表一種，效用極大云。人文圕乃一剪片圕也因其將各報章雜誌上數年來之各種問題剪下分類粘表之故也。并又將中國較著名之雜誌約百種中之論文作爲分類索引，而於人文月刊中發表之。

上海富商葉鴻英氏，擬捐資百萬建一圕，現已組織董事會矣。余聞其事於該董事會主席蔡元培先生。將來該館建築完成之後，即名爲鴻英圕云。

民立中學圕設於辦公室傍，僅數室，光線不佳，且臨街，多塵土。該館附設有一圕函授學校，館長陳伯逵先生云：現有學生約百人，每項功課取費五元云。

離上海後，即赴杭州。杭州圕事業較前大有進步，在歷史上杭州亦爲文化中心。清代四庫全書七閣之一之文瀾閣，即設於此，今日猶存，其珍貴可知。

浙江省立圕新建館舍，外觀異常偉麗，酷似美國新式之圕。但內室構造頗多缺點，望板太高，光綫自巨大之窗中射入，讀者目力深感不快。編目室光線亦太強，工作人員易於疲乏。書庫光線亦直射於書籍之上，最易傷損。又於同一層樓中有二出納枱，一爲書籍，一爲雜誌，亦似太費。館長陳訓慈氏對於館事非常努力。設有巡廻圕以供杭州各機關人士之應用，並於錢塘江遊艇中巡廻，以供遊客之閱讀。該館亦有編輯工作，出版有月刊等。

之江大學圕位置錢塘江上，風景佳勝。圕爲新建，該校當局尚擬於館傍接築一書庫。曾與其館長彭君匆匆參觀一周，據云：館員太多，報酬亦低。但其地則確爲讀書佳地云。

首都圕頗多，大體均可觀。惜以時間倉卒，未能久留儘量參觀爲憾事耳。

金陵女子大學圕此時尚設在一不甚合用之大樓內，其一部份即作爲課室之用。該館採用開架制，管理因之頗感困難。又爲鼓勵寒素學生工讀起見，圕有學生助手若干人，于是圕主任事先須計畫支配伊等之工作，事後須校核伊等已完成及因趕上課未及完成之工作，頗費心力與耐性。今日各學校圕每感學生助手之工作效率不大，而其結果難求整齊，殊不經濟。又彼等以事不關已，責任心薄弱者，亦每每有之。致圕員常須代彼等之錯訛處受過，故不主張用學生助手。金陵女子大學圕新館舍不日竣工，遷入新館舍之後，彼方所感之困難，當能減少若干云。

中央軍官學校圕所新建之三層樓館舍已落成，頗爲美觀。該館讀者頗知如何使用圕書籍，流通甚多，圕工作亦井井有條。該館并辦種種推廣事業，係謀輔導讀者多能利用圕者。

國立中央大學圕自該校校長羅家倫就任後，圕組織與管理爲之一新。近該校各科系訂購新書甚夥，故館員工作特忙。而借出書籍數目日增，期限延長，開館閱覽與參攷時間亦加長，均爲該館對服務上求改進之新規劃。館長爲桂質柏博士，對工作甚努力。館員談話例只准五分鐘，若超過即予以制止，辦公室內只見各館員挾書來往，工作不稍停頓，館長往來各工作處所監督指示各館員工作。該館藏書驟增，後屋已不敷用。現該館擴充館舍安設新書庫之計劃，已着手實施，俟完成後，新都將得一恰可與淸華大學圖媲美之大圖矣。

金陵大學圖得劉國鈞博士指導一切，進展甚速，該館亦自霍爾氏基金捐有欵項，得五萬元，爲購置新舊中文書籍及凡關涉中國之社會科學書籍，與夫此項有價值之西文書籍等之用。劉氏與該館其他職員二人在該校並擔任圖學系各課程講授事宜。李小緣先生在美國治圖學有年，創獲甚多，現在此任中國文化研究所要職。選購中西書籍之事，均由李氏管理之。購書經費亦出自霍爾氏基金，新籍舊藪，琳琅滿目。該校現藏之農學書籍，爲國內僅有之特藏。所收我國地志書籍，亦列在我國此項專藏之第三位。又該館另闢農學研究之專藏，已刊未刊之鉅製頗多，由萬國鼎先生主持其事，貢獻獨多云。

國學圖爲一歷史悠久之圖。我國圖與目錄事業之舊型遺規，多可于該館見之。該館原爲研究國學者而設，非通俗圖可比，入館閱書須納費，所藏宋元明版及稿本珍籍甚爲繁富。柳翼謀先生任館長，學問精湛，對館務進行不憚艱辛，即以該館專門之事業，對我整個圖界謀貢獻，殊爲得未曾有。該館現正繼續編纂目錄，刊布舊籍中名貴作品等工作。所出版之年刊，亦多有重要文字發表云。

國立中央圖現尙在籌備中，隸屬于教育部。其設立主旨在爲新都供給一研究學術之圖，如舊都北平圖者。蔣復璁先生新自德國研習圖學回國，頗留心歐陸之圖制度，現正主辦該館籌備事宜。蔣氏近與商務印書館積極接洽刊印四庫未刊本一事，想即可成爲事實。書成後即以之與世界各大國交換刊物。其鵠的在使中央圖得成爲一名實相符之大圖也。

中央政治學校圖館長爲洪有豐先生，該館組織管理均自專家之手，一切自是不同。該館政治科學書籍庋藏豐富，尤富于三民主義之特藏者云。

內政部圖尙可觀，所藏志書爲國內之第三位，蓋以內政部規定各省各縣須各賫送各縣方志送部庋藏。又據出版法，凡新書出版，規定須呈送教育部與內政部各一部，徵集固較易爲力也。惜乎館舍簡陋，殊不適于藏書之用，爲憾事耳。

外交部圖亦爲政府機關中圖之較優者，其協助外交部務之改進處不少。諮詢參考編纂工作蕃繁，每一問題到館，當事者常須翻檢各書，各刊物，各文件，以求答案，日之不足，且繼之以夜。朱家治先生任館長，其職任當甚繁劇。

鐵道部圖即設在該部官舍內，搜集鐵道建築與管理之册籍頗多。余到該館參觀時，主任金敏甫先生適已公出云。

國立中央研究院社會科學研究所圖藏書亦尙好，惜未能儘量應用之。以其辦事人員過少，甚不敷支配也。

教育部圕以經費太寡，情形殊不見佳，距該部所規定之標準設施蓋頗遠也。全館幾無一册西書。僅有美國書店贈送之教科書樣本若干本云。

余此次調查旅行。除與各地圕界同仁懇談我國圕界各情形各問題而外，參觀各圕，類似走馬看花，殊不敢遽作評論，僅將各處之印象陳述如上。惟余以我國圕事業在最近五年中，雖國家迭遭危難，其進展自有不少足以令吾人引為欣慰者。全國各高等教育機關，其收藏豐富，館舍美備者，幾成爲必然之通例。學者與教育家，常以其本鄉本土完備之圕設施自豪。富人者流，亦嘗思捐款以為建圕之用。政府方面就各部圕言，固亦頗竭力圖謀圕設置之完善。捐資興辦圕者，亦經明文規定例應獎勵。中華圕協會會報，圕學季刊，刊行以來，各處圕刊物之產生，如雨後春筍。對此種種吾人咸感興奮，意者我國圕事業之新開展，或將于此發揚而光大之也。然余以為另在一方面，亦有不少惡勢力惡影響潛伏滋長于其中，乃極願我圕界同仁急起共謀糾正。茲并為條舉于下，以終本報告書云。

（一）在若干大學內，其校中當局，似常有干預圕本身行政之處。每有在他部不稱職之人員，勉強安插于圕中工作者。此類人員，例為該校某重要人物或教授之親戚故舊。于是圕館長對於館中職員，遂無任免賞罰之權。能者不得用，無能者不得不用，其貽害館務孰甚。又常有于圕館長與主任之上，另置教務長或其他教授以為太上館長者，究其實彼對圕工作一無所知，而圕執事者，乃遇事不得不禀承之，此有乖于事理為何如。通常圕管理原則，屬于圕專門技術，其行政方面應由圕主辦人員執行之。關于圕政策與規程，學校當局有時自應過問，但各圕執事者，不能稱職撤而去之固屬學校當局之權也。

（二）教授方面對圕工作缺乏好感，亦為習見困難之一種。每一書自訂購以至插架，中間曾不知經過若干步驟，以故每一書編目完竣，需時頗多。但彼等未能深悉此中底蘊，書目如未能立時編就，于是責難百出，且有不俟登錄即提走者，蓋缺乏合作之精神也。

（三）教授不守借閱書籍規約，亦屬常事，借書不遵時間限制，且館中不出借之書籍，如大部參考書籍等，經勉強借出後，無論催索至再至三，亦仍久假不歸，圕人員竟亦無如之何，以校長惟恐開罪于教授故，圕方面終不得直也。

（四）圕辦事困難，又每發生於庶務上之糾紛。大學圕訂購書籍文具用品，例須經由大學庶務處辦理，設結果圓滿，圕人員自亦無所用其多事。然每每庶務辦就各件，非不合用即以價賤品劣貨充數，結果終等浪費，而紆徐曲折，曠時廢日者甚多。夫此豈又計之得者乎。

（五）學生方面常難以求合作，我圕界同仁，亦常苦之。意者若教授能與圕人員協力指導學生曉然於利用圕之方法，以及公共道德之養成等等，其結果必將大異也。

（六）多數大學圕，常無供圕人員購置專門參考書籍之費，彼等似不覺其重要。蓋凡有助益于圖人員者，即同時有助益于圖之工作者，其理由至明顯也。

（七）許多圖中之助理，多爲未經專門訓練者，似應授以若干圖工作必需知識。若某館能資助館員到鄰館考查實習，藉收觀摩之效，似較爲經濟也。

（八）圖員彼此間，譏觀察所得，亦少合作之企圖與努力。惟北平各圖及南京金陵及女子金陵大學圖，訂定彼此互借辦法一事，各地圖均應效法之。全在一地之圖，若在購置上徒尚競爭，其爲無意義已至明顯。凡重複書藉雜誌，應彼此交換，俾各得完整之本，現時金價仍昂，故交換西籍，爲尤有利也。

（九）各地宜成立圖學研究會，圖俱樂部等，以謀推進本界專門事業發展之地步。

（十）圖學訓練與各專門學術研究，亟須打成一片，吾人深願曾研究各專門學術者，仍能加入圖學學校再受兩年圖學之訓練，蓋圖學訓練，啟示用書方法，及致力學問方法之處特多。對于治學方法與工具，指導特詳，故修習各專門學術者，如能得圖學訓練，將更易于成爲該科之專家，必無疑也。

（十一）現時我國民衆教育館，各省皆是。民衆教育爲當前之急務，故民衆圖人才之訓練，此時亦刻不容緩也。

（十二）簿記之學，似應成爲圖學訓練必修科目之一種，以養成圖員管理經濟記錄賬簿之技能。即在大學圖中，雖常有專司之機關，此項訓練亦屬必要。各公立省立圖中司賬人員，即可不必延請。設此種知識果已成爲我圖員具備之技能者。

（十三）在大規模圖中，如北平之國立北平圖等處，圖員專精某項圖事業，誠爲必要，將來圖學學生應習高深圖學學術如編目，分類，參考，官書，管理等項，以應其需求，似無疑義。但爲普通一般圖設想，則圖人員，仍應對圖整個工作有所諳習，庶可應付圖中各方面之業務，如俗所謂生，旦，淨，丑，末，樣樣俱能者也。

资料来源：沈祖荣著，《中华图书馆协会会报》，第9卷第2期，1—8页

5. 中华图书馆协会图书馆学暑期学校之经过

中華圖書館協會圖書館學暑期學校之經過

本會爲普及圖書館學識起見，特組織圖書館教育委員會，主持圖書館學校，及短期講習事宜。當經公推洪範五先生爲主任，惟學校因種種問題，不易舉辦，故先從講習入手。執行部公決於今夏在南京試辦暑期學校，擇便於實習之學校舉行之。而南京合於此者，首推東南大學及金陵大學。金陵爲教會所立，事有未便，故决商借東南大學，適該校與中華職業教育社，江蘇省教育會亦有暑期學校之設，邀合組，第思如此辦理，輕而易舉，爰加入之，於學科中設圖書館學科，所有關乎圖書館學科事務，則仍由委員會主持，庶並行而不悖：議既定，於是聘請國內圖書館專家及與版本或校勘研究有素者，担任教授，而所設之學科，凡於圖書館有關者，均列入之，幾經接洽，始確定如左：

學程名	學分	每週上課時數	教員姓名
圖書館學術史	1/2	2	袁同禮
圖書館學術集要	1	4	全組教員
圖書館行政	1 1/2	6	全組教員
兒童圖書館	1/2	2	李小緣 劉國鈞
學校圖書館	1/2	3	杜定友
分類法	1 1/2	6	袁同禮 杜定友 洪有豐
編目法	1	4	李小緣
目錄學	1	4	袁同禮
參攷部	1/2	2	洪有豐
圖書選購法	1/2	2	洪有豐
圖書流通法	1/2	3	杜定友
圖書館建築與設備	1/2	2	涂羽卿 杜定友 洪有豐
圖書館典藏法	1/2	2	杜定友

以上學程任各個人就需要而選習之，每人限以三學分以上，五學分以下，正課之外，並請名人演講，招生辦法，除登報並刊發章程外，另由委員會將辦理情形，通函各省教育廳及各圖書館協會，請其保送學員。屆截止報名，統計各學程選習人數，其能開班者，有下列四種：

圖書館學術輯要
學校圖書館
兒童圖書館
分類法

其不能開班之原因，係由於選習人數過少，與規定之數相差甚遠故也，綜計專選圖書館學科者十三人，兼選者五十六人，教學法除於教室講演外，並分組實習，俾可參證學理，並參觀各圖書館，以資觀摩。所有考核成績或在教室實驗，或根據筆記與參觀報告以定之。及格者給以學業證明書。經費一節，關於一校公共者，由報名收入項下支付，不足者由合組機關補助。其關於一科之特別開支，則由各機關自行担任。圖書館委員會當籌備暑校之期，在在需款，承清華學校捐助二百元，除爲付圖書館學科之辦公費及教員膳費計一百零四元六角外，尚餘九十五元四角，因合組機關開支不敷，悉數補助（另有支付收據）爾比無存，特此報告並謝

清華學校贊助盛意。

资料来源:《中华图书馆协会会报》,第1卷第4期,3页

中華圕協會第三次年會圕教育委員會報告

圕教育委員會主席 沈祖榮

I 二年來本委員會之工作

本委員會各委員散處各地，各人工作均極繁忙，加以年來時局亦不甚平定，故本委員會對於各項工作，未能積極進行，深覺慚恧。上次年會教育委員會議決推行之案爲：

1. 建議行政院及教育部指撥的欵於北平設立圖書館學專科學校；

2. 再請教育部令國立大學添設圖書館專課；

3. 請各省立圖書館人才經費設備充足者附設圖書館學講習所以培育人才；

4. 函請各省教育廳每年考選學生二名分送國內圖書館學校肄業其學膳宿費由教育費中指撥；

5. 函請圖書館學校應注重語言。

以上各案，會後即行分別轉達請求辦理。

第一案因中央政府財政困難，一時未能指撥的欵，故所擬辦之圖書館專科學校至今尚未舉辦。一俟國庫稍裕吾人再行呈請，想能達目的，亦未可知。

第二案之推行，就吾人之所知者，廈門廈門大學，上海大夏大學，無錫江蘇省立教育學院，湖北省立教育學院，上海暨南大學，開封河南大學，天津河北女子師範學院等，皆有圖書館學課程之設置，此固由於各該校當局感覺認識圕學重要之故，間接亦未始非本會屢次提倡之力也。

第三案因現時國內圖書館人才經費設備均充足者不多，故正式附設圕講習所者甚少；然各館爲其自己館員學識之增進，組織講學會補習班者，所在多有，收效亦大。

第四案，本會與武昌文華圕學專科學校合辦之免費學生，此三年內，專科曾辦兩班，講習班曾辦一班。學生籍貫有十三省之多，而講習學生大都曾受各該省政府之補助。本年秋季擬再招收講習班一班，仍由該校函請各省政府選送。對於此案之推行吾人尚覺滿意，雖一時未能造就多人，然行之以漸，持之以恆，將來定有美滿之結果也。

第五案因本國圕學校只武昌文華圖書館學專科學校一處，會後曾將此案，專函該校。據其所述，該校對於語言方面，除英文外，尚兼習德文法文日文等課程。日文爲選修，其餘均爲必修，而講習之法，與普通學習語言之目的不同，皆編有專書，專課適合於圕採購分類編目之用者。

此外民國二十四年湖北省政府教育廳所辦之中小學教員講習會，及民國二十五年之全省民衆教育館講習會，其中所設之圖書館課程，均由顧蔡担任教授。對於本省之學校圖及民衆教育館圖書管理法，不無相當影響云。

II 今後本會擬辦之事業

本會對於圖書館學教育方面，今後可辦之事甚多，但因本會人材不多，而此僅有之人材又復各有工作，故今後擬辦之事業必須於人材及時間兩方面兼籌并顧，以便集中人材於一定時間內作一事業，始能有明效可覩，不然計畫理想方面雖多，未必能實行也。

根據上述原則，以爲此後數年內，本會之圖教育推進方面，應每年聯絡各省教育廳辦理暑假講習會。

理由： 目下全國圖大小在一千以上，館員最少亦有數千人，就中曾受圖學訓練者固不乏人，未受訓練而欲努力求得新知識者，苦無機會。各省之縣市民衆圖員若能於暑假期間聚集一處，施以相當之訓練，則全省圖事業工作效率之增進，爲必然之事。

辦法：

講習會名稱 某某省或市圖學暑期講習會。

講習時間 四禮拜至八禮拜。

受訓人員 省縣市及民衆圖在職館員。

進行方法 每年春假時即由本會函各省政府教育廳或某市政府教育局，詢問是否願辦此項講習會。如有願辦者，即可與之籌畫一切。如不只一處願辦者，可分別緩急需度力量，或同時辦理，或先辦一處，再辦他處。

課 程 每週假定十八小時，四禮拜共六十四小時，設立圖行政16，分類編目16，選擇與購求8，目錄與參考8，檢字與排列8，其他8。

教 員 儘先向講習會所在地域聘請，該地無相當人材時亦可向他處聘請。

由本會聘請三人完全義務職，但川資及住食費由本會及合辦之官廳供給。

本會及合辦之官廳，得叙明情由代向被聘人之工作機關請假。

經費與設備 學生住食地及教具等由省市教育當局負責籌畫。教員之川資及食宿費，本會得酌量補助一部份。

畢 業 學生修業期滿後，是否加以考試，臨時決定。

畢業學生應由本會及合辦之省市當局發給圖暑期講習會畢業證書。

资料来源：沈祖荣著，《中华图书馆协会会报》，第12卷第2期，1—2页

7. 推进现代图书教育几点

推進現代圖書教育幾點

洪煥椿

在現代教育事業中，圖書館是最具有永久性與獨立性的實施機關。吾國辦理現代式的圖書教育，僅有三十餘年的歷史。關於圖書館的建築與推廣諸方面，粗具規範；但萌芽方壯，即受了敵寇很大的創傷，抗戰七年空前的文化浩劫，已不是一個簡單的數字可以統計。

目前，吾國推廣圖書教育的空氣，好像仍未見如何濃厚，圖書館依然未引起國民的重視，這實在不是一個好的現象。我們要普及民衆教育，要提高全國民衆的知識程度，要充實國民的生活，圖書館在在是不能忽視的。因此，想到下面幾項工作，是今日推行圖書教育所值得注意的。

（一）圖書館專門人才的訓練與保障

圖書館的工作是一種專門技術，從事工作的人員，不僅要有一般教育人員的精神與修養，更需要特殊技術的訓練。吾國圖書館事業自抗戰以後所以無新興的氣象，人才的缺乏也是一個重要因素，各省縣立圖書館及各中等學校圖書館，皆缺乏富有圖書館經驗的工作人員；另一方面，因爲缺乏生活的保障，非但願意投身圖書館界的人員日漸減少，就是已經在圖書館界服務的人，也多改絃易轍。故訓練專門人才並切實予以相當保障，是發展圖書館事業的當前要務。今將推行人才訓練與生活保障辦法，條述如次：

（1）各省現有圖書館服務人員（包括公私立學校機關等圖書館），須由省最高教育機關予以詳確的調查與登記，其不合格或不健全的圖書館人員，則利用暑期予以訓練，訓練科目以灌輸圖書館技術及圖書教育常識爲主旨。訓練完畢考查成績優良者，重予支配工作。

（2）省縣（市）立圖書館工作人員的任用，須切實依照部頒圖書館規程的規定。

（3）各省省立圖書館應編輯圖書館學專門刊物或叢書，作爲經常指導省內各級圖書館員的進修。

（4）凡各省戰區退出的圖書館人員，各省最高教育行政機關應設法予以登記，經審查合格者，分發該省各級圖書館工作。並通令省內各圖書館儘先任用此項人員。

（5）省縣（市）立圖書館人員的待遇，須依照教育部所訂的省市縣立社會教育工作人員待遇規程切實履行，使圖書館工作者得以保障，以安定其生活。

（二）圖書館經費標準的確定與籌增

財力爲推動事業的本源，吾國社會教育因推行較遲。社教經費與學校經費相差甚鉅。民十七年十月，國府公佈規定各省縣市社會教育經費，應佔全教育經費百分之十至二十，教育部於二十二年四月通令各省市縣積極籌增社教經費，凡已經達到國府公佈標準者，嗣後新增的教育經費中，社教經費應佔百分之三十至五十。然事實上各省縣的社教經費，非但未合部頒標準，就是國府所規定的比例數，也多未能切實實行，足徵各省縣教育事業，對於社教方面多未深加重視；尤其是圖書館事業，更多忽略。再如縣財政自實行統籌支配以後，教育經費移爲他用者有之，因此，教育事業受其影響甚大。此不能不謂吾國教育事業前途的隱憂。

再如各省中等學校圖書館的經費，其數目亦甚低微，所以現今學校圖書館零落不堪。中等教育是嚴格訓練青年身心，培養健全國民的場所，現行修正中學及師範學校各規程中，曾明文規定「各校圖書館的圖書，須足供教師及學生參考閱覽之用，其常供學生參考者，尤須具備多數複本」，可知圖書館在學校教育中之重要。今後各校圖書館的經費，似應達到一定合理的標準，並不應隨便挪移。今擬其辦法如次：

（1）由各省最高教育行政機關通令各縣，社教經費盡量先使達到國府所定最低標準；其已達到標準者，務使增加至部頒之標準。

（2）由各省最高教育行政機關依該省各縣縣政範圍的大小，訂定甲、乙、丙三級縣立圖書館經費標準，並指定某縣之圖書館經費，應符合某級標準，令其遵照實行。

（3）各縣應切實施行教育部頒發之辦理縣各級教育行政應行注意事項中第三條之規定。

（4）各省最高教育行政機關分別訂定公私立中等學校每學年圖書館經費標準，通令實行。

（5）學校圖書館經費（包括圖書購置費及用品設備費），應在年度預算內列明，並列爲專款不得挪用。

（6）縣立圖書館須自行努力造產，設法勸導社會上富裕及熱心教育人士捐資，並訂定紀念捐資捐書辦法。

（7）各縣社教經費的籌增，不能因國民教育經費而受影響，仍須依照實際需要，訂定籌集社教基金辦法，努力寬籌。

（三）私家藏書及家刻板片的調查與徵集鄉土文獻

地方圖書館有保存當地文獻的責任，今後全國各縣立圖書館應調查各該縣地方民衆的藏書情形，不論民元以前的木板舊籍或民元以來出版的圖書，一一予以詳細的調查，並徵求藏家的同意，或代爲保存，或給資收買；同時對於各該縣的歷史古物文獻，鄉賢的著述，手蹟、像傳、私家刊刻的板片，亦分別加以調查，設法妥爲保護，今擬推行辦法如次：

（1）全國各縣縣圖書館調查各該縣民元以來出版的私家藏書，徵求藏家寄存或價購其有價值之部份。

（2）各縣縣圖書館調查各該縣先哲遺著及各種文物，設法傳鈔，或請寄存，或收購之。

（3）縣立圖書館調查各該縣民元以前出版之圖書，徵求藏家寄存或價購其有價值之部分。

（4）各縣立圖書館調查各該縣私家所刻板片，設法代爲刊印或資助刊印（以上各種調查表式及寄存，收購等辦法另訂）。

（5）調查私家藏書及板片時，根據縣政府戶籍編次，按戶詢問。

（6）各縣立圖書館設法籌資或協助地方人士編印地方叢書。

（7）各縣立圖書館儘量蒐集方志輿圖。

（四）加强圖書交換與編目工作

抗戰期中，各圖書館對于圖書的徵集與採購，感到極大的困難；現在各館經費又都未裕，國內出版物的「質」與「量」，已遠遜戰前，蒐羅圖書，困難孔多。在這種情形之下，唯一的補救辦法，是着重「交換」與「編目」工作，以我館之重複者，補他館所缺少者，如此各得互惠；至於加强編目工作，就是一方面將館內所藏的期刊報紙中所有珍貴的論文與參考材料，一一編製索引目錄，便讀者得以考索之使；一方面將所藏圖書多製分析目錄，使一書內若干好的材料，皆能供給讀者利用，今例示辦法如下：

(1)各省省立圖書館成立全省圖書交換組，專司該省各級圖書館圖書期刊的交換事宜。

(2)每省內各級圖書館的複本圖書、小册、期刊、圖片、臨時油印或鈔成目錄，寄交該省省立圖書館請求代爲交換。

(3)各圖書館將希望蒐置的圖書及所缺的期刊，隨時油印或抄成目錄，送該省省立圖書館請求代爲徵求交換。

(4)圖書編目除書名，著者、標題、分類等目錄外，最好將各書內容編製分析目錄，俾一書能得五本，十本圖書的效用。

(5)將館藏期刊與報紙中所有論文或參考資料，編製專題目錄索引，使讀者對某一問題，能蒐集適當材料與得到相當之認識。

(6)各館盡量編印專題書目，並在書名之下將該書作扼要的介紹，使讀者能得概括的印象。

(7)編輯專題目錄索引或專題書目的材料，應以館內所藏的書籍及報刊爲限，使讀者可以按目借閱。

(五)設立指導部與參考部

設立指導部，目的是在解決一般生活不同，職業不同，需要不同的民衆，在生活中，職業中，或家庭社會關係中所發生的疑難問題，指導其求知的方法。參考部的用意是解決專門求知者的疑難問題，如讀者對圖書中所發生的問題與一切學術上的疑難，皆可求參考部解決。參考部解答讀者各項問題，必須使對方全無疑義爲止；同時讀者對學術上各種問題的研究方法，亦可隨時請求參考部詳細指示，如某項問題應參考某種書籍，或某書之某章某節，或者應研究某書，繼應參考何書，內容如何綜合整理等步驟。要想圖書館眞正是一所大衆學校，非注意「指導」與「參考」的工作不可：顧這項組織需要專門人才，不是輕易可以辦得好的，各省似應由省立圖書館先行試辦，縣立圖書館視當地人才試辦，其辦法如下列：

(1)每省省立圖書館之閱覽部與研究輔導部聯合負責指導與參考的任務，組織參考指導委員會，訂定參考與指導等辦法。

(2)全國各縣立圖書館，利用當地學識高深人士，先辦指導部，再就實際情形之需要及人力之可能，添辦參考部。

(3)各省省立圖書館訂定各縣圖書館辦理指導部與參考部須知及章則，辦法等，分發各館採用施行。

(六)統一全國圖書館的分類法與編目條件

吾國各圖書館現用的圖書分類法，種類甚多；編目方法亦各自爲是。這對於各圖書館的合作上，或編印全國圖書綜目上，都有許多不便處。有了全國規定的統一分類法與編目條例之後，圖書分類方面，可由全國圖書館事業最高機關將各種新書的類碼定妥，按期印發各圖圖書館採用，如此，圖書館的編目員也可減省了。其統一辦法如次：

(1)全國最高教育行政機關聘請國內圖書館學者，共同訂定全國標準分類法及編目條例。

(2)由全國最高教育行政機關，將此統一分類法付印，通令全國各圖書館一律採用。

(3)國立圖書館按月將已分類之新書，印成新書月報，並加入所定的書碼及該書簡明提要，分發各省圖書館作採購新書及圖書分類上的參考，再由各省立圖書館印發各縣立圖書館參考。

(七)各省編輯全省聯合書目推廣互借

目前吾國圖書館辦理的困難，不是人才缺乏，就是書籍的告荒；尤其是增添書籍方面，現在更成問題，補救之道，各省編輯全省聯合書目以推廣互借，亦爲一優良方策。譬如某省現有圖書館十所，如果將這十所圖書館的藏書彙編一聯合書目，每一圖書館只須有了這一部書目，也就等於有十館的圖書一樣，隨時可以按照目錄上的著錄，以互借辦法向原藏處借閱。今述其實施辦法於下：

（1）由各省省立圖書館負責辦理編製全省聯合書目工作。

（2）各省最高教育行政機關將該法印行之，並分發省內各館應用。

（3）各省省立圖書館設全省圖書互借組，辦理全省圖書互借工作。

三十二年八月於浙江省立圖書館

资料来源：洪焕椿著，《中华图书馆协会会报》，第 18 卷第 2 期，2—5 页

附錄二　國際交換公牘科學文藝出版品公約

Convention for the International Exchange of Official Documents, Scientific and Literary Publications.

Concluded at Brussels, March 15th, 1886.

The President of the United States of America, His Majesty the King of the Belgians, His Majesty the Emperor of Brazil, Her Majesty the Queen Regent of Spain, His Majesty the King of Italy, His Majesty the King of Portugal and of the Algarves,

His Majesty the King of Servia, the Federal Council of the Swiss Confederation:

Desiring to establish, on the basis adopted by the Conference which met at Brussels from the 10th to the 14th April, 1883, a system of international exchange of the official documents and of the scientific and literary publications of their respective States, have appointed for their Plenipotentiaries, to wit: The President of the United States of America:

Mr. Lambert Tree, Minister Resident of the United States of America at Brussels;

His Majesty the King of the Belgians;

The Prince de Caraman, His Minister of Foreign Affairs, and the Chevalier de Moreau, His Minister of Agriculture, Industry and Public Works;

His Majesty the Emperor of Brazil;

The Count de villeneuve, His Envoy Extraordinary and Minister Plenipotentiary near His Majesty the King of the Belgians

His Majesty the Queen Regent of Spain;

M. de Tavira, Change d'Affaires ad interium of Spain at Brussels;

His Majesty the King of Italy:

The Marquis Maffei, His Envoy Extraordinary and Minister Plenipotentiary near His Majesty the King of Belgians;

His Majesty the King of Portugal and of the Algarves:

The Baron de Sant'Anna, Envoy Extraordinary and Minister Plenipotentiary of His Very Faithful Majesty;

His Majesty the King of Servia:

M. Marinovitch, His Envoy Extraordinary and Minister Plenipotentiary near His Majesty the King of Belgians;

The Federal Council of the Swiss Confederation:

M. Rivier, its special Plenipotentiary:

Who, after having communicated between themselves their full powers, which are found in good and due form, have agreed upon the following Articles:

Article 1.

There shall be established in each of the contracting States, a bureau charged with the duty of the exchanges.

Article 2.

The publications which the contracting States agree to exchange are the following:

1st. The official documents, parlimentary and administrative, which are published in the country of their oringin.

2nd. The works executed by order and at the expense of the Governments.

Article 3.

Each bureau shall cause to be printed a list of the publications that it is able to place at the disposal of the contracting States.

This list shall be corrected and completed each year and regularly addressed to all of the bureau of exchange.

Article 4.

The bureau of exchange will arrange between themselves the number of copies which they may be able eventually to demand and furnish.

Article 5.

The transmissions shall be made directly from bureau to bureau, Uniform models and formulas will be adopted for the memoranda of the contents of the cases, as well as for all the administrative correspondence, requests, acknowledgments of reception, etc.

Article 6.

For exterior transmissions, each State assumes the expense of packing and transportation to the place of destination. Nevertheless, when, the transmissions shall be made by sea, special arrangements will regulate the share of each State in the expense of transportation.

Article 7.

The bureau of exchange will serve, in an officious capacity, as intermediaries between the learned bodies and literary and scientific societies, etc., of the contracting States for the reception and transmission of their publications.

It remains, however, well understood that, in such case, the duty of the bureau of exchange will be confined to the free transmission of the works exchanged and that these bureau will not in any manner take the initiative to bring about the establishment of such relations.

Article 8.

These provisions apply only to the documents and works published after the date of the present Convention.

Article 9.

The States which have not taken part in the present Convention are admitted to adhere to it on their request.

The adhesion will be modified diplomatically to the Belgian Government and by that Government to all the other signatory States.

Article 10.

The present Convention will be ratified and the ratifications will be exchanged at Brussels, as soon as practicable. It is concluded for ten years, from the day of the exchange of ratifications, and it will remain in force beyond that time, so long as one of the Governments shall not have declared six months in advance that it renounces it.

In witness whereof, the respective Plenipotentiaries have signed it, and have thereunto affixed their seals.

Done at Brussels in eight copies the fifteenth day of March one thousand eight hundred and eighty-six.

(Signed) (Seal). Pr. de CARAMAN. (Seal) MAFFEI.

(Seal). Chevalier D. MOREAU (Seal) Baro de SANT'ANN.

(Seal). Cte de VILLENEUVE (Seal).J.MARINOVITCH

(Seal). Jose Ma.. de TAVIRA (Seal). Alphonse RIVIER.

(Seal) Lambert TREE.

....

譯文

國際交換公牘科學文藝出版品公約一八八六年三月十五日訂於比京

美利堅合衆國總統比利時國王巴西國皇帝日斯巴尼亞攝政女王義大利國王葡萄牙兼亞加夫斯國王塞爾維亞國王瑞士聯邦行政部現據一八八三年四月十日至十四日比京會議所採決之議案擬設立一國際上交換各該國公牘並科學暨文藝出版品之制度茲特各派全權代表如左

美利堅國

駐比京美國公使杜利

比利時國

外交大臣加拉南親王

農工大臣毛烏諾

巴西國

駐比全權公使維勒內夫

日斯巴尼亞國

駐比代辦逵夫拉

義大利國

駐比全權公使麥斐

葡萄牙兼亞加夫斯國

全權公使森湯納

塞爾維亞國

駐比全權公使麥利諾斐掟

瑞士聯邦行政部

特別全權代表利斐爾

各代表將全權任命狀互相較閱後認爲妥協茲訂定條款如下

第一條　締約國應各任其國內設立一交換局以便行使職務

第二條　締約國所贊同交換之出版品如下

（一）公牘爲立法或行政而由各國自行印行者

（二）著作由各國政府命令發行或由政府出資者

第三條　各國所設立之交換局應將各出版品編印目錄以便締約國選擇備用

該目錄應每年修補完竣並依期送致各締約國之交換局

第四條　各出版品究須若干本方可敷互相求供之用應由各交換局彼此自行酌定

第五條　所有交換事宜應由各局直接辦理至各項出版品內容輯要以及一切行政文書請求書暨回執等應採用一律格式

第六條　關於往外運輸各締約國對於運往地點之包裝運輸應付費用惟由海道輸運時其運費特訂辦法規定每國分擔之數

第七條　各交換局以官立資格爲締約國對於學界及文藝與科學社團等之媒介從事接收轉送各國出版品惟似此辦理須知各交換局之職務僅限於將各種互換出版品自由轉送但關於此項轉送不能有何主動行爲

第八條　此項條款僅適用於本約訂立之後所發行之公牘及出版品

第九條　未參與本約之各國得請願加入此項加入應用外交上手續通知比京政府並由比政府轉知其他各簽約國

第十條　本約應從速批准並將批准書在比京互換自批准文書交換之日起訂以十年爲期倘有一國政府不於六個月之前宣告廢約該協約過此期限仍繼續有效

各締約國代表特此簽字蓋印以昭信守一千八百八十六年三月十

五日訂於北京共計八本

代表簽押

加拉南　麥　斐

毛烏諾　森湯納

維斬內夫　麥利諾斐提

達夫拉　利斐爾

杜　利

资料来源:《中华图书馆协会会报》,第3卷第3期,6—10页

論著

談中文編目

沈剛如

余在清華大學圖書館，担任中文編目，爲時五年，自北平淪陷，南來以後，卽在該校其他部份供職，忽忽將三年矣，回憶曩昔身在富麗堂皇之館舍，環余座之數百種書目以及編目用之各種類書辭典，當在摧毀之列，相處五年，燬於一旦，余心愴痛，非言可喻，無已，惟有將五年來從事中文編目之經過，以及清華大學圖書館中文編目部份之情形，著之於篇，藉以就正方家，亦所以紀念此可愛之圖書館也。

中文編目部組織，分採訪，登錄，分類，編目，書寫，各部。書籍由採訪部購定，隔日送交登錄部，其手續次序，爲登錄，蓋章，裝訂，（清華大學圖書館中文書籍，規定線裝者裝藍布套，和裝如係軟面，加製硬面，取能直立架上）寫書名，著者，（概用白粉仿宋體字將書名著者，寫在藍布套或黑色書脊上）送編目部分類編目，此項工作，由余担任，先審定書名，著者，版本，刊行年月，出版處所，冊數，確定其應歸何類，給以分類號碼與著者號碼，按此手續與層次寫一草片，在片背面寫明應寫幾種目錄片，交由書寫部繕寫，片上之書號，係由登錄部書寫，書脊上之號碼，概用白粉書寫，如係線裝書，其各項號碼，概用特製之橡皮號碼機蓋印，旣屬清晰，又免除多貼手續，大套書籍，尤感敏捷，（凡屬線裝書或和裝軟面書，於其交付裝訂時，已在其封面內加一副頁，以供寫書號或印書號之用）經核對無誤，將目錄片留下，書送閱覽部點收。編目部之草片，係按書名照陳立夫氏五筆檢字法（略予改變，悉依部首，）排列，由編目者逐日排在其座右目錄櫃內，如有一書分在兩處或其他錯誤，卽可發覺，編目部另有目錄片一份，按排架順序排列，逐日由繕寫部排入，如有書號雷同等事，亦卽予以改正。

中文編目部之責任，在將館中收藏之中文書籍，爲編製實用之目錄，目錄良否，主其事者，與有責焉。清華大學圖書館中日文書籍，係混合編目，目錄分卡片式與書本式二種。卡片式之下，分書名，著者，分類，公用書，參考書，善本書，違禁書，日文書，譯本書，子目，附見書等。書本式者，有前清華學校圖書館之中文書籍目錄，清華大學圖書館中文書籍目錄甲編，（專載館藏書目）叢書子目書名索引，附見書書名索引，以及每月新書報告等，除標題一項未做外，中文目錄，可謂完備。館藏近卅萬冊四萬餘種之中日文書籍，在編目原則下，吾人有一主要規定。卽此四萬餘種書籍，以及逐日購進者，除去複本外，其書號不得有一雷同，例如有人欲借越縵堂詩話，在目錄內查出其書號爲庚 7347349，祇須寫其書號，則閱覽部借書處准能送到。在閱覽部之卡片目錄，分書名，著者，分類三處排列，前二項按筆畫多寡，照永字八法順序排列，後一項按分類層次編排。其他公，參，善，違，日文，譯本，等目錄片附綴於後。目錄片由編目部書寫完畢，隔三日排入閱覽部之目錄櫃內，其取三日者，因新書編就，例須在閱覽部展覽三日也。若欲確知卽日館中有無購進某項書籍，採訪部有其目錄，一查卽得。如欲知當日館中有無收藏某項書籍，編目部卽可以其座右目錄，立時相告。凡茲所述，清華大學圖書館中文編目部之組織與辦事程序，可以得一梗概，以下再述編目方法。

清華大學圖書館中文分類法，係自編之一種，仿美國國會圖書館分類法，字母與號碼並用，惟本分類法以天干代表八大類，甲爲總類，乙爲哲學宗教，丙爲自然科學，丁爲應用科學，戊爲社會科學，已爲史地，庚爲語文，辛爲藝術，其下仍按十進，三位號碼爲主體，如需細分，小數點後亦無逾三位者，故分類號至多不過七位。中文書籍，自以集部爲最多，集部在本分類法屬於庚語文類 200 至 800 中國文學。中國文學隨朝代而嬗變，因區域而派別，故本分類法對於此層不厭求詳。斷代中復分至初葉，中葉，末葉，如唐代分初唐，盛唐，中唐，晚唐。區域中五大區域下再分省分，如長江區域下包括江蘇至四川八省，故韓愈三蘇之文，淵源可溯，西江嶺表之詩，界劃分明，如杜甫之詩，歷代詮註解釋者，多至數百家，本館收藏，亦不下百餘種，此百餘種，因詮註解釋之不同，時代先後，徵引自殊，因此杜詩在本分類法上有其專用號碼，加以詮註解釋家姓名之不同，時代之前後，由著者號碼予以區別，（著者號碼前，皆冠以朝代，後面有詳細闡述）自能依其歷代順序，魚貫而下，決無淩次，故研究杜詩之士，於本目錄內語言類，詩別集，盛唐時代，查出杜詩，可以由源竟尾，作有系統之研究。其有裨學者爲何如乎？然此第舉其一例耳，本分類法之於集部，率皆類是。先時本擬將此部份刊印本目錄，以供研究中國文學者之應用，一因收藏集部最備，二因集部之目錄編製，已漸臻理想境域，乃在着手之際，蘆溝難作，覆巢之下，完卵難期，館中目錄，能保全至何程度，均不可知，此願何時克償，亦無從預定矣。

本分類法中，對於府縣志，亦有其特別規定，清華大學圖書館曩昔發購楊氏藏書，得浙江府縣志至夥，可謂包括浙江全省，所差不過幾縣之增修本而已，而校中又年斥巨金，徵購各省府縣志亦不少，但以一縣之方志一再修訂。版本不一，爰將省分按區域分類，府裁併於縣，縣按內政部頒定全國行政區域表，給以固定號碼，（另有詳表，附註歷代沿革，號碼）作爲著者號碼，（劉國鈞氏分類法亦規定如此，特其不分朝代，未能如本分類法之同縣志可分出前後）因此一省之府縣志，一貫相沿，如江寧縣下必爲句容縣，明修之江寧縣志（假設）必在清修者之前，將全國數千縣之方志集於一室，編製目錄，有條不紊，層次井然。按此項天干分類法（天干之名，係余暫定之名辭，以其取天干代表類目耳）尚屬創行，全部在試驗中，外來學術，新增科目，參照杜威分類法損益其間，雖未盡臻完善，余以沿用五年，覺其尚能兼含並蓄。

關於著者號碼表，亦係自編之一種，內包括中國著者號眼，日本著者號碼，帝王名號號碼，機關號碼，前二項概按陳立夫氏五筆檢字法排列，帝王按朝代世系，機關按層級，中國著者號碼由 001 到 900，常見姓氏，一姓佔二號碼至十號碼不等，不常見者，數姓氏佔一號碼，如胥姓，與胥史，胥鳥，胥陽，表，桊等，共佔一號碼，凡屬佔數號碼之姓氏，其號碼之給予，視名號首筆而定，如章姓，本著者號碼表原有之位號碼，由 152 至 154，章學誠氏所著文史通義，其著者號碼，吾人給予 154，因章學誠之學字，首筆係ノ，此 152 至 154 之分配，爲・佔 152，一—佔 153，ノフ佔 154。（均按陳立夫氏五筆檢字法順序）故同一章姓著同類之書，又可因其名號不同，而別其前後，尤以習見之王，張，陳，等姓氏，感此需要，故館藏四萬餘種書籍，其著號絕無雷同，加以著者號碼之前，又特冠以朝代，同姓著同類之書，因朝代之不同，亦可別其先後，如果同一朝代，而其名號首筆又皆相同。吾人復可於其應得號碼後加小數點數目字以區別之，如小數點後數目字增至 9 而仍不免雷同者，復可用英文字母區分，區分至此，實屬僅見，間或於小說類見及一二耳。本著者號碼連朝代共爲四位，即加小數點，最多亦無逾六位者，與分類號之不出七位，在形式上頗爲整齊，〇代表先秦，1 代表漢及三國，2 代表晉及南北朝，3 代表隋唐及五代，4 代表宋，5 代表元，6 代表明，7 代表清，8 代表現代，9 代表機關，日代表日人著作，英文字母係代表歐美人士著作，其號碼照卡特氏著者號碼表。例如莊姓號碼爲 507，宋朝莊夏則爲4507，元朝莊肅則爲5507，明朝莊鼎彝則爲6507，清朝莊受祺則爲7507，民國莊蘊寬則爲8507，日本著者坂姓，在本著者號碼表爲249，則爲日 249，英國著者Smith，其著者號碼則爲S，餘照此類推。是故在同類之書，分類法爲事實限制，未能分及斷代者，此項著者號碼之前冠以朝代，日字，英文字母之功用，可使其先中國，後日本，再爲歐美，魚貫而下，對於該類學術之演進，歷代之嬗變，中外之學說，源源本本，順次井然。

本著者談碼表之用法。在原則上，爲朝代在前，著者號碼在後，但亦爲事實需要而變更其方式者，如族譜，方志等。請舉族譜爲例，同姓之譜，尤宜分在一處。茲有江姓沈姓族譜，有明代修者，淸代修者，沈姓著者號碼爲012，江姓爲007，其明代修者，如按朝代在前例，則江姓爲6007，沈姓爲6012，其淸代修者，則江姓爲7007，沈姓爲7012，族譜在本分類法上係己 530，茲試將此兩姓四種族譜，按書號排列之，己580，6007江姓族譜，己530，6012沈姓族譜，己540，7007江姓族譜，己530，7012，沈姓族譜，不僅同姓不能一起，並且混亂。此第舉兩姓耳，數百姓之族譜，倘如此編目，其混亂將不可名狀，吾人於此，爰將朝代置於著者號碼之後，如江沈兩姓四種族譜，經此改變，再按書號排列，則爲己 530，0076，江姓族譜（明代修本），己530，0077江姓族譜，（淸代修本），己530，0126 沈姓族譜（明代修年），己530，0127 沈姓族譜（淸代修本），不僅同姓族譜一起，而同姓族譜又可因其纂修朝代不同而順序焉。

其他如年鑑。科第錄，職員錄等，吾人又以年份爲著者號碼，凡此皆因編目上之需要，由著者號碼之活用，使一切書籍，在學術源流上，得繩貫珠聯之效。

當淸華大學圖書館規畫編纂叢書子目索引之始，有四種方法，橫待抉擇，（一）仍叢書目錄之舊，但舉叢書之名，而以子目附之。（二）依子目著者姓氏排列之。（三）子目之分類目錄。（四）叢書子目按書名排比。雖結果採用最末一種，然第一種仍叢書目錄之舊，但舉叢書之名，而以子目附之，亦已採用。蓋在着手編纂叢書子目書名索引之先，吾人已預將八家彙刻書目作一索引，館藏叢書之見於彙刻書目者，將其卷數頁數。查出註於叢書書名索引之後，茲將該索引說明之第三節摘註於此。「卽子目以求所屬叢書，有叢書子目索引，如知一叢書包括之子目，則有彙刻書目。本編因篇幅所限，未能附編彙刻書目，但爲備查叢書包括之子目計，爰將本編所收叢書之見於彙刻書目者，逐一查出，分註於叢書書名及簡稱索引每條之後，並列卷數及葉次。故現下流行之淸華大學圖書館編印之叢書子目書名索引，實兼彙刻書目之用。余認爲書本目錄之刊印，耗資較多，必擇其應用較廣，而又爲各方需求者，方可着手，其內容務必求其完備，斯亦編目者之責任也。

尙有與中文編目有關之中國字排檢方法，目錄編製，卽屬盡善，倘因排列失宜，則功效亦必銳減。夫檢字法多至七十餘種，大體可分爲形，數，聲，三類，普通流行，形數合參者爲多，如四角號碼，中國字庋擷，由形化數，卽數求字，此雖形數合參，究別於康熙字典式之部首之下，再求畫數，上述三種，檢查迅速，排列不易，但以視祇須形檢者，倘欠方便。余認爲排列目錄卡片，當以陳立夫氏五筆檢字法爲最佳，倘能於其筆順中先從部首，則尤感方便矣。

以上云云，未能廣徵博引，但於中文編目之道，自組織以及方法，由卡片目錄以及書本目錄，均有所言，特未能詳盡耳，倘望方家不吝教正，能爲全國圖書館之中文編目求一全國一致之分類法，檢字法，斯則余寫本文之最終目的也。

资料来源：沈刚如著，《中华图书馆协会会报》，第 18 卷第 4 期，3—5 页

10. 杂志索引之需要及编制大纲

雜誌索引之需要及編製大綱

劉純

雜誌一項，名目繁多，有專門之雜誌，有普通之雜誌。如研究文學者，有國學，文藝，諸雜誌；研究史地學者，有史地學報，地學雜誌等；研究敎育學者，有敎育雜誌，中華敎育界等；研究農學者，有農林學報，農事彙刊等；研究氣象學者，有氣象學報；研究科學者，有科學雜誌；研究國學者，亦有國學季刊及國學論叢等；他如政府公報，各省公報，建設公報，交通公報，財政公報，市府公報…………等，均爲研究各科專門之材料。至普通雜誌中，其最要者，如東方，學藝，學衡，新潮，民鐸……等，均有關於各項學科之要著，故雜誌之爲物，不僅爲茶餘酒後之消遣品，且爲研究各項學術之導師，其功用不亞於學校中講授之課本。況最新研究之發明，往往有爲書籍及課本所未見，而由雜誌發表者，故在學術界實佔有重要之位置。

由上所述，雜誌之效用如是之廣大重要，而除少數學者偶然利用參考外，其他多數學生，均不能利用，尤非世人所注意，此何故歟？無他，無索引之故耳。蓋雜誌既非個人之著作，又無良好統系之組織，即專門之雜誌，亦因類目繁多，前後雜見，明知雜誌中有可供吾人所需之參考者，無如大海撈針，尋覓不易，往往因是中輟。縱能尋獲一二，則已耗費時間，殊不經濟，尚不能窺其全豹，仍不足以供吾人充分之研究。即以雜誌本身而論，因此而埋沒著者之傑作及其研究之苦心者，亦復不少。

雜誌之重要既如彼，無索引之弊害又如此，我輩從事圖書館界者，豈可漠然視之。若以嚴格而論，實則我國圖書館界同人未能盡職故耳。攷歐美諸邦出版之雜誌，不僅本書附有索引，且有彙編。如Poole's Index to Periodical Literature正續兩編，所編索引包括英美雜誌四百七十種，計有一二三四一卷，文約五九〇〇〇〇篇，爲時一〇五年。又如法國著名漢學家伯希和氏（Paul Pelliot），謂中國人如整理國學，第一須從編製各種索引入手。我國本爲數千年文化之邦，聆此一語，能無愧恧？況圖書館之爲用，不僅在藏書借書，其首要問題，實在爲讀者謀便利，責任所在，義不容辭。作者服務金大圖書館，即謂本館所藏雜誌三百五十餘種，若能一一編製索引，對於學術界亦必有莫大貢獻。曾於民國十五年，組織雜誌索引合作社，由全體館員在正式工作外分任編輯事務，祇以工作浩大，編者各因職務之關係，不能專力於此，未經年即已中輟。每思賡續，迄未進行；願宏力薄，良用歉心。總之，此等工作決非一人一館所能担任，深望全國圖書館界仝人羣起合作，作一大規模之運動，不期年必成效大著，爲學術界放一光明異彩。此則作者所馨香禱祝也。茲就管見所及，擬一編製雜誌索引之大綱，願我圖書館界仝人有以教之。

編製雜誌索引大綱

（一）組織　由全國圖書館聯合組織一中國雜誌索引合作社，社長之下另分總務部，編輯部，出版部審察委員會四組。其職務如下：

一、社長　總理全社一切事務，爲開會時當然主席。

二、總務部　掌理文牘，會計，庶務，收發及不屬於各部會之事務。

三、編輯部　掌理各圖書館所編輯之雜誌索引及整理排列等事。

四、出版部　掌理出版及發行等事。

五、審查委員會　審查索引標題，規定統一名稱，考核各圖書館之成績等事。

（二）調查　我國雜誌公報諸刊物，向無確切之調查，應由總務部製就調查表，分寄各出版機關，各書局，各圖書館，詳細調查。即已絕版或旋出旋停及非定期刊物等，均須詳細塡入表內，嗣後新出版者，必須一一加入，送交審查委員會，分別最要，次要，普通三種，以便次第編製索引。

（三）編輯　由編輯部製定編輯格式（至少每篇須作標題篇名著者三片），分寄各圖書館，以歸一致。其編輯事務，即由各圖書館先儘最要之雜誌，分別担任，用卡片照式書寫，（在標題未經規定統一以前，繕寫標題，須用鉛筆，俾審查時可以修改。）月終彙寄合作社，經審查委員會審查修正後，再由編輯部用最顯明最適用最普通之排列法，混合排列之。

（四）審查　審查委員會收到索引卡片時，對於標題名稱，須特別注意，俟審查規定後，即將各種標題名稱，按月印寄各圖書館，以資遵守而昭劃一。至各圖書館之成績，必須按月登記，以激考核。

（五）出版　每月出版一次，每年出一總冊，其總冊係將此一年內所編之索引片彙總排列，再行出版。

（六）經費　中國雜誌索引合作社，既由全國圖書館聯合組織而成，所有經費開支，亦應由各圖書館暫行担任。若平均分攤，在小規模之圖書館，未免吃虧，最好即按各圖書館原有經費項下，撥付百分之一，如有不敷，再由中華圖書館協會及各處圖書館協會補助之。至各圖書館編輯費用，由各館自行擔任；出版用費，可先售預約，以資挹注。如能辦有成效，亦可在各雜誌出版機關要求津貼。

（七）餘利　此項索引，既爲國內所需要，銷數必多，三數月後，必有餘利可獲，屆時社中經費，不第無須各圖書館擔負，而各圖書館亦可有餘利之享受。至分配餘利方法，即按各圖書館工作之成績分別支配。

（八）開會　每一學期終了時，開常會一次，報告社中之工作，討論改進諸方法，及分配各圖書館之紅利。惟各圖書館索引成績，須按月通函報告，俾有查攷。

作者深感中國雜誌無索引之不便，用將個人意見，發表于此。惟事關重大，決非少數人之力量所能辦到。如由中華圖書館協會出爲提倡，擔任發啓，則登高一呼，衆山皆應，最短期間，即可促其實現矣。

资料来源：刘纯著，《中华图书馆协会会报》，第4卷第4期，14—16页

六、中华图书馆协会出版物一览表

序号	著作名	作者	出版地	出版年
1	老子考	王重民	北平	1927年
2	各家检字新法述评	万国鼎	北平	1928年
3	书目长篇	邵瑞彭		1928年
4	国学论文索引	王重民	北平	1929年
5	国学论文索引续编	徐绪昌	北平	1931年
6	国学论文索引三编	刘修业(女)	北平	1934年
7	国学论文索引四编	刘修业(女)	北平	1936年
8	全国图书馆调查表	中华图书馆协会	北平	1929年
9	中华图书馆协会第一次年会报告	中华图书馆协会	北平	1929年
10	中文图书编目条例草案	刘国钧	北平	1929年
11	Library in China	戴志骞、沈祖荣、胡庆生、顾子刚	北平	1929年
12	全国图书馆调查表(1929年12月第三次订正)	中华图书馆协会	北平	1930年
13	图书馆术语集	金敏甫	北平	1930年
14	日本访书志补	王重民	北平	1930年
15	全国图书馆调查表(1931年12月第四次订正)	中华图书馆协会	北平	1931年
16	中文图书登录条例	岳良木	北平	1931年
17	英国国立图书馆藏书源流考	李小缘	北平	1932年
18	明清蟫林辑传	汪訚编著	北平	1932年
19	方言考	崔骥	北平	1932年
20	文学论文索引	张陈卿、陈璧如、李维垿编	北平	1932年
21	文学论文索引续编	刘修业(女)	北平	1933年
22	文学论文索引三编	刘修业(女)	北平	1936年
23	簿式目录中著录详略之研究(上篇)	邢云林	北平	1933年
24	北平协和医学院图书馆馆况实录	李钟履编	北平	1933年
25	编辑中国史籍书目提要之商榷	傅振伦	北平	1933年
26	图书馆参考论	李钟履	北平	1933年
27	善本图书编目法	于震寰		1933年

续表

序号	著作名	作者	出版地	出版年
28	方志艺文志汇目	李濂镗		1933 年
29	官书局书目汇编	朱士嘉编		1933 年
30	中华图书馆协会第二次年会报告	中华图书馆协会	北平	1933 年
31	中华图书馆协会第二次年会图书馆教育组报告暨意见书	中华图书馆协会第二次年会图书馆教育组	北平	1933 年
32	中华图书馆协会第二次年会指南	中华图书馆协会	北平	1933 年
33	中华图书馆协会概况	中华图书馆协会	北平	1933 年
34	古逸书目丛辑	赵士炜辑		1933 年
35	江苏藏书家小史	吴春晗	北平	1934 年
36	中华图书馆协会募集资金启	中华图书馆协会	北平	1934 年
37	鉴止水斋藏书目			1934 年
38	中国善本图书编目法	于震寰		1934 年
39	玄赏斋书目	董其昌		1934 年
40	全国图书馆一览	赵体曾		1935 年
41	全国图书馆及民众教育馆调查表	中华图书馆协会	北平	1935 年
42	中华图书馆协会会员录	中华图书馆协会	北平	1935 年
43	现代图书馆编目法	俾沙普著,金敏甫译		1935 年
44	Library in China	裘开明、吴光清、沈祖荣、查修、严文郁、蒋复璁、柳诒徵、戴罗瑜丽、杜定友	北平	1935 年
45	编目部地组织与管理	(美)曼因著,钱亚新译	北平	1936 年
46	大学图书馆建筑	(美)吉罗德著,吕绍虞译	北平	1936 年
47	儿童图书馆经营与实际	李文裿	北平	1936 年
48	四部分类号码表	张英敏	北平	1936 年
49	图书馆博物馆美术馆间的关系	(英)罗伯茨著,章新民译	北平	1936 年
50	现代中国作家笔名录	袁涌进编	北平	1936 年
51	中国方志编目条例草案	毛裕良、毛裕芳	北平	1936 年
52	北平各图书馆所藏中国算学书联合目录	邓衍林	北平	1936 年
53	中国之图书馆事业	陈训慈	北平	1936 年
54	中华图书馆协会中华博物馆协会联合年会指南	中华图书馆协会中华博物馆	北平	1936 年
55	存素堂入藏图书河渠之部目录	朱启钤编,茅乃文补		1936 年
56	中国方志编目条例草案	毛裕良、毛裕芳		1936 年

续表

序号	著作名	作者	出版地	出版年
57	档案处理中之重要问题	毛坤		1936 年
58	元太祖成吉思汗生平史料目录	邓衍林		1936 年
59	公共图书馆预算	(美)希尔曼著,陈宗登译	北平	1937 年
60	两年来之师大一小儿童图书馆	王柏年	北平	1937 年
61	图书馆学季刊总索引(第一号)	中华图书馆协会	北平	1937 年
62	图书目录著录法与编辑法论	邢云林	北平	1937 年
63	中国图书馆之被毁及战后复兴(英文)	中华图书馆协会		1938 年
64	国际图书馆合作指南(英文本)			1939 年
65	后方主要图书馆概况	中华图书馆协会		1945 年
66	山西明贤学校图书馆概况	李钟履	北平	
67	书志学	(日)小见山寿海著,李尚友译		
68	翁何《宝真斋法书》评校	叶启勋		
68	编目方法			
69	中华图书馆协会成立会演说词(手稿)	梁启超		1925 年
70	翁何宝真斋法书赞评校	(清)翁方纲、何绍基著	北平	1932 年
71	中兴馆阁书目辑考:五卷,附录一卷	(宋)陈骙撰	北平	1933 年
72	宋国史艺文志辑本:二卷,附录一卷	赵士炜辑	北平	1933 年
73	中国图书馆事业十年来之进步	李小缘	北平	1936 年
74	图书馆季刊总索引:第 1 号第 1－10 卷	中华图书馆协会	北平	1937 年
75	中华图书协会第六次年会提案:第一号至第十号		重庆	1945 年
76	世界图书馆小史	(英)悌德、(英)托玛著,王国维译	北平	

后　记

总是很感恩，有幸能在中国国家图书馆工作。每天置身于宏富的文献资源中，深感骄傲，似乎在知识的殿堂中自己也日渐丰富起来。仔细算来，我已是就职15个年头的老员工了。在这些年里，研读了图书馆学博士研究生的课程；在这些年里，历经了4个不同工作岗位的锻炼；在这些年里，养成了对图书馆事业深深的情感。

犹记2010年年底岗位聘任，各种原因说服自己，毅然选择了不尽熟悉的部处中国图书馆学会秘书处。当时只知道这里是图书馆学和图书馆界的大平台，服务于全国图书馆工作者和各级各类图书馆，带着疑问和期许，我投入岗位工作中，一待已有近7年。

众所周知，中国图书馆学会的前身是中华图书馆协会，但我估计很多人都和我当年一样不太了解中华图书馆协会的模样。带着好奇和疑问，我翻开了学习的新篇章。

通过各种检索渠道搜集资料，有关中华图书馆协会这一社会组织的研究比较零散，就“中华图书馆协会”为关键词检索图书，迄今仅有宋建成先生的《中华图书馆协会》（台北育英社文事业有限公司，1980年）一本专著。其他的研究成果，都是将中华图书馆协会的相关内容，或作为专著其中的一部分、一章节，或作为论文对某个专题进行研究，主要涉及图书馆事业、图书馆学术研究、图书馆史、图书馆人、图书馆出版物等领域。而期刊中的论文研究大多围绕中华图书馆协会的成立背景、意义、性质、年会等主题开展。所有研究成果的参考文献大都来源于《中华图书馆协会会报》和《图书馆学季刊》中刊载的各类报道和论文，这些都是重要的史料。

利用工作之便，我收集到所有的《中华图书馆协会会报》和《图书馆学季刊》，将这一手资料的相关内容整理成册并系统研读。在一遍遍阅读《中华图书馆协会成立宣言》，一次次体会梁启超先生作的《中华图书馆协会成立会演说辞》内涵时，曾多次有身临其境的感觉。在系统梳理史料时，深刻感受到中华图书馆协会作为当时行业内的社会组织，在组织构架、管理体系、资源调动、项目执行等方面都做了很好的实践，值得总结和研究。

因此，从2014年年底开始，利用工作之余，一点点整理，今日书稿基本成形，在撰写后记时，内心充满了感激，感谢在此期间给予我帮助的老师、辅导员和友好的小伙伴儿们。期待这份研究成果能成为未来业界同人了解中华图书馆协会重要的参考资料，也希望这份研究能更多地为今天图书馆学会的发展带来一定的借鉴价值。书中若有不当，请读者批评指出，以便进一步完善。

句号画上，了此心愿！

霍瑞娟

2017年11月30日